数字中国战略

中国行政体制改革研究会　编著

中信出版集团｜北京

图书在版编目（CIP）数据

数字中国战略 / 中国行政体制改革研究会编 .
北京：中信出版社 , 2025.1. -- ISBN 978-7-5217
-7002-5

Ⅰ . F492

中国国家版本馆 CIP 数据核字第 202471GP53 号

数字中国战略

编著者：　中国行政体制改革研究会
出版发行：中信出版集团股份有限公司
　　　　　（北京市朝阳区东三环北路 27 号嘉铭中心　邮编　100020）
承印者：　保定市中画美凯印刷有限公司

开本：787mm×1092mm 1/16　　印张：30.75　　字数：414 千字
版次：2025 年 1 月第 1 版　　　　印次：2025 年 1 月第 1 次印刷
书号：ISBN 978–7–5217–7002–5
定价：88.00 元

版权所有·侵权必究
如有印刷、装订问题，本公司负责调换。
服务热线：400–600–8099
投稿邮箱：author@citicpub.com

《数字中国战略》编委会

主　　编：王　露
执行主编：陈曙东　李　强
副 主 编：朱　斌　熊万杰　王　蓉
编　　委：（按姓氏笔画排序）
　　　　　王　宇　冯　骏　任天知　许元荣
　　　　　严志强　李聪颖　吴志刚　沈　浩
　　　　　张　磊　张茉楠　陈　煌　陈晓琳
　　　　　林成华　尚浩冉　周小红　赵　佳
　　　　　赵秋雁　袁　勋　袁语聪　徐博雅
　　　　　彭　楚　叶成霞

目 录

推荐序 / 005

导言　统筹推进数字中国建设 / 001

第一部分　什么是数字中国

第一章　全球数字化转型浪潮 / 011

　　一、数字化历史进程回顾 / 013

　　二、世界主要国家和地区的数字化战略动向 / 015

　　三、全球数字竞争新态势 / 025

　　四、大国数字博弈新动向 / 028

第二章　构筑数字中国建设的宏伟蓝图 / 035

　　一、建设数字中国的战略背景 / 037

　　二、建设数字中国的重大意义 / 042

　　三、建设数字中国的指导思想 / 048

四、建设数字中国的规划布局 / 052
　　五、建设数字中国的法律法规 / 056

第三章　大国数字竞争时代的中国战略应对 / 063
　　一、重点围绕人工智能等颠覆性技术形成新质生产力 / 065
　　二、进一步完善数字领域的基础性制度与法律框架 / 066
　　三、营造市场化、法治化、国际化一流数字营商环境 / 067
　　四、搭建多元化治理平台，健全协同数字治理机制 / 067
　　五、积极参与全球数字治理规则谈判，推动高水平国际
　　　　合作 / 068

第二部分　怎么建设数字中国

第四章　擘画数字中国发展愿景与目标 / 073
　　一、探索中国特色数字化发展之路 / 075
　　二、战略目标引领数字中国未来 / 077
　　三、我国数字化战略发展规划 / 079

第五章　数字中国建设的"2522"整体框架 / 087
　　一、数字中国建设的"两大基础" / 090
　　二、推进数字技术的"五位一体" / 097
　　三、数字中国运营的"两大能力" / 103
　　四、数字中国发展的"两个环境" / 111

第六章　数字中国建设的关键任务 / 117
　　一、夯实数字中国建设基础，构筑数字化发展有力支撑 / 119

二、数字技术与"五位一体"深度融合，全面赋能经济社会发展 / 128

三、强化数字中国关键能力，提供国家数字化发展的重要保障 / 135

四、优化数字化内外发展环境，提升治理效能及国际影响力 / 138

第三部分　数字中国建设的实践之路

第七章　智慧治理新范式：数字政府 / 145

一、全球治理变革背景下数字政府的兴起 / 147

二、政策引领政府数字化转型之路 / 156

三、数字政府建设的行动指南 / 165

第八章　经济增长新动能：数字经济 / 225

一、数字经济的全球浪潮和中国机遇 / 227

二、数字经济的崛起和战略布局 / 246

三、构筑中国式现代化新引擎的关键任务 / 255

第九章　普惠共享新生活：数字社会 / 283

一、数字社会：迈向智慧生活的必由之路 / 285

二、数字社会的中国蓝图与愿景 / 288

三、数字公共服务普惠化：构建全民的智慧生活 / 293

四、数字技术赋能提升社会治理智能化水平 / 321

第十章　文化建设新篇章：数字文化 / 335

一、数字化转型下的文化融合与重塑 / 337

二、国家文化数字化战略引领转型升级 / 342

三、建设自信繁荣的数字文化关键任务 / 346

第十一章　人类发展新要求：数字生态文明 / 373

一、数字生态文明的背景与理念 / 375

二、政策驱动打造全面绿色转型的数字中国 / 379

三、数字技术赋能高质量生态文明建设 / 381

第十二章　数字时代新挑战：数字安全 / 401

一、全球数字安全发展背景及中国的应对 / 403

二、数字安全保障体系筑牢可信可控屏障 / 424

三、探索建设数字安全中国方案 / 435

后　记 / 475

推荐序

当今世界，新一轮科技革命和产业变革方兴未艾，数字科技蓬勃发展，并逐步嵌入经济、政治、文化、社会、生态文明建设的各领域和各方面，数字技术创新成为全球要素资源重组、经济结构重塑、竞争格局重构的关键力量。数字空间成为国家发展的新疆域、社会治理的新领域、大国博弈的新前沿。在人类社会向数字文明时代加速挺进的过程中，数字化、网络化、智能化与现代化深度融合，交织发展，这不仅会彻底颠覆传统生产方式和生活方式，还将深刻重塑全球经济版图和国际竞争格局。

党的十八大以来，以习近平同志为核心的党中央深刻洞察世界之变、时代之变、历史之变，超前部署擘画数字中国建设蓝图。2015年12月，习近平主席在第二届世界互联网大会开幕式上首次提出"数字中国"这一概念。[①] 2017年10月，党的十九大报告明确提出建

---

① 习近平：《在第二届世界互联网大会开幕式上的讲话》，《人民日报》，2015年12月17日。

设网络强国、数字中国、智慧社会,①"数字中国"首次被写入党的纲领性文件。2023年2月,中共中央、国务院印发《数字中国建设整体布局规划》,提出了新时代数字中国建设的整体布局,明确了数字中国建设的时间表、路线图和任务书,是我国从数字大国走向数字强国的重要行动纲领。这一规划的出台,确立了建设数字中国是"数字时代推进中国式现代化的重要引擎,是构筑国家竞争新优势的有力支撑"的重要战略地位,标志着数字中国建设被进一步提升至国家战略的高度予以系统谋划、统筹推进。

建设数字中国是我国在新时代背景下,基于内在发展需求和外部环境变化提出的一项重大战略,有着极为重大和深远的战略意义。

从国内看,我国正处于转变发展方式、优化经济结构、转换增长动力的攻关期,数字中国战略的确立将加快产业数字化、数字产业化的发展步伐,带动数字技术的广泛应用、深度赋能、全面普及,为经济高质量发展点燃新引擎;同时,为智慧社会建设和社会治理创新注入新动能,为改善公共服务、增进民生福祉、缩小城乡和区域差距、促进社会公平正义等提供强大助力。

从国际看,数字经济既是推动全球经济增长的重要驱动力,也是国际合作与竞争的战略要地和关键"战场",世界主要国家和地区纷纷将数字化作为优先发展的战略方向,积极争夺数字经济国际制高点。与此同时,全球数字治理依然面临诸多挑战,构建共同繁荣的人类数字文明需要更深层次的国际沟通与协作。从这个意义上看,数字中国战略的提出,既是顺应全球经济格局变化趋势、把握数字经济发展历史机遇的必然选择,也是构筑国家竞争新优势、增强我国在全球数字版图中的话语权和引领力的有力保障,更是积极参与全球治理,展现大国担当与中国智慧,推动全球数字经济开放包容、共同繁荣的

---

① 习近平:《决胜全面建成小康社会 夺取新时代中国特色社会主义伟大胜利——在中国共产党第十九次全国代表大会上的报告》,新华网,2017年10月27日。

应有之义。

  当前，数字中国建设正站在一个新的历史起点上，一个活力奔涌的数字中国正在快步走来。这本书全面对标中央最新要求和战略布局，聚焦"什么是数字强国及如何建设数字强国"这一重大命题展开理论框架探索，对数字政府、数字经济、数字社会、数字文化、数字生态文明、数字安全等若干关键领域的实践前沿进行全面分析，吸收了全国各方面在相关领域典型的探索经验，是进一步开启数字中国建设新篇章的一本很好的参考读物，相信会让大家受益匪浅。希望《数字中国战略》一书的出版，能够激发更多人对中国数字化转型的思考，为推动数字中国乃至全球数字化进程贡献力量。

  在本书付梓之际，应邀写了上述文字，是为序。

魏礼群

二〇二〇年十月

国务院研究室原主任

导言

统筹推进数字中国建设[1]

王钦敏

近日,《数字中国建设整体布局规划》由中共中央、国务院正式印发。该文件的出台是贯彻落实党的二十大精神、全面建设社会主义现代化国家的重要举措。该规划首次系统性地提出了数字中国建设的整体布局,明确了时间表、路线图、任务书,为各方面推进数字中国建设提供了行动指南。

一、准确把握新时代新征程历史方位,深刻认识建设数字中国的重大意义

建设数字中国是习近平总书记长达几十年对信息化观察、思考和实践的成果,"数字福建"是数字中国建设的思想源头和实践起点。

---

[1] 本文发表于《经济日报》2023年3月26日,第14496期。作者为第十二届全国政协副主席、国家电子政务专家委员会主任,经授权作为本书首篇发表。

早在2000年，习近平同志在福建任职期间，就着眼抢占信息化战略制高点，以跨世纪的战略视野做出建设"数字福建"的战略决策。作为"数字福建"建设领导小组组长，习近平同志确立了"数字化、网络化、可视化、智能化"的"数字福建"发展蓝图，强调建设"数字福建"意义十分重大，是福建"增创新优势，更上一层楼"[①]的一大举措。在"数字福建"的建设过程中，习近平同志要求坚持总体规划、统筹安排、密切协作、形成合力，并明确了"数字福建"顶层设计要坚持两项原则。一是确立一把手掌握信息化建设指挥权的领导机制，并把"数字福建"与全省经济社会信息化画等号，统筹全局、协调推进；二是确立"数字福建"建设的组织管理框架，即顶层设计和系统工程相结合，组织管理与技术管理相结合，充分发挥信息化专家的技术把关和咨询作用。在两项原则的指引下，一张蓝图有共识、统筹协调有依据的"数字福建"，为我国区域信息化建设提供了先导和示范。2003年，习近平同志在浙江工作时，继续指出要坚持以信息化带动工业化，以工业化促进信息化，亲自部署"数字浙江"建设，打造了"百亿信息化建设"工程，为浙江后续扎实推进"八八战略"、"最多跑一次"、数字化改革奠定坚实基础。

从"数字福建""数字浙江"到数字中国，经过几十年的发展，数字中国建设实现了从地方实践到全国整体推进，已成为我国数字化发展的鲜明旗帜。党的十八大以来，以习近平同志为核心的党中央高度重视数字中国建设，统筹国内国际两个大局，从把握世界科技革命和产业变革的先机、抢占新一轮国际竞争制高点出发，审时度势做出建设数字中国的重大战略决策。2015年，习近平主席在第二届世界互联网大会开幕式上首次提出推进数字中国建设。2017年，党的十九大报告中首次将"建设数字中国"写入党和国家的纲领性文件。

---

① 王永珍、吴毓建：《数字福建，为高质量发展赋能》，《福建日报》，2020年8月16日。

2018年，习近平总书记在首届数字中国建设峰会的贺信中强调，"加快数字中国建设，就是要适应我国发展新的历史方位，全面贯彻新发展理念，以信息化培育新动能，用新动能推动新发展，以新发展创造新辉煌"[①]。2021年，国家"十四五"规划纲要专篇部署"加快数字化发展 建设数字中国"。2022年，党的二十大报告中明确做出"加快建设数字中国"的部署安排。十年来，在以习近平同志为核心的党中央坚强领导下，数字中国建设取得了一系列显著成就，探索出一条具有中国特色的数字化发展道路：我国建成全球规模最大、技术领先的网络基础设施；数字技术创新能力快速提升，人工智能、云计算、大数据、区块链、量子信息等新兴技术跻身全球第一梯队；数字经济发展规模全球领先，总量连续多年位居世界第二；数字政务治理服务效能显著增强，我国电子政务排名从2012年的第78位上升至2022年的第43位，成为全球增幅最高的国家之一。

党的二十大报告提出，十年来，党和国家事业取得历史性成就，发生历史性变革，推动我国迈上全面建设社会主义现代化国家新征程。报告明确提出了在新时代新征程上，"以中国式现代化全面推进中华民族伟大复兴"的使命任务。数字中国是以中国为对象的国家信息化体系。当前，我国已迈上全面建设社会主义现代化国家新征程，新时代新征程为数字中国建设提出了新要求，指明了新方向。数字中国建设为我国经济建设、政治建设、文化建设、社会建设、生态文明建设提供信息化技术和信息资源支撑，以信息化驱动现代化，推动经济社会高质量发展，将成为数字时代推进中国式现代化的重要引擎，为开启全面建设社会主义现代化国家新征程、向第二个百年奋斗目标进军提供强大动力。

[①] 《习近平：以信息化培育新动能 用新动能推动新发展 以新发展创造新辉煌》，《人民日报》，2018年4月23日。

二、深入贯彻落实党的二十大精神，围绕"五位一体"总体布局，统筹推进数字中国建设

2012年，党的十八大首次提出建设中国特色社会主义的总体布局是"五位一体"。2017年，党的十九大将"五位一体"总体布局列入习近平新时代中国特色社会主义思想，高度强调了统筹推进"五位一体"总体布局的重要性。2022年，党的二十大再次肯定了"五位一体"总体布局对新时代十年伟大变革的重要意义。数字中国建设必须紧紧围绕和服务"五位一体"总体布局，通过统筹推进数字经济、数字政务、数字文化、数字社会和数字生态文明建设，把我国建设成为社会主义现代化强国。

一是做强做优做大数字经济，推动经济社会高质量发展。党的二十大报告明确提出"高质量发展是全面建设社会主义现代化国家的首要任务"，要"加快发展数字经济"。[1] 按照党的二十大要求，要坚持以推动高质量发展为主题，加快建设现代化经济体系。新一代信息技术与各行各业深度融合构建数字化生产力和数字经济，是现代化经济体系发展的重要方向。要充分发挥数字经济作为推动经济社会高质量发展的新动能和新引擎作用，大力实施创新驱动发展战略，培育壮大数字经济核心产业，增强数字产业链关键环节竞争力，打造具有国际竞争力的数字产业集群；加快推动各领域数字化优化升级，实现数字技术和实体经济深度融合，充分释放数据要素和数字技术红利，催生更多新生产方式、新产业形态、新商业模式和新的经济增长点。要着力营造有利于大众创业、万众创新的良好发展环境，携手打造开放、公平、公正的数字经济合作生态，不断做强做优做大数字经济。

---

[1] 习近平：《高举中国特色社会主义伟大旗帜 为全面建设社会主义现代化国家而团结奋斗——在中国共产党第二十次全国代表大会上的报告》，新华网，2022年10月25日。

二是发展高效协调的数字政务，推进国家治理现代化。党的二十大报告提出，到2035年"基本实现国家治理体系和治理能力现代化"。要实现这一目标，必须推动高效协同的数字政务建设。数字政务是数字中国建设的重要组成部分，也是数字经济、数字社会协同发展的重要驱动力量。发展数字政务，要加快制度规则创新，加快构建促进跨部门、跨层级高效协作的制度规则体系；对政务数据的跨部门协调共享、政务流程再造和优化、数据治理和安全管理、绩效评估和审计监管等关键问题，要进一步厘清权责边界、优化工作机制，为发展数字政务提供制度保障。要加快建设全国一体化政务大数据体系，全面推进党政机关公共数据的高效共享、协同治理和决策支撑；要加强顶层设计，统筹部署应用系统建设，推动互联互通和协同联动，推进技术融合、业务融合、数据融合，提升跨层级、跨地域、跨系统、跨部门、跨业务的协同管理和服务水平。要推动数字化服务优化升级，进一步深化全国一体化政务服务平台建设和应用，打造泛在可及、智慧便捷、公平普惠的数字化服务体系；要打通业务链条和数据共享堵点，扩大"一网通办""跨省通办"政务服务事项范围；要坚持线上线下融合，拓展服务渠道，扩大公众和企业参与，推动政务服务向以人民为中心转变。要加强干部培训，切实提高各级领导干部的数字化能力，不断增强干部的数字思维、数字认知、数字技能。

三是打造自信繁荣的数字文化，提升文化软实力和中华文化影响力。党的二十大报告提出，到2035年要建成文化强国，并提出"实施国家文化数字化战略，健全现代公共文化服务体系，创新实施文化惠民工程"的要求。在数字时代，发展数字文化是建设文化强国的重要抓手，在传承历史文化、开展文化传播等方面具有不可替代的意义。发展数字文化要将全面深化文化供给侧改革作为主要着力点。我们要加强优秀数字文化供给，推进文化数字化发展，加强国家文化大数据体系建设，利用数字化手段对中华优秀文化资源进行充分挖掘与保护，激发全民族的文化自豪感和自信心。要提升数字文化服务能力，加快推动数字技术与文化的融合发展，积极运用5G（第五代移动通信技术）、XR（扩展现实）、3D（三维）打印、数字建模等数字技术，提供更加丰富多样的数字文化服务，推动数字化赋能新型文化业态探索；持续推进"互联网+文化""互联网+教育"等计划，增加文化惠民活动供给，提升公共文化服务效能；大力发展数字文化贸易，积极打造具有中华文化特色的数字文化IP（知识产权），推动数字文化产品"出海""出圈"，增强中华文化传播力和影响力。

四是构建普惠便捷的数字社会，提高人民生活品质。党的二十大报告提出了"健全基本公共服务体系，提高公共服务水平，增强均衡性和可及性"和"完善社会治理体系"的要求。数字社会建设要以人民为中心，要始终把保障和改善民生作为核心使命。能否让亿万人民群众充分享受数字化带来的红利，不断地满足人民群众对美好生活的期望是衡量数字社会成效的主要标志。我们要促进数字公共服务便捷化、精细化和普惠化，以激活数据要素潜能为突破口，聚焦教育、医疗、养老、抚幼、就业等领域深入推进数据要素的有效挖掘和应用，加快数字设备适老化改造和信息无障碍建设，有效发挥信息化在优化公共服务资源配置中的作用。要解决好地区之间、城乡之间、人群之间数字化发展不平衡、不充分、不平等的问题，统筹推进智慧城市和数字乡村发展，加快推进智慧社区、智慧家庭建设，促进信息化创新成果与社会发展深度融合，满足社会多层次、个性化的生活需求；要提升全民数字素养与技能，持续开展面向不同人群的教育培训，提高全民数字化适应力和创造力。要有效应用新一代数字技术，为公共安全、城市运行管理、基层治理提供精准、智能、高效的管理和决策支撑，提升数字社会治理效能。

五是建设绿色智慧的数字生态文明，促进人与自然和谐共生。党的二十大报告提出，要"推动绿色发展，促进人与自然和谐共生"，"必须牢固树立和践行绿水青山就是金山银山的理念，站在人与自然和谐共生的高度谋划发展"。我们必须坚定不移走生态优先、绿色低碳的高质量发展道路,以数字化有力支撑经济社会发展全面绿色转型。要加快构建智慧高效的生态环境信息化体系,推进生态环境一体化监管保护和智慧治理,加强生态环境数据的汇聚和挖掘,有效利用大数据、物联网、空间监测、网络举报等信息技术监测和民众监督手段,持续提升空间规划、环境监测和决策管理的信息化水平。要深化数字化绿色化协同转型,深入推动传统行业数字化绿色化协同转型,发展绿色低碳企业,推动形成绿色低碳的生产方式,为人民提供更多优质生态产品。要提升公民生态治理的参与意识、责任意识和数字化能力,倡导绿色生活方式,促进人与自然和谐共生。

统筹推进数字中国建设意义重大、影响深远。在新时代新征程上,要更加紧密地团结在以习近平同志为核心的党中央周围,进一步学懂弄通做实习近平新时代中国特色社会主义思想,深刻领悟"两个确立"的决定性意义,不断提高政治判断力、政治领悟力和政治执行力,进一步增强做好数字中国建设工作的使命感、责任感、紧迫感。在推进数字中国建设整体布局过程中,要坚持和加强党的全面领导,充分发挥党总揽全局、协调各方的领导核心作用,充分发挥社会主义制度统筹协调的优越性;要坚持改革创新,主动适应数字化发展规律,破除制约数字生产力释放的体制机制障碍,加快转变与数字时代不符的思想观念;要坚持系统推进,以全国一盘棋的原则,强化数字中国建设的整体性、系统性、协同性、持续性;要坚持安全发展,统筹发展和安全,做到发展和安全协调一致、齐头并进;要坚持开放合作,着眼高水平对外开放,开展数字领域国际交流合作,形成数字领域协同发展良好格局。在习近平新时代中国特色社会主义思想的指引下,奋力开创数字中国建设整体布局新局面,推进数字中国建设再上新台阶,为全面建设社会主义现代化国家、实现中华民族伟大复兴做出新的历史贡献。

第一部分

什么是数字中国

第一章
全球数字化转型浪潮

一、数字化历史进程回顾

  自人类社会发明信息技术开始，全世界的数字化进程也就开启了，浩浩荡荡，飞速进化，从简单走向复杂，从低级走向高级，从局部走向整体，从星星之火走向燎原之势。简单来说，人类社会的数字化进程可以分为以下五个阶段。初期阶段（20世纪50年代至70年代）：这一阶段的特点是计算机技术的诞生和发展，最初计算机体积庞大，主要用于军事和科学研究，随着技术的进步，计算机开始商业化，为数字化奠定了基础。PC（个人计算机）和网络阶段（20世纪80年代至90年代）：这一阶段标志着PC的普及和互联网的诞生，PC的普及使更多的人能够接触和使用计算机，而互联网的出现则开始连接全球的计算机和用户，极大地促进了信息的共享和交流。互联网大繁荣和移动通信阶段（20世纪90年代末至21世纪初）：这一阶段以互联网公司的兴起和泡沫破灭为特点，同时也是移动通信技术快速发展的阶段，移动电话和无线网络开始普及，为数字化带来了新的增长点，信息化、数字化、网络化一时成为席卷全球的潮流。社交媒体和云计算阶段（21世纪的第一个十年）：社交媒体的兴起改变了人们的交流方式，而云计算的发展则推动了数据处理和存储方式的根本变革，使得大数据分析和应用成为可能。大数据和人工智能阶段（2010年至今）：这个阶段的特点是大数据和人工智能技术的突飞猛进，数据驱动成为创新的关键，人工智能在各个领域的应用不断深入，从而推动了新一轮科技革命和产业变革，人类经济社会的数字化转型全面深化，世界主要大国的数字化战略不断升级，试图抢占数字时代的制高点。

与世界的数字化转型大潮相比，我国的数字化发展略晚，但大体也经历了五个逐步深入的阶段，每个阶段都有其独特的特点。起步阶段（20世纪80年代末至90年代）：在这一阶段，我国开始引入和探索计算机技术，重点在于计算机网络的建设和信息技术的初步应用，如政府和大型企业的计算机化，主要完成了信息技术基础设施的初步建设，为后续发展奠定了基础。互联网普及阶段（20世纪90年代至21世纪初）：互联网在我国快速普及，开始形成初步的网络经济，在这个阶段，我国政府不断加大对信息化的投入，推动了互联网基础设施的建设和互联网服务的发展，互联网用户数量迅速增长，电子商务和电子政务开始出现。数字化深度发展阶段（21世纪的第一个十年）：在这个阶段，数字化在我国得到了更广泛的应用，重点转向电子商务、电子政务、在线教育和数字媒体等领域的发展，形成了初具规模的数字经济体系，互联网开始深刻影响社会生活和经济活动。移动互联网和创新应用阶段（2010年至2020年）：这一阶段的特点是移动互联网的迅速发展和智能手机的普及，社交媒体、移动支付、在线购物等移动应用深刻改变了人们的日常生活，移动互联网应用大大促进了数字经济的爆发式增长，我国成为全球移动互联网和电子商务的领先国家之一。新技术融合和创新阶段（2020年至今）：大数据、云计算、人工智能等新兴技术开始广泛应用，加速了数字化转型的进程，数字技术在各行各业的深度融合，推动了智能制造、智能交通、智慧城市、智慧生活、智慧治理等新兴领域的发展，中国的数字化发展呈现出持续深化和创新的态势。

二、世界主要国家和地区的数字化战略动向

（一）美国：全面战略布局

美国最早布局数字化转型，其技术和企业发展较为成熟。2012年之后美国数字经济进入快速发展阶段。2011年5月，奥巴马政府颁布《网络空间国际战略》等政策文件，明确了数字经济的政治立场是维持自由的网络贸易环境，鼓励创新研发和保护知识产权，突出了技术研发在知识产权保护中的重要地位；2012年3月，奥巴马政府推出"大数据研究和发展倡议"，宣布2亿美元的新研发投资。在这一时期，FAAG［脸书（Facebook）、苹果（Apple）、亚马逊（Amazon）和谷歌（Google）］等数字经济类企业发展迅速。2018年后，美国政府颁布了《实现政府信息公开化和机器可读取化总统行政命令》《开放政府指令》、"开放政府合作伙伴关系"计划等，明确规定政府机构需要在网站公开发布内部的电子数据集。同时，美国政府高度重视网络安全，提出了"网络空间国际战略"，将网络与数据视为与国家海陆空及外太空权同等重要的国家级基础设施，将网络的空间安全上升至与军事安全和经济安全同等重要的位置。拜登政府执政以来，美国更是在一系列战略文件和法律法规中多次强调数字技术对于美国国家安全和全球领导权的重要意义，明确将人工智能、量子科技、区块链等数字技术领域的主导权视为数字竞争的战略支柱。为维护数字霸权，美国政府不仅加大了对数字技术的投入，而且对国内私人部门与技术社群力量进行整合，形成美国在全球数字博弈中的技术底座。

人工智能或将开启互联网时代以来的第三波科技浪潮。美国为加强在人工智能领域的领导地位，连续多年制定人工智能战略规划。2023年5月23日，美国白宫公布了一系列围绕美国人工智能使用和发展的新举措，并更新发布了《美国国家人工智能研究和发展战略计划》。该计划对2016年版、2019年版的计划进行了补充和更新，新版文件提出9项战略。事实上，近年来美国对人工智能的投资逐年增加，从2017年开始大幅上升，2020年达到18.37亿美元，较2019年增长了25%，在人工智能相关合同上支出前三位的政府机构分别是美国国防部（14亿美元）、美国国家航空航天局（1.39亿美元）和美国国土安全部（1.12亿美元）。此外，美国国家科学基金会作为人工智能基础研究的非国防主要联邦资助机构，正在引领美国进行关键的人工智能投资，这些投资项目几乎覆盖所有的社会领域。例如，OpenAI（美国开放人工智能研究中心）研发的ChatGPT（聊天机器人模型）、ChatGPT-4等人工智能大模型，生成式人工智能工具出现的爆炸式增长已颠覆性地改变了产业格局，使2023年成为生成式人工智能的突破之年。

与此同时，美国积极采用云计算、大数据、人工智能等技术和服务，建设更高水平的数字政府。2012年，美国政府发布《数字政府：建设21世纪更好服务美国人民的信息平台》，明确提出让美国公民和员工能够随时随地使用任何设备获得高质量的数字政府信息和服务的战略目标，并从以信息为中心、构建共享平台、以客户为中心、安全和隐私保障四个方面开启美国政府数字化进程。

（二）欧盟：强调数字主权

近年来，数字主权已成为欧盟国家推动新兴技术发展和数字政策制定的首要目标。欧盟委员会主席冯德莱恩曾在欧洲议会明确表示，推动欧盟在一些关键技术上实现"技术主权"是其主要目标之一。2020年2月，欧盟委员会发布了《塑造欧洲数字未来》《欧洲数据战略》《人工智能白皮书：通往卓越与信任的欧洲之路》三份数字战略文件，目标是确保欧盟成为数字化和人工智能方面的全球领导者。2020年7月，欧洲议会发布《欧洲数字主权》报告，阐述了欧盟提出数字主权的背景和加强欧盟在数字领域战略自主的指导方针，并明确了24项可能采取的具体措施，其中一项即为促进建立符合《欧洲数据战略》的欧盟云基础设施。欧洲云计划Gaia-X由德国与法国联合倡议和牵头，欧盟27国参与，旨在建立一个真正属于欧洲的数据基础设施，成为欧盟的"母云端"，并创立通用云标准、参考云架构，达到互操作性要求等。2021年3月，欧盟委员会发布了《2030年数字指南针：数字十年的欧洲之路》，该文件描绘了到2030年欧盟实现数字化转型的蓝图和目标，旨在引领欧盟构建可持续的数字化社会，加强欧盟的数字主权，以确保欧盟成为世界上数字经济最发达的地区之一。2022年11月，欧盟颁布全球首部《人工智能法案》。该法案规定了欧盟使用人工智能技术的规则，旨在为可信赖和以人为中心的人工智能提供标准。此外，近年来，欧盟也陆续出台了《通用数据保护条例》《数字市场法》《数字服务法》等一系列政策文件和法律框架，以建构数字主权，增强欧洲数字创新能力。当前欧盟推进的与数字主权相关项目详情见表1.1，欧盟的数字治理整体布局情况见表1.2。

表1.1 当前欧盟推进的与数字主权相关项目

序号	项目名称	负责机构	主要事项
1	欧洲云和数据基础设施	欧盟委员会，欧洲议会，欧洲理事会	促进建立符合数据战略的全欧盟云基础设施
2	欧盟数据管制框架	欧盟委员会，欧洲议会，欧洲理事会	采取一套新的措施促进欧盟创新者获取和使用个人与非个人数据（如开放政府数据）

续表

序号	项目名称	负责机构	主要事项
3	多年度财政框架和"数字欧洲"	欧盟委员会,欧洲议会,欧洲理事会	采用新的多年度财政框架,包括"地平线欧洲"和"数字欧洲"计划,支持前沿技术投资
4	人工智能、数据和机器人领域的公私合作	欧盟委员会,欧洲理事会	在人工智能、数据和机器人领域建立PPP(公共私营合作制)关系,以欧盟价值观为基础发展人工智能创新
5	欧盟大型研究合作框架	欧盟委员会,欧洲议会,欧洲理事会	支持建立大规模的欧盟新技术研究合作框架
6	《通用数据保护条例》审查	欧盟委员会,欧洲议会,欧洲理事会	修订《通用数据保护条例》,为卫生或金融服务等部门提供特定的数据保护指导。为人工智能创造有利于创新的环境
7	《电子隐私指令》	欧盟委员会,欧洲议会,欧洲理事会	完成对《电子隐私指令》的修订,确保所有公共网络上的通信数据安全和隐私保护
8	建立欧盟范围内的强制性网络安全认证	欧盟委员会,欧洲议会,欧洲理事会	修订欧盟网络安全认证框架,使认证具有强制性
9	促进欧盟层面的网络安全协调	欧盟委员会,欧洲议会,欧洲理事会	成立网络安全联合小组,加强成员之间的合作互助,支持网络安全技术的开发和部署
10	修改NIS(网络信息服务)指令	欧盟委员会	修订NIS指令,加强对欧盟关键数字部门的保护
11	5G(第五代移动通信技术)及更高级别的标准化	欧盟委员会	促进制定5G网络和智能连接系统的欧盟共同标准
12	物联网标准化	欧盟委员会	为物联网设备制定通用的欧盟标准
13	决策系统透明度	欧盟委员会,欧洲议会,欧洲理事会	通过立法协调欧盟决策系统透明度的规则

续表

序号	项目名称	负责机构	主要事项
14	欧盟人脸识别技术使用框架	欧盟委员会，欧洲议会，欧洲理事会	通过具体立法就人脸识别技术的发展和使用制定道德规范，并落实保障和问责措施
15	欧盟产品的安全和责任机制	欧盟委员会，欧洲议会，欧洲理事会	修订欧盟产品的安全和责任制度，解决物联网和人工智能等新兴技术带来的安全与责任问题
16	《电子商贸指令》（《数字服务法》）	欧盟委员会，欧洲议会，欧洲理事会	修订现行适用于网络平台的责任规则，加强欧盟平台问责法律制度
17	协调执行欧盟公共采购规则	欧盟委员会，欧洲议会，欧洲理事会	确保欧盟公共采购规则的协调实施，更好地考虑敏感领域（特别是5G）数字技术。制定一项国际采购文书，确保公共采购的互惠市场准入
18	评估欧盟高科技企业收购的新工具	欧盟委员会，欧洲议会，欧洲理事会	采用新的欧盟工具来评估对欧盟高科技公司的收购
19	建立欧盟战略性产业和技术特别工作组	欧盟委员会，欧洲议会，欧洲理事会	评估创建一个战略性的产业和技术工作组，识别具有战略性重要意义的产业，限制这些产业的国外投资、国家援助和行业竞争
20	欧盟数字服务税收框架	欧盟委员会，欧洲议会，欧洲理事会	探索采用统一的数字服务税的可能性
21	控制"数字守门人"	欧盟委员会，欧洲议会，欧洲理事会	探索实施事前规则（如算法透明、中立、数据共享），更好地控制数字平台的行为，平台越来越多地充当"数字守门人"
22	培育开放的数字生态系统	欧盟委员会，欧洲议会，欧洲理事会	评估欧盟是否应该推动数字工具和解决方案（如操作系统），这些将避免欧盟被技术封锁和打造更开放的数字生态系统
23	数字监管机构之间的治理机制和协调	欧盟委员会，欧洲议会，欧洲理事会	重新思考管理机制与监管机构之间的互动，促进数字主体的协作和共同决策

资料来源：根据欧洲议会发布报告整理。

表1.2　欧盟的数字治理整体布局

	重点领域	主要内容
数字规则	总体战略	2018年，欧盟委员会发布《投资未来：欧洲2021—2027数字化转型》报告；2020年，欧盟委员会发布《塑造欧洲数字未来》《欧洲数据战略》《欧洲新工业战略》等战略文件；2021年，欧盟委员会发布《2030年数字指南针：数字十年的欧洲之路》
	单一市场建设	2015年，欧盟委员会通过"单一数字市场"战略；2021年，欧盟理事会通过《单一基本法案》
	内部数据规则	2002年，欧盟委员会发布《电子隐私指令》；2016年，欧洲议会通过《通用数据保护条例》；2017年，欧盟委员会发布《电子隐私条例》草案；2018年，欧洲议会和欧盟理事会共同颁布《关于非个人数据自由流通的规定》；2022年，欧盟理事会正式批准《数据治理法案》；2022年，欧盟委员会公布《关于公平访问和使用数据的统一规则的条例》草案
	反垄断和消费者保护	2022年，欧洲议会通过《数字市场法》《数字服务法》
数字技术	人工智能	2018年，欧盟委员会发布《欧洲人工智能战略》《人工智能协调计划》；2020年，欧盟委员会发布《人工智能白皮书：通往卓越与信任的欧洲之路》；2021年，欧盟委员会发布《人工智能协调计划2021年修订版》；2021年，欧盟委员会通过《人工智能法案》提案
	开源软件	2020年，欧盟委员会批准《开源软件战略（2020—2023）》；2021年，欧盟委员会宣布通过开源软件分发的新规则
	网络安全	2016年，欧洲议会通过《欧盟网络与信息系统安全指令》；2019年前后，欧盟委员会通过《网络安全法案》；2020年，欧盟网络安全局发布《物联网安全准则》；2020年，欧盟委员会发布《网络安全战略》；2022年，欧盟委员会提议制定《网络弹性法案》

资料来源：根据公开资料整理。

欧盟主要在监管框架及规则上占优，且着重协调成员之间的优势，重视工业数字化发展。首先，《欧洲数据战略》旨在创建一个单一的数据市场，为此欧洲制定了一系列数字化转型战略规划、法案。2015年，欧盟委员会提出"单一数字市场"战略；2016年，欧盟正式推出《欧洲工业数字化战略》；2018 年，欧盟又公布《欧洲人工智能战略》；2020 年，欧盟更是紧锣密鼓地发布了用于指导欧洲适应数字时代的总体规划《塑造欧洲数字未来》《欧洲新工业战略》《欧洲数据战略》《人工智能白皮书：通往卓越与信任的欧洲之路》等；2021 年 3 月初，欧盟发布了《2030 年数字指南针：数字十年的欧洲之路》纲要文件，涵盖了欧盟到 2030 年实现数字化转型的愿景、目标和途径。《欧洲数据战略》包括九个数据共同空间，数据空间将连接治理框架和相关数字基础设施（工具和服务），以在整个欧盟实现安全和可扩展的数据合并、处理和共享，包括工业数据空间、绿色交易数据空间、移动数据空间、健康数据空间、金融数据空间、能源数据空间、农业数据空间、公共行政数据空间和技能数据空间，并提出2021—2027 年在共同数据空间和云基础设施领域启动 40 亿～60 亿欧元的投资。

其次，欧盟高度重视工业数字化战略。欧洲更加重视工业数字化、企业数字化，这一点在德国和法国体现得尤为明显。2015 年 4 月，法国经济部、工业与数字事务部颁布"新工业法国"战略的升级版——"未来工业"计划；2019 年，德国联邦经济和能源部发布《国家工业战略 2030》；2020 年 3 月，欧盟发布的《欧洲新工业战略》提出通过物联网、大数据和人工智能三大技术来提升欧洲工业的智能化程度，大型企业、中小企业、创新型初创企业等均在被支持范围之内。

最后，在数字监管方面，欧盟走在前列。2018 年 5 月，欧盟颁布的《通用数据保护条例》，被认为是世界上最严格的隐私和安全法规，通过设定收集、存储和管理个人数据的要求，建立了保护个人数据的统一框架；2022 年 2 月，欧盟发布《关于公平访问和使用数据的统一规则的条例》，它是《欧洲数据战略》的第一个可交付成果，于 2024 年 1 月生效。

（三）日本："数字新政"

2019年12月，日本政府在年度财政补充预算案中，列入超过9 550亿日元的"数字新政"相关预算，以推动人工智能和5G发展，并实现经济增长。此外，日本政府拟向学校的信息化投入2 318亿日元，向中小企业的信息化投入3 090亿日元。"数字新政"相关预算还包括旨在加强后5G时代信息通信基础设施的1 100亿日元。日本"数字新政"与此前的数字经济顶层设计一脉相承，但支持力度突破式加大、措施更为具体，旨在帮助日本抓住全球数字经济革命机遇，补齐日本数字化、智能化发展短板，使数字经济成为推动经济增长和社会变革的新动能，实现日本中长期稳定发展，未来类似的数字经济支持政策将呈常态化趋势。此外，日本"数字新政"注重为数字技术研发和产业化，尤其是基础研究、初创企业等创新链上的市场失灵环节提供资金支持。不同部门在分工上各有侧重，文部科学省侧重于支持战略性基础研究，但也搭建平台促进产学联合研究，为科技成果转化提供风险投资；经济产业省侧重于技术开发和产业化应用，为科技初创企业提供资金支持。

（四）东盟：数字化转型

数字化转型是东盟实施《东盟共同体愿景2025》的重中之重。近年来，东盟加紧数字化转型，在电子商务、无纸化贸易、数字支付、网络安全等领域取得了积极成果：一是《斯里巴加湾路线图：加快东盟经济复苏与数字经济一体化的东盟数字转型议程》实施取得显著进展；二是加速拓展东盟海关申报文件系统，促进成员之间出口申报信息的交换；三是加快完成《东盟数字经济框架协议》研究，目标是2023年内完成框架，2025年前完成协议的实质性模块；四是制定

《促进数字初创企业生态系统增长框架》，成员可据此制定基于实践的各国政策，促进数字初创企业生态系统的发展；五是正在制定《东盟人工智能治理和道德指南》，该指南将为本地区企业提供参照和指导；六是支付系统领域，目前新加坡、印度尼西亚、泰国、柬埔寨、马来西亚和越南之间已建立了6个二维码支付链接，将促进区域支付连通并简化零售支付流程。东盟各成员正在加紧数字战略布局。

1. 新加坡

新加坡是数字化较为发达的经济体，在数字经济竞争力、智慧城市、数字包容性等多项数字经济排名中均位居全球前列。新加坡政府将人工智能、中小企业数字化转型、数字金融、电子政务以及数字经济国际合作作为其发展重点，力图打造数字经济新的增长极，助力新加坡"智慧国家"建设。近年来，新加坡政府以成为数字经济强国为目标，制定了打造"数字中心"的中长期发展战略：对内，致力提升数字技术在各领域的普及和应用水平，加快企业的数字化转型升级，增强企业和社会利用数字技术的创新能力；对外，重视加强数字产品和服务在全球流动中的互联互通，为企业"走出去"搭建平台和打造合作新规则，不断扩大数字经济"朋友圈"。2020年6月，新加坡与新西兰、智利签署第一份《数字经济伙伴关系协定》，并分别于2021年1月和11月生效；2020年12月，《新加坡—澳大利亚数字经济协议》生效；中国于2021年11月申请加入《数字经济伙伴关系协定》；2021年12月，新加坡与韩国完成"韩国—新加坡数字伙伴关系协定"谈判。另外，新加坡与欧盟、印度和加拿大等也在商讨加强数字经济合作事宜。

2. 印度尼西亚

作为东盟第一大经济体的印度尼西亚发布了"2021—2024年数字印尼路线图"。它是促进印度尼西亚数字基础设施、数字政府、数字经济、数字公民4个领域数字化转型的战略指南，该路线图制定了10个重点发展行业，至少100项主要举措，以实现包容性数字化转型。这些行业包括数字化转型与旅游、数字贸易、数字金融服务、数字媒体和娱乐、数字农业和渔业、数字房地产和城市、数字教育、数字健康、行业数字化和政府机构数字化。

3. 泰国

泰国于2015年2月提出"数字泰国"理念，随后又出台相关发展计划，是东盟最早聚焦数字化转型和数字经济发展的成员之一。为加速数字经济发展，促进经济繁荣和产业转型，进一步提升经济总量，泰国政府推出了"数字泰国"理念及相关计划。其中，为期20年的发展计划分为4个阶段，从数字化基础设施建设起步，到发展数字经济和跨入数字社会，再到全面实现数字化，最终利用数字技术推动泰国成为发达国家。2018年10月，泰国颁布国家长期发展规划《国家20年发展战略规划（2018—2037年）》，提出到2037年力争跻身发达国家行列，成为稳定、富裕和可持续发展的国家。数字化转型是泰国迈向高收入国家的重要战略步骤。泰国还提出"泰国4.0"战略，涵盖数字发展中长期规划，旨在以创新为驱动，运用新技术，促进产业结构转型升级，提升国际竞争力。"泰国4.0"战略涵盖10个目标产业部门，致力推进五大传统优势产业转型，促进五大新兴产业发展，数字经济就属于五大新兴产业之一。"泰国4.0"战略还涉及两个战略性项目，即东部经济走廊（EEC）和南部经济走廊（SEC）建设项目，这两个战略性项目的核心在于促进数字产业集聚，完善数字基础设施，打造区域数字经济增长极。另外，泰国在其第12个五年发展规划（2017—2021年）中，确定了数字经济发展的主要任务，包括鼓励企业向数字化转型，加强数字工业和空间技术创新与研究，健全和完善国家信息通信与数字经济相关法律法规等。

三、全球数字竞争新态势

（一）大国竞争新焦点：数字主权

随着数字经济时代的到来，数字空间正成为继陆地、海洋、天空、外太空之后人类活动的"第五空间"，国家主权的范围也延伸到这一领域，其中最核心的部分就是数字主权。数字经济时代，对于数据资源的争夺正成为新一轮大国博弈的前沿，并加快推动国际格局与国际秩序的深刻转变。当前，数据不仅是生产要素，更成为关系国家战略的关键资源。联合国贸易和发展会议发布的《2024年数字经济报告》预计，全球互联网连接对象的数量将从2022年的130亿件增加到2028年的350亿件。随着互联网用户数量的迅猛增长和大数据分析、人工智能、物联网等新兴技术蓬勃发展，全球数据流量将迎来爆炸式增长。面对具有战略价值的海量资源，各国纷纷在国际和国内层面展开对数据治理权和数据控制权的争夺，而由此产生的数字主权之争也更趋激烈。特别是在美国对华全面遏制以及全球保护主义升级的背景下，如何维护国家数字主权，加快推动数字治理体系建设，维护我国数字主权，争夺全球数字治理话语权已经成为一项刻不容缓的重大战略性议题。

数字主权最大的特点就是它的复杂性。数据全球化趋势不可避免地引发了诸多国家对数字主权的担忧，相对领土、人口等其他类型的国家主权管辖对象，数据主权的实现具有复杂性。第一，数据天然的流动性导致各国的数据主权管辖必然需要与其他国家进行权利交换与权力妥协。如果单方面强调对本国数据资源的绝对控制，则将导致数据流动停滞和与网络空间分裂，最终危害本国数据主权。第二，当前数据主权博弈从个人权利和产业竞争泛化到国家安全和公共安全领域，人权组织、政治集团、行业巨头等纷纷介入这一领域，从不同的角度向跨境数据流动提出非技术性的要求，使跨境数据流动问题变得异常复杂。第三，国际法规则缺失、各国法律之间的差异或博弈导致数据主权管辖边界面临重合与冲突。第四，各国数据主权管辖能力具有不对称性。美国在网络空间基础资源和技术产业的主导地位对各国数据主权保障能力形成现实压制，虽然"斯诺登事件"之后各国高度重视数据安全技术和产业发展，但全球数据主权保障能力不平衡的现状依然明显。因此，大国扩张性的数据主权战略加剧了管辖权冲突与竞争白热化。

（二）新冷战时期的数字霸权

继贸易战、科技战之后，美国对华发起了"数字新冷战"。ICT（信息通信技术）供应链曾被视作全球化的典型象征，但在此轮去全球化的浪潮中遭到严重破坏，沦为国家博弈的政治工具。美国正加紧与"五眼联盟"构筑"数据同盟体系"，强化以国家安全为主要考量的数据跨境流动政策的价值取向。此外，美国从维护其"数字霸权"地位出发，打出所谓"数字自由主义"旗号，并利用世界贸易组织、亚太经合组织、《美墨加协定》、《美日数字贸易协定》扩展其全球利益。日本加紧推动"基于信任的数据自由流动"（DFFT）体系，试图打造美欧日"数字流通圈"。从地缘政治角度看，印太-亚太地区成为数字博弈的重点区域，美国联合其盟友加速推进以其为主导的"印太数字联盟"。

（三）数字治理增添外交色彩

数字技术关乎隐私保护、伦理道德和信息安全，涉及个人权利和商业自由的冲突，以及个人权利保护和国家管控模式等议题。一些国家和地区将数字技术与法治、制度乃至人权等价值观挂钩，如美国等国家推动以价值观为基础的数字外交，组建所谓"科技民主联盟"。欧盟委员会发布的《人工智能白皮书：通往卓越与信任的欧洲之路》提出，启用"可信赖的基于欧洲价值观和规则的人工智能框架"，甚至在《数字服务法》中强调要建立与欧盟政治价值观相配套的网络防火墙机制。

（四）数字治理之规则竞争

数字领域的竞争不仅是技术之争，更是规则之争。各国都想借助规则主导权加紧输出本国数字治理模式，延伸数字管辖权，并拉拢利益相关者构筑规则。近年来，美国通过世界贸易组织、亚太经合组织、《美墨加协定》、《美日数字贸易协定》扩展其全球利益。同时，美国还主导建立《亚太经济合作组织跨境隐私规则》，吸收日本、韩国、新加坡、加拿大、澳大利亚、墨西哥等国家和地区加入。欧盟因其强大的规制能力与庞大的市场而形成"布鲁塞尔效应"。为追求全球数字规则领导权，欧盟委员会除推出成为全球数据治理模板的《通用数据保护条例》外，还发布《塑造欧洲数字未来》战略文件，提出要制定全球数字合作战略，并在七国集团、世界贸易组织和联合国等平台推广欧盟方案，致力形成全球适用的数字经济国际标准与规则。而一些中等经济体也试图打造数字伙伴关系，争取在数字治理规则上拥有更大的话语权，如新加坡、新西兰、智利签署《数字经济伙伴关系协定》。由此可见，数字领域国际规则制定的竞争日趋激烈。

（五）数字保护主义日趋明显

近年来，数字主权日益成为国家核心利益的重要组成部分，各国围绕数字主权的利益诉求、立场分歧与博弈全面布局，美、日、欧等国家在实践中不断行使立法、执法和司法管辖权，为数字空间"定规立制"。冷战时期，美苏战略竞争的制高点是武器装备和核武器，未来大国竞争的制高点将是数字经济与数字贸易。纵观全球发展格局，虽然美国在数字经济与数字贸易领域仍占据主导地位，但中国已呈现快速崛起之势，两国之间的竞争日趋激烈。特朗普执政期间（2017—2021年），明确将中国定位为美国的首要战略竞争对手，并从数字地缘政治的角度展开对华竞争。美国在不断增强数字能力的同时，对中国数字高科技企业进行制裁，加大出口管制力度，持续实施科技封锁与打压，甚至强行"脱钩"，搞数字新冷战，以维护自身数字霸权及全球科技领导地位。拜登执政后，继续通过国际网络对他国施加压力，强化对中国的数字技术封锁，更在技术标准、国际规则等层面加大对中国的制衡力度。在数字保护主义等逆全球化浪潮的冲击下，区域经济合作在全球范围内蓬勃兴起，各国在更大范围内积极寻求资源的优化配置，区域经济一体化合作需要在更高层面上统筹安全与发展，数据要素核心价值的发挥需要更全面、可信任的数据安全环境。因此，各国还将就数据跨境流动、数据安全高效地开发利用和共享、数据安全协调治理体系展开更多合作，促进不同战略及法律框架的融合。

四、大国数字博弈新动向

随着数字时代的来临以及各国数字化战略加紧布局，大国竞争博弈逐渐从现实空间向数字空间扩展。参与博弈的主要世界大国将在一个具有不同特征的新空间中迎接新的竞争主体，并且构建新的竞争逻辑。数字空间的大国博弈一方面继承了传统地缘政治理念，另一方面又具有数字时代的新特点。在各种要素深度融合的基础上，大国博弈正在走向数字地缘政治的新阶段。如何适应新的竞争形态，避免在冲突与竞赛中损害国家发展的核心利益，将成为世界各国新时代战略布局的重要组成部分。

数字博弈是一场交织着技术、产业、经济、政治等多重复杂和综合因素的大国竞争。

（一）数字技术管控成为美对华遏制新手段

近年来，美国大搞"小院高墙"，强推"脱钩断链"，对华数字技术进行封锁和围堵。一是数字技术出口保持高压态势。美国政府在对外贸易政策议程中赋予数字贸易更高权重，以维护美国高科技产业的相关利益。美国政府在国家知识产权保护方面的态度更加强硬。数字内容产品版权、软件产品源代码、人工智能算法和密钥等是重点保护对象。与其他民主国家合作塑造全球技术通行规则，构建对美国有利的全球知识产权规则框架。对于5G、人工智能等关键领域的前沿技术，美国会保持高度警惕和强化管控，特别是在技术标准和规则方面阻止中国参与改写规则和标准制定。重点瞄准数字基础设施以及高度依赖跨境数据流动的新型数字贸易，如云计算、工业互联网、工业软件和高端应用软件、基础通信、搜索引擎和社交媒体，以及数字支付、数字货币、数字内容服务等。

二是数据安全审查正成为美对华遏制新手段。自2017年特朗普执政以来，美国加强对社交媒体、数字基础设施的国家安全审查与执法，限制、压缩外国获取美国数据与技术的范围。例如，通过美国联邦通信委员会、美国联邦贸易委员会等职能机关，集中加强对华企业的数据安全审查，并且推动各种隐私保护和数据安全规则及倡议出台，其中重点以社交媒体、跨境电子商务、电子支付、人脸识别等为切入口对华数字企业实施新一轮制裁。2023年3月，美国两党参议员提出《限制危及信息和通信技术安全威胁出现法案》，并要求字节跳动出售 TikTok（抖音海外版）股份，否则将封禁 TikTok。美国联邦层面针对 TikTok 的相关法案见表 1.3。

表 1.3　美国联邦层面针对 TikTok 的相关法案

法案名称	法案内容	法案进程
《政府设备无 TikTok 法》	所有政府机构 30 天内卸载 TikTok	2022 年 12 月 29 日拜登签署生效，2023 年 2 月 27 日开始执行
《全美禁止 TikTok 交易法》	阻止美国实体与 TikTok 的母公司字节跳动进行交易，并对试图逃避制裁的实体进行处罚	提案中
《遏制美国技术对手法》	撤销几十年来对创造性内容（如 TikTok 短视频）免受美国制裁的长期保护，赋予美国总统在全美范围内禁用 TikTok 及其他被认为存在安全风险的 App 的权力	提案中，2023 年 3 月 1 日在众议院外委会获得通过
《限制危及信息和通信技术安全威胁出现法案》	通过更好地授权商务部审查、预防和减轻对美国国家安全构成不当风险的信息通信和技术交易，全面解决外国对手的技术所带来的持续威胁	提案中

资料来源：根据公开资料整理。

三是美国"印太经济框架"试图对华形成新的"规锁战略"。数字贸易协议是美国重拾亚太（印太）领导力的新思路。在 2021 年末的东亚峰会上，拜登曾透露美国将与盟友探讨制定"印太经济框架"，该框架主要围绕贸易便利化、数字经济和技术标准、供应链弹性、脱碳和清洁能源、基础设施、工人标准等议题设置政策议程。当时，拜登政府考虑推进的数字贸易协议第一阶段的主要成员包括澳大利亚、加拿大、智利、日本、马来西亚、新西兰和新加坡等，随后还有印度等国。该协议为数字经济和贸易制定标准，包括为电子支付、数字签名、数据跨境流动、知识产权保护和隐私保护设定统一标准和规则。

在世界贸易组织之外形成一个由美国主导的印太区域性数字贸易协议，构筑印太"数字同盟圈"，从而对中国实施新的"规锁战略"。

（二）欧盟宣誓数字主权弊大于利

除中美博弈外，欧盟也在努力参与数字竞争。欧盟提出的数字主权包括产业自主、运行自主、政策自主和战略自主四个层面。从欧盟在数字治理领域的政策导向来看，首要是防范美国，其次是中国。欧洲网络与信息安全局（ENISA）在发布的网络信息安全 2020 年度报告中称，保证欧盟网络安全是 5G 发展中的首要任务。要保证网络安全，就必须首先选择本土的设备供应商，这意味着欧盟将有计划、有步骤地将中国 5G 供应商减少，甚至排除在外。然而，这一做法显然弊大于利，甚至危害欧盟数字技术的发展。在欧盟委员会委托撰写的第 18 次 5G 观察报告中，有 5 个国家的 5G 网络人口覆盖率排名靠后，这些国家很早就排除或严格限制中国设备供应商（华为和中兴）作为其国家移动网络的 5G 供应商。爱沙尼亚和拉脱维亚的 5G 网络人口覆盖率分别约为 43% 和 42%，远低于欧盟 80% 左右的平均水平。比利时和罗马尼亚的 5G 网络人口覆盖率更低，均不到 30%。瑞典的 5G 网络人口覆盖率略高于 20%，在欧盟 27 个国家中垫底。

（三）美欧数字法规体系竞相建立

美国数字平台企业在全球数字竞争中占据主导地位，以谷歌、亚马逊、脸书和苹果等为代表的美国互联网公司，凭借先发优势与技术优势迅速占领全球数字市场。欧盟早在 2020 年便提出了《数字服务法》和《数字市场法》草案。2022 年 7 月，欧洲议会通过了这两部法案。《数字服务法》侧重于规范数字企业提供的内容和形式等服务，

《数字市场法》侧重于监管数字企业之间的竞争。2023年8月25日，欧盟《数字服务法》正式生效。根据该法案，互联网平台必须采取措施删除非法和有害的在线内容，包括仇恨言论、虚假信息等。这意味着互联网企业再也无法依据"避风港原则"，逃避对其平台内容进行监管的责任。互联网平台如果未能尽到监管责任，可能会被处以其年营业额6%的罚款。按照欧盟的划分标准，月活跃用户达到4500万的平台属于"超大型平台"，是《数字服务法》重点监管的平台。这些"超大型平台"包括脸书、X（原推特）、优兔（YouTube）等社交媒体平台和亚马逊、苹果应用商店、谷歌搜索等。因此，作为全球最大数字单一市场之一的欧洲也希望借助立法保护数字安全，并通过征收数字服务税限制美国数字科技巨头过度占据欧洲市场份额，数字领域正逐步成为美欧博弈的主战场。

早在2018年，欧盟就意图征收数字服务税，然而由于数字服务税牵涉面过广，涉及全球税制改革以及不同国家间的利益协调，其内部始终难以统一意见。经济合作与发展组织启动的多边谈判也进展缓慢，依靠多边谈判改写现有征税规则短期内难以实现。因此，2021年7月，法国决定先行一步，通过了本国版本的数字服务税法案，向全球营收7.5亿欧元、在法营收2500万欧元以上的科技公司征税，谷歌、脸书、亚马逊、苹果等美国科技巨头首当其冲。尽管当前数字服务税已经不再是美法两国之争，但美欧数字博弈并没有从根本上结束。欧盟还高举反垄断、隐私保护、平台内容等"监管大棒"，对美国科技巨头屡开罚单。近年来，美欧间围绕数字经济的博弈已成新常态，而此次数字服务税征收无疑再度加深跨大西洋关系裂痕。特别是在以云服务为核心的数据争夺中，法德明确表态要建欧洲云，"让数据留在欧盟"，捍卫欧洲数据主权，而在政府层面，美国统一由财政部牵头反对欧盟活跃的数字立法，并以本地服务商"专业知识匮乏"为由拒绝本地化，认为本地化只会"抬升成本、限制竞争、威胁数据安全和用户隐私",要求谷歌、微软、亚马逊等提供云服务的美国公司不被歧视。未来,美欧数字博弈在云服务领域激化的可能性极大。

(四)启示:建设数字中国,应对百年未有之大变局

世界主要国家在数字领域的差距正在进一步缩小,这势必带来更加激烈的数字博弈与竞争。归根结底,数字博弈竞争由技术创新引发,也将由技术创新终止。站在全球数字技术创新的前沿来看,会得到以下启示。首先,数字博弈竞争是技术发展的必然冲突,这种以利益调整为核心的趋势,需要通过一种激烈的方式来加速到位。其次,主要大国之间的数字博弈竞争将更大程度地激发各国对科技创新的重视和投入,产生一波全新的竞争和创新激励,大大加快科技创新进程。再次,中国不仅需要对数字等技术创新进行原始投入,还需要构筑开放的创新生态,以及有活力、有竞争力的创新市场,这是当下应对美国科技"脱钩断链"并获得主动优势的策略。如何应对和把握全球科技创新领域的"硬竞争"和"巧竞争"战略?对中国而言,根本目标是谋求共生互赢,即在全球创新链和产业链的融合体系中,谋求"你中有我、我中有你""相互制约、相互威胁""共同发展、牵一发而动全身"的对等博弈。最后,数字博弈是科技发展到一定阶段的格局大调整,是过去美欧主导的科技进程无法满足新的历史使命的必然结果。新的进程需要中国等发展中国家和新兴经济体科技力量崛起,因此大国数字博弈必将给世界各国带来更多的可能性,也带来更大的选择权。

当前,全球正加速迈向以互联网、大数据、人工智能等为代表的数字时代。数字时代以数字技术为代表的先进技术,正在驱动生产力从量变到质变,实现跨越式发展。数字技术已经成为全球研发投入最集中、创新最活跃、应用最广泛、辐射带动作用最大的技术创新领

域，是全球技术创新的竞争高地。因此，能否把握数字革命带来的战略机遇，应对各种挑战，将决定一个国家的前途与命运。只有牢牢抓住数字革命的历史机遇期，高度重视数字经济发展，建设数字中国，才能把握百年未有之大变局的历史脉动。

第二章

构筑数字中国建设的宏伟蓝图

一、建设数字中国的战略背景

推进数字中国建设,是我国政府立足科技革命前沿、着眼长远竞争优势的战略布局,是数字时代推进中国式现代化的重要引擎,是构筑国家竞争新优势的有力支撑。

第一,思维认知方面,数据作为新质生产力的战略意义得到更深刻的认知。建设数字中国是一项着眼长远未来、高瞻远瞩的战略部署,我们必须从哲学的高度看待数据驱动发展的深远意义,理解数字化时代这个新的社会形态。对于信息和数据的重要性,习近平总书记有一段非常重要的论述:"网络信息是跨国界流动的,信息流引领技术流、资金流、人才流,信息资源日益成为重要生产要素和社会财富,信息掌握的多寡成为国家软实力和竞争力的重要标志。"[1] 可见,

---

[1] 《习近平:总体布局统筹各方创新发展 努力把我国建设成为网络强国》,《人民日报》,2014年2月28日。

只有正确把握数据的本质,才能抓住机遇实现经济社会发展的数字化转型。数据是企业和国家新的资产形式,是信息经济时代最主要的生产要素,是改造生产方式的基础性力量,个人的角色和思维、企业组织结构与战略、国家治理方式、国家之间的竞争方式,将在数字空间中被重新构建。

数字化时代具有一个非常鲜明的特征,就是数据成为促进生产力变革的基础性力量,成为塑造新质生产力的强大引擎。这包括数据成为生产要素,数据重构生产过程,数据驱动型企业快速崛起等。在数字化时代,劳动者是具有较高数字素养的人,生产工具是高度数字化、智能化的工具,劳动对象也从物理空间不断向数字空间拓展和迁移,生产力的主要构成要素都发生了重要变化,数据重构了生产力的结构,成为促进生产力变革的基础性力量。此外,数据作为生产要素构建的经济增长方式可能导致一些经济规律失效。过去的经济学规律非常强调边际效应,因为传统增长方式下的能源、资源都是越消耗越少,边际成本越来越高,最终经济无法持续快速增长。但数据作为生产要素的边际成本几乎为零,不仅不会越消耗越少,反而会保持摩尔定律所说的指数型增长。因此,大数据时代需要新的经济增长理论来指导实践。

第二,科技革命方面,基于数字科技的创新型产业集群迎来中长期爆发式增长新周期。数字科技前沿领域包含一大批技术热点,这些领域快速发展演进,是新一轮科技革命和产业变革的火车头。基于数字科技的创新型产业集群主要包括以下几个。(1)人工智能。人工智能是数字科技的核心领域之一,涵盖机器学习、深度学习、计算机视觉、自然语言处理等多个子领域。人工智能的应用正在变革各行各业,从制造业到服务业,无人工厂、智能医疗诊断、自动驾驶等各种新场景飞速拓展,人工智能正在形成新质生产力。(2)大数据和数据分析。随着数据量的激增,大数据和数据分析在提供洞察力、指导决策和优化操作中变得至关重要。（3）云计算和边缘计算。云计算提供了具有弹性、可扩展性的计算资源，而边缘计算则旨在将数据处理靠近数据源，以减少延迟和带宽使用。（4）物联网。物联网涉及将物理设备连接到互联网，从而使设备能够收集和交换数据，这在智能家居、工业自动化和智慧城市等领域有广泛应用。（5）区块链技术。区块链技术以其安全性和透明性在金融服务、供应链管理、数字身份验证等领域受到关注。（6）5G。5G将为移动互联网提供更高的速度和更低的延迟，支持大规模的物联网应用，以及新的应用场景，如远程医疗和虚拟现实。（7）量子计算。量子计算虽然仍处于相对初级的阶段，但因其潜在的巨大计算能力和对传统加密技术的冲击而备受关注。（8）AR（增强现实）和VR（虚拟现实）。AR和VR技术在游戏、教育、医疗和房地产等领域的应用正在增加。（9）自动驾驶和智能交通系统。自动驾驶技术结合了人工智能、机器视觉、传感器技术等多项先进技术，旨在创建更安全、更高效的交通系统。（10）生物技术和数字医疗。数字技术在基因组学、个性化医疗和远程医疗等领域的应用，正在改变医疗保健行业。这些前沿领域不断拓展数字科技的边界，同时也给社会带来深远的影响，未来还将出现更多的创新技术和应用热点，国家只有紧紧抓住这些产业革命机遇，才能在全球科技竞赛中抢占先机。

  第三，治理变革方面，数据成为国家治理体系和治理能力现代化的基础性力量。党的十八届三中全会把"国家治理体系和治理能力现代化"作为全面深化改革的总目标，人们越来越认识到，大数据是一场管理革命，"用数据说话，用数据决策，用数据管理，用数据创新"会给国家治理方式带来根本性变革。在大数据条件下，"人在干、云在算、天在看"，数据驱动的"精准治理体系""智慧决策体系""阳光权力平台"都将逐渐成为现实。在政府治理方面，政府决策体系是否科学精准，直接决定了政府的治理能力和治理效果。事实上，以往政府治理的"痛点""难点"，往往是数据系统的"盲点"，正是数据缺失导致政府无法产生高质量决策。大数据之所以是一场治理革命，是因为它将通过全息的数据呈现，使政府从主观主义、经验主义的模糊治理方式，迈向实事求是、数据驱动的精准治理方式。经济治理领域也是大数据创新应用的沃土，互联网系统记录着每一位生产者、消费者所产生的数据，包括生产信息、消费信息、购买行为、支付行为、社交行为、空间位置、大众口碑、工商记录、信用历史等，基于这些丰富的经济大数据，可以为经济治理模式带来突破。判断经济形势不再仅仅依赖统计样本的数据，而是将海量微观主体的行为加总得到宏观大趋势。在大数据的世界里没有阴影、没有死角，一切信息都不得不暴露在阳光下。所以，大数据是提高经济治理质量的有效杠杆。在公共服务领域，当前"智慧风暴"席卷全球，大数据正迅猛地对传统公共服务模式进行变革和再造。我国公共服务体系存在矛盾和弊端，用大数据重构公共服务体系恰逢其时。"智慧风暴"的本质正是基于大数据的智能服务系统，公共服务领域的"智慧革命"将极大地提升人们的生活体验，如智慧医疗、智慧教育、智慧出行、智慧物流、智慧社区、智慧家居等，人们享受的一切公共服务将在数字空间中以新的模式重新构建。

第四，数据价值方面，数据被视为新型战略资产进行管理，成为新型竞争力的重要源泉。在数字化时代，数据被赋予了前所未有的价值，它们是人们理解和解析世界的重要工具。从互联网上的每一次搜索，到购物平台的每一次交易；从智能设备的每一次操作，到社交媒体的每一次互动，都在源源不断地产生和汇聚数据，而数据无处不在。这些数据就像石油一样，是现代社会运转的必需品，同时也是推动经济发展和社会进步的重要动力。在全球化的背景下，国家之间的竞争已经不仅是传统意义上的经济和军事实力的竞争，还包括信息技术的竞争和对数据资源的掌握与利用，忽视数据的价值，就可能在国际竞争中处于劣势。在企业竞争层面，数据的价值同样不容忽视，现代企业的运营已经高度数字化，从产品设计到生产管理，从市场营销到客户服务，每一个环节都离不开数据的支持。通过对数据的收集、分析和利用，企业可以更好地理解市场需求，优化业务流程，提高生产效率，降低成本，提升服务质量。反之，忽视数据资产的价值，企业就可能错失商机，在竞争中失利。在个人层面，数据的价值同样重要。人们的生活已经与数字紧密相连，从消费习惯到社交活动，从健康状况到学习成长，无时无刻不在产生着各种各样的数据。善于利用数据的人能够更好地理解自己，优化生活，提高工作效率和提升个人竞争力。因此，在数字化时代，国家、企业乃至个人，谁忽视数据的重要意义，谁不善于发掘数据资产的价值，谁就会在竞争中失败。

在这样的背景下，我国政府高度重视数据价值和数据资产，为数据价值的充分释放构建基础制度体系，这是对历史规律的深刻把握，也是对未来趋势的深刻洞察。2022年12月，中共中央、国务院印发的《关于构建数据基础制度更好发挥数据要素作用的意见》强调："数据作为新型生产要素，是数字化、网络化、智能化的基础，已快速融入生产、分配、流通、消费和社会服务管理等各环节，深刻改变着生产方式、生活方式和社会治理方式。"这份文件对引导全社会进一步重视数据价值产生了重要影响，其中提到与"数据价值"相关的内容达15次，如"充分实现数据要素价值""坚持共享共用，释放价值红利""实现数据流通全过程动态管理，在合规流通使用中激活数据价值""为激活数据要素价值创造和价值实现提供基础性制度保障""促进数据使用价值复用与充分利用""扩大数据要素市场化配置范围和按价值贡献参与分配渠道"等。"数据是战略资产并具有重要价值"的理念已是全球各国的共识，并且必然随着数字化时代的进化而更加深入人心，数字中国战略的提出，正是对这一重要理念做出的有力回应，中国必然能够在释放数据价值方面走在世界前列。

二、建设数字中国的重大意义

《数字中国建设整体布局规划》是我国从数据大国走向数据强国的行动纲领，具有极为重要和深远的意义。从创新的角度来看，数字化时代塑造着一种新型的社会创新范式和国家创新体系；从经济角度来看，数字中国给经济高质量发展带来新的增长极；从社会角度来看，我国加速走向智慧社会，数字科技给人们带来更加便捷的服务；从国家竞争力来看，数字中国战略布局将会全面增强我国在全球数字版图中的战略地位和引领力，是构筑国家竞争新优势的有力支撑；从中国式现代化的角度来看，推进经济社会全面数字化转型，是社会主义现代化强国的重要维度，是确保中华民族走在时代前列的必然要求。

第一，充分发挥我国数字化发展的独特优势。这些优势体现在以下几个方面。（1）制度优势。我国的制度优势使得政府能够在数字基础设施的建设上大有作为。集中力量办大事的制度优势，有助于组织各类资本力量参与新型基础设施建设，为数字经济生态体系的发展和完善奠定基础。同时，我国政府对数字经济保持包容审慎的监管态度，并在国家战略上高度重视发展数字经济，这为数字经济发展提供了良好的政策环境。（2）超大规模市场优势。我国拥有庞大的经济体量和人口规模，这为数字经济的发展提供了广阔的市场和空间。无论是在电子商务、在线支付、共享经济、在线旅游等数字经济领域，还是在5G、云计算、人工智能等新一代信息技术的创新和应用上，我国都具有巨大的发展潜力和优势。（3）创新能力和技术优势。我国在数字经济领域的技术实力和创新能力不断提升，在人工智能、大数据、云计算等数字经济领域已经取得了一定的领先优势。同时，我国在互联网领域的创新和应用也处于全球领先地位，这为数字经济的发展提供了强有力的技术支撑。（4）公民数字素养和应用能力优势。近年来，我国公民的数字应用能力取得了显著提升，体现在多个方面：移动支付普及率非常高，大多数公民习惯使用移动支付工具进行日常消费，包括在超市、餐厅甚至是街头等各种交易场景；政府推行的电子政务服务在民众中得到广泛应用，例如通过手机应用办理身份证、更新驾照、使用健康码等；新冠疫情防控期间，人们迅速适应了在线教育，学生和教师通过各类平台进行在线学习和教学，显示出良好的数字学习能力；电商蓬勃发展，越来越多的消费者习惯通过电商平台进行购物，从日常生活用品到农产品，反映出公民在数字购物方面的高素养；数字工具在日常生活中的普及，从打车软件到食品外卖服务，不仅体现在年轻人身上，中老年人群也在逐渐适应并使用。与世界其他国家相比，这些制度优势、超大规模市场优势、技术创新优势、数字素养优势等，为数字中国建设提供了强有力的支撑和保障。

第二，开创数字化时代的创新范式。数字化时代的国家创新体系将得到系统性重塑。习近平总书记指出，"创新是引领发展的第一动力"[1]，而创新驱动发展是实现发展动力转换的关键一招。数字化时代对创新理念、创新元素、创新体系、创新路径等均产生了广泛而重要的影响。一方面，数字化时代给创新模式带来重要改变。（1）研发将变得高度个性化。研发团队可以利用大数据手段为每个个体画像，事先掌握每一个消费者的特殊偏好和需求，从而体现在产品设计和功能当中。（2）研发环节和制造环节高度集成，两者之间将实现实时互动，研发部门获得制造部门的动态生产数据，及时感知产品的故障、瑕疵、性能偏差，并第一时间在研发环节进行修正和完善。（3）开放式、协同式研发成为主流。借助大数据手段，研发活动可以在上下游企业之间、全球分布的不同部门之间协同进行，甚至可以广泛吸引消费者远程参与研发过程。（4）全流程创新成为可能。大数据条件下的

---

[1] 习近平：《全党必须完整、准确、全面贯彻新发展理念》，《求是》，2022年8月15日。

研发将不仅局限于研发部门，即使产品进入制造环节仍可以发生创新活动，甚至在销售端，也可以出现创新设计对产品的重构。（5）研发产品的物理属性越来越弱，数据属性越来越强。创新领军企业致力于不断提升产品的智能化水平，提高数据技术含量。可以预期，在物联网时代，衣食住行用等一切物品都将趋向于成为数据产品。

另一方面，数字化时代的创新领军主体发生更迭。长期以来，分布在制造业中的公司构成了绝对的创新主力军，但大数据革命对这一现实发起挑战，未来的新现实将是：掌握大数据的互联网公司、软件公司、数据公司成为创新的新生力量，不掌握大数据的公司在数字经济时代将被逐步边缘化，甚至根本无法有效参与创新竞争。美国在大数据时代的创新竞争力上占据了先发优势，这正是因为其背后有一大批占有数据资产，并具备复杂数据分析能力的公司在支撑，美国通过自身的数据能力在全球数据空间建立起数据霸权。我国要建立数字化时代的创新竞争力，就必须培育一批有国际影响力的引领型大数据企业，使之成为推动中国数字化转型的主力军，这既是国家竞争的需要，也是维护国家数据安全、维护数据主权的需要。

第三，实现工业文明和数字文明融合发展，引领全球制造业发展方向。我国是世界第一制造大国，数字化时代制造强国的目标和路径都发生了重要变化。大数据革命骤然改变了制造业演进的路径，加速了传统制造业体系的产品、设备、流程贬值淘汰的进程，在新工业体系下，数据和硬件完全融为一体，以信息物理系统为代表的具备智能属性的产品将贯穿各个环节。这是制造业升级路径的一次突变和跃迁。无论是德国提出的"工业 4.0"战略，还是美国提出的"工业互联网"概念，本质都是先进制造业和数字科技的统一体。我国正处于从全球制造大国向制造强国迈进的关键时期，必须加大力度推动实体经济与互联网、大数据和人工智能的融合发展。数字中国战略的实施，将推动我国制造业走出一条新的高质量发展之路，实现工业文明和数字文明的深度融合、制造科技和数字科技的深度融合、制造强国目标和数字强国目标的深度融合。打造全面数字化、智能化、自适应的生产系统，它具有许多崭新的特征，将使我国站在全球制造业的制高点，引领全球制造业发展方向和工业文明进化新形态。

展望未来，全面数字化、智能化、自适应的生产系统具有以下核心特征，这些特征也将成为制造强国的新标志。（1）全链条数字集成：从供应链管理到生产流程，从库存管理到物流配送，每个环节都通过数字平台［如 ERP（企业资源计划）系统、CRM（客户关系管理）系统］紧密连接，确保信息及时共享，减少了"信息孤岛"，提高了整体运作的效率和透明度。（2）增强透明度和协同作业：数字化生产系统提供了更高的透明度，使制造商、供应商和客户可以实时查看和跟踪产品的生产与分销状态。透明度促进了各方的协同作业，提高了整体效率。此外，数字化生产系统将超越单一行业的界限，实现跨行业的数据和资源共享，例如制造业可以与物流、零售、服务业等行业的系统进行整合，实现更为高效的供应链协同和客户服务。（3）灵活性和可扩展性：数字化生产系统的设计使其具有高度的灵活性和可扩展性，企业可以根据市场需求的变化快速调整生产策略，轻松扩大或缩减生产规模。（4）数字孪生技术的广泛应用：通过创建产品或生产线的虚拟副本（数字孪生），企业可以在虚拟环境中模拟、测试和优化产品设计和生产流程，这将极大提高生产效率和产品质量。（5）实时数据分析与智能决策：通过持续收集和分析来自各个环节的数据，企业可以实时监控生产效率、物料消耗、产品质量等关键指标，利用人工智能对这些数据进行分析，可以在发现问题时即时调整，甚至预测并防范潜在问题。数字化生产系统还可以实时捕捉市场和客户数据，使制造流程更加响应客户需求，通过分析社交媒体、在线销售数据，企业可以快速调整产品设计和生产计划。（6）自适应生产能力：高度自动化的生产流程集成了先进的机器人和智能系统，生产线能够高效执行复杂的制造任务，通过机器学习和人工智能，生产线可以自动适应不同的生产需求，根据订单的变化自动调整装配线，快速切换到不同的产品生产。（7）个性化和定制化生产：智能生产线能够高效地处理小批量、个性化的订单，满足市场对定制化产品的需求。通过模块化设计和智能控制系统，生产线可以快速调整以适应不同产品的制造需求，自动化装配线可以在短时间内重新配置，在需求快速变化的市场环境中，生产线的敏捷调整能力至关重要。

综上所述，数字化时代的制造业将是一个高度灵活、互联互通、智能自适应的系统。数字中国战略驱动下的制造业转型，将带来效率的大幅提升、成本的显著降低、市场响应速度的加快以及可持续发展能力的增强。我国制造业企业将更多地成为数据驱动和技术驱动的双重创新者，在工业文明和数字文明融合发展的新范式中展现出前所未有的活力和潜力。

第四，加速迈向智慧社会，以数字科技红利惠及民生。在数字中国战略的推动下，数字科技加速与社会的方方面面进行深度结合，我国有望率先迈入智慧社会。未来已来，智慧社会的新图景已经在我们面前徐徐展开。（1）医疗健康领域：在智慧社会中，医疗健康领域将更加智能化和高效化。通过大数据和人工智能技术，人们可以实现疾病的早期诊断和预防，提高医疗质量和效率。同时，人们可以通过智能医疗设备随时监测自己的健康状况，及时发现并预防疾病。（2）教育领域：智慧社会将给教育领域带来巨大的变革。通过智能化技术，人们可以实现个性化教育和在线教育，让每个人都能得到更好的教育机会。同时，智能化技术还可以帮助教师更好地掌握学生的学习情况和需求，提高教学质量。（3）交通领域：智慧社会中的交通领域将更加智能和便捷。通过智能化技术，人们可以实现智能交通管理和智能驾驶，提高交通安全水平和交通运行效率。同时，人们可以通过智能交通设备获取实时交通信息，选择最佳的出行路线和出行方式。

（4）城市管理领域：智慧社会将给城市管理带来巨大的变革。智能化技术可以帮助人们实现智能城市管理和智能环保，提高城市管理和环保效率。同时，人们可以通过智能城市设备随时了解城市各项信息，更好地参与城市管理和建设。（5）产业领域：智慧社会中的产业领域将更加智能和高效。通过智能化技术，人们可以实现智能化生产和供应链管理，提高生产效率和供应链透明度。同时，智能化技术还可以帮助企业更好地了解市场需求和趋势，制定更加精准的经营策略。（6）能源领域：智慧社会中的能源领域将更加智能和高效。通过智能化技术，人们可以实现智能能源管理和智能电网建设，提高能源利用效率和可再生能源的利用率。同时，人们可以通过智能能源设备随时了解自己的能源消耗情况，采取更加节能的措施。（7）农业领域：智慧社会中的农业领域将更加智能和高效。通过智能化技术，人们可以实现精准农业和智能农业管理，提高农业产量和质量。同时，人们可以通过智能农业设备随时了解农作物的生长情况和需求，采取更加科学的种植措施。总之，智慧社会将给各个领域带来巨大的变革和机遇。通过智能化技术的应用和创新发展，我们可以创造更加高效、便捷、可持续的社会环境和生活方式。

第五，增强我国在全球数字版图中的战略地位和竞争力。全球发达国家无一例外地推出一系列数字化转型战略，密切关注数字科技和数字经济的前沿动态，积极盘活本国的数字资产和资源，大力支持数字化企业的创新能力建设和竞争力提升，最终目的是要保持在数字化时代的国家竞争力，不断提升自身在全球数字版图中的地位。毫无疑问，数字空间是未来的战略必争领域，我国决策部门对此一直保持高度的敏锐性和前瞻性。置身于全球数字版图，我国不断地识别核心技术短板，排查数据安全和网络安全的风险隐患，大力推动核心能力建设，中国在全球数字版图中的战略地位得到了巨大的提升。

展望未来，数字中国战略的实施必将使我国的数字竞争力建设驶入快车道，推动我国在全球数字版图中的能级获得新的跃升。在数字中国战略的引领下，我们完全可以有以下预期。（1）数字基础设施方面，我国的相对优势会进一步扩大，在5G网络建设方面取得更大成就，深化光纤网络普及，实现对广大城市和农村地区的高速宽带网络覆盖，互联网接入的速度和质量持续提升，云计算基础设施和服务能力保持高速增长，物联网基础设施以及丰富的应用日益成熟。（2）数字科技核心技术方面，新型举国体制优势得到充分的发挥和彰显，"卡脖子"技术短板问题陆续得到突破和解决，"在别人的墙基上砌房子"的被动局面得到根本性改变，数字科技核心技术从"受制于人"的状态逐步走向安全可信、自主可控和自立自强的新态势。（3）全球数据治理和国际合作方面，积极参与国际数据安全和网络空间治理的标准制定并取得更大成果，"数字丝绸之路"等全球数据治理倡议将赢得更加广泛的认同，数字经济对外合作的热度会持续提高，我国与其他国家和地区在跨境数据流动方面的合作日益深入，在全球数据治理领域的影响力和对全球数字秩序的贡献力大幅提升。（4）国家数据安全保障体系方面，我国对关键信息基础设施的保护能力将不断增强，持续加大对数据安全技术的研发力度，推动数据加密、安全存储、网络攻击检测与防御等关键技术的突破和创新；我国将加快构建和完善数据基础制度，从数据产权、流通交易、收益分配、安全治理四个方面搭建数据基础制度体系；数据安全治理体系将会加速推进，从数据的收集、存储、传输、使用、处置等各个环节入手，建立完善的数据安全治理体系，确保数据的保密性、完整性、可用性和可追溯性。

三、建设数字中国的指导思想

党的十八大以来，以习近平同志为核心的党中央高度重视数字中国建设，着眼数字革命时代发展大势，统筹国内国际两个大局，高瞻远瞩擘画新时代数字中国建设宏伟蓝图，将其作为数字时代推进中国式现代化的重要引擎和构筑国家竞争新优势的有力支撑，进行系统谋划、统筹推进，提出了一系列新思想、新论断、新战略，为数字中国建设实践提供了思想指引，指明了前进方向。新时代数字中国建设开启新征程，必须坚持以习近平新时代中国特色社会主义思想为指导，深入贯彻党的二十大精神，全面学习习近平总书记关于网络强国的重要思想和习近平总书记关于数字中国建设的系列重要论述，系统阐释其中的基本原理、立场观点、重要理论，以此作为新时代推进数字中国建设的根本遵循和行动指南，推动党中央关于数字中国建设的决策部署更好、更快转化为具体实践和实际成效。

构筑自立自强的数字技术创新体系，加快关键核心技术突破，是建设数字中国的关键所在。习近平总书记一直高度重视信息科技创新发展与应用。早在2000年，时任福建省省长的习近平就深刻洞察信息科技发展趋势，极具前瞻性、创造性地提出建设"数字福建"的战略部署，并亲自谋划推动"131计划"，"数字福建"成为数字中国建设的思想源头和实践起点。2003年，时任浙江省委书记的习近平指出，要坚持以信息化带动工业化，以工业化促进信息化，加快建设"数字浙江"，制定并实施"八八战略"，加快推进创新型省份和科技强省建设，打造"百亿信息化建设"工程，推动浙江成为全国数字经济发展的"试验田"和"排头兵"。习近平总书记长期关注信息领域科技创新，认为新一代信息技术创新和应用对于中国经济的现代化和全球竞争力至关重要，并强调要加快推进关键核心技术突破。2021年10月18日，习近平总书记主持中共中央政治局第三十四次集体学习时强调，"当今时代，数字技术、数字经济是世界科技革命和产业变革的先机，是新一轮国际竞争重点领域，我们要抓住先机、抢占未来发展制高点"，"要加强关键核心技术攻关，牵住自主创新这个'牛鼻子'，发挥我国社会主义制度优势、新型举国体制优势、超大规模市场优势，提高数字技术基础研发能力，打好关键核心技术攻坚战，尽快实现高水平自立自强，把发展数字经济自主权牢牢掌握在自己手中"。① 当前，数字技术已经成为提升国家核心技术能力的关键因子。构筑自立自强的数字技术创新体系，是抢抓全球数字化发展与数字化转型的重大历史机遇，是在数字领域大国竞争中把握战略主动的必然选择。

充分发挥数字技术对经济社会发展的驱动引领作用，是建设数字中国的重点方向。以习近平同志为核心的党中央高度重视发展数字经济，将其提升至国家战略的高度来研究和部署。习近平总书记鲜明指出，"数字经济健康发展，有利于推动构建新发展格局"，"有利于推动建设现代化经济体系"，"有利于推动构筑国家竞争新优势"。② 关于如何推进数字经济建设，他特别指出，"要构建以数据为关键要素的数字经济。建设现代化经济体系离不开大数据发展和应用。我们要坚持以供给侧结构性改革为主线，加快发展数字经济，推动实体经济和数字经济融合发展，推动互联网、大数据、人工智能同实体经济深度融合，继续做好信息化和工业化深度融合这篇大文章，推动制造业加速向数字化、网络化、智能化发展。要深入实施工业互联网创新发展战略，系统推进工业互联网基础设施和数据资源管理体系建设，发挥数据的基础资源作用和创新引擎作用，加快形成以创新为主要引领和支撑的数字经济"。③ 习近平总书记的系列论述，深刻阐述了数字经济发展的趋势和规律，科学回答了为什么要发展数字经济、怎样发展数字经济的重大理论和实践问题，为中国数字经济发展指明了前进

---

① 《习近平在中共中央政治局第三十四次集体学习时强调 把握数字经济发展趋势和规律 推动我国数字经济健康发展》，新华网，2021年10月19日。
② 习近平：《不断做强做优做大我国数字经济》，《求是》，2022年第2期。
③ 习近平：《实施国家大数据战略加快建设数字中国》，新华社，2017年12月9日。

方向，提供了根本遵循。

以增进民生福祉作为数字化发展的出发点和落脚点，是建设数字中国的基本底色。党的十八大以来，以习近平同志为核心的党中央高度重视发挥信息化、数字化在助力民生保障、驱动社会治理方式变革中的重要作用，多次强调"要运用大数据促进保障和改善民生""要完善人口健康信息服务体系建设""用信息化手段更好感知社会态势、畅通沟通渠道、辅助决策施政、方便群众办事，做到心中有数"[1]……这一系列重要论述，确立了数字中国建设必须坚持人民立场，充分彰显了数字社会建设鲜明的民生底色，是以数字社会建设促进高质量发展、创造高品质生活、不断满足人民对美好生活向往的科学指引。数字中国建设就是通过数字化发展助力更高水平实现幼有所育、学有所教、劳有所得、病有所医、老有所养、住有所居、弱有所扶，推动社会治理社会化、法治化、智能化、专业化水平大幅度提升，巩固和发展人民安居乐业、社会安定有序的良好局面，不断增进民生福祉，实现人民幸福。

统筹高质量发展和高水平安全，筑牢数字安全屏障，是建设数字中国的严格底线。数字化、网络化、智能化发展日新月异，数字安全风险日益凸显，数字安全形势愈加复杂，数字安全之于国家安全、社会安全的全局性、渗透性前所未有，给国家安全和社会发展带来严峻挑战。习近平总书记多次强调，"安全是发展的前提，发展是安全的保障，安全和发展要同步推进"，"网络安全和信息化是一体之两翼、驱动之双轮，必须统一谋划、统一部署、统一推进、统一实施"。[2] 2023年7月14日至15日，全国网络安全和信息化工作会议

---

[1] 《无边光景时时新——习近平总书记指引数字社会建设述评》，《中国网信》，2023年第5期。
[2] 彭波、张璁、倪弋：《迈出建设网络强国的坚实步伐——习近平总书记关于网络安全和信息化工作重要论述综述》，新华网，2019年10月19日。

召开，传达了习近平总书记重要指示，强调新时代新征程网信工作要把"防风险保安全"摆在突出位置。习近平总书记的系列论述，为数字中国建设阐明了风险，划清了底线，也对其提出了要求，即数字中国建设必须牢牢把握总体国家安全观的底线思维，牢牢把握数字时代国家安全治理的重大挑战，牢牢把握数字安全体系和能力建设的工作着力点，加快筑牢可信可控的数字安全屏障，以高水平安全守护高质量发展，以新安全格局保障新发展格局，积极防范化解数字中国建设道路上的各种风险挑战，确保国家安全和国民利益不受威胁，不被侵犯。

四、建设数字中国的规划布局

2023年2月，中共中央、国务院印发《数字中国建设整体布局规划》，从党和国家事业发展全局和战略高度提出了新时代数字中国建设的整体战略。规划明确，数字中国建设按照"2522"的整体框架进行布局，即夯实数字基础设施和数据资源体系"两大基础"，推进数字技术与经济、政治、文化、社会、生态文明建设"五位一体"深度融合，强化数字技术创新体系和数字安全屏障"两大能力"，优化数字化发展国内国际"两个环境"。由此可见，数字中国战略布局不仅涉及科技和经济领域，更旨在通过数字技术在生产生活各领域的深度嵌入与赋能，带动整个社会、文化乃至治理方式的深刻变革，推动数字经济、数字社会和数字政府的全面发展。具体而言，数字中国的规划布局重点包括以下几个方面。

第一，打通数字基础设施大动脉。《数字中国建设整体布局规划》指出，要加快5G网络与千兆光网协同建设，深入推进IPv6（第6版互联网协议）规模部署和应用，推进移动物联网全面发展，大力推进北斗规模应用。系统优化算力基础设施布局，促进东西部算力高效互补和协同联动，引导通用数据中心、超算中心、智能计算中心、边缘数据中心等合理梯次布局。整体提升应用基础设施水平，加强传统基础设施数字化、智能化改造。先进、高速、稳定、可靠的数字基础设施，是推动数字经济发展、建设数字社会和数字政府的底层支撑，其建设重点包括以下几个方面。一是信息基础设施，即基于新一代信息技术演化生成的基础设施，如5G、物联网、数据中心、人工智能、卫星通信、区块链基础设施；二是融合基础设施，即传统基础设施应用新一代信息技术进行智能化改造后所形成的基础设施形态，包括以工业互联网、智慧交通物流设施、智慧能源系统为代表的新型生产性设施和以智慧民生基础设施、智慧环境资源设施、智慧城市基础设施等为代表的新型社会性设施；三是创新基础设施，即支撑科学研究、技术开发、新产品和新服务研制的具有公益属性的基础设施。

第二，畅通数据资源大循环。《数字中国建设整体布局规划》指出，要构建国家数据管理体制机制，健全各级数据统筹管理机构。推动公共数据汇聚利用，建设公共卫生、科技、教育等重要领域国家数据资源库。释放商业数据价值潜能，加快建立数据产权制度，开展数据资产计价研究，建立数据要素按价值贡献参与分配机制。这意味着，要进一步提高数据资源供给质量，加强数据资源跨地区、跨部门、跨层级的统筹管理、整合归集，全面提升数据资源规模和质量，通过数据资源化、数据资产化、数据资本化，充分释放数据要素价值，最终实现数据要素的价值化，以数据要素的合理开发和充分利用，为经济社会高质量发展注入加速度。

第三，推动"五位一体"深度融合。《数字中国建设整体布局规划》指出，要全面赋能经济社会发展，一是做强做优做大数字经济，二是发展高效协同的数字政务，三是打造自信繁荣的数字文化，四是构建普惠便捷的数字社会，五是建设绿色智慧的数字生态文明。具体而言，在经济层面，推进数字产业化、产业数字化，在数据要素和数字技术自身价值化的同时，也产生外部性、溢出性效应赋能传统产业转型升级；在政治层面，将数字化理念思维和技能素养融入履职全过程，以数字政府建设带动党政机构职能转变、制度创新、流程优化；在文化层面，深入实施国家文化数字化战略，推动中华优秀传统文化与数字技术融合创新发展，满足人民日益增长的精神文化需求；在社会层面，聚焦教育、医疗、就业、养老、托育等重点民生领域，不断提高公共服务、基层治理数字化水平，加快建设智慧城市和数字乡村，促进数字公共服务普惠化、普及数字生活智能化，推动数字社会治理精准化；在生态层面，推进生态环境数据共享和智慧治理，通过数字技术嵌入赋能重点行业、重点领域、重点基础设施的绿色低碳发展，推动全社会加快形成绿色低碳智慧的生产和生活方式。

第四，构筑自立自强的数字技术创新体系。《数字中国建设整体布局规划》指出，要健全社会主义市场经济条件下关键核心技术攻关新型举国体制，加强企业主导的产学研深度融合。强化企业科技创新主体地位，发挥科技型骨干企业引领支撑作用。加强知识产权保护，健全知识产权转化收益分配机制。数字时代国家科技自立自强集中体现为数字技术创新体系自立自强。在全球大国数字竞争日益激烈的背景下，我们必须发挥新型举国体制的优势，聚焦全球数字技术发展前沿与国家战略需求，集中力量办大事，抓重大、抓尖端、抓基本，整合跨部门、跨学科创新资源，对周期长、风险大、难度高、前景好的战略性科学计划和科学工程给予充分支持，加快建立以企业为主体的技术创新体系，把政府、市场、社会等各方面力量拧成一股绳，通过跨界集成凝聚科技创新的强大合力，确保切实掌握数字核心技术自主权和技术发展主动权。

第五，筑牢可信可控的数字安全屏障。《数字中国建设整体布局规划》指出，要切实维护网络安全，完善网络安全法律法规和政策体系。增强数据安全保障能力，建立数据分类分级保护基础制度，健全网络数据监测预警和应急处置工作体系。数字技术的迭代创新、集群爆发和融合应用，给安全治理创造了新的技术要素风险、组织管理风险和信息内容风险。面对上述新问题、新挑战，我国提出数字安全这一战略升维，就是要系统加强关键数字基础设施、关键数字领域应用、产业链供应链和数据流动的安全保护，全面提升数字时代国家安全治理能力。

第六，建设公平规范的数字治理生态。《数字中国建设整体布局规划》指出，要完善法律法规体系，加强立法统筹协调，研究制定数字领域立法规划，及时按程序调整不适应数字化发展的法律制度。构建技术标准体系，编制数字化标准工作指南，加快制定修订各行业数字化转型、产业交叉融合发展等应用标准。提升治理水平，健全网络综合治理体系，提升全方位多维度综合治理能力，构建科学、高效、有序的管网治网格局。净化网络空间，深入开展网络生态治理工作，推进"清朗""净网"系列专项行动，创新推进网络文明建设。根据这一部署，推进数字治理生态建设，要着重关注数字领域法律法规体系、技术标准体系和网络综合治理体系三大体系建设，着重加强标准化建设工作，以提高治理的透明度和可预期性。

第七，构建开放共赢的数字领域国际合作格局。《数字中国建设整体布局规划》指出，要统筹谋划数字领域国际合作，建立多层面协同、多平台支撑、多主体参与的数字领域国际交流合作体系，高质量共建"数字丝绸之路"，积极发展"丝路电商"。拓展数字领域国际合作空间，积极参与联合国、世界贸易组织、二十国集团、亚太经合组织、金砖国家、上合组织等多边框架下的数字领域合作平台，高质量搭建数字领域开放合作新平台，积极参与数据跨境流动等相关国际规则构建。数字中国是开放的而非孤立的，是包容的而非排他的，是合作的而非对抗的，是共赢的而非独占的，构建开放共赢的全球数字生态是数字中国建设的应有之义，也是数字中国建设的重要依托，必须着眼于高水平对外开放，共商共建共享共同培育全球发展的数字新动能。

五、建设数字中国的法律法规

法律是治国重器，良法是善治前提。数字中国建设牵涉行业面广、面临新型风险多，数字技术和数据要素错用、滥用现象时有发生，背离数字应用科技向善初衷的各种不良现象日益增多，只有坚持发展与规范并重才能避免数字中国建设陷入无序状态。《数字中国建设整体布局规划》指出，要优化数字化发展环境，完善法律法规体系，加强立法统筹协调，研究制定数字领域立法规划，及时按程序调整不适应数字化发展的法律制度。完善的法治体系和良好的法治环境是推进数字治理的重要方式，也是护航数字中国蹄疾步稳、行稳致远的必然要求。

党的十八大以来，以习近平同志为核心的党中央高度重视数字法治工作，将数字法治纳入全面依法治国工作布局和网络强国建设全局，坚持科学立法、民主立法、依法立法，大力推进数字法律制度建设。近年来，中国紧跟技术发展和现实需求，深刻把握数字经济发展规律，持续跟踪新技术、新业态、新问题，不断深化前瞻性数字立法理论研究与实践，将数字经济纳入《中华人民共和国刑法》、《中华人民共和国民法典》（以下简称《民法典》）、《中华人民共和国反垄断法》（以下简称《反垄断法》）、《中华人民共和国反不正当竞争法》（以下简称《反不正当竞争法》）等法律调整范围内，并相继出台了《中华人民共和国网络安全法》（以下简称《网络安全法》）、《中华人民共和国数据安全法》（以下简称《数据安全法》）、《中华人民共和国个人信息保护法》（以下简称《个人信息保护法》）等一系列专门立法，数字立法的系统性、整体性、协同性、时效性不断增强。据统计，目前我国在数字相关领域已经立法140余部，基本形成了以宪法为根本，以法律、行政法规、部门规章和地方性法规、地方政府规章为依托，以传统立法为基础，以若干专门立法为主干的数字法治体系（见表2.1）。

表 2.1 数字中国法律法规体系

立法领域	法律名称（颁布时间）	主要内容
基础性专门立法	《网络安全法》（2016年11月）	我国第一部全面规范网络空间安全管理问题的基础性法律，是我国网络空间法律建设的重要里程碑，将散见于各种法规、规章的有关规定上升到法律层面，确立了网络空间安全基本原则，明确了网络空间治理目标，完善了网络安全监管、监测预警和应急处置等相关工作机制
	《数据安全法》（2021年6月）	我国数据安全领域首部基础性法律，也是全球首部针对数据安全问题的专门立法。该法律通过明确适用范围、监管机构、关键安全制度、保护义务、开发利用以及法律责任等，构建起我国数据安全保护基本法律框架，明确了数据管理者和运营者的数据保护责任，指明了数据保护的工作方向，填补了有关立法实践的空白，标志着我国以数据安全保障数据开发利用和产业发展全面进入法治化轨道
	《个人信息保护法》（2021年8月）	规范个人信息的收集、处理和保护，加强对个人隐私保障的专门立法。该法律对限制过度收集个人信息、禁止大数据"杀熟"、禁止滥用人脸识别技术、保护敏感个人信息尤其是未成年人个人信息等予以明确规定，赋予互联网平台个人信息保护特别义务，完善个人信息跨境提供规则要求，加大对违法处理个人信息行为的惩处力度
数据安全	《数据出境安全评估办法》（2022年7月）	对《网络安全法》《数据安全法》《个人信息保护法》等上位法中关于"出境数据安全评估"规定予以进一步细化落实，对需要进行安全评估的适用情形进行了限定，强化数据处理者数据出境风险自评估义务，为数据处理者开展数据出境业务，保障数据的合法、安全、有序流动提供了详细参考
	《个人信息出境标准合同办法》（2023年2月）	明确了标准合同范本，对个人信息出境标准合同的适用范围、订立条件和备案要求等做出了具体说明，为规范个人信息出境活动提供了具体指引

续表

立法领域	法律名称（颁布时间）	主要内容
数据安全	《促进和规范数据跨境流动规定》（2024年3月）	对数据出境安全评估、个人信息出境标准合同、个人信息保护认证等数据出境制度做出优化调整。明确了重要数据出境安全评估申报标准，提出未被相关部门、地区告知或者公开发布为重要数据的，数据处理者不需要作为重要数据申报数据出境安全评估
网络安全	《网络产品安全漏洞管理规定》（2021年7月）	推动网络产品安全漏洞管理工作制度化、规范化、法治化，引导建设规范有序、充满活力的漏洞收集和发布渠道。例如，规范漏洞发现、报告、修补和发布等行为，明确网络产品提供者、网络运营者，以及从事漏洞发现、收集、发布等活动的组织或个人等各类主体的责任和义务；鼓励各类主体发挥各自技术和机制优势开展漏洞发现、收集、发布等相关工作
网络安全	《关键信息基础设施安全保护条例》（2021年7月）	明确了关键信息基础设施范围和保护工作的原则目标，明确了关键信息基础设施的定义和认定程序，明确了监督管理体制和各部门的职责分工，确立了保护工作部门对本行业、本领域关键基础设施的安全保护责任，细化了运营者的有关义务
网络安全	《网络安全审查办法》（2022年1月）	要求对关键信息基础设施运营者采购活动进行审查和对部分重要产品等发起审查，将网络平台运营者开展数据处理活动影响或者可能影响国家安全等情形纳入网络安全审查范围，并明确要求掌握超过100万名用户个人信息的网络平台运营者赴国外上市，必须申报网络安全审查
数字技术治理	《互联网信息服务算法推荐管理规定》（2021年12月）	明确了算法推荐服务提供者的信息服务规范和备案义务、履行安全评估和配合监督检查义务，旨在深入推进互联网信息服务算法综合治理，促进算法推荐服务规范健康发展
数字技术治理	《互联网信息服务深度合成管理规定》（2022年11月）	我国在深度合成技术治理方面的一部更具针对性、系统性与专业性的专门立法，阐明了深度合成技术的定义，明确了深度合成服务所涉及的各方主体及其相应义务，明确了深度合成数据和技术管理规范，厘清了监管主体及其相应管理制度，体现了多领域、全流程的监管思路

续表

立法领域	法律名称（颁布时间）	主要内容
数字技术治理	《生成式人工智能服务管理暂行办法》（2023年7月）	我国促进生成式人工智能健康发展和规范应用的专门立法，界定了生成式人工智能技术的基本概念，规定了生成式人工智能服务提供者的制度要求，为生成式人工智能的健康发展指明了方向
数字经济治理	《电子商务法》（2018年8月）	以支持和促进电子商务持续健康发展为目标导向，对电子商务经营者、电子商务合同的订立与履行、电子商务争议解决、电子商务促进和法律责任这五部分进行了规定，规范了电子商务市场的运营，明确了电子商务经营者的权利和义务，彰显了包容审慎、均衡保障、协同监管、社会共治的治理思路
数字经济治理	《反垄断法》（2022年修正）	尊重数字经济的竞争规律，围绕平台经济领域竞争的核心要素进行修法，推动数字经济高质量发展。例如，增加"具有市场支配地位的经营者不得利用数据和算法、技术以及平台规则等从事前款规定的滥用市场支配地位的行为"，明确了数字经济时代滥用市场支配地位的反垄断关切
数字经济治理	《反不正当竞争法（修订草案征求意见稿）》（2022年11月）	为保证数字经济时代市场有序平稳健康发展，修法进一步完善了数字经济公平竞争监管机制。将"健全数字经济公平竞争规则"纳入总则，明确"经营者不得利用数据和算法、技术、资本优势以及平台规则等从事本法禁止的垄断行为"，包括流量劫持、不当干扰、恶意不兼容，不当排斥、妨碍他人合法产品或服务接入，不正当获取或使用他人商业数据，不当利用算法在交易条件上实施不合理的差别待遇等行为
数字经济治理	《反电信网络诈骗法》（2022年9月）	作为一部"小切口"的新领域专门立法，聚焦电信网络诈骗发生的信息链、资金链、技术链、人员链等各环节，加强预防性法律制度构建，加强协同联动工作机制建设，加大对违法犯罪人员的处罚力度，推动形成全链条反诈、全行业阻诈、全社会防诈的打防管控格局
其他	《未成年人网络保护条例》（2023年10月）	旨在营造有利于未成年人身心健康的网络环境，保障未成年人合法权益，为未成年人网络保护提供有力的法治保障。重点规定了以下内容：一是健全未成年人网络保护体制机制；二是促进未成年人网络素养；三是加强网络信息内容建设；四是保护未成年人个人信息；五是防治未成年人沉迷网络

从无到有、从少到多、由点到面、由面到体，中国特色数字法律规范体系的不断完善，为数字中国建设提供了坚实的制度保障，也为全球数字治理贡献了中国智慧和中国方案。主要举措包括以下几个方面。

完善数字权益法律保障体系。《民法典》对民事领域的个人信息保护问题做了系统规定，并强调利用网络侵害他人财产权益的行为应当承担相应法律责任；与之对应，《中华人民共和国刑法修正案》设立侵犯公民个人信息罪，强化对个人信息的刑法保护。2012年通过《全国人民代表大会常务委员会关于加强网络信息保护的决定》，明确保护能够识别公民个人身份和涉及公民个人隐私的电子信息；2016年制定《网络安全法》，进一步完善个人信息保护规则；2018年出台《中华人民共和国电子商务法》(以下简称《电子商务法》)，规定电子商务经营者销售的商品或者提供的服务应当符合保障人身、财产安全的要求；2021年制定《个人信息保护法》，细化完善个人信息保护原则和个人信息处理规则，个人信息保护水平得到全面提升；2022年出台《中华人民共和国反电信网络诈骗法》(以下简称《反电信网络诈骗法》)，为打击电信网络诈骗活动提供有力的法律支撑。

值得注意的是，我国数字立法高度关注对未成年人、老年人、残疾人等特殊群体的数字权利保障。针对这些特殊群体的数字权益需求，通过多层次、多维度立法，弥合数字鸿沟，推动数字红利广泛惠及全体公民。例如，《网络安全法》规定，国家支持研究开发有利于未成年人健康成长的网络产品和服务，依法惩治利用网络从事危害未成年人身心健康的活动；《数据安全法》要求提供智能化公共服务应当充分考虑老年人、残疾人的需求，避免对老年人、残疾人的日常生活造成障碍；2020年修订的《中华人民共和国未成年人保护法》，对加强未成年人网络素养教育、强化未成年人网络内容监管、加强未成年人个人信息保护和网络沉迷防治等做出专门规定；2023年出台

《未成年人网络保护条例》，该条例作为我国出台的第一部专门性的未成年人网络保护综合立法，对未成年人保护模式、网络信息内容治理、网络沉迷防治机制、大型平台主体责任等一系列保护未成年人网络合法权益的关键问题进行澄清和说明。

健全数字经济法治规则体系。在数据资源基础制度层面，2021年出台《数据安全法》，对实施大数据战略、支持数据相关技术研发和商业创新、推进数据相关标准体系建设、培育数据交易市场等做出明确规定，为发挥数据的基础资源作用和创新引擎作用奠定良好的制度基础。在新业态、新模式治理层面，坚持"大块头"立法和"小快灵"立法相结合，《民法典》将数据和网络虚拟财产纳入法律保护范围，完善电子合同订立和履行规则，并出台《网络预约出租汽车经营服务管理暂行办法》《互联网信息服务算法推荐管理规定》《区块链信息服务管理规定》《网络借贷信息中介机构业务活动管理暂行办法》《在线旅游经营服务管理暂行规定》《生成式人工智能服务管理暂行办法》等一系列针对数字经济新技术、新业态的治理规范，丰富了数字经济各领域治理的法律依据。在数字市场运行制度层面，2018年颁布的《电子商务法》要求具有市场支配地位的电子商务经营者不得滥用市场支配地位排除、限制竞争；2021年制定的《网络交易监督管理办法》，对《电子商务法》的有关规定进行细化，进一步完善了网络交易监管制度体系；2021年发布《国务院反垄断委员会关于平台经济领域的反垄断指南》；2022年《反垄断法》完成修订，完善平台经济反垄断制度，规定经营者不得利用数据和算法、技术、资本优势以及平台规则等从事该法禁止的垄断行为。

构建数字安全法治保障体系。在网络安全层面，2016年颁布《网络安全法》，明确维护网络运行安全、网络产品和服务安全、网络数据安全、网络信息安全等方面的制度；陆续出台《网络产品安全漏洞管理规定》《网络安全审查办法》《互联网信息服务深度合成管理规定》等一系列具体规定，进一步细化网络安全相关制度。在数据安全层面，2021年出台的《数据安全法》提出要建立健全数据分类分级保护、风险监测预警和应急处置、数据安全审查等制度，对支持促进数据安全与发展的措施、推进政务数据安全与开放等做出规定；在此基础上，2022—2023年陆续出台《数据出境安全评估办法》《个人信息出境标准合同办法》等部门规章，着眼于跨境数据流动等数据安全领域的突出问题，进一步细化了有关规则与操作事项。在关键数字基础设施层面，2019年出台的《云计算服务安全评估办法》，为提高党政机关、关键信息基础设施运营者采购使用云计算服务的安全可控水平，降低采购使用云计算服务带来的网络安全风险提供了法律依据与操作指南；2021年制定《关键信息基础设施安全保护条例》，明确关键信息基础设施范围和保护工作原则目标，完善关键信息基础设施认定机制，对关键信息基础设施运营者落实网络安全责任、建立健全网络安全保护制度、设置专门安全管理机构、开展安全监测和风险评估、规范网络产品和服务采购活动等做出具体规定。

除正式法律溯源外，国家互联网信息办公室（简称国家网信办）、全国信息安全标准化技术委员会（简称信安标委）还以国家标准及实践指南等非正式法律溯源文件对网络安全、信息安全、数据治理领域的具体事务给出实操性指导，成为应用、执行相关法律法规的重要参考。例如，信安标委于2022—2023年提出34项国家标准，包括《信息安全技术 重要数据处理安全要求》《信息安全技术 数据安全风险评估方法》《信息安全技术 敏感个人信息处理安全要求》《信息安全技术 大型互联网企业内设个人信息保护监督机构要求》《信息安全技术 个人信息跨境传输认证要求》《信息安全技术 关键信息基础设施安全保护要求》等。

第三章

大国数字竞争时代的中国
战略应对

展望未来，新兴数字技术革命对国家竞争格局的塑造越来越强，谁在这场数字竞争中胜出，谁就将赢得数字时代国际秩序的主导权。因此，我国需要做好长期战略准备，保持战略定力，全面系统施策，从技术创新、制度框架、治理机制、国际开放合作等长期创新力和竞争力等领域构筑战略支撑。

一、重点围绕人工智能等颠覆性技术形成新质生产力

面对大国数字博弈，应把创新作为引领发展的第一动力，牢牢抓住数字技术变革新机遇。一是以人工智能等颠覆性技术为重点，加快推进核心技术突破。在核心智能芯片、智能传感器等领域实现技术突破，重点围绕基础架构、训练算法等环节，形成自主可控的大模型完整技术体系。二是深化数字关键设施布局。构建"硬件＋软件＋平台＋服务"的产业生态。加快建设云、网、端融合的先进算力网络、卫星互联网、智能高效的工业互联网等综合性数字信息基础设施；推

动数据跨行业、跨领域、跨部门流动融合，构建算力、算法、数据和应用资源协同的全国一体化数据中心体系，强化数字生态安全支撑。三是提升数字原创技术策源能力。发挥新型举国体制优势，加强数字技术基础研发，合力攻关高性能计算、边缘计算、数字孪生、加密算法、脑机交互等关键共性技术，推进6G（第六代移动通信技术）、碳基芯片、量子信息、类脑智能、新型存储等前沿科技攻坚，在全球数字科技竞争中抢占先机。

二、进一步完善数字领域的基础性制度与法律框架

更好统筹发展和安全，加强数字立法，重点围绕数据跨境流动、数字知识产权等重大问题，完善相关制度建设。

第一，构建和完善跨境数据流动制度。在数据分类分级基础上，探索建立数据跨境流动清单，优先推动不危及国家安全、敏感程度低、经济效益明显的数据跨境有序流动。与相关国家和地区共同建立"白名单"制度，加强事前、事中、事后全过程监督，改事前监管为事后监管，强化数据出境后风险评估监管。加快制定跨境数据流动负面清单编制工作。一是"重要数据"界定问题。各部门、各行业加快制定本部门、本领域的重要数据清单，为重要数据保护提供清晰指引。二是丰富数据出境方式。细化数据出境方式的配套细则，更好地服务企业跨境经营和数据管理合规。三是推进法律法规有效衔接。各行业领域需要推进法律修订工作，做好与上位法的衔接，更好澄清数据类型、数据存储地、出境条件等重要问题。

第二，构建和完善数字知识产权制度。逐步增强对新业态、新领域创新成果的保护，需要尽快完善人工智能、区块链、大数据等领域的知识产权保护制度设计，建立健全适应数字时代发展的知识产权保护具体规则。完善知识产权保护规则，如算法、商业方法、NFT（非

同质化代币）数字作品等，及时修订《中华人民共和国著作权法实施条例》等法律法规，逐步明晰对人工智能生成物的保护标准等。

第三，构建和完善数字贸易安全保障制度。为应对数字大国博弈，应加快完善我国外商投资安全审查管理制度。针对重大数字基础设施、关键数字安全技术、重要算法软件等产品、敏感领域数据等实施审批或备案管理。完善数据出境监管法规，延伸域外法律效力。

三、营造市场化、法治化、国际化一流数字营商环境

推进营商环境综合集成改革，构建"信息更透明、参与更便利、市场更开放"的国际一流数字营商环境。推广电子证照、电子印章、电子档案应用，提升电子印章、电子签名在各类政务服务事项中的应用。加强和改进平台经济领域反垄断监管，严禁平台经济领域经营者滥用市场支配地位排除或限制竞争，维护消费者利益和社会公共利益，构建开放、公平、非歧视的数字营商环境。加快数字政府建设，加强系统集成、信息共享和业务协同一体化平台建设，支撑政府部门流程再造、业务协同和数据共享，提供更多公共数字服务，全力打造诚信型、服务型、务实型、担当型政府，将中国打造成为贸易互惠、市场开放、资源互补、创新共享的全球数字贸易一流营商环境国家。

四、搭建多元化治理平台，健全协同数字治理机制

面对数字技术和新业态发展的挑战，现有的数字治理框架已难以适应数字技术变化快、技术壁垒高、融合联通能力强的特点，政府监管面临前所未有的技术难题、信息难题、成本难题和法治难题。而数字经济的创新性、虚拟性、跨界性、流动性和平台性等特征，亟待多

元主体发挥各自的治理优势和作用，共同参与数字经济治理。因此，作为连接产业链和用户的大型互联网平台、第三方机构、准公共基础设施等日益在全球数字治理中发挥重要作用。我国应积极促进私人部门、社会部门、数字平台、第三方机构、消费用户等积极参与数字治理体系，加大政府部门与这些组织的连接和合作治理力度，推动大数据、人工智能、区块链、物联网等新兴领域的标准与规则出台，积极探索多利益攸关方的合作原则、合作方式、责任分担、技术支撑等新机制，更好回应数字技术以及新业态引发数字治理变革的诉求，实现包容性、协同性、智慧性和可持续性等治理价值。

五、积极参与全球数字治理规则谈判，推动高水平国际合作

应主动参与并引领区域数字经贸谈判。在货物贸易领域，目前全球已经形成以世界贸易组织为基础的、较为系统的规则体系，但在数字贸易领域，全球尚未形成统一的数字治理规则。中国应在数字治理与国际合作中扮演更为积极且重要的角色。从总体思路来看，一是国内应积极完善相关立法和准则，努力与数字治理国际规则接轨；二是应加快贸易协定谈判中数字条款的升级；三是应加紧自由贸易协定数字条款缔约谈判。尽管长期理想的做法是推进数字贸易规则多边化，但由于多边谈判中的诸多议题往往无法达成共识，因此双边和区域间的数字经济谈判是现实可行的选择。为此，一方面，以我国国内大市场为依托，在跨境支付、金融科技、数字货币等具有一定比较优势的数字服务领域，率先探索构建国际规则，并通过双多边经贸安排和谈判的方式，重点加强与"一带一路"共建国家和地区、金砖国家、上海合作组织、中亚五国、海湾阿拉伯国家合作委员会、南方共同市场等关于数字贸易方面的交流合作，增强与美欧在主导数字

贸易方面的博弈能力；另一方面，在世界贸易组织、《区域全面经济伙伴关系协定》(RCEP)、"一带一路"倡议等全球多边和区域合作层面，探索数字治理规则的中国方案，积极参与全球数字治理规则谈判。

第二部分

怎么建设数字中国

第四章

擘画数字中国发展愿景与目标

一、探索中国特色数字化发展之路

随着新一轮科技革命和产业变革加速演进，物联网、云计算、大数据、人工智能、区块链、5G 等新兴技术正广泛、深入地渗透到经济社会的各领域，成为重塑国家竞争优势的重要力量。数据作为新型生产要素，已快速融入生产、消费、流通、分配和社会服务管理等各环节，对经济发展的放大、叠加、倍增作用正在显现，成为数字中国建设的核心引擎。充分释放数字技术和数据要素红利，在"数字蓝海"中构筑竞争新优势，能够焕发传统产业的新活力。加快数字化发展、建设数字中国，是顺应发展形势新变化、构筑国家竞争新优势的必然要求，对全面建设社会主义现代化国家具有重要意义和深远影响。

建设数字中国的发展理念是以习近平新时代中国特色社会主义思想，特别是习近平总书记关于网络强国的重要思想为指导，深入贯彻党的二十大精神，以及党中央关于构建数据基础制度和数字中国建设的重大战略部署。坚持稳中求进的工作总基调，全面贯彻新发展理念，加快构建新发展格局，着力推动高质量发展。强化系统观念和底线思维，加强整体布局，按照夯实基础、赋能全局、强化能力、优化环境的战略路径，全面提升数字中国建设的系统性、整体性、协同性，推动数字技术与经济、政治、文化、社会、生态文明深度融合，以数字化驱动生产生活方式和治理方式变革，为全面推进中华民族伟大复兴的中国式现代化提供强大动力。

建设数字中国的核心理念是以人民为中心，以满足人民日益增长的美好生活需要为出发点和落脚点，不断提升数字公共服务的普惠性、便捷性和质量，保障人民在数字化发展中的合法权益，促进社会公平正义。以创新为引领，以科技自立自强为战略支撑，加强信息领域核心技术创新，突破关键领域和关键环节的技术瓶颈，提升数字技术自主创新能力和应用创新水平，培育数字产业生态。以开放为动力，以构建新发展格局为战略目标，推动国内国际双循环相互促进，拓展数字贸易合作空间，加强"数字丝绸之路"建设，参与全球数字治理规则制定，推动形成开放共赢的国际合作局面。以安全为保障，以维护国家主权、安全、发展利益为根本要求，加强数据安全、网络安全等各方面的防范和应对能力，构建完善的数字安全保障体系和治理机制。以规则为基础，以完善法治体系和法治政府建设为重点任务，制定和完善与数字化发展相适应的法律法规、标准规范、政策措施等，持续完善数据基础制度体系，建立健全数字化发展的监管体系和评估机制。

建设数字中国的核心愿景是探索出一条中国特色数字化发展道路，促进数字技术与各领域深度融合，实现数据要素高水平应用，打造开放共赢的数字领域国际合作格局，构建网络空间命运共同体，共同培育全球发展的数字新动能。加快建设数字中国是深化国际交流合作、推动构建人类命运共同体的必然选择，是顺应新发展阶段形势变化、抢抓信息革命机遇、构筑国家竞争新优势、加快建成社会主义现代化强国的内在要求，也是贯彻新发展理念、推动高质量发展的必由之路。

二、战略目标引领数字中国未来

数字中国建设是数字时代推进中国式现代化的重要引擎，是构筑国家竞争新优势的有力支撑。为加快建设数字中国，中共中央、国务院于 2023 年 2 月印发了《数字中国建设整体布局规划》，提出数字中国建设到 2025 年和 2035 年的发展目标。国家数据局等 17 部门于 2024 年 1 月联合印发《"数据要素 ×"三年行动计划（2024—2026 年）》，提出充分发挥数据要素乘数效应赋能经济社会发展，明确了到 2026 年底的工作目标。《数字中国建设整体布局规划》和《"数据要素 ×"三年行动计划（2024—2026 年）》作为数字中国建设顶层设计的文件，将引导数字中国建设不断取得新成就，迈上新台阶，形成具有中国特色的数字化发展道路。

（一）到 2025 年基本形成横向打通、纵向贯通、协调有力的一体化推进格局

到 2025 年，数字中国建设取得重要进展，在各地区、各部门、各领域之间实现横向打通，信息系统网络互联互通、数据按需共享、业务高效协同；在中央和地方、上下级机构之间实现纵向贯通，信息资源共享、业务流程优化、决策协调一致；在数字化发展的规划、建设、管理、运行等各个环节之间实现统筹协调、相互配合、优势互补。数字基础设施实现高效联通，数据资源规模和质量加快提升，数据要素价值有效释放，数字经济发展质量效益大幅增强，政务数字

化、智能化水平明显提升，数字文化建设跃上新台阶，数字社会精准化、普惠化、便捷化取得显著成效，数字生态文明建设取得积极进展，数字技术创新实现重大突破，应用创新全球领先，数字安全保障能力全面提升，数字治理体系更加完善，数字领域国际合作打开新局面，实现数字化发展的整体性、系统性、协同性。

（二）到2026年底实现数据要素高水平、多场景应用，培育数字中国建设新动能

到2026年底，数据要素应用广度和深度大幅拓展，在经济发展领域数据要素乘数效应得到显现，打造300个以上示范性强、显示度高、带动性广的典型应用场景，涌现出一批成效明显的数据要素应用示范地区，培育一批创新能力强、成长性好的数据商和第三方专业服务机构，形成相对完善的数据产业生态，数据产品和服务质量效益明显提升，数据产业年均增速超过20%，场内交易与场外交易协调发展，数据交易规模倍增，推动数据要素价值创造的新业态成为经济增长新动力，数据赋能经济提质增效作用更加凸显，成为高质量发展的重要驱动力量。

（三）到2035年数字化发展水平进入世界前列，数字中国建设取得重大成就

到2035年，数字中国建设体系化布局更加科学完备，夯实数字基础设施和数据资源体系"两大基础"，推进数字技术与经济、政治、文化、社会、生态文明建设"五位一体"深度融合，强化数字技术创新体系和数字安全屏障"两大能力"，优化数字化发展国内国际"两个环境"，数字化发展将在经济、政治、文化、社会、生态文明建设

等领域更加协调充分地发挥作用,有力支撑全面建设社会主义现代化国家的目标,数字化发展水平进入世界前列,数字中国建设取得重大成就。

三、我国数字化战略发展规划

为贯彻党中央建设数字中国的战略规划,全国各省、自治区、直辖市纷纷出台了数字化战略发展规划,明确了发展目标、重点任务和保障措施,扎实推进数字基础设施、数字技术、数字政府和数字社会等建设,形成了全国上下同频共振、协同推进的良好局面。在此基础上,各省、自治区、直辖市根据自身的区域特点、产业优势、发展需求和创新能力,制定了具有特色和针对性的数字化战略发展规划,打造了一批有影响力和示范引领作用的数字化发展基地。这些基地不仅赋能传统产业转型升级,发展新产业、新业态、新模式,而且促进当地数字经济蓬勃发展,对数字中国建设起到了积极的推动作用。

国家网信办组织开展数字中国发展水平评估工作,重点评估31个省(自治区、直辖市)在数字基础设施、数字技术创新、数字经济、数字政府、数字社会、网络安全和数字化发展环境等方面的发展水平。评估结果显示,我国区域数字化发展水平呈现明显的阶梯状特征。

第一梯队:全面引领型。广东、浙江、北京、江苏、上海5个省(直辖市)与其他省、自治区、直辖市形成明显差距。这些地区拥有良好的经济基础和创新环境,积极推进数字化转型,投资力度大、政策支持力度强,数字经济规模和发展水平位居全国前列,形成了一批具有国际竞争力与影响力的数字化发展示范区和引领区。

第二梯队:均衡成长型。山东、四川、福建、重庆、陕西、湖北、安徽、辽宁、天津、河南、湖南、江西、河北13个省(直辖市)

在数字化发展方面呈现出均衡的成长态势，不存在明显的发展短板，后续成长潜力较大。在数字基础设施建设、产业数字化、政府数字化和数字社会治理等方面取得了一定的成绩，数字化发展水平逐步提升。

第三梯队：发展培育型。海南、云南、贵州、宁夏、广西、青海、内蒙古、西藏、山西、甘肃、新疆、吉林、黑龙江 13 个省（自治区）存在明显短板制约，未来数字化水平有待提升。这些地区面临的挑战包括基础设施建设滞后、创新创业环境相对薄弱、数字技术应用能力有限等，但具备丰富的自然资源和区位优势，通过加强政策支持和资源整合，可以大幅提升数字化发展水平。

以东部、中部、西部和东北四个地区的代表性省、自治区、直辖市为例，分别介绍其数字化战略规划的主要内容和特点。

（一）东部地区：数字中国建设发展的引擎

东部地区是我国数字经济发展的先行者和领跑者，拥有一批具有国际竞争力的数字产业集群和平台企业，以及一批具有示范效应的数字化转型标杆城市，主要围绕以下几个方面展开。

一是做强、做优、做大数字产业，打造人工智能、网络通信、工业互联网、高端软件、集成电路、智能计算、区块链等战略性产业，培育一批具有产业链控制力的生态主导型企业，促进数字经济核心产业集群化发展。其中，北京将加快建设全球数字经济标杆城市，大力建设数据基础制度先行区，推动算力中心、数据训练基地、国家区块链枢纽节点等一批重大项目落地；上海推进智能算力集群、"浦江数链"城市区块链、数据交易链等新型基础设施建设，大力发展自主可控的核心工业软件和工业操作系统；江苏打造人工智能创新应用先导区，深入实施"智改数转网联"，体系化推进智能算力、边缘计算等算力设施布局；浙江做优做强集成电路、人工智能、高端软件等产业集群，积极推进工业"智改数转"；山东大力发展先进计算、虚拟现实、超高清视频、新型电子材料等产业，培育数字产业聚集区；广东创新发展大数据、云计算等数字产业，聚力打造制造业数字化"链式改造"省域样本；海南加快推进5G、算力、国际通信海缆等数字新基建，引导企业数字化、智能化改造升级。

二是促进数字经济和实体经济深度融合，加快制造业、服务业、农业等产业数字化步伐，推动传统产业和中小企业数字化转型。其中，北京深入实施"新智造100"工程，全面开展制造业企业数字化转型，加快培育标杆性"数字领航"企业；天津培育一批制造业数字化转型优秀服务商，建成一批面向工业行业共性化典型应用场景，支持中小企业"上云上平台"和数字赋能；上海加快自由贸易试验区临港新片区建设，推进实施数据跨境流动的管理措施，建设国际数据经济产业园；江苏深入实施数字经济核心产业加速行动计划，做强、做优"数智云网链"等新兴数字产业，积极发展第三代半导体、元宇宙等未来产业；浙江优化平台经济发展环境，支持平台企业在引领发展、创造就业、国际竞争中大显身手；福建前瞻布局新兴产业，加强数字政务和数字社会建设，推动传统产业和中小企业数字化转型升级。

三是加快智慧城市建设，全面实施智慧城市建设规划，深入推进"一网通办""一网统管""一网慧治"，统筹各类公众服务、政务服务和决策服务。其中，北京完善规划管控、平台支撑、数据治理三大工作体系，加快万兆光网、车联网等新型网络基础设施部署，强化"一数一源一标准"数据治理，全方位保障数据和网络安全；上海加快建设国际经济中心、金融中心、国际科技创新中心，实施"机器人+"应用行动，率先开展国家智能网联汽车准入和上路通行试点。

（二）中部地区：数字中国建设发展的桥梁

中部地区是我国数字经济发展的重要力量，位于全国的中心位置，联结东西南北，具有重要的交通、物流、能源等功能，以及较好的数字化发展环境和机遇。中部地区的数字化战略规划，主要围绕以下几个方面展开。

一是加快数字基础设施建设，发展 5G、千兆网络、新型互联网交换中心、数据交易场所、算力基础设施、云网深度融合的中部算力中心等。其中，河南打造 5G 精品网络，建设千兆网络示范省；河北打造京津冀一体化的算力网络枢纽节点；山西加快千兆城市建设，实施算力基础强基工程、算力产业强链工程，融入全国一体化算力体系，打造算力高地；湖南坚持"四算一体"布局，打造全国先进绿色算力枢纽和国际领先的算法创新中心。

二是发展数字产业化，壮大数字经济核心产业，培育电子信息制造、信息技术应用创新（简称信创）、大数据、软件等数字产业，发展先进计算、网络安全、人工智能等新一代信息技术。其中，山西大力发展半导体、信创等数字核心产业；湖南培育"两芯一生态"计算产业，打造全国信创产业基地；江西开展"信号升格"专项行动，发展人工智能、VR、物联网等具有竞争力的数字产业链群。

三是加快产业数字化转型，支持企业智能化改造、数字化转型，建设推广工业互联网平台，实现制造业企业数字化应用和改造。其中，河北开展工业互联网"百城千园行"活动；山西实施"数智强晋"示范工程，推动 5G 和标识解析应用在实体经济中贯通推广，建设一批产业数字化转型、民生智能化应用标杆项目；安徽加强国家级"数字领航"企业创建，推进工业互联网高地建设；河南构建现代化产业体系，推进新型工业化和数字化转型全覆盖。

四是创新发展数字经济，大力推进数实融合。其中，河北抓好雄安新区数字经济创新发展试验区等建设；安徽发展"数智云网链"等新兴数字产业，持续扩大数字经济核心产业规模；江西实施数字经济核心产业创新提升行动；山西创建国家电子商务示范基地和示范企业，发展壮大山西数据流量谷。

（三）西部地区：数字中国建设发展的洼地

西部地区是我国数字经济发展的重要增长极，拥有自然资源、能源资源、人口资源和文化资源优势，为数字经济发展提供充足的物质基础和人文底蕴，发展数字经济的潜力大。西部地区的数字化战略规划，主要围绕以下几个方面展开。

一是系统布局建设新型基础设施体系，建设5G、数据中心、互联网骨干直联点、工业互联网标识解析节点、算力枢纽节点等。其中，四川加快建设"东数西算"工程国家枢纽节点，构建算力、存力、运力一体化算网融合发展体系；重庆加快全国一体化算力网络成渝国家枢纽节点建设；贵州打造面向全国的算力保障基地；新疆实施"数字强基"工程，推进乌鲁木齐、克拉玛依云计算产业园数据中心建设；西藏打造"六新"数字屋脊，支持拉萨建设国家算力枢纽节点；广西加快推进中国—东盟数字经济产业园、广西新能源超大型数据中心等建设。

二是促进数字经济与实体经济深度融合，加快建设数字经济发展创新区。其中，四川制定数字经济高质量发展实施意见，建设数字经济强省；贵州加快抢占未来产业新赛道，塑造数字经济发展新优势；云南促进数字经济与实体经济深度融合，推动平台经济规范健康持续发展；宁夏推进数字经济提质增效，打造"中国算力之都"。

三是坚持数字产业化、产业数字化，突出网络、信息服务、科技创新、信息化应用等重点，加强关键数字技术研究攻关。其中，重庆加强对生成式人工智能等的研发，拓展数字产业化新空间，构建"产业大脑＋未来工厂"产业数字化新生态；贵州构建特色数字产业集群，加快打造数据中心、智能终端、数据应用三个千亿级主导产业集群；西藏挖掘数字经济潜能，依托气候、资源等优越条件，健全基础设施，加快推进数字产业化、产业数字化，打造"六新"数字屋脊。

四是发展数字社会和数字政务，加快环保、交通、金融、文化、政务、教育等领域的数字化转型与提质增效。其中，重庆开发多跨协同数字化应用场景，推动城市治理"一网通办""一网统管""一网协同"多维融合；宁夏着力实施数字化政务工程和数字化社会工程，建设全区一体化政务大数据中心，打造"一网通办"升级版；新疆推动商贸物流企业数字化、智能化转型，促进线上线下消费融合。

（四）东北地区：数字中国建设发展的支撑点

东北地区是我国数字经济发展的重要支撑点，拥有较为完整的工业体系和制造业基础，以及一批传统产业的龙头企业和骨干企业，为数字化转型提供了坚实的支撑和广阔的空间。东北地区的数字化战略规划，主要围绕以下几个方面展开。

一是重视数字基础设施建设，打造数字经济的底座和载体。其中，辽宁打造"5G＋工业互联网"融合应用先导区；吉林打造长春国家级互联网骨干直联点，加快长春新区智算中心、净月数字经济产业园建设；黑龙江大力推进5G、千兆城市、工业互联网等新型基础设施建设。

二是注重数字产业化发展，培育一批具有影响力的数字经济领军企业和龙头企业。其中，辽宁着力推进新材料、新能源汽车、集成电路装备等战略性新兴产业融合集群发展；吉林围绕"芯、光、星、车、网"五大领域，强化数字产业对各行业、各领域数字化转型的支撑作用；黑龙江大力推进数字产业化和产业数字化，推动哈尔滨人工智能计算中心、中国移动大数据中心扩建项目建设，培育一批具有竞争力的数字产业"专精特新"企业和龙头企业。

三是加快产业数字化转型，推动制造业等传统产业智能化改造和数字化升级，推广工业互联网平台和智能工厂等应用，提高产业效率和质量。其中，辽宁累计建成省级数字化车间、智能工厂超 500 个，建成省级工业互联网平台超百个；吉林实施"万企上云"工程，推进工业互联网规模化应用；黑龙江深入实施制造业数字化转型和中小企业数字化赋能行动。

四是探索数字经济创新发展，拓展数字经济的新空间和新领域。其中，辽宁打造沈阳"北方算谷""大连数谷"，培育数字经济新优势；吉林推动数实深度融合，助推传统产业加快升级，深入实施制造业"智改数转"行动，激发数字经济活力。

从全国 31 个省（自治区、直辖市）的数字化战略发展规划来看，各省、自治区、直辖市基于自身的独特优势和发展需求，逐步形成了各具特色的数字化发展路径。东部地区作为数字中国建设发展的引擎，继续发挥其领先优势，加速推动数字经济与实体经济的深度融合；中部地区则作为数字中国建设发展的桥梁，在承东启西、联动南北中发挥着关键作用；西部地区是数字中国建设发展的洼地，通过大力发展数字基础设施建设，逐步增强区域数字经济的竞争力；东北地区则在数字中国建设发展中起支撑作用，着力发展新型数字产业，推动传统产业转型升级，形成新的经济增长点。

未来，随着数字基础设施建设的持续推进、数字安全保障体系的进一步完善，以及数字人才队伍的不断壮大，我国的数字经济将迈向高质量发展的新阶段。通过不断提升各领域的数字化能力与水平，我国不仅能够在全球数字化竞争中占据重要地位，还将进一步实现社会经济的全面转型与升级，构建数字经济发展的新优势，为新时代的经济社会发展注入强大动力。

第五章

数字中国建设的"2522"整体框架

新时代新征程，加快数字中国建设助力中国式现代化，需要深刻理解和准确把握数字中国建设的丰富内涵与实践路径。《数字中国建设整体布局规划》按照"2522"整体框架（见图5.1）进行布局，即夯实数字基础设施和数据资源体系"两大基础"，推进数字技术与经济、政治、文化、社会、生态文明建设"五位一体"深度融合，强化数字技术创新体系和数字安全屏障"两大能力"，优化数字化发展国内国际"两个环境"，为建设数字中国提供了科学指导、明确路径、具体措施，具有重大战略意义和现实指导意义。

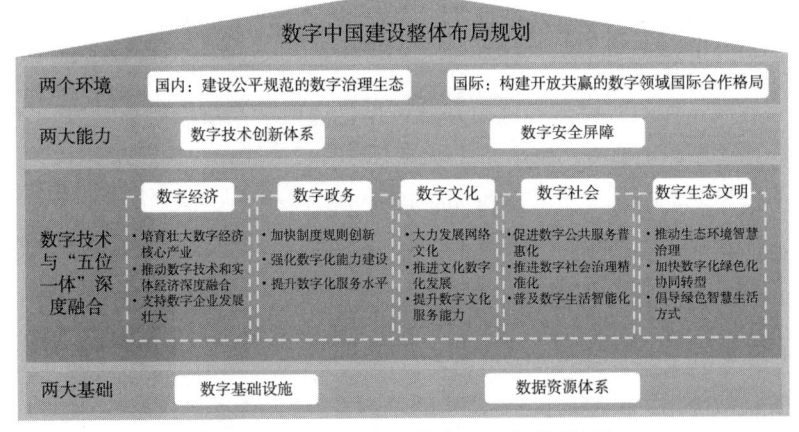

图5.1 数字中国建设的"2522"整体框架

一、数字中国建设的"两大基础"

　　数字中国建设的"两大基础"主要包括数字基础设施的高效联通和数据资源体系的有效建设。"两大基础"底座稳固是上层应用百花齐放的根基，其相关领域将得到优先发展与支持。数字技术与经济、政治、文化、社会、生态文明建设的结合，是数字中国的具体应用落地，而数字基础设施与数据资源体系则是整座数字中国"大厦"的底座。以算力与网络为代表的基础设施，类似于工业经济时代的道路、桥梁与电网，成为支撑社会发展的"硬基建"，而数据要素则是在"软制度"层面，通过释放数据资源价值对数字中国建设形成支撑。

（一）数字基础设施进一步完善，筑牢数字中国的关键底座

　　数字基础设施作为数字中国的底座，是使数据"供得出、流得动、用得好"的关键载体，只有让数据安全可信流通，才能实现数据的高效利用。近年来，我国网络基础设施、算力基础设施、应用基础设施规模和服务能力快速增长，一体化协同发展水平稳步提升。"双千兆"网络深度覆盖进程加速，网络基础设施覆盖区域持续扩大。算力基础设施规模世界领先，"东数西算"工程全面开展，工业互联网、车联网、能源互联网等应用基础设施加速赋能高质量融合发展。此外，数据作为数字经济时代的关键生产要素，对与之相关的基础设施提出了新的要求，需要构建适应数据要素特征、促进数据流通利用、发挥数据价值效用的数据基础设施，充分释放数据要素的价值。

　　我国已建成全球规模最大、技术最先进的 5G 网络，截至 2023 年 3 月底，累计建成 5G 基站超过 264 万个，5G 网络已经覆盖全国所有地级市、县城城区，5G 移动电话用户达到 6.2 亿户，5G 共建共享基站超过 150 万个，对建设集约、高效绿色低碳网络发挥了重要作

用。截至 2024 年 5 月底，我国 IPv6 活跃用户数达 7.94 亿，移动网络 IPv6 流量占比达 64.56%，我国互联网加快向 IPv6 演进升级。中国北斗卫星导航系统（简称"北斗系统"）已全面服务交通运输、公共安全、应急管理、农林牧渔等行业，融入电力、通信、金融等基础设施。由此可见，我国在 5G、云计算、大数据、物联网等领域具有先发优势，新一代信息技术与各行各业深度融合应用，数字基础设施已经像水、电、公路一样，成为人们生产生活的必备要素，为产业、经济、社会的数字化转型提供了坚实保障。加快打造互联互通、协调发展的数字信息基础设施，对加速推进新一代信息技术产业的创新发展、构建现代化基础设施体系具有重要意义。

（二）数据资源体系加快建设，新型生产要素推动社会变革

数据资源是数字中国建设的核心引擎。作为新型生产要素，数据要素具有放大、叠加、倍增的作用，正在推动生产方式的深刻变革。近年来，我国加快构建数据基础制度，各地区加快制定出台数据开发利用的规则制度，已有 22 个省级行政区、4 个副省级市出台数据相关条例，促进地方规范推进数据汇聚治理、开放共享、开发利用、安全保护等工作。截至 2022 年底，全国已有 26 个省（自治区、直辖市）设置省级大数据管理服务机构，广东、天津、江苏等地区探索建立首席数据官制度，多地积极探索数据管理机制创新。

同时，我国数据资源规模稳步提升。2023 年，我国数据生产总量达 32.85 ZB（泽字节）。公共数据资源流通共享能力也在加强，政务数据开放共享有序推进，推动数据要素价值充分释放，助力数字经济高质量发展。2023 年 10 月，我国成立国家数据局，负责协调推进数据基础制度建设，统筹数据资源整合共享和开发利用，进一步加快数据要素制度改革创新，从"首论数据要素"到提出"数据基础设施"概念，

再到提出"数据要素 ×"行动，数据要素统筹管理、协调发展的体制机制进一步完善。与我国 2015 年出台的"互联网+"行动相比，"数据要素 ×"实现了从连接到协同、使用到复用、叠加到融合的转变。与此同时，各地区加快成立大数据管理机构，出台多项数据要素市场政策，发布数据资产确认相关标准，制定促进本地数据要素市场发展的法规条例，推动数据资源体系建设加快进入落地新阶段。

案例 1

南京市江宁区：社会治理信息平台[①]

2017 年 9 月，江苏省开始推动省域全要素网格化社会治理机制创新。南京市江宁区作为全省五个试点区（县）之一，区委、区政府审时度势，以承担试点任务为契机，将创新全要素网格化社会治理作为建设"强富美高"新江宁的基础性、战略性工程和"一把手"工程紧抓不放，以健全完善党委领导、政府负责、社会协同、公众参与、法治保障的社会治理体制为主线，以构建"体现江苏水平、具有南京特色、适应江宁发展需要"的新型基层社会治理体系为引领，突出高位推动、一把手强力推进，坚持重在基层，把破解基层治理中存在的突出问题作为重点任务，注重体系创新，系统谋划、整体推进。

曙光云结合江宁区社会治理要求，通过社会治理信息平台项目建设，全力推动治理机制、力量、手段、方式变革，走出了一条精细化管理、信息化支撑、精准化服务的新路子，构建形成的全要素网格化社会治理"江宁模式"成为全省基层社会治理创新的样板。

---

① 资料来源：曙光云计算集团股份有限公司，2023 年 8 月。

1. 主要内容

江宁区社会治理信息平台是服务江宁全区的社会治理基础平台，采集了包括综合执法、全要素网格化、网格云服务等在内的多种社会治理业务和基础数据，集成了事件联动处置、网格云服务、网格化社会治理、时空云服务、"雪亮工程"等八大功能模块。实现江宁区社会治理信息的一体化，以一张地图为主体，实现网格员、网格中心、执法力量、监控资源的指挥调度，继续完善事件联动处置流程，建立江宁区平安稳定指数体系，最终建设一个具有大数据、实战化、服务社会的一体化社会治理信息平台。

平台以指挥调度为核心，融合了网格化系统、"雪亮工程"、网格云服务等多个功能模块，构建形成了"一个终端采集、一个中心汇聚、一个平台应用、一张地图指挥、一个后台管理"的"五个一"信息化治理体系。

（1）指挥联动建设

平台依托地理信息、大数据分析、数据可视化、融合通信等技术，建立统筹资源管理、综合指挥、事件中心、智能分析、科学决策、考核评价等功能的社会治理指挥系统。结合江宁区多维度空间地理信息，利用视频连线、消息指令群发等工具，对网格员队伍和综合行政执法人员队伍、网格中心资源、"雪亮工程"监控点位进行指挥调度，并且具有网格事件的联动处置功能，实现了对重大突发事件的快速应对处置。

（2）全要素网格通 App

发挥移动互联网技术优势，建设集信息采集、事件上报、待办任务、网格巡查、工作统计等功能于一体的移动端网格化工作系统。目前，全区有街道、社区建设网格化服务管理中心210个，建成网格服务工作站478个。按照构建全区基层社会治理"一张网"的要求，将全区划分为2 456个社会治理网格（综合网格2 017个、专属网格439个）。同时，每个综合网格都配备一名专职网格员，每个网格员都配有全要素网格通App账号，通过App可全面采集基础信息，包含人、房、地、事、物、组织等各类基础数据，实现基础数据的汇聚和管理。同时，网格员可以通过全要素网格通App及时上报网格事件到区街村三级中心，街道中心在收到上报事件信息后，通过"1+4"平台派单，组织相关委办局进行协同处置。

（3）推进治理数据赋能应用

依据《江苏省网格化社会治理基础数据规范》等相关文件的规定，开发建设江宁区社会治理大数据底座，对综治信息资源进行合理采集与配置，全面汇聚人、房、地、事、物、组织等各类数据，通过碰撞匹配、清洗比对，向上传送省市，向下反哺基层，横向服务部门。对影响国家安全、社会稳定、治安状况和群众安全感的各类社会矛盾与问题进行综合研判，以人、地、事、物、情、组织相互关联的综治基础信息为基本内容，以数据融合、信息共享、资源整合、应用丰富、安全可靠为基本支撑，涵盖政法、综治、维稳相关业务。

（4）建设区平安稳定指数系统

通过江宁平安稳定指数体系建设，推动江宁区社会治理和平安稳定运行动态监测、数据实时掌控、工作协同等工作的落实，实现社会治理和平安建设从被动应对向主动预测、预警、预防转变。系统设置社会稳定、社会治安安全、公共安全、生态环境安全4类一级指标、28项二级指标，通过每月抓取有关部门数据，对每个指标数据进行赋权计分，实现对街道平安稳定状况的百分制评定，并根据得分评定星级，对得分低于一定水平的街道及时进行黄、橙、红三色预警，引导街道及时进行预测预警、动态研判、提前干预。

2. 特色亮点

（1）体制先行，加强保障

江宁区作为江苏省创新网格化社会治理机制试点的地区之一，率先进行了网格化治理推广工作，全区统一制定了"64922"全要素网格要素清单，明确了网格员同时担负信息采集员、便民服务员、矛盾化解员、治安巡防员、流动人口和特殊人群服务管理员、政策宣传员"6员"职责，具体落实信息收集、现场处置、发现上报、代办服务4类工作任务，涵盖信息采集维护、社会治安巡防、矛盾排查化解、民意收集调查等9大类22小类共82项具体工作。

（2）全民参与，诉求必达

网格云服务利用云计算、人工智能等技术，搭建了基于微信群智能服务机器人的全要素便民服务系统，将政务服务、诉求服务及公共便民服务集成于系统，打通了网格员至居民的线上绿色通道，实现了网格化服务向"最后一公里"的延伸，提升了网格服务效率。

江宁区自主研发的"线上网格员"系统"江小格"，即主要利用人工智能技术和微信群的便民服务系统。由网格员建群，网格群众入群，智能机器人"江小格"协助管群，构建网格员和群众的线上交流平台。该子系统可以快速收集民意，群众在生活中发现问题或反映诉求时可以在微信群里提出，"江小格"会根据关键词进行收集，并将问题推送给网格员进行处理，网格员不能处理的问题将被推送到街、区两级联动处置平台进行派单处置。

（3）多元共建，有效闭环

为提升网格化工作质效，平台将网格基础工作与民政、教育、应急、消防、城管、环保、国土、气象等专业工作有机整合，形成政府单位全员参与的"大治理"工作格局和社会治理整体合力。为各委办局开通"网格+部门"的专项系统界面，实时推送网格工单任务，让各部门快速获取网格内发生的相关事件，及时跟进处理，实现有效闭环。

3. 应用成效

（1）提升基础数据汇聚、治理、分析能力

提升数据汇聚能力。针对网格员录入、上级推送、区级部门导入、区大数据共享交换平台等不同形式，开发不同数据接口和接入流程，有效汇聚各种类型、各种来源的社会治理基础数据，同时规范数据标准和分类归集，便于与省市对接。

提升数据治理能力。增强不同来源数据间的碰撞比对，开发数据检验和清洗功能，提高数据鲜活性、准确性。

提升数据分析能力。实现基于大数据的平安稳定分析研判和社会治理工作质效考核评价等功能，增强各类分析研判结果和考核评价成绩的客观性、及时性、可视化。

（2）增强平台实战能力

实现对重大事件处置的指挥调度。以群体性事件处置、安全生产事故处置、两会期间重点人员稳控、区内重大活动安保等为模拟情景，开发相关功能组合，提升信息平台应对突发事件的实战能力。具体包括：与网格员实时视频通信、调用特定区域视频监控资源、重点敏感人员定位、召开各级中心之间的视频会议。

（3）改善用户体验

升级网格员用户终端。对网格员手机终端，即全要素网格通App进行重新规划设计，以微信、学习强国等App为模板，提升功能实用性、逻辑清晰性、操作简便性、界面简洁性。

增设领导决策支持模块。区街各级领导通过该模块，能够实时掌握社会治理工作的进展动态，参与重要工作决策和审核流程。

简化登录流程。总平台及各子平台共用一个登录账号，即从总平台进入各子平台时，无须再次输入账号和密码。不同层级的用户所对应的账户权限及功能有所不同。

增加激励促进机制。对于影响网格化工作质效和全区在省市考核排名的各类工作指标与任务，在信息平台中为其定值赋分，网格员参与线上学习活动也可获得相应积分，网格员通过不断完成职责任务和学习任务获得积分，积分排名可区分不同层级。

二、推进数字技术的"五位一体"

"五位一体"全面赋能经济社会发展，数字技术与经济建设的融合夯实了数字中国建设的物质基础，数字技术与政治建设的融合优化了数字中国建设的上层建筑，数字技术与文化建设的融合强化了数字中国建设的文化自信，数字技术与社会建设的融合彰显了数字中国建设以人民为中心的发展理念，数字技术与生态文明建设的融合体现了数字中国建设与美丽中国建设的有机统一。

（一）数字技术赋能实体经济，创新引领高质量发展

数字经济已经成为稳增长促转型的重要引擎，发展数字经济是构建现代化经济体系的重要支撑。2023 年，我国数字经济规模达到 53.9 万亿元，较上年增长 3.7 万亿元，对 GDP 增长的贡献率达到 66.45%，成为支撑经济稳增长的关键力量。数字产业规模稳步增长，数字技术和实体经济融合日益深化，新业态、新模式不断涌现，数字企业加快推动技术、产品与服务创新能力提升，不断培育发展新动能。

（二）政务数字化水平有效提升，智能高效实现政府治理

发展数字政务是推进国家治理体系和治理能力现代化的重要任务。我国的顶层设计和制度规则逐渐健全，党政机关数字化服务能力不断增强，在线服务标准化、规范化、便利化水平稳步提升，政务公开支撑践行全过程人民民主。2022 年，我国数字政务加快朝线上线下相协同、标准规范更统一的方向发展，"一网通办""跨省通办"服务体系持续优化，有力提升企业和群众的满意度、获得感。政务新媒体已经成为政民互动的重要渠道。

（三）自信繁荣的数字文化，加快建设社会主义文化强国

发展数字文化是坚定文化自信、提升国家文化软实力和中华文化影响力的重要举措。2022 年，我国深入推进实施国家文化数字化战略，数字文化资源不断丰富，公共文化场馆数字化转型取得积极成效，数字文化产业培育壮大，网络文化蓬勃发展，数字文化消费水平进一步提升，助推文化强国建设迈上新台阶。

（四）数字社会普惠便捷化，构筑数字生活新图景

建设数字社会是保障和改善民生、扎实促进共同富裕的有效路径。截至 2023 年 12 月，我国网民规模达 10.92 亿人，较 2022 年 12 月新增网民 2 480 万人，互联网普及率达 77.5%。国家教育数字化战略行动全面实施，数字健康加速发展，社保就业等领域数字化服务水平不断提升，智慧城市和数字乡村建设深入推进，全民数字素养与技能提升行动取得积极成效，适老化、无障碍改造迈上新台阶，数字社会发展更加均衡包容。

（五）绿色智能数字生态文明，促进经济社会发展全面绿色转型

建设数字生态文明是实现绿色低碳发展的必然要求。近年来，我国数字技术持续赋能生态文明建设，基于数字技术的生态环境监测预警能力、自然资源管理和国土空间治理能力进一步提升，在生产、生活、生态治理等多领域深入践行绿色低碳发展理念，有效助力高质量生态文明建设。

案例 2

河北省迁安市：建设"数字迁安"，打造县域新型智慧城市排头兵[①]

2019 年，河北省抓住第一批新型智慧城市试点机遇，深入践行"15678"基本思路和"只争朝夕、瞠羚跨越"工作要求，开

---

① 资料来源：数字中国建设典型案例，紫光云技术有限公司，2023 年 7 月。

启"北方水城、美丽迁安"现代化新征程，奋力推进经济社会发展"走在前列、勇立潮头"。成立以市委书记、市长为组长，市委、市政府其他领导和相关部门主要负责人为成员的迁安市信息化（新型智慧城市）项目建设领导小组，将领导小组办公室设立在迁安市大数据中心。将"数字迁安"建设列入新一届市委、市政府打好的六大攻坚战之一，并精心规划设计和组织实施了相关项目。"数字迁安"项目高起点规划、高标准探索符合当前时代特征、迁安特色的数字化转型新路径，以充分利旧、适度超前和补强城市共性支撑能力及上层应用建设为原则，强弱项、创特色、树亮点，积极推进数字政府、数字经济、数字社会"三位一体"建设，着力打造数据驱动、智联高效的"数字迁安"场景。围绕大数据服务、数字教育、数字医疗、数字管网、数字泊车、建筑用能分项计量、数字应急、数字乡村八大应用方向进行建设，旨在实现基础设施更智能泛在、城市治理更精准高效、惠民服务更优质便捷、创新协同更深化融合的"数字迁安"，提升城市整体智治水平。

1. 夯基垒台，构筑底座，完善共性能力服务体系

一是对全市云存储算力资源实行集约化统筹分配和运维管理，有力有序推动政府网站、化工数字园区等20个项目迁移上云，从根源上避免"信息孤岛"、"数据烟囱"和重复建设。

二是调整优化网络架构。按照"一张网"格局，大力清理全市机关事业单位无保留必要的互联网、专网，将全市68个单位的近2万台办公计算机全部接入电子政务外网进行统一监督管理，将点对点带宽提高至200兆，互联网总出口带宽提高至6.5 G（吉），有效打破部门层级之间、业务系统之间的网络壁垒。

三是建设搭建迁安政务大数据资源体系，形成有利的数据资产和数据价值，支撑数据的共享和开发服务。现已完成34个单位700类1 000余万条数据的归集和18类7 000余条数据的回流。

四是遵循全域"一张图"理念，对迁安市主城区10平方千米的区域进行三维建模，为全市各行业领域系统平台建设提供精准规范、标准统一、共享共用的地理信息服务，初步建成新型智慧城市重要的时空信息基础底座。

五是深化视频融合平台功能，按照公安部门标准成功对接"雪亮工程"视频后，持续融合接入资规、教育、交警、应急、河湖等部门和行业领域视频资源，汇聚视频资源将达3万余条，加速推动前端设备从"只会看、只会录"的信息时代向"会思考、会说话"的智能时代转变。

2. 统筹集约，精细治理，全面提升政府治理能力

一是搭建大数据平台，建立健全数据采集、治理、汇聚、共享、销毁等全生命流程管理和服务。

二是搭建警综数据排查及疫情防控平台，完善迁安市动态流动人口管理体系，建立从流调、溯源、排查、转运到隔离全流程的疫情防控调度智慧体系线上服务平台，助力迁安精准防控管控。

三是搭建公共建筑节能管理平台，实现18个大型公共建筑水、电、气等重点用能参数的实时在线监测、分析和诊断，监测面积达80万平方米，有效提升建筑能源资源利用效率。

四是开展数字管网项目建设。利用虚拟现实进行三维建模，安装流量计、液位计等物联网采集设备，实现主城区范围680千米地下排水管网智能化监测全覆盖。

3. 精准发力，惠民便民，促进数字社会扩面提速

一是搭建数字泊车管理平台，整合全市13个公共停车场的

9 428个停车位资源，全面掌握停车位数量、余量和停车占比等信息，通过小程序实现车位信息实时更新发布、地图导航等功能，最大限度盘活现有停车资源，方便停车。

二是推进全民健康信息平台和"互联网＋医疗健康"建设。逐步实现市民健康档案、疫苗接种、人员信息等数据的跨层级共享互通、双向转诊和网上预约，百姓看病更便捷高效，覆盖居民已达80余万人。

三是建设数字教育基础平台。全面配套中小学阶段优质课程资源和试卷资源，为全市216所中小学、近10万名师生提供教育平台和教育教学资源支撑。

四是建设公共信用信息共享平台，纵向与河北省唐山市互联互通，横向打通市行政审批局、市场监督管理局等部门的信用数据，实现全市49类90余万条公共信息的归集、共享和高效利用。

4. 产业兴城，双轮驱动，推动数字经济蓬勃发展

一是大力推进产业数字化，在农业产业数字化方面，以数字乡村为样板，有效整合汇聚农业物联网系统、有害生物监测物联网基站、花生种子溯源等系统，进一步提升农业生产精细化、智慧化水平；在工业产业数字化方面，重点扶持的河北钢谷工业互联可视化远程服务平台、鑫达钢铁环保一体化管控平台、首钢马矿5G电机车无人驾驶系统成功入选2022年河北省工业互联网创新发展重点培育项目；在服务业产业数字化方面，支持北购商场打造迁安电商产品供应链，采用"直播电商＋扶贫助农"新模式，助力本地70多家企业的600多种农产品线上销售。

二是数字产业化显著提升，以企业为主体，政府搭平台，坚持"走出去、引进来、换思维"原则，京津冀数据备份中心正式上线运行，不断发展壮大本地软件及信息技术服务企业。

将"数字迁安"奋力打造成为县域智慧城市排头兵。立足迁安市发展实际，建设数字底座，依托已有基础，深化数据共享、系统对接、业务协同，统一大数据、时空云、视联网等技术能力，强化与省市跨层级连接。推动各部门、各系统核心业务和重大任务流程再造、协同高效，构建"整体智治"体系，形成示范应用亮点项目，打造"数字迁安"新发展模式。建立警综数据排查及疫情防控平台，立足于精准的全市防疫数据，建立迁安市疫情防控动态人口管理体系，广泛用于流动人口管理，反哺公安，助力公安对流动在逃罪犯的精准管控和高效处置。因地制宜，有的放矢，加速迁安行业数字化转型，激活数字经济新动能。迁安作为工业主导城市，依托发达的钢铁产业优势，大力开展工业互联网等智慧化改造、升级。优化钢铁产业发展数字环境，以钢谷工业互联可视化远程服务平台、鑫达钢铁环保一体化管控平台等为抓手，推动融合发展迁安工业数字供应链，支持钢铁产业以数字供应链打造数字生态圈，建设京津冀备份中心，促进企业"上云用数赋智"，培育产业智能应用场景。坚持以数字乡村建设为引领，发挥数字赋能作用，拓展数字应用场景，全面激活乡村振兴动能。全面落实乡村振兴战略"二十个字"总要求，打破"信息孤岛"、消除"数据烟囱"，在河北率先上线运行数字化、智能化、集成化的乡村振兴大数据平台。平台共设置产业兴旺、生态宜居、乡风文明、治理有效、生活富裕五大板块，不同板块整合不同的数据信息资源，融会贯通、有机衔接，为迁安数字经济建设插上了腾飞的"翅膀"。

三、数字中国运营的"两大能力"

在数字中国建设过程中，能力建设是重中之重。强化数字中国关键能力的核心在于构筑自立自强的数字技术创新体系，筑牢可信可控的数字安全屏障。在新型举国体制的助推下，数字技术创新体系将致力突破核心技术领域原创性、引领性数字技术难题，在促进数字产业发展的同时，对实体经济各领域进行全方位、多角度、全链条数字化技术改造，有效提升生产力。数字安全保障将定位于抵御数据泄露等潜在的网络风险，切实维护网络空间主权与安全，完善网络安全法律法规和政策体系，保护数字产权，维护数字技术创新安全，筑牢网络安全底线，"两大能力"在本质上遵循发展与安全相互促进、协调并进的原则，成为数字中国建设的驱动引擎。

（一）构筑自立自强的数字技术创新体系，强化数字中国关键技术能力

数字技术创新是数字中国建设的核心动力。近年来，我国集成电路、人工智能、软件、量子信息技术等领域的技术创新应用取得积极进展，数字技术研发能力持续提升，企业创新主体地位进一步强化，创新联合体等新型组织模式释放创新动能。

关键数字技术研发应用取得积极进展。我国5G实现技术、产业、网络、应用的全面领先，6G加快研发布局。我国在集成电路、人工智能、高性能计算、电子设计自动化、数据库、操作系统等方面取得重要进展。人工智能芯片和开发框架加速发展，基本形成人工智能基础软硬件支撑能力。国产操作系统加速规模化推广应用，鸿蒙操作系统装机量突破3.2亿台。

前沿数字技术创新也日益活跃。2023年中国信息领域相关PCT（专利合作条约）国际专利申请近3.15万件，全球占比达37.32%。5G标准必要专利声明量全球占比超42%，人工智能、脑机接口、量子计算机、量子传感等前沿领域专利全球占比位居前列。截至2023年

底，我国数字经济核心产业发明专利授权量为40.6万件，同比增长21.2%，占发明专利授权量的44.1%，较2016年提高13.5个百分点。我国国内有效发明专利增速排名前三的技术领域分别为信息技术管理方法、计算机技术和基础通信程序，分别同比增长59.4%、39.3%和30.8%，远高于国内平均增长水平。

数字技术协同创新生态不断优化。我国数字技术企业创新主体地位持续强化，数字领域产学研用生态蓬勃发展。同时，我国的数字人才培育支持力度也在不断加大。2023年国家自然科学基金共资助青年科学基金项目22 879项、优秀青年科学基金项目630项、优秀青年科学基金项目（港澳）25项、国家杰出青年科学基金项目415项、地区科学基金项目3 538项等。

（二）筑牢可控可信的数字安全屏障，为数字中国建设保驾护航

数字安全是数字中国建设的底板，主要包括切实维护网络安全和增强数据安全保障能力两个部分。其中，网络安全是维护国家政权的基本能力保障，数据安全保障需要建立数据分类分级保护制度，健全网络数据监测预警和应急处置工作体系。两大安全保障相辅相成，共同为数字中国建设保驾护航。

保障网络安全，维护网络空间主权。网络空间现已成为陆、海、空、天之后的"第五空间"和"第五疆域"，在"全球一网"的时代，面对某些西方国家大幅组（扩）建网络战部队，网络空间斗争日趋白热化，网络战已经从暗战成为明战，从幕后走向台前。在当前的国际形势下，美国利用其在网络技术、资源和规则方面的优势，对我国进行网络监控、干预、攻击和渗透，破坏了网络空间的公平、开放和合

作，威胁了我国的网络主权[①]和网络安全。网络空间现已成为生产新空间、外交新途径、作战新阵地。要维护网络社会秩序，充分激发网络空间蕴含的新质生产力、文化力、战斗力，就必须切实维护我国的网络空间主权与安全。北斗卫星导航系统等技术体系建设，旨在从物理层面打破美国的网络空间垄断，重新获得网络空间主权。近年来，我国网络安全法律法规和标准体系逐步健全，网络安全保障能力显著增强，数据安全管理和个人信息保护成效显现，安全产业发展迈向新阶段。2022年，《网络安全审查办法》修订出台，对网络平台运营者开展数据处理活动提出要求，提升了关键信息基础设施供应链安全保障水平。网络安全防护能力大幅提升，工业互联网、车联网等新型融合领域网络安全保障能力明显增强。

释放数据要素价值，守好数据安全底线。数据作为新型生产要素，对传统生产方式变革具有重大影响。传统的交易方式无法适应数据的特性，因此需要利用先进技术，如多方安全计算和区块链，实现数据"可用不可见"和"可控可计量"，确保数据安全并防范泄露风险。要切实保障国家数据安全，加强关键信息基础设施安全保护，建立数据分类分级保护制度，健全网络数据监测预警和应急处置工作体系。强化国家关键数据资源保护能力，增强数据安全预警和溯源能力。我国加快建立数据安全管理制度体系，包括数据出境安全评估、数据安全管理认证等《数据安全法》配套制度。2022年7月国家互联网信息办公室发布的《数据出境安全评估办法》，明确应当申报数据出境安全评估的情形，提出数据出境安全评估具体要求。2023年2月国家互联网信息办公室发布的《个人信息出境标准合同办法》，推进规范个人信息出境活动，保护个人信息权益。近年来，我国相关部门持续开展"净网""剑网"等专项行动，切实解决扰乱市场秩序、

[①] 国家网络主权是指一个国家在其管辖范围内对网络空间的管理、控制和保护能力。

侵害用户权益、威胁数据安全等问题，网络空间持续清朗，为保障数据要素安全、持续激发数字经济活力提供了有力保障。

案例3
北京市通州区：城市管理委员会网络安全保障服务体系[①]

在关系国计民生的城市管理网络应用方面，系统网络安全问题显得尤为重要。随着《网络安全法》《关键信息基础设施安全保护条例》《中华人民共和国密码法》《个人信息保护法》《数据安全法》等一系列法律法规陆续出台，我国各行业单位，尤其是关键信息基础设施运行单位就网络安全工作制定了发展方针和政策。为提升网络安全风险防范能力，需要对北京市通州区城市管理委员会实施重要信息系统网络安全等级保护测评服务、纵深防御战略，为保障重要数据安全和系统运行安全提供方法指导；需要对北京市通州区城市管理委员会互联网相关网站进行监测预警安全服务，实时监测；需要为北京市通州区城市管理委员会提供重要事件应急响应服务；需要通过本地信息系统漏洞检测分析，对安全检查范围内的系统、网络设备和安全设备进行漏洞扫描，排查高、中、低的安全漏洞情况；需要对北京市通州区城市管理委员会安全检查范围内的系统和网络进行信息系统逆向渗透；需要为北京市通州区城市管理委员会提供安全咨询，对互联网系统迁移政务云执行系统评估分析、方案设计、系统迁移、测试验证及系统割接，对信息化建设实施进行评估、分析，最大限度化解风险。

[①] 资料来源：数字中国建设典型案例，国家网络安全产业园区（通州园），2023年8月。

1. 国家网络安全产业园区为企业发展保驾护航

国家网络安全产业园区（以下简称网安园）是工业和信息化部与北京市政府战略合作重点项目。通州园作为网络安全产业发展拓展地，与海淀园、经开区国家信创园形成"三园协同、多点联动、辐射全国"的总体布局。2020年11月3日，通州园正式开园。网安园作为通州区"四区三镇三园"之一，是城市副中心加快构建高精尖产业体系、强化科技创新主导功能、推动高质量发展的重要支撑，是数字经济产业的重要承载地。网安园作为通州区"以产业链招商、以商带商、以项目养商"服务模式的典型代表园区，在工业互联网、5G、车联网、智慧城市、大数据、物联网、云计算、商业密码应用八大产业方向具有优势，成为先试先行的示范点。网安园致力为科技企业提供所需的物理空间、商业配套设施、投融资等多方面服务，形成"一园多址、多元融合"的网安园良好生态环境。

网安园在借助产业集聚的优势，吸引大批服务商入驻的同时，以"保姆式"服务，做好服务商培育。园区已成立服务团队，为企业提供工商注册、税务办理、政策申报、企业资源、项目审批等服务。为园区企业提供人才培训、资源配套等服务。引进第三方金融服务机构为企业提供融资、信贷、上市扶持和金融综合服务。2023年，"北京市通州区网络安全产业集群"成功入选北京市中小企业特色产业集群名单。截至2023年8月，入驻网安园企业超过200家。未来将以大数据研发与创新、应用型人才教育与培训、产业成果展示与交易、企业孵化与产业增值4项关键职能为牵引，高质量打造具有副中心特色和核心竞争力的产业集群。

入驻网安园的企业，如中环网安科技有限公司、腾龙物联（北京）数据科技有限公司等在维护网络安全方面提供了较为丰富的产品服务。网安园为企业发展保驾护航，创造了良好的生态环境，有利于企业推出更优质的产品和服务，便于企业与园区实现良性互动。

2. 提供全方位监测预警服务

网络安全保障的核心在于预警，即提前发现问题并帮助解决潜在风险。网站预警系统为通州区城市管理委员会重要信息系统及网站系统提供监测预警服务，做到事前监控预防、事中响应预警，定期提供预警监测报告。网站预警系统在不影响网站性能的情况下，7×24小时对网站进行实时监测，发现问题第一时间报警，报警方式包括弹窗、发送邮件或短信、发出声音等。同时，将网站运维人员的监控效率迅速提高十几倍，并配合本地化应急响应服务，切实从通州区城市管理委员会安全需求角度出发，协助通州区城市管理委员会预防隐患、预警事件、追踪应急，从实际利益出发，为门户网站安全保驾护航。

一是事前监控预防。帮助洞悉网站的安全隐患，了解实际风险节点和存在的实际问题，客观评价网站安全性和脆弱性；帮助追踪漏洞更新，有助于控制安全支出成本；追踪新漏洞和新漏洞修补技术，有助于技术部门对网站的技术革新。二是事中响应预警。实时监控网站页面的安全状态，独特的预警机制能在早期发现危机事件，及时预警并后期追踪，有利于掌握危机事件的破坏力和传播趋势，为化解安全危机服务。

3. 提供系统性全链条服务

北京市通州区城市管理委员会网络安全保障服务体系，包括漏洞扫描服务、渗透测试服务、应急预案服务、安全加固服务、安全监测服务和安全培训服务等系统性全链条服务，从多方面保障网络安全。

一是漏洞扫描服务。评估工具以本地扫描的方式，对北京市通州区城市管理指挥中心安全检查范围内的 13 个系统和网络进行漏洞扫描。二是渗透测试服务。在不造成任何损害的前提下，从攻击者的角度，针对北京市通州区城市管理指挥中心现有信息系统，模拟入侵者对指定系统进行攻击测试。三是应急预案服务。针对北京市通州区城市管理指挥中心现有信息系统可能发生的突发公共事件，为迅速、有效、有序地开展应急行动而预先制定方案。四是安全加固服务。根据北京市通州区城市管理指挥中心现有信息系统的安全巡检结果和等保基线要求，对存在的漏洞及安全风险提出安全建议，协助进行漏洞修复及风险规避。五是安全监测服务。针对北京市通州区城市管理指挥中心现有 13 个重要信息系统及网站系统进行监测预警通告服务。做到事前监控预防、事中响应预警，定期提供预警监测报告。六是安全培训服务。针对北京市通州区城市管理指挥中心全员组织开展网络安全工作，进一步加深技术和管理人员对日常网络安全工作重要性的认识，提高网络安全防护意识。

通过本项目的开展，在业务层面，可以大大保证业务系统安全稳定运行。根据相关系统信息安全保障要求，以及监管部门信息安全要求，对信息系统进行安全性评估和审查，开展网络安全等级保护工作、商用密码测评工作和网络安全运维服务。满足国家法律合规要求，通过网络安全等级保护测评和商用密码测评，切实履行网络运营者义务，识别业务中的安全风险并进行安全整改，提高单位管理人员、运维人员的安全意识，防御外部黑客的不法利益获取。在技术层面，可以在满足网络安全等级保护合规要求的基础上，有效发现和治理北京市通州区城市管理委员会网络安全风险，提升其网络安全运营管理能力。全面梳理网络安全状况，评估现有安全风险，治理安全隐患，为北京市通州区城市管理委员会后期的安全建设、管理提供帮助和依据，并且通过相关工作的开展，可以实现对

> 网络数据的安全管理，增强对系统外网访问的安全控制能力，以满足业务办公数据交换、共享服务、网络安全管理等需求。提升北京市通州区城市管理委员会的网络安全技术能力，保障系统安全稳定运行，避免网络安全事件的发生。

四、数字中国发展的"两个环境"

优化数字化发展环境，主要是建设公平规范的数字治理生态，以及构建数字领域开放共赢的国际合作格局。向内相较以往更加注重立法合规、标准全方位、多维度的综合治理。从以攫取利益为目的的无序竞争，转向以服务社会为目的的有序数字建设。向外通过多层面协同、多平台支撑、多主体参与的数字领域国际交流合作发挥合力，共同拓展一条全新的"数字丝绸之路"，并积极参与数据跨境流动等相关国际规则构建。"两个环境"内在统一，相得益彰，确保数字中国建设在全球竞争中保持竞争力。

（一）国内：建设公平规范的数字治理生态

数字治理是数字中国健康可持续发展的基本支撑。我国坚持促进发展和监管规范并重，加快制定修订数字领域法律法规体系，健全数字标准体系，积极推进数字市场秩序规范，深入开展网络空间生态治理，持续提升数字治理能力。

近年来，我国数字治理法律法规体系不断完善，《反电信网络诈骗法》审议通过，对预防、遏制和惩治电信网络诈骗活动，加强反电信网络诈骗工作做出全面制度安排。国家网信办制定修订《互联网用户账号信息管理规定》《互联网信息服务深度合成管理规定》等，持续完善互联网信息服务管理制度，依法规范新技术、新应用、新业态发展。网络综合治理体系加快完善，深入开展"清朗"系列专项行动，清理违法和不良信息5 430余万条，处置账号680余万个，网络生态持续向好。数字领域标准建设稳步推进，我国在自动驾驶、大数据、工业互联网、智慧城市等方面，牵头推动一批数字领域国际标准立项发布。

（二）国际：构建开放共赢的数字领域国际合作格局

数字领域国际合作是推动高水平对外开放的重要纽带。近年来，中国主张的国际影响力显著提升，多双边和区域数字合作持续深化，数字化成为国际贸易增长的新动力。我国积极参与国际组织和多边机制下的数字议题磋商研讨，围绕数字领域重要议题积极贡献中国方案，高质量共建"数字丝绸之路"，深入拓展"丝路电商"，大力发展数字贸易，持续深化数字领域国际交流与合作。

2022年，习近平主席在多个场合深入阐述数字领域国际合作的中国主张、中国方案，在二十国集团领导人第十七次峰会上呼吁合力营造开放、包容、公平、公正、非歧视的数字经济发展环境[①]；在亚太经合组织第二十九次领导人非正式会议上提议加速数字化绿色化协同发展[②]。同时，我国积极参与联合国、世界贸易组织、二十国集团、亚太经合组织、金砖国家、上海合作组织等机制下的数字议题磋商研讨，提出《二十国集团数字创新合作行动计划》，推动达成《"中国+中亚五国"数据安全合作倡议》，推动世界贸易组织第12届部长级会议继续就电子传输临时免征关税达成共识。

---

① 《习近平继续出席二十国集团领导人第十七次峰会》，新华网，2022年11月16日。
② 《习近平在亚太经合组织第二十九次领导人非正式会议上的讲话》，新华网，2022年11月18日。

案例4

贵州省：工业互联网多源异构数据融通治理平台[①]

工业互联网多源异构数据融通治理平台提供面向企业的生产经营管理分析、设备数据采集与监控、资源调度管理，面向政府的运行监管与决策、产业分析与管理等应用场景的数据分析应用服务，具备数据汇聚、数据开发、数据管控、数据资源共享、数据分析等核心功能，支持多种类型的数据源连接，多层级用户/权限/资源管控，提供实时或离线数据分析计算，满足数据模型、服务、工具等的应用开发支撑，提供基于B/S（浏览器/服务器）的"数据定义—可视化设计—可视化发布"一站式数据分析解决方案，打通数据接入、数据建模与处理、数据分析与挖掘等数据应用全链路，解决"数据孤岛"、数据标准不统一、跨业务系统难以协同等数据治理问题。目前，该平台在贵州磷化集团生产运营调度管理平台等30余个项目中得到应用，入选工业和信息化部2022年大数据产业发展试点示范项目名单、2023年数博会"十佳大数据案例"。

1. 总体架构

平台采用分层架构设计和灵活的适配器技术，可实现对任意类型的数据、任意图表的分析和展现。

数据源接入层：采用适配器技术，适配各类型的数据源，支持数据库、文件、业务系统接口、NoSQL（非关系型数据库）等数据资源，提供灵活的扩展策略，可以通过自定义方式定义数据来源。

[①] 资料来源：数字中国建设典型案例，贵州航天云网科技有限公司，2023年7月。

数据加工层：对通过适配接入的数据，在展现前先进行转换、脱敏、清洗、加解密、关联等加工处理。

数据展现层：结合各类型可视化技术，在图表上绑定加工后的数据，进行综合展现。

数据报表层：将各类型的图表功能进行组合，形成完整的报表对外进行展现，其中产品支持基于响应式布局的可视化报表和类似Excel（电子表格）形式的报表，可以满足用户不同类型的展现需求。

报表集成层：将报表服务定义的各类型报表进行实时渲染、展现，支持移动端、微信端、Web（万维网）端、PC端的集成展现，并且还提供了一个综合报表门户方便报表的展现。

2. 业务架构

工业互联网多源异构数据融通治理平台通过把数据变成资产并服务于共享业务，对全域数据（结构化数据和非结构化数据）进行采集汇聚、存储、计算、加工，按照统一的标准构建数据能力层，解决全渠道数据的汇聚、融合、存储、管控、利用的全过程难题，统一数据标准，规范数据质量和安全权限，实现数据资产的服务、开放和共享，赋能各类型的业务数据应用，加速数据价值变现。

3. 平台应用服务

一是数据汇聚服务。数据平台通过各种数据适配技术，实现各类型的数据接入和数据汇聚。能够接入第三方系统的数据库数据、接口数据、表格数据等满足大批量数据交换的需求，支持灵活的容器伸缩机制，适应大规模数据的采集、共享、交换。

二是数据开发服务。面向开发、分析人员，提供离线、实时开发工具以及任务管理、代码发布、运维、监控、告警等一系列数据加工及加工过程管控工具，快速实现符合业务价值的数据加工效率提升。数据开发可以实现跨平台管理，作为数据计算服务客户端，除数据计算服务外还支持兼容多种数据库。提供类似Eclipse（一个基于Java的应用程序）的环境，用户可以通过工具连接Inceptor（数据库管理系统），并在该系统上做数据库建模。支持Oracle（甲骨文公司）、MySQL（数据库管理系统）建模设计，支持基于Hadoop（Hive、HBase等）的分布式存储系统的数据建模。提供可视化的任务编排机制，进行快速组合形成数据处理过程，满足快速进行业务分析的需要，同时提供任务调度、发布、监控、告警等功能。

三是数据管控服务。数据管控服务通过对各应用相关基础数据的梳理，建立与管理过程匹配的数据治理体系，为各应用提供高可靠性、高价值和高质量的数据，提升数据管控能力，降低管理和运维成本，控制风险，为各业务条线提供更有效的决策数据支持，实现对数据资源的统一管控，包括数据标准分类管理、数据标准管理、数据资产管理、元数据管理、数据质量管理等。

四是数据资源共享服务。解决数据平台的数据资源与其他业务系统、其他单位共享的问题，支持将数据资源通过接口服务、数据推送等方式共享给不同的单位使用，主要由资源共享总线和资源共享管理组成。通过资源共享总线将数据平台中的资源挂载到资源共享总线中，由总线平台实现统一对外共享；通过资源共享管理对资源的注册、发布、使用申请、使用监控等全过程进行管理和审计。实现将数据资源池的数据资源进行注册管理，主要包括数据服务共享、文件资源、服务资源等。

4. 数据分析服务

通过建立统一的数据服务体系，根据业务需求、数据决策等内容，整合数据资源，建立数据应用支撑能力，提供数据API（应用程序接口）服务、智能搜索服务、数据BI（商业智能）展现服务、实时数据服务。建立数据服务基础环境，提供统一的数据服务聚合中心，打造统一的数据产品，为数据的深度应用提供全面服务。

通过工业互联网多源异构数据融通治理平台，可以实现企业在研发设计、生产制造、售后服务等阶段的数据资源汇聚。在数字化管理方面聚焦资产管理、运营管理、组织管理等场景，在智能化生产方面聚焦智能设备、智能产线、智能服务等场景，在网络化协同方面聚焦协同设计、协同制造、协同运维、供应链协同等场景，在服务化延伸方面聚焦产品效能提升服务、产业链条增值服务、综合解决方案服务等场景，帮助工业企业打造新应用和服务在企业中的落地使用。

第六章

数字中国建设的关键任务

《数字中国建设整体布局规划》系统性提出的"2522"整体框架为数字中国建设明确了目标和方向，同时为关键任务的制定和执行提供了战略指引和依据，按照"夯实基础、赋能全局、强化能力、优化环境"的战略路径部署一系列重要举措。加快建设数字中国，既要"操其要于上"，也要"分其详于下"，整体规划和关键任务之间存在密切的关系，整体规划提供了指导和框架，而关键任务则是具体实施规划所需完成的重要工作，通过细化任务和措施，逐步推进数字中国建设的实际进展，加快把数字中国建设的宏伟蓝图变成现实画卷（见图6.1）。

一、夯实数字中国建设基础，构筑数字化发展有力支撑

数字中国建设的基础是数字基础设施和数据资源体系，它们是数字化发展的重要支撑和驱动力。数字基础设施是数字资源流动的物质载体，为数据资源流动提供底层架构和技术基础，实现数据资源的使

用价值。而数字资源流动放大了数字基础设施的资产价值，为数字基础设施建设布局提供战略指引，将数字基础设施建设引向数据资源流动的堵点、痛点、难点，两者共同构成了数字中国建设的动脉循环系统，有力支撑起数字中国建设。要夯实数字中国建设基础，就要打通数字基础设施"大动脉"，畅通数据资源大循环，提高数字化发展的质量和效率，为经济社会发展提供强大的数字赋能。

夯实数字中国建设的关键任务	数字基础设施	网络基础设施 • 加快5G网络与千兆光网协同建设 • 深入推进IPv6规模部署和应用 • 推进移动物联网全面发展 • 大力推进北斗规模应用	算力基础设施 • 系统优化算力基础设施布局 • 引导通用数据中心、超算中心、智能计算中心、边缘数据中心等合理梯次布局	应用基础设施 • 整体提升应用基础设施水平 • 加强传统基础设施数字化、智能化改造 • 提升数字化服务平台水平
	数据资源体系	健全数据管理体制机制 • 加快构建数据基础制度体系 • 明确各级各类数据的归属权等 • 加强数据统筹管理机构的建设	推动公共数据汇聚利用 • 加快推进政务数据开放共享 • 建设重要领域国家数据资源库 • 完善配套机制及底层设施建设 • 推进国际公共领域的数据交流合作	释放商业数据价值潜能 • 开展数据资产计价研究 • 加快建立数据产权制度 • 建立数据要素按价值贡献参与分配机制 • 促进商业数据的开放共享

图 6.1　夯实数字中国建设的关键任务

资料来源：中共中央、国务院2023年2月发布的《数字中国建设整体布局规划》。

（一）打通数字基础设施大动脉

数字基础设施是数字化发展的物质载体和技术支撑，是数字经济和社会治理的重要工具。要打通数字基础设施大动脉，就要加快网络基础设施、算力基础设施和应用基础设施的建设和优化，在此基础上形成高速、高效、高质的数字化服务网络，同时加快新型数据基础设施建设。

1. 网络基础设施

网络基础设施是数字化发展的核心和先导，是联结人与人、人与物、物与物的纽带。加快网络基础设施建设，要坚持以需求为导向，以创新为动力，以安全为保障，以开放为原则，构建覆盖广泛、连接快速、传输稳定、服务智能的网络体系，具体任务包括以下几个方面。

一是加快5G网络与千兆光网协同建设。5G网络是新一代信息技术的重要载体，千兆光网是5G网络的有力支撑。要加快5G网络与千兆光网协同建设，就要统筹规划频谱资源，加快5G网络覆盖城乡地区，提高5G网络速率和质量，推动5G网络与千兆光网的无缝衔接，实现网络的高速度、高容量、高可靠。加强5G网络应用创新，推动5G网络与云计算、大数据、人工智能等技术的深度融合，打造一批5G网络应用示范项目，培育一批5G网络应用创新企业，促进5G网络在工业互联网、智慧城市、智慧交通、智慧医疗等领域的广泛应用。

二是深入推进IPv6规模部署和应用。IPv6是下一代互联网协议，是实现万物互联的基础。要深入推进IPv6规模部署和应用，就要加快建设IPv6基础设施，完善IPv6地址分配和管理机制，提高IPv6地址使用效率，实现IPv6与IPv4（第4版互联网协议）的平滑过渡和兼容共存。加快推进IPv6应用创新，推动政务、金融、教育、医疗等重点领域和行业的IPv6应用转换，鼓励移动互联网、物联网、云计算等新兴领域和行业的IPv6原生应用开发，培育一批IPv6应用创新企业，提高IPv6应用水平和质量。

三是推进移动物联网全面发展。移动物联网是利用移动通信技术实现物与物之间信息交换和通信的网络，是数字化发展的重要组成部分。要推进移动物联网全面发展，就要加快建设移动物联网基础设施，完善移动物联网标准体系，提高移动物联网安全保障能力，实现移动物联网的高效可靠运行。加快推进移动物联网应用创新，推动移动物联网与5G、人工智能、边缘计算等技术的深度融合，打造一批移动物联网应用示范项目，培育一批移动物联网应用创新企业，促进移动物联网在智慧农业、智慧工厂、智慧物流等领域的广泛应用。

四是大力推进北斗规模应用。北斗系统是我国数字化发展的重要支撑。要大力推进北斗规模应用，就要加快建设北斗基础设施，完善北斗服务体系，提高北斗服务质量和效率，实现北斗与其他卫星导航系统的互联互通。同时，加快推进北斗应用创新，推动北斗与5G、人工智能、大数据等技术的深度融合，打造一批北斗应用示范项目，培育一批北斗应用创新企业，促进北斗在交通运输、海洋渔业、灾害救援等领域的广泛应用。

2. 算力基础设施

算力基础设施是数字化发展的核心资源和关键能力，是支撑数据处理和智能化服务的重要平台。加快算力基础设施建设和优化，要坚持以需求为导向，以创新为动力，以效率为目标，以安全为保障，以开放为原则，构建高性能、高效率、高安全、高开放的算力体系。

一是系统优化算力基础设施布局。根据不同行业和领域的算力需求特点，合理规划和配置算力资源，形成多层次、多类型、多场景的算力供给体系。加强区域间的算力协调和互补，促进东西部算力高效互补和协同联动，打造一批区域性算力中心和节点。加强跨部门、跨行业、跨领域的算力共享和协作，提高算力资源的利用效率和效益。

二是引导通用数据中心、超算中心、智能计算中心、边缘数据中心等合理梯次布局。根据不同层级和类型的算力需求，引导通用数据中心、超算中心、智能计算中心、边缘数据中心等按照合理的梯次布局，形成覆盖全国各地区的分布式算力网络。支持通用数据中心提供大规模并行计算服务，支持超算中心提供高性能科学计算服务，支持智能计算中心提供人工智能计算服务，支持边缘数据中心提供低时延、低功耗计算服务。

3. 应用基础设施

一是整体提升应用基础设施水平。应用基础设施是支撑数字化服务和应用的重要平台。要整体提升应用基础设施水平，就要坚持以需求为导向，以创新为动力，以安全为保障，以开放为原则，构建高效、高质、高智的应用基础设施体系。

二是加强传统基础设施数字化、智能化改造。加快推进电力、水利、交通、能源等传统基础设施的数字化、智能化改造，提高基础设施的运行效率和服务质量，降低基础设施的运维成本和风险。加强传统基础设施与数字技术的深度融合，推动传统基础设施向智慧基础设施转型，打造一批智慧电网、智慧水利、智慧交通、智慧能源等示范项目，培育一批传统基础设施数字化、智能化改造的创新企业。

三是提升数字化服务平台水平。加快建设数字化服务平台，提供各类数字化服务与应用的支撑和便利。加强数字化服务平台的标准化和规范化建设，提高数字化服务平台的互联互通和兼容共享能力，实现数字化服务平台的高效协同和优化配置。加强数字化服务平台的安全保障和风险防范，提高数字化服务平台的可靠性和稳定性，实现数字化服务平台的安全可控和可信可用。

4. 数据基础设施

数据基础设施是从数据要素价值释放的角度出发，在网络、算力等设施的支持下，面向社会提供一体化数据汇聚、处理、流通、应用、运营、安全保障服务的一种新型基础设施，是包括硬件、软件、开源协议、标准规范、机制设计等在内的有机整体。[①]

一是面向全国统一数据要素大市场打造国家数据要素流通数据基础设施。全面部署新一代通信网络基础设施，夯实万物互联网络基础；统筹推进以全闪存数据中心、人工智能基础设施等互联互通为核心的一体化网格化数据基础设施工程，夯实数字经济发展基础底座；积极发展以工业互联网、车联网、新型城市基础设施等为重点的高效协同的融合数据基础设施，打造经济社会数字化发展新引擎。

二是建立全国统一、高质量的数据基础设施。深化节能减排和绿色发展，加快老旧设施退网，鼓励开展低功耗、高能效设备节能改造，助力实现碳达峰、碳中和目标；强化核心技术研发和创新突破，努力解决核心元器件和操作系统等领域仍存在的"卡脖子"问题；加强跨地域、跨行业统筹协调，健全区域战略统筹、市场一体化发展和区域合作互助机制，促进全国一体化数据基础设施共建共用。

三是以需求为导向，促进数据基础设施市场化利用。数据基础设施在许多行业发挥了重要作用，尤其在智能生产交易、智能数据湖、智能边缘等应用场景，已被广泛应用。未来，随着全国一体化数据基础设施的建设和发展，数据基础设施的应用场景和范围将继续扩大，也会不断渗透到我们生产生活的方方面面，真正成为数字经济时代虚拟网络中的"高速公路"。[②]

（二）畅通数据资源大循环

数据资源是数字化发展的核心资产和关键生产要素，是驱动创新

[①] 通文：《重磅：刘烈宏首论数据基础设施（附全文）》，通信产业网，2023年11月23日。
[②] 中国电子信息产业发展研究院：《新型数据基础设施发展研究报告》，2022年8月3日。

发展的重要力量。要畅通数据资源大循环，就要构建国家数据管理体制机制，推动公共数据汇聚利用，释放商业数据价值潜能，形成数据资源的高效流动和优化配置，为数字化发展提供强大的数据支撑和动力，具体任务包括以下几个方面。

1. 健全数据管理体制机制，完善各级管理机构

构建国家数据管理体制机制，健全各级数据统筹管理机构，加强政府引导，促进多方协作，可以避免重复建设、各自为政、条块分割，有助于推动数据资源共享利用，减少"数据孤岛"现象的发生。

一是要加快构建数据基础制度体系，更好发挥数据要素作用，强化数据要素的市场化配置能力，进一步促进高质量数据资源数量的增长。二是要根据不同层级和类型的数据特点，建立健全国家统一的数据管理体制机制，明确各级各类数据的归属权、使用权和监管责任，实现数据的有序管理和合理利用。三是要加强数据统筹管理机构的建设，完善数据管理人员的培养和激励机制，提高数据管理水平和能力。要加强数据法治建设，完善与数字化发展相适应的法律法规和政策体系，保障数据安全和个人隐私，维护国家利益和社会公共利益。

2. 推动公共数据汇聚利用，驱动数字创新发展

如何在保障国家重要数据和个人隐私数据安全的前提下，促进公共数据有效使用，是数据要素盘活利用的关键。推动公共数据汇聚利用和建设公共卫生、科技、教育等重要领域国家数据资源库，能够解决当前公共数据利用过程中高质量和基础性数据供给不足等关键问题。

一是要加快推进政务数据开放共享，打破部门壁垒和"信息孤岛"，实现政务数据的横向贯通和纵向联动，提高政务服务效率和质量。二是要加快推进社会公共领域的数据汇聚利用，建设公共卫生、科技、教育等重要领域国家数据资源库，支撑公共服务创新和社会治

理优化。三是要尽快完善和优化配套机制及底层设施建设，促进公共数据在各地区、各部门、各层级的互联互通。公共数据应在保障安全的前提下最大限度地推进共享，做到"开放共享是要求、安全限制是例外"，不断提高资源供给能力，丰富供给种类，营造公平公正的开发利用生态，以实现社会效益最大化，助力经济社会数字化发展。四是要加快推进国际公共领域的数据交流合作，参与全球数字治理规则的制定，促进数字技术和数据的国际交流与合作，提升我国在全球数字化发展中的话语权和影响力。

3. 释放商业数据价值潜能，促进数据跨域互联

促进商业数据的流通利用，需要在尊重市场规律的基础上加快完善有关数据基础制度建设。近年来，各地通过推动数据交易所建设等措施促进数据交易流通和价值释放，取得了一定的积极成效，但数据流通不足、数据安全风险凸显等问题仍制约着价值的进一步释放。释放商业数据价值潜能，加快建立数据产权制度，能够改善当前商业数据价值释放亟待完善配套制度的现状，解决各有关主体的数据利用和互联互通意愿问题。

一是要开展数据资产计价研究，探索建立科学合理的数据资产评估方法和标准，反映商业数据的真实价值。推动数据资产化，并建立数据要素按价值贡献参与分配机制，有利于搁置数据所有权争议，最大限度做大"蛋糕"以推动数据价值倍增。二是要加快建立数据产权制度，明确商业数据的归属权和使用权，保护商业数据的合法权益，激励商业数据的创新利用。促进数据使用权流通是走具有中国特色数字化发展道路的有效举措和制度创新，赋予数字经济有关主体稳定预期和合理期待，有利于鼓励其商业拓展积极性和科技创新主动性，有利于商业数据资源的流通和价值创造。三是要加快建立数据要素按价值贡献参与分配机制，促进商业数据的合理分配和有效配置，激发商业数据的活力和动力。推进不同数据分类分级确权授权使用。四是要加快促进商业数据的开放共享，打破行业壁垒和市场垄断，实现商业数据的跨行业、跨领域、跨地区流动和交换，提高商业数据的利用效率和效益。

4. 发挥数据要素乘数效应，实现对经济发展的倍增效应

要充分发挥数据作为生产要素的基础资源作用和创新引擎作用，加快形成以创新为主要引领和支撑的数字经济，推动数据在多场景的应用，提高资源配置效率，创造新产业、新模式，培育发展新动能，从而实现对经济发展的倍增效应。随着产业数字化深入推进，还会产生更多更有价值的数据，创造更加丰富的应用场景，衍生新的业态。

"数据要素×"的重点任务需要从三个方面开展。一是从连接到协同，即从基于数据生成和传递的互联互通，转变为基于数据有效应用的全局优化，进一步提升全要素生产率。从数据中挖掘有用信息，作用于其他要素，找到企业、行业、产业在要素资源约束下的"最优解"。二是从使用到复用，即从千行百业利用互联网技术，转变为基于行业间数据复用的价值创造，拓展经济增长新空间。作为知识的载体，数据在不同场景、不同领域的复用，将推动各行业知识的相互碰撞，创造新的价值增量。三是从叠加到融合，即从数据汇聚支撑的效率提升，转变为多来源、多类型数据融合驱动的创新涌现，培育经济增长新动能。不同类型、不同维度的数据融合，将推动不同领域的知识渗透，催生新产业、新模式。

综上所述，夯实数字中国建设的基础，是数字化发展的重要任务和关键环节。只有打通数字基础设施大动脉，畅通数据资源大循环，才能为数字中国建设提供坚实的物质基础和丰富的资源支撑。数据基础设施的建设将与数据基础制度的落地和数据资源开发利用的实施共同为数据要素产权确权、收益分配、交易流通、安全治理等核心问题

的解决发挥作用，为经济社会发展提供强大的数字赋能和创新动力。

二、数字技术与"五位一体"深度融合，全面赋能经济社会发展

数字技术发展速度之快、辐射范围之广、影响程度之深前所未有，正推动经济、政治、文化、社会、生态文明的深刻变革，给人类生产生活带来广泛而深刻的影响。《数字中国建设整体布局规划》首次提出，要推进数字技术与经济、政治、文化、社会、生态文明建设"五位一体"深度融合，意义十分深远和重大。"五位一体"是一个有机整体，其中经济建设是根本，政治建设是保障，文化建设是灵魂，社会建设是条件，生态文明建设是基础。通过数字技术的赋能，可以全方位地实现"五位一体"的深度融合，并产生功能性溢出效应，整体推进"五位一体"的协同高质量发展（见图6.2）。

全面赋能经济社会发展关键任务				
数字经济	数字政务	数字文化	数字社会	数字生态文明
·培育壮大数字经济核心产业 ·推动数字技术和实体经济深度融合 ·支持数字企业发展壮大	·加快制度规则创新 ·强化数字化能力建设 ·提升数字化服务水平	·大力发展网络文化 ·推进文化数字化发展 ·提升数字文化服务能力	·促进数字公共服务普惠化 ·推进数字社会治理精准化 ·普及数字生活智能化	·推动生态环境智慧治理 ·加快数字化绿色化协同转型 ·倡导绿色智慧生活方式

图6.2　全面赋能经济社会发展关键任务

资料来源：中共中央、国务院2023年2月发布的《数字中国建设整体布局规划》文件。

（一）做强做优做大数字经济

数字经济是数字中国建设的重要组成部分，是新时代经济社会发

展的重要引擎，数字经济的健康发展有利于推动构建新发展格局，推动建设现代化经济体系和构筑国家竞争新优势。发展数字经济意义重大，是把握新一轮科技革命和产业变革新机遇的战略选择，具体任务包括以下几个方面。

1. 培育壮大数字经济核心产业

做强做优做大数字经济需要制定推动数字产业高质量发展的措施，打造具有国际竞争力的数字产业集群。加快构建完善的数字产业创新体系，加强关键核心技术攻关和应用创新，提升数字产业自主创新能力和水平。加强知识产权保护和运用，激发数字产业创新潜力和活力。加强数字产业标准化工作，推动形成统一开放的标准体系。加强数字产业人才培养和引进，打造高素质专业化人才队伍。

2. 推动数字技术和实体经济深度融合

实体经济是以物质产品生产和服务提供为主要内容的经济形态，要在农业、工业、金融、教育、医疗、交通、能源等重点领域，加快数字技术创新应用，推动实体经济转型升级。加快推进智慧农业建设，提升农产品质量安全水平和农业生产效率。加快推进工业互联网建设，提升工业生产智能化水平和工业品质量效益。加快推进金融科技创新，提升金融服务普惠化水平和金融风险防控能力。加快推进教育信息化建设，提升教育质量和效率。加快推进数字健康建设，提升医疗服务水平和效率。加快推进智慧交通建设，提升交通运输安全性和便捷性。加快推进智慧能源建设，提升能源供应安全性和效率。

3. 支持数字企业发展壮大

健全大中小企业融通创新工作机制，发挥科技型骨干企业的引领支撑作用，支持数字企业发展。完善数字企业创新激励机制，鼓励数字企业开展技术研发和应用创新，提高数字产品与服务的质量和水平。完善数字企业监管机制，规范数字企业经营行为，维护市场公平竞争秩序。完善数字企业服务机制，为数字企业提供政策支持、资金支持、人才支持等。

（二）发展高效协同的数字政务

数字政务是以数字技术为基础，以数据资源为核心要素，以网络平台为重要载体，以创新驱动为根本动力，以提高政府治理能力和水平，促进政府部门信息系统网络互联互通、数据按需共享、业务高效协同、服务便捷普惠为主要内容的政务形态。数字政务是数字中国建设的重要组成部分，是新时代政府治理现代化的重要手段，具体任务包括以下几个方面。

1. 加快制度规则创新

制度规则是指与数字政务建设相关的法律法规、规章制度、规范文件等。要完善与数字政务建设相适应的规章制度，及时按程序调整不适应数字化发展的法律制度。加强立法统筹协调，研究制定数字领域立法规划，及时出台与数字政务建设相关的法律法规。加强监督检查和评估考核，确保各项法律法规和规章制度得到有效执行。

2. 强化数字化能力建设

数字化能力是指政府部门利用数字技术进行信息收集、处理、分析、传播等活动的能力。要促进信息系统网络互联互通，实现政务数据跨部门、跨地区共享交换。加强数据资源管理和利用，构建国家数据中心体系，打造国家数据资源库。加强信息系统安全保障，完善信息系统安全管理制度和技术措施。

3. 提升数字化服务水平

提升数字化服务水平是构建数字中国的重要基础，需致力于打造全国一体化在线政务服务平台，实现政务服务事项网上可办率达100%。通过推进"一件事一次办"改革，打破部门壁垒，优化业务流程，推动跨部门、跨层级的事项集成办理，切实提高服务效率；推动线上线下深度融合，探索以数字化方式提升服务触达能力，确保服务覆盖广泛、方式多样；加强政务移动应用程序的规范化管理，整合优化分散的应用程序，为群众提供统一入口、统一界面、统一标准的移动端，构建功能完善、高效便捷的数字政务服务体系。

（三）打造自信繁荣的数字文化

随着网络信息技术的发展，数字文化正成为文化发展的重要形式，具有数字化、网络化、智能化等特点，是新时代文化建设和文化自信的重要体现。推进数字文化发展，提升数字文化建设水平，要彰显文化的主体地位，把握数字文化发展方向，防止出现重数字技术、轻文化内容的问题，具体任务包括以下几个方面。

1. 大力发展网络文化

网络文化是在网络平台上产生、传播、消费的各类文化产品和文化活动，包括网络文学、网络音乐、网络影视、网络动漫、网络游戏等。要加强优质网络文化产品供给，引导各类平台和广大网民创作生产积极健康、向上向善的网络文化产品。加强网络文化产品管理，规范网络文化市场秩序，打击网络侵权盗版行为。加强网络文化产品推广，扩大优质网络文化产品在国内外的影响力。

2. 推进文化数字化发展

文化数字化是指利用数字技术对传统文化资源进行收集、整理、保存、展示，以及对现代文化资源进行创作、生产、传播等，包括数字图书馆、数字博物馆、数字档案馆等。要深入实施国家文化数字化战略，建设国家文化大数据体系，形成中华文化数据库。加快推进国家重点出版物和重点影视作品数字资源库建设，提高国家重点出版物和重点影视作品数字资源的利用水平。加快推进国家级非物质文化遗产代表性项目数据库建设，提高非物质文化遗产的保护和传承水平。加快推进国家级名人、名家、名作、名词数据库建设，提高中华优秀传统文化的传播和弘扬水平。

3. 提升数字文化服务能力

数字文化服务是利用网络平台向社会公众提供各类文化产品和文化活动的服务，包括数字阅读、数字音乐、数字影视、数字动漫、数字游戏等。要打造若干综合性数字文化展示平台，加快发展新型文化企业、文化业态、文化消费模式。加强数字文化服务管理，规范网络平台和网络服务提供者的经营行为，保护消费者合法权益。加强数字文化服务推广，扩大优质数字文化服务在国内外的影响力。

（四）构建普惠便捷的数字社会

数字社会是以构筑全民畅享的数字生活为目标，以数字化、网络化、大数据、人工智能等当代信息科技的快速发展和广泛应用为支撑，通过数据驱动产业发展、公共服务以及社会生活等领域数字业态变革型成长，形成全连接、全共享、全融合、全链条的数字社会形态，具体任务包括以下几个方面。

1. 促进数字公共服务普惠化

加快数字社会建设，要着力提升教育、医疗、就业、养老、托育等重点民生领域数字化水平，为推动公共服务提供新路径。要大力实施国家教育数字化战略行动，完善国家智慧教育平台，提高教育资源均衡配置和利用水平。加快发展数字健康，规范互联网诊疗和互联网医院发展，提高医疗资源均衡配置和利用水平。加快推进就业创业信息化建设，完善国家就业创业信息平台，提高就业创业服务水平。加快推进养老信息化建设，完善国家养老信息平台，提高养老服务水平。加快推进住房信息化建设，完善国家住房信息平台，提高住房保障水平。加快推进交通信息化建设，完善国家交通信息平台，提高交通出行水平。

2. 推进数字社会治理精准化

数字社会治理是政府部门或其他社会组织，利用数字技术进行社会问题分析、预警、预防、解决等活动的方式，包括城市管理、乡村建设、环境保护等领域。要深入实施数字乡村发展行动，以数字化赋能乡村产业发展、乡村建设和乡村治理。加快推进智慧城市建设，以数字化提升城市管理效率和城市品质。加快推进生态环境智慧治理，以数字化推动山水林田湖草沙一体化保护和系统治理。

3. 普及数字生活智能化

数字生活是人们利用网络平台进行的各类生活活动，包括购物、娱乐、社交、出行等领域。要打造智慧便民生活圈，提供便捷高效的数字生活服务。加快发展新型数字消费业态，培育新的消费增长点，推动面向未来的智能化、沉浸式服务体验，满足人民群众对美好生活的向往。

（五）建设绿色智慧的数字生态文明

数字生态文明以数字技术为高质量生态保护持续注入新动能，为生态文明建设提供人才保障。生态产业是推进数字化生态文明建设的关键一环，数字技术的全面渗透促进了生态保护区生产方式的整体性变革。数字生态文明是数字中国建设的重要组成部分，是新时代生态文明建设和美丽中国建设的重要手段，具体任务包括以下几个方面。

1. 推动生态环境智慧治理

生态环境智慧治理是指利用数字技术进行自然资源管理、生态环境监测、生态环境治理等活动的方式，包括水资源管理、土地资源管理、林业资源管理、草原资源管理、矿产资源管理、海洋资源管理等领域。要加快构建智慧高效的生态环境信息化体系，运用数字技术推动山水林田湖草沙一体化保护和系统治理，完善自然资源三维立体"一张图"和国土空间基础信息平台，构建以数字孪生流域为核心的智慧水利体系。

2. 加快数字化绿色化协同转型

数字化绿色化协同转型是指利用数字技术推动经济社会发展方式和生产生活方式的绿色转型，实现经济社会发展与生态环境保护的协调统一，包括绿色低碳发展、循环经济发展、节能减排等领域。要运用数字技术优化能源结构和能源消费结构，提高能源利用效率和清洁度，加快建设碳达峰、碳中和行动方案。运用数字技术推动工业园区、农业园区、旅游景区等区域循环经济发展，提高资源利用率和循环利用率。运用数字技术推动节能减排工作，提高节能减排监测评估水平。

3. 倡导绿色智慧生活方式

利用网络平台开展的各类符合绿色发展理念的生活活动都属于绿

色智慧生活，包括绿色出行、绿色消费、绿色社交等领域。要运用数字技术提供便捷高效的绿色出行服务，鼓励人们使用公交车、共享单车等低碳出行方式。运用数字技术提供丰富有趣的绿色社交服务，鼓励人们参与环保公益活动，传播绿色理念，形成绿色风尚。

三、强化数字中国关键能力，提供国家数字化发展的重要保障

数字中国关键能力是支撑数字中国建设核心技术、核心产品、核心平台、核心标准和核心人才等的重要组成部分，包括数字技术创新能力和数字安全保障能力两个方面。强化数字中国关键能力，是提升国家数字化发展水平和竞争优势的重要保障。强化数字中国关键能力的任务具体如图 6.3 所示。

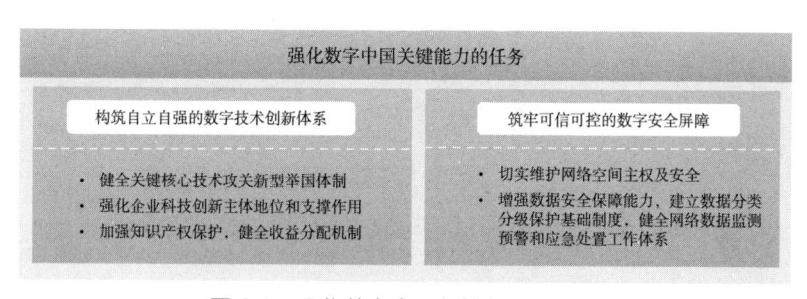

强化数字中国关键能力的任务	
构筑自立自强的数字技术创新体系	筑牢可信可控的数字安全屏障
• 健全关键核心技术攻关新型举国体制 • 强化企业科技创新主体地位和支撑作用 • 加强知识产权保护，健全收益分配机制	• 切实维护网络空间主权及安全 • 增强数据安全保障能力，建立数据分类分级保护基础制度，健全网络数据监测预警和应急处置工作体系

图 6.3 强化数字中国关键能力的任务

资料来源：中共中央、国务院 2023 年 2 月发布的《数字中国建设整体布局规划》文件。

（一）构筑自立自强的数字技术创新体系

数字技术创新是推动数字中国建设的核心驱动力，是实现国家战略目标的重要支撑。要构筑自立自强的数字技术创新体系，需要坚持

健全体制，强化企业主体，加强知识产权。

1. 健全社会主义市场经济条件下关键核心技术攻关新型举国体制，加强企业主导的产学研深度融合

要以国家战略需求为导向，统筹规划和布局重大科技项目和工程，形成政府、企业、高校、科研院所等多元主体协同创新的良好局面。要完善科技创新体制机制，增加基础研究和应用基础研究投入，鼓励社会资本参与科技创新。要优化科技创新管理机制，简化审批流程，提高项目执行效率，激发科研人员创新活力。

2. 强化企业科技创新主体地位，发挥科技型骨干企业引领支撑作用

要充分发挥市场在资源配置中的决定性作用，激励企业加大研发投入力度，培育一批具有国际竞争力的创新型企业。要支持企业开展开放式创新，促进产业链上下游、跨行业、跨领域的协同创新。要完善企业创新激励机制，鼓励企业建立健全人才培养、引进、激励和保障制度，吸引和留住高层次人才。

3. 加强知识产权保护，健全知识产权转化收益分配机制

要完善知识产权法律法规体系，加大对知识产权侵权行为的打击力度，提高知识产权保护效率和水平。要推动知识产权市场化运作，促进知识产权与资本、技术、人才等要素的有效对接。要优化知识产权转化收益分配机制，合理确定知识产权归属和收益分配比例，激发科研人员创新积极性。

（二）筑牢可信可控的数字安全屏障

数字安全是数字中国建设的重要保障，是维护国家安全和社会稳

定的重要基础。要筑牢可信可控的数字安全屏障，需要做好切实维护网络空间主权与安全、增强数据安全保障能力两个方面的工作。

1. 切实维护网络空间主权与安全

当前，网络空间的发展给传统政治、经济和社会治理结构带来了巨大挑战，而网络空间国际法和各国相关法律法规尚不完备，还不足以应对网络空间日益增多的治理需求。国家网络主权是国家主权在网络空间的延伸和体现，是维护国家安全、发展利益、社会稳定和公民权利的重要基础。因此，我们必须坚决捍卫网络空间主权与安全，并从以下方面开展工作，包括部署一批重大科研项目，攻破关键核心技术，构建自主可控的网络技术体系和基础设施，提高网络安全防御和反制能力；培育层级清晰、体现国家意志的网络安全产业梯队；参与制定国际网络空间治理规则，推动构建以合作共赢为核心的网络空间命运共同体；加强网络安全和网络主权意识教育，提高广大网民的网络安全防范能力和水平；健全网络安全法律法规和政策体系，完善网络安全标准、认证、检测等制度，加强网络安全监管和执法，严厉打击各类网络违法犯罪行为。

2. 增强数据安全保障能力

增强数据安全保障能力，需要建立数据分类分级保护制度，健全网络数据监测预警和应急处置工作体系。要建立健全数据治理体制机制，明确数据权责关系，规范数据收集、存储、使用、共享、交换等活动。要建立数据分类分级保护制度，按照数据敏感性、重要性、价值等因素，对数据进行分类分级，并采取相应的保护措施。要健全网络数据监测预警和应急处置工作体系，及时发现并处置数据泄露、篡改、破坏等事件，减少损失和影响。加快建立数字资产共治制度，保障数据开发利用和安全保护。

四、优化数字化内外发展环境,提升治理效能及国际影响力

数字化发展环境是数字中国建设的重要保障,也是数字中国建设的重要成果。优化数字化内外发展环境,既要营造良好的国内环境,也要积极参与国际合作,包括建设公平规范的数字治理生态和构建开放共赢的数字领域国际合作格局两个方面(见图6.4),这是提升国家数字化治理水平和国际影响力的重要途径。

优化数字化内外发展环境的关键任务

国内:建设公平规范的数字治理生态
- 完善法律法规体系,加强统筹协调
- 构建技术标准体系,促进高效利用
- 提升综合治理水平,规范发展建设
- 净化网络空间,维护社会治理稳定

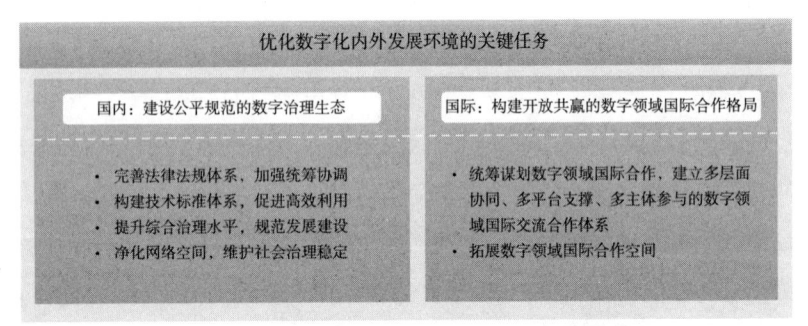

国际:构建开放共赢的数字领域国际合作格局
- 统筹谋划数字领域国际合作,建立多层面协同、多平台支撑、多主体参与的数字领域国际交流合作体系
- 拓展数字领域国际合作空间

图6.4 优化数字化内外发展环境的关键任务

资料来源:中共中央、国务院2023年2月发布的《数字中国建设整体布局规划》文件。

(一)建设公平规范的数字治理生态

数字治理生态是数字中国建设的基础和核心,是数字技术与经济社会各领域深度融合的重要保障。建设公平规范的数字治理生态,要坚持法治为本、标准先行、综合治理、社会共治的原则,完善法律法规体系、技术标准体系、综合治理体系和网络空间治理体系,形成科学、高效、有序的管网治网格局。

1. 完善法律法规体系，加强统筹协调

法律法规是数字治理生态的基石和指南。完善法律法规体系，要加强立法统筹协调，研究制定数字领域立法规划，及时按程序调整不适应数字化发展的法律制度。要加快制定修订涉及数据安全、个人信息保护、电子商务、网络安全等方面的法律法规，强化对数据资源、数据产权、数据流动等方面的规范和保护。要加强对互联网平台、算法推荐、人工智能等新技术、新应用的监管和引导，防范和处置网络违法违规行为，维护网络秩序和社会公共利益。

2. 构建技术标准体系，促进高效利用

技术标准是数字治理生态的基础和支撑。构建技术标准体系，要编制数字化标准工作指南，加快制定修订各行业数字化转型、产业交叉融合发展等应用标准。要加强数据格式、数据质量、数据交换等方面的标准制定和实施，促进数据资源规模和质量提升，推动数据资源按需共享和高效利用。要加强网络安全、人工智能、区块链等新技术领域的标准研究和制定，提升我国在ISO（国际标准化组织）中的话语权和影响力。

3. 提升综合治理水平，规范发展建设

综合治理是数字治理生态的核心和关键。提升综合治理水平，要健全网络综合治理体系，提升全方位多维度综合治理能力。要加强对网络基础设施、网络运营商、网络服务提供者等各类主体的监管责任落实，强化网络安全防护和应急处置能力。要加强对互联网平台、网络社交平台、网络直播平台等各类平台的监管和引导，规范平台经济发展，促进平台企业合规经营，保护消费者权益。要加强对网络信息内容的监管和管理，净化网络空间，推进"清朗""净网"系列专项

行动，创新推进网络文明建设。

4. 净化网络空间，维护社会治理稳定

网络空间是亿万民众共同的精神家园。净化网络空间，要深入开展网络生态治理工作，打造清朗的网络空间。要加强对违法违规信息的监测和处置，完善对违法内容的举报与处理披露机制，引导平台企业及时主动公开违法违规内容自查处置情况，及时预警排查重大风险隐患。要加强对低俗、暴力、谣言等有害信息的清理和整治，打击网络诈骗、网络赌博、网络色情等违法犯罪活动，维护网络安全和社会稳定。要鼓励社会主体依法参与网络内容共治共管，畅通社会监督、受理、处置、反馈、激励闭环流程，激活社会共治积极性。

（二）构建开放共赢的数字领域国际合作格局

数字领域国际合作是数字中国建设的重要途径，也是数字中国建设的重要贡献。构建开放共赢的数字领域国际合作格局，要坚持互利共赢、合作共治的原则，积极参与全球数字治理体系建设，推动数字技术和数据资源在国际社会中公平合理地分配和利用，为促进世界和平与发展贡献中国智慧和中国方案。

1. 统筹谋划数字领域国际合作

统筹谋划数字领域国际合作，要建立多层面协同、多平台支撑、多主体参与的数字领域国际交流合作体系。要加强与共建国家和地区在数字领域的政策沟通、设施联通、贸易畅通、资金融通、民心相通等方面的合作，高质量共建"数字丝绸之路"，积极发展"丝路电商"。要支持企业开展跨境电子商务、跨境数据流动等方面的合作，推动数字技术和数据资源在全球范围内有序流动和高效利用。要加强

与发展中国家在数字领域的交流互鉴和技术援助，支持它们提升数字化发展能力。

2. 拓展数字领域国际合作空间

拓展数字领域国际合作空间，要积极参与联合国、世界贸易组织、二十国集团、亚太经合组织、金砖国家、上海合作组织等多边框架下的数字领域合作平台。要积极参与数据跨境流动等相关国际规则构建，维护我国在全球数据治理中的正当权益。要高质量搭建数字领域开放合作新平台，推动构建网络空间命运共同体。要加强与各国在数字技术、数据资源、网络安全等方面的合作，要坚持互利共赢、合作共治的原则，推动数字技术和数据资源在国际社会中公平合理地分配和利用。要加强与各国在人工智能、云计算、大数据、物联网等新技术领域的交流和合作，促进数字技术的创新和应用。要加强与各国在数据安全、个人信息保护、网络空间安全等方面的沟通和协调，建立相互尊重、相互信任的网络空间合作关系。要加强与各国在网络反恐、网络打击犯罪、网络应急响应等方面的合作，共同维护网络空间的和平与稳定。

第三部分

数字中国建设的实践之路

第七章

智慧治理新范式：
数字政府

一、全球治理变革背景下数字政府的兴起

（一）建设数字政府的战略背景

1. 数字文明时代，政府治理能力面临新的挑战

当今世界，信息化进程不断加快，人类社会已经迈入数字时代，以数字化、网络化、智能化为特征的大数据、云计算、区块链、物联网等新技术快速发展，加速推进经济社会各领域数字化转型，治理对象、治理场景、治理手段加快走向数字化利用，给传统政府治理理念、治理方式带来新的挑战。

第一是对治理理念的挑战。随着经济社会的发展，人民群众物质生活和精神生活水平提升，对公共治理的参与意愿也逐步增强，越来越重视对政务信息的知情权和民意表达权，以及对公共治理的过程参与，这些都给传统治理理念带来新挑战。倡导政社协同共治、公众参与、政民互动的治理理念，打破政府与市场、社会等其他组织的传统

边界，促进数据流通、公开，以保障治理过程透明化运行成为应对该挑战的破解之道。

第二是对治理方式的挑战。多元化的治理对象与复杂化的治理场景对政府治理提出新的要求。一方面是治理对象多元化。数字时代，各类社会主体加快数字化转型，个人层面，截至 2023 年 12 月，我国网民规模达 10.92 亿人；企业层面，以高新信息技术为特征的新产业、新业态如雨后春笋般涌现；社会层面，数字技术在城市规划、建设、治理和服务等领域的应用日益丰富。各类社会主体作为治理对象，其存在形式及活动方式越来越灵活，从"网上办"向"掌上办"不断升级，倒逼政府加快数字化发展进程，提升数字治理能力。另一方面是治理场景复杂化。人类社会已从"人人互联"进入"万物互联"，线上线下深度融合，现实社会与虚拟社会相互交织，将治理边界从传统线下治理空间拓展至线上治理空间，极大地提升了传统治理场景的动态性、复杂性和不可预知性，产生了许多新的数字治理议题，如数据治理、数字身份安全、数字鸿沟、算法治理等，亟须提升政府的数字化治理能力。

数字政府正是延续了互联网等数字技术在社会生活中的普惠、包容、无所不至等特点，形成了政府服务便利化、治理现代化、决策科学化的政府治理新范式，这是有效应对治理理念、治理方式挑战的选择。

2. 全球治理变革，政府数字化转型成为核心议题

在人类政治文明的重大转型过程中，历次科技革命均发挥着举足轻重的推动作用。与历次科技革命所引发的生产方式和产业结构变迁相伴而生的，是经济社会体制的变革和政府治理结构的转型。以大数据和人工智能为代表的第四次工业革命掀起的数字化浪潮迅猛而来，人类经济社会的基本面貌以及全球治理秩序，受到数字技术革命的深刻影响。

在全球处于数字技术驱动大变革的新形势下，世界各国面临着经

济转型、国际合作等复杂变化，纷纷将数字技术广泛应用于政府治理和社会治理，从制度法规、标准规范以及技术探索等方面构建数字治理体系。《2022联合国电子政务调查报告（中文版）》显示，全球电子政务发展趋势持续向前推进，许多国家从较低的电子政务发展指数（EGDI）水平过渡到较高的水平，将政府数字化转型与国家发展战略融为一体，通过数字政府建设推动实现经济社会"数字蝶变"，已经成为世界各国的普遍共识，以数据驱动和数字化治理为核心特征的政府数字化转型，成为全球政府治理改革的核心议题。

世界各国数字化治理日益向纵深推进，一个前所未有的大变革时代已然来临，数字化治理将成为各国治理能力竞争的核心指标。我国推进数字政府建设，是顺应全球发展大势，抢占新一轮发展制高点，牢牢把握时代主动权，构筑数字化时代国家竞争新优势的时代之需。

3. 中国式现代化对政府治理现代化提出新要求

党的二十大报告提出，以中国式现代化全面推进中华民族伟大复兴。2023年2月，中共中央、国务院印发的《数字中国建设整体布局规划》指出，建设数字中国是数字时代推进中国式现代化的重要引擎，要以数字化驱动生产生活和治理方式变革。中国式现代化要求国家治理体系和治理能力的现代化，而政府治理体系现代化在国家治理体系和治理能力的现代化中处于特别关键的地位。

党和国家对政府治理体系现代化的认识在不断深化，要求也在不断提高。党的十九大报告提出建设网络强国、数字中国、智慧社会的战略任务。党的十九届四中全会提出要"更加重视运用人工智能、互联网、大数据等现代信息技术手段提升治理能力和治理现代化水平"，"推进数字政府建设，加强数据有序共享"[1]。党的十九届五中全会进

---

[1] 习近平：《习近平谈治国理政》第三卷，外文出版社，2020年。

一步要求"加强数字社会、数字政府建设，提升公共服务、社会治理等数字化智能化水平"①。《中华人民共和国国民经济和社会发展第十四个五年规划和 2035 年远景目标纲要》明确了数字政府建设的任务，单独设立"提高数字政府建设水平"章节。《国务院关于加强数字政府建设的指导意见》提出，加强数字政府建设是创新政府治理理念和方式、形成数字治理新格局、推进国家治理体系和治理能力现代化的重要举措。该文件是首部国家层面关于数字政府建设的指导性、改革性文件，标志着数字政府建设上升为国家战略，成为新时期全面深化改革、推进国家治理体系和治理能力现代化的关键举措。

启动数字政府建设，充分运用现代信息技术手段提升治理能力，构建数字治理体系，既是国家治理现代化的重要内容，也是数字时代推进国家治理现代化、实现中国式现代化发展目标的关键驱动力。

（二）建设数字政府的重大意义

2022 年 6 月印发的《国务院关于加强数字政府建设的指导意见》明确提出，加强数字政府建设是适应新一轮科技革命和产业变革趋势、引领驱动数字经济发展和数字社会建设、营造良好数字生态、加快数字化发展的必然要求，是建设网络强国、数字中国的基础性和先导性工程，是创新政府治理理念和方式、形成数字治理新格局、推进国家治理体系和治理能力现代化的重要举措，对加快转变政府职能，建设法治政府、廉洁政府和服务型政府意义重大。《国务院关于加强数字政府建设的指导意见》是党中央、国务院深刻把握时代发展趋势，立足新发展阶段，从全局和战略高度做出的重大部署，是习近平总书记关于网络强国重要思想在政府数字化改革领域的具体实践，明确了数字

---

① 李恒全、吴大华：《提升基层数字化治理能力的四个维度》，《光明日报》，2022 年 8 月 19 日。

政府建设的战略地位和重要意义，具体可以从以下几个方面进行理解。

一是数字政府建设是引领驱动数字经济发展和数字社会建设、营造良好数字生态、加快数字化发展的必然要求。数字政府建设促使数字技术嵌入政府科层制以推进治理结构再造、业务流程重塑和服务方式变革，新治理模式所引发的政府与社会关系、政府与市场关系变革，以及由此产生的数字社会建构和数字经济发展。对数字经济、数字社会起着牵引性、带动性作用，能更好地激发数字经济活力，优化数字社会环境，营造良好的数字生态。

二是数字政府建设是建设网络强国、数字中国的基础性和先导性工程。数字政府是数字中国的重要组成部分和核心枢纽，引领驱动数字经济、数字文化、数字社会、数字生态文明全方位协同发展。政府数字化改革为各领域、各行业更好适应数字时代发展奠定了良好基础，对形成与数字化改革相适应的发展理念、创新氛围、持续动力具有十分重要的作用。

三是数字政府建设是推进国家治理体系和治理能力现代化的重要举措。数字技术发展推动了人类社会步入数字时代，也带来了国家治理体系和治理能力的变革与重塑。面对数字化转型中的跨界融合新业态、新模式，传统政府治理面临多方面的挑战。加强数字政府建设将有力支撑国家治理体系和治理能力现代化建设，激发新的动能与活力，形成数字治理新格局，助力社会主义现代化强国建设。

四是数字政府建设是推动政府职能转变的重要力量。政府职能转变是全面深化改革的重要环节，是深化行政体制改革的核心。加强数字政府建设，可以充分释放数字化的放大、叠加、倍增效应，推动体制机制改革与数字技术应用深度融合，提升政府决策水平、运行效率，优化营商环境，激发市场活力和社会创造力，形成数字化、智能化的政府运行新形态，推进职能转变与履职能力提升。

五是数字政府建设是坚持以人民为中心，增进民生福祉的重要保障。以人民需求为导向，将数字技术广泛应用于政府决策和管理服务，推动政府治理流程优化和模式创新，实现政府治理方式全方位、系统性变革，提升主动服务、精准服务、协同服务、智慧服务能力，为人民提供泛在可及、智慧便捷、公平普惠的服务，更好地满足人民群众的需求，进一步实现数字便民惠民，让人民群众在数字化发展中有更多的获得感、幸福感、安全感。

（三）数字政府的内涵和特征

1. 数字政府的内涵

一般认为，"电子政务""数字政府"的概念源于1993年美国发布的《国家绩效评估》，国内"数字政府"一词最早出现于2001年前后，主要关注信息化给政府内部管理运作带来的影响。随后，陆续出现对国外数字政府建设经验的介绍，在此阶段，数字政府多被界定为政府信息化和电子政务网建设，强调利用信息技术手段提升政府管理效率，对数字政府其他内涵的关注不足。2017年，"建设数字中国"被写入党的十九大报告，作为数字中国的有机组成部分，数字政府的关注度骤然提升，吸引了政府、企业、研究机构等多个主体的关注和参与，但不同主体对数字政府的认知存在一定差异，目前数字政府尚未有统一的定义和内涵。以下分别从理论和实践层面对数字政府进行介绍。

在理论层面，一方面，国内学者赵娟、孟天广认为[①]，数字政府的内涵可以从以下视角进行理解：一是政府内部视角，可以将数字政府理解为通过跨部门合作，提供统一的服务渠道，实现安全的数据开放和基于数据驱动的决策；二是政社互动视角，可以将数字政府理解为公共部门使用ICT改善信息和服务供给，鼓励公民参与决策的政

---

① 赵娟、孟天广：《数字政府的纵向治理逻辑：分层体系与协同治理》，《学海》，2021年第2期。

府形态；三是政府内外结合视角，数字政府是为适应和推动经济社会数字化转型，对政府治理理念、职责边界、组织形态、履职方式以及治理手段等进行系统发展和变革的政府形态。另一方面，国际知名管理咨询公司埃森哲分析认为[①]，数字政府是对电子沟通和参与渠道的最佳利用，其范围涵盖了从公共服务的核心数字化到数字基础设施、治理和流程的全部数字化，以及新服务模式交付所需的政府前台和后台的转变与改造，能够提高公众对所提供服务的满意度，增强经济竞争力，提高公共服务的效率。

在实践层面，广东省在《广东省"数字政府"建设总体规划（2018—2020年）》中提出，"数字政府"是对传统政务信息化模式的改革，包括对政务信息化管理架构、业务架构、技术架构的重塑，通过构建大数据驱动的政务新机制、新平台、新渠道，全面提升政府在经济调节、市场监管、社会治理、公共服务、环境保护等领域的履职能力，实现由分散向整体转变、由管理向服务转变、由单向被动向双向互动转变、由单部门办理向多部门协同转变、由采购工程向采购服务转变、由封闭向开放阳光转变。湖北省在《湖北省人民政府关于推进数字政府建设的指导意见》中提出，"数字政府"是以云计算、大数据、物联网、人工智能、区块链等技术为支撑，以一体化在线政务服务平台为载体，以数字化、数据化、智能化、智慧化为实施路径，推动政府全方位、系统性变革，建立决策科学、治理精准、服务高效的新型政府运行模式。

虽然数字政府尚未有统一内涵，但达成普遍共识的是，数字政府是为适应数字时代发展所需而形成的政府运行新形态，数字政府建设是政府管理服务方式的深层次改革，体现并突出局部与整体的统筹推进、制度与技术的双轮驱动、数据与业务的深度融合、内部与外部的良性互动。

---

① Accenture, "Digital-government pathway to delivering public services for the future," March 2014.

2. 数字政府的特征

以人为本。数字政府坚持和践行新时期服务型政府建设理念，强调以企业群众需求为导向，运用数字化理念、技术和手段，进行流程再造和组织重构，提升服务效能，提高企业、群众的获得感和满意度。同时，主张把是否让亿万人民在共享信息化发展成就上有更多的获得感作为衡量数字政府建设成效的主要指标。

统筹协调。数字政府建设是一项涉及多领域、多部门的系统工程，因此，数字政府强调秉持统筹协调、整体建设的理念，以前瞻性思考、全局性谋划、系统性布局、协同性推进的思路与方法统筹制度、组织、人员、技术和数据等各种资源，协调一致地开展数字政府建设各项工作，实现各领域改革联动集成、各部门业务高效协同。

数据驱动。数据是数字政府的基础性要素，数字政府主张"用数据说话，用数据决策，用数据服务，用数据创新"，以数据引导各项变革。通过加强数据汇聚融合、共享开放和开发利用，充分发挥数据要素的叠加倍增效应，推动数据资源和数字能力持续转化，赋能政府治理流程优化和模式创新，不断提高政府决策科学性、治理精准性、服务高效性。

多元参与。数字政府注重顶层设计和基层探索的有机结合，倡导基层自治，致力于构建共建共治共享的治理格局。同时不断探索政企合作的有效机制，支持各类社会主体参与数字政府建设，将政府的管理规划优势与企业的理念技术优势相结合，构建人民参与治理、人民共享成果的共治模式。

安全可控。数字政府注重统筹发展和安全，坚持促进发展和依法管理相统一、安全可控和开放创新并重，强调树立安全底线思维，切实守住网络安全底线，加强关键信息基础设施安全保护，强化安全防护技术应用，加大安全可信的信息技术应用创新力度，不断提升安全保障能力和风险防范水平，切实保障数字政府建设行稳致远。

（四）数字政府的发展历程

目前对我国数字政府发展历程的划分标准主要有两个：一个是以数据在政府服务及管理职能履行过程中发挥的作用为划分标准，大致可以将政府数字化转型过程分为电子政务、"互联网＋政务服务"、数字政府三个阶段[①]；另一个是以从国家层面出台的重大政策、重大举措为划分标准，可以大致将我国政府信息化划分为政府信息化起步期、电子政务时期和数字政府时期三个时期[②]。本书以国家重大政策为划分标准进行介绍。

政府信息化起步期（1993—2002年）：这一时期注重政府内部行政事务电子化管理，以提升办公自动化水平为主。1993年底，国务院批准成立了国家层面首个信息化管理机构——国家经济信息化联席会议，统筹推进金桥工程、金卡工程和金关工程三项重大信息化工程建设，由此拉开了我国政府信息化建设的序幕。

电子政务时期（2002—2019年）：这一时期逐步由"注重垂直行业管理"向"注重社会公众服务"转变。2002年8月，中共中央办公厅、国务院办公厅联合印发《国家信息化领导小组关于我国电子政务建设指导意见》，2006年发布《国家电子政务总体框架》，基本奠定了之后十多年我国电子政务建设的总体框架，因此我们将这个阶段称为"电子政务时期"。根据重点任务的不同，这一时期可以进一步细分为两大阶段：一是大力推进"两网一站四库十二金"建设阶段，本阶段以行业信息化建设为主，一批大型垂管系统逐步建立，从中央

[①] 中国信息通信研究院政策与经济研究所：《数字时代治理现代化研究报告——数字政府的实践与创新（2021年）》，2021年3月5日。

[②] 黄璜：《数字政府：政策、特征与概念》，《治理研究》，2020年第3期。

延伸到地方甚至基层，形成全国上下贯通的信息化管理能力；二是深入推进"互联网＋政务服务"阶段，本阶段以加快政府职能转变为主，"一网通办""最多跑一次"等创新实践不断涌现，建设人民满意的服务型政府取得了显著成效。

数字政府时期（2019年至今）：这一时期聚焦数字政府建设，服务并支撑国家治理体系和治理能力现代化，推动政府职能全方位数字化转型。习近平总书记在2017年底论述国家大数据战略时指出，要"加快建设数字中国"，同时要"运用大数据提升国家治理现代化水平"[①]，作为数字中国体系的有机组成部分，数字政府的概念得到了强化，并从2018年起在贵州、广东、浙江等地方治理中被迅速推广。2019年10月，党的十九届四中全会审议通过了《中共中央关于坚持和完善中国特色社会主义制度 推进国家治理体系和治理能力现代化若干重大问题的决定》，在国家层面首次明确提出"推进数字政府建设"。《中华人民共和国国民经济和社会发展第十四个五年规划和2035年远景目标纲要》将"提高数字政府建设水平"单独列为一章，擘画了数字政府发展蓝图。2022年6月印发的《国务院关于加强数字政府建设的指导意见》，对我国数字政府建设做出了全面安排，成为数字政府领域具有体系性、完备性和指导性的纲领性文件。

二、政策引领政府数字化转型之路

（一）建设数字政府的总体要求

加强数字政府建设是党中央、国务院抢抓信息革命历史机遇，从全局和战略高度做出的重大部署，是深入贯彻习近平总书记关于网络

[①]《习近平：实施国家大数据战略加快建设数字中国》，新华社，2017年12月9日。

强国重要思想，推动政府数字化转型的重要实践。准确把握建设数字政府的总体要求，对全面加快数字化发展、构建新发展格局至关重要。为充分发挥数字政府建设对数字经济、数字文化、数字社会、数字生态文明建设的引领作用，促进经济社会高质量发展，不断增强人民群众的获得感、幸福感、安全感，为推进国家治理体系和治理能力现代化提供有力支撑，结合《国务院关于加强数字政府建设的指导意见》，提出建设数字政府的总体要求。

坚持党的全面领导。党的十八大以来，我国网络安全和信息化工作实现深层次、根本性变革，取得全方位、开创性成就，最主要的经验就是坚持党的领导。习近平总书记指出："要把坚持和加强党的全面领导贯穿数字政府建设各领域各环节，坚持正确政治方向。"[1] 数字政府建设是一项系统工程，贯穿经济、政治、文化、社会、生态文明建设各领域，我们必须坚持党总揽全局、协调各方的领导核心作用，以前瞻性思考、全局性谋划、系统性布局、协同性推进的思路与方法，统筹制度、组织、人员、技术和数据等各种资源，协调一致地开展数字政府建设的各项工作，确保数字政府改革和建设的正确方向。要在党的领导下健全科学规范的数字政府建设制度体系，推进政府数字化改革，提升干部的数字治理能力，为国家治理体系和治理能力现代化提供有力支撑。

坚持以人民为中心。数字政府建设是一项以人民为中心、一切从人民群众的需求出发、为人民提供更优质服务的重要工程。在推进数字政府建设时，要牢牢树立以人民为中心的工作理念，把满足人民对美好生活的向往作为数字政府建设的出发点和落脚点，打造泛在可及、智慧便捷、公平普惠的数字化服务体系，形成让人民参与治理、人民监督政府、人民共享成果的格局。始终把是否让亿万人民在共享

---

[1]《习近平主持召开中央全面深化改革委员会第二十五次会议强调 加强数字政府建设 推进省以下财政体制改革》，新华网，2022年4月19日。

信息化发展成就上有更多的获得感作为衡量数字政府建设成效的主要指标。要进一步加强服务创新、业务创新、数据创新、组织创新、平台创新，满足企业和群众多层次、多样化的服务需求，着力消除数字鸿沟，推动政府改革决策更加科学有力、服务体验更加高效便捷、社会治理更加人性化。

坚持改革引领。数字政府建设作为一项任务超大规模、时间超长周期、技术超复杂异构的时代性重大举措，坚持和运用改革思维是实现我国确立的数字政府建设目标的关键。要紧紧围绕经济社会发展迫切需要，着力强化改革思维，注重顶层设计、系统工程和基层探索的有机结合，技术创新和制度创新的双轮驱动。要深刻理解改革思维的内涵，围绕国家层面关于数字政府建设的根本性、方向性要求，结合本地区高质量发展需要，系统筹划经济社会发展所需的信息资源、技术资源和行政资源，统筹考虑短期应对和中长期发展，积极应对数字政府建设实践中出现的新问题、新情况，从人民的需求出发做好基层数字政府改革实践探索，持续破解数字政府建设在体制机制、数据共享、运营保障等方面存在的堵点问题，以数字化改革助力政府职能转变，促进政府治理各方面改革创新，推动政府治理法治化与数字化深度融合。

坚持数据赋能。数据作为五大生产要素之一，在数字化时代的基础性、战略性作用日益凸显。当前，数字政府正快步迈入以"数据挖掘、应用融合"为特征的新阶段，若没有高质量的数据，没有数据的融合、交换和共享，数字政府建设也就无从谈起，加强数据治理已成为推动数字政府建设的内在需要和必然选择。要大力提升数据治理能力，构建完善的数据治理体系，加快推进全国一体化政务大数据体系建设。要创新政府数据管理机制，压实企业数据治理责任，理顺跨部门数据共享权责和机制，打破"数据孤岛"，以信息流带动政府组织和业务流程重组。要深挖数据价值驱动业务创新，推动技术、业务与数据要素的深度融合，提升数据在决策支撑和管理服务优化方面的作用，有序推动数据资源面向社会的开发和利用，催生经济社会发展创新动力。

坚持整体协同。数字政府建设是一项全局性要求和战略性举措，也是推动政府行政运行从条块分割、封闭的架构迈向开放、协同、合作的系统工程，整体协同数字政府既是现代政府数字化的目的，也是建设现代政府的手段。要按照集约化建设的原则，强化基础资源服务统筹管理调度、共性应用能力集约建设共享，整合构建结构合理、互联互通、集约高效、安全可控的数字政府平台支撑体系，从而推动各部门技术融合、业务融合、数据融合，提升跨层级、跨地域、跨部门、跨业务的协同管理和服务水平。要坚持整体布局，做好与相关领域改革和"十四五"规划的有效衔接、统筹推进，并从顶层设计上打破地域与部门藩篱，坚持"一张图规划、一体化部署、一盘棋推进"，形成各方联动的工作合力，促进数字政府建设与数字经济、数字社会协调发展。

坚持安全可控。在数字政府、智慧社会和数字中国建设过程中，网络安全和信息安全问题越发重要。在总体国家安全观的指导下，数字政府建设要为整体的国家安全、社会安全和公众信息安全提供安全可靠的网络平台和数据保护。构建数字政府全方位安全保障体系，必须全面强化和落实数字政府安全管理责任，建立健全网络安全和信息安全防范的规章制度体系，构建全方位、多层级、一体化的安全防护体系。要时刻坚持底线思维，严格落实网络安全各项法律法规制度，将数据安全防护的关口前移，构建全流程、全周期、全场景的数据安全管理制度。要加强安全技术的应用，建立健全动态监控、主动防御、协同响应的数字政府安全技术保障体系，加快自主可控的关键技术研发，筑牢我国数字政府建设的"地基"。

当前，我国已经开启全面建设社会主义现代化国家新征程，加快推进数字政府建设，既是满足人民日益增长的美好生活需要，也是推进国家治理体系和治理能力现代化的需要。党的二十大擘画了以中国式现代化全面推进中华民族伟大复兴的宏伟蓝图，新时代呼唤新作为，新征程需要新担当，中国式现代化对数字政府建设也提出了更高的要求。我们要落实好建设数字政府的总体要求，切实提高认识、开拓思维、提升本领，把坚持党的全面领导作为数字政府建设的基本原则和根本遵循，加快推动政府全方位、系统性的数字化改革，更好地满足企业群众的需求，更好地服务新发展格局的构建。

（二）建设数字中国的指导思想

早在福建、浙江任职期间，习近平就高瞻远瞩做出建设"数字福建""数字浙江"的战略决策。党的十八大以来，以习近平同志为核心的党中央高度重视数字政府建设，国家"十四五"规划纲要设立专章，对加快数字化发展、建设数字中国，统筹推进数字经济、数字政府、数字社会、数字生态建设做出全面规划。《国务院关于加强数字政府建设的指导意见》从全局和战略高度明确了加强数字政府建设的指导思想、基本原则、主要目标和重点任务，为新时代数字政府建设指明了方向。近年来，习近平总书记多次就数字政府建设做出重要指示和系列论述，为新时代数字政府建设提供了方向指引，同时也是习近平新时代中国特色社会主义思想在数字政府领域的一贯体现。建设数字政府，必须高举中国特色社会主义伟大旗帜，坚持以习近平新时代中国特色社会主义思想为指导，深入贯彻习近平总书记关于网络强国的重要思想，将习近平总书记关于数字中国、数字政府建设的系列重要论述作为方向指引。

一是坚持以习近平新时代中国特色社会主义思想为指导。党的十八大以来，习近平总书记着眼信息化发展大势和国内国际大局，牢牢把握新一轮科技革命和产业变革发展趋势，深刻阐明了数字化发展的趋势和规律，系统回答了事关网络信息事业长远发展的一系列重大理论和实践问题，形成了内涵丰富、科学系统的习近平总书记关于网络强国的重要思想。这一重要思想深刻阐明了信息化、数字化在党和国家事业全局中的战略性、引领性作用，为加快建设网络强国、数字中国和数字政府，以信息化、数字化驱动引领中国式现代化指明了前进方向。建设数字政府，必须深刻学习领会、全面准确把握习近平新时代中国特色社会主义思想的精神实质和实践要求，坚持和加强党的全面领导，发挥信息化驱动的引领作用，为推进国家治理体系和治理能力现代化提供有力支撑，满足人民对美好生活的向往。

二是贯彻党的十九大、党的十九届历次全会以及党的二十大和党的二十届一中、二中全会精神。党的十九大报告明确提出要建设数字中国，这是数字中国首次被写入党和国家纲领性文件。党的十九届四中全会提出推进数字政府建设，这是首次将数字政府写入党中央文件。党的十九届五中全会明确了数字政府建设的内容。党的二十大报告提出加快建设网络强国、数字中国。深入推进数字政府改革建设，是适应信息化发展时代趋势、加快建设数字中国的必然要求。当前，我国正处于全面建设社会主义现代化国家、向第二个百年奋斗目标进军的新发展阶段，立足中国式现代化的新要求，我们必须深入贯彻历次会议精神，抢抓信息革命历史机遇，加快推进全面数字化发展和政府治理数字化、智能化转型，助力数字中国建设，推动中国式现代化事业发展。

三是以数字技术推动政府治理流程优化、模式创新和履职能力提升。《数字中国建设整体布局规划》提出："以数字化驱动生产生活和治理方式变革，为以中国式现代化全面推进中华民族伟大复兴注入强大动力。"将数字技术广泛应用于政府治理，是建设数字政府的应有之义和必然要求，对推进国家治理体系和治理能力现代化具有重要意义。当前，互联网、大数据、云计算、人工智能、区块链等技术给政府治理各领域、各层级的应用带来了管理和服务方式的直接变化，如在政务服务领域，由于平台建设和数据联通，业务流程实现了全面数字化，并为"一网通办""一件事一次办""跨省通办"等新模式的诞生提供了条件。建设数字政府，要统筹推进各行业、各领域数字化建设应用，将数字技术广泛应用于经济调节、市场监管、社会治理、公共服务、生态环保、政务运行、政务公开等领域，以数字化创新管理模式和服务方式，全面提升政府履职数字化水平。

四是充分发挥数字政府建设对数字经济、数字社会、数字生态文明的引领作用。数字政府是建设数字中国的基础性和先导性工程，有利于激发数字经济活力，优化数字社会环境，营造良好的数字生态，构筑数字化时代国家竞争新优势，推进数字中国向更高水平持续提升，为各领域、各行业更好适应数字时代发展奠定良好基础。通过打造泛在可及、智慧便捷、公平普惠的数字化服务体系，提升惠民、便民、利民水平。通过深化"放管服"改革，优化营商环境，探索建立与数字经济持续健康发展相适应的治理方式，进一步释放市场主体在发展数字经济中的创新活力和内生动力。依托数字政府，聚焦社会民生所需，积极发展智慧医院、智慧养老、智慧教育等公共服务，探索创新智慧生态、智慧城市建设等，为数字社会和数字生态建设赋能。

建设数字政府的指导思想，体现了我国数字化发展的战略思维和行动指南，是指导我们高质量建设数字政府的重要依据。建设数字政府，必须高举中国特色社会主义伟大旗帜，坚持以习近平新时代中国特色社会主义思想为指导，全面贯彻党的历次会议精神，深入贯彻习近平总书记关于网络强国的重要思想，认真落实党中央、国务院决策部署，立足新发展阶段，贯彻新发展理念，构建新发展格局，将数字技术广泛应用于政府管理服务，推进政府治理流程优化、模式创新和履职能力提升，构建数字化、智能化的政府运行新形态，充分发挥数字政府建设对数字经济、数字社会、数字生态文明的引领作用，促进经济社会高质量发展，不断增强人民群众的获得感、幸福感、安全感，为推进国家治理体系和治理能力现代化提供有力支撑。

（三）建设数字政府的主要目标

建设数字政府的主要目标，是指导我国数字政府建设的行动指南和奋斗方向。《国务院关于加强数字政府建设的指导意见》确立了我国数字政府建设的主要目标，分为两个阶段，重点提出"两个适应"，即与政府治理能力现代化相适应、与国家治理体系和治理能力现代化相适应。"两个适应"的提出，进一步明确了各阶段推进数字政府建设的重点任务，并从长远发展的角度对数字政府建设成效提出要求。

到 2025 年，与政府治理能力现代化相适应的数字政府顶层设计更加完善、统筹协调机制更加健全，政府数字化履职能力、安全保障、制度规则、数据资源、平台支撑等数字政府体系框架基本形成，政府履职数字化、智能化水平显著提升，政府决策科学化、社会治理精准化、公共服务高效化取得重要进展，数字政府建设在服务党和国家重大战略、促进经济社会高质量发展、建设人民满意的服务型政府等方面发挥着重要作用。

在与政府治理能力现代化相适应的过程中，最重要的是构建完善政府数字化履职能力、安全保障、制度规则、数据资源、平台支撑五个方面整体协同的数字政府体系框架，这五个方面既是建设数字政府的目标，也是基本要求和重点内容。

一是构建协同高效的政府数字化履职能力体系。全面推进政府履职和政务运行数字化转型，重点围绕经济调节、市场监管、社会管理、公共服务、生态环保、政务运行、政务公开等方面，统筹推进各行业、各领域政务应用系统集约建设、互联互通、协同联动，着力提升政府履职数字化、智能化水平，创新行政管理和服务方式，全面提升政府履职效能。

二是构建数字政府全方位安全保障体系。全面强化数字政府安全管理责任，落实安全管理制度，加快关键核心技术攻关，加强关键信息基础设施安全保障，强化安全防护技术应用，构建全方位、多层级、一体化安全防护体系，形成跨地区、跨部门、跨层级的协同联动机制，切实筑牢数字政府建设安全防线。

三是构建科学规范的数字政府建设制度规则体系。以数字化改革助力政府职能转变，创新数字政府建设管理机制，形成与数字政府建设相适应的法律法规框架体系，构建多维标准规范体系，进一步优化业务流程，创新协同方式，保障数字政府建设和运行整体协同、智能高效、平稳有序，实现政府治理方式变革和治理能力提升。

四是构建开放共享的数据资源体系。构建标准统一、布局合理、管理协同、安全可靠的全国一体化政务大数据体系，全面提升数据共享服务、资源汇聚、安全保障等一体化水平，加大数据共享统筹协调力度，提升服务管理水平，充分释放数据要素价值，提高各行业、各领域运用公共数据推动经济社会发展的能力，确保各类数据和个人信息安全。

五是构建智能集约的平台支撑体系。构建全国一体化政务云平台体系，提升电子政务网络支撑能力，推动身份认证、电子证照、电子印章等数字化共性应用集约建设和统一支撑，全面夯实数字政府建设根基。

到 2035 年，与国家治理体系和治理能力现代化相适应的数字政府体系框架更加成熟和完备，整体协同、敏捷高效、智能精准、开放透明、公平普惠的数字政府基本建成，为基本实现社会主义现代化提供有力支撑。政府治理现代化是国家治理现代化的重要组成部分，数字政府建设是政府治理现代化的重要支撑，数字政府建设必须时刻围绕构建国家治理现代化的内容展开，重点围绕政府履职能力提升的几个方面，着力实现政府运行整体协同、公共服务敏捷高效、决策治理智能精准、政府信息开放透明、政务服务公平普惠等具体目标，最终为基本实现社会主义现代化提供有力支撑。

三、数字政府建设的行动指南

（一）构建协同高效的政府数字化履职能力体系

1. 强化经济运行智能分析，激发经济发展新动能

党的二十大报告提出，构建高水平社会主义市场经济体制，要"充分发挥市场在资源配置中的决定性作用，更好发挥政府作用"。当前，我国正处于转变发展方式、优化经济结构、转换增长动力的关键时期，需要进一步发挥政府经济调节职能作用，推动有效市场和有为政府更好结合。经济调节是政府的主要经济职能，进一步强化现代数字技术在经济调节中的应用，提升政府履职的洞察、分析、决策和执行能力，对于进一步理顺政府与市场的关系，构建能够"充分发挥市场在资源配置中的决定性作用，更好发挥政府作用"的现代市场体系，提升宏观调控的科学性、预见性和有效性，具有巨大的经济政治意义。当前，经济发展形势瞬息万变，经济与产业活动产生的数据规模日益庞大，这对政府经济调节能力提出了新的挑战和要求，更需要我们加快将数字技术广泛应用于宏观调控决策、经济社会发展分析、投资监督管理、财政预算管理、数字经济治理等方面，全面提升政府经济调节数字化水平，激发经济发展新动能。

一是全面构建经济治理基础数据库。经济治理基础数据库是政务数据体系的重要组成部分，也是提升政府经济调节数字化水平的重要

基础。传统的统计数据已较难满足快速迭代的经济发展需求，需要进一步融合汇聚金融、财务、税务、统计、商务、海关等经济调控监管部门的数据，充分融合社会数据和平台数据，构建完善一体化的经济治理数据库，实现经济数据的全链条治理。重点围绕如人口、就业、产业、电力、投资、消费、贸易、税收等涉及国计民生的关键数据，进一步强化各类经济数据的整合、汇聚、治理，完善经济治理数据指标和制度体系，统一数据统计口径和汇聚规则，增强数据要素价值意识，赋能传统产业转型升级和新兴产业高质量发展。

二是运用大数据强化经济监测预警。国家多次在重要会议和政策文件中提出，要依靠科技创新，完善宏观调控跨周期设计和逆周期调节。依托数字技术，提升跨周期和逆周期宏观调控能力，要基于经济治理基础数据库，进一步加强对政府与互联网企业等相关载体数据资源的融合分析利用，实现对宏观经济运行状态的实时跟踪和精准研判，确保经济平稳运行。积极运用大数据支撑市场分析、形势研判、政策模拟等经济多维分析，形成围绕经济运行的可视化和智能化辅助监测、预警、决策的机制，将"用数据决策"的理念贯穿宏观经济决策的全过程，加大跨周期调节力度，提升风险防范能力。

三是提升经济政策的精准性和协调性。短期调控与长期目标兼顾是我国宏观经济治理的重要特色，保持经济平稳运行是坚持稳中求进工作总基调的重要体现，这要求我们进一步提升经济政策的精准性和协调性，防范化解重大风险。要充分利用大数据分析平台，强化经济运行动态感知能力建设，对政策实施成效进行模拟分析，找准经济政策的方向和切入点，推动数据分析与经验判断紧密结合，提升经济政策制定的精准性、科学性。要充分发挥国家规划综合管理信息平台的作用，及时跟踪监测各类规划的编制和实施进程，促进各领域经济政策有效衔接，持续提升经济政策的有效性、协调性。

案例 5

河南省安阳市：数字化驱动，赋能经济运行调度

1. 建设背景

近年来，国务院办公厅，河南省委、省政府和安阳市委、市政府等各级政府持续聚焦营商环境优化提升工作，陆续出台了一系列创新利用数字技术赋能经济运行效能提升的政策文件。

国家"十四五"规划纲要提出，要提升政府经济治理能力，创新和完善宏观调控，打造数字经济新优势；河南省"十四五"规划纲要提出，要强化宏观经济运行调节，明确各地方要建设经济运行监测分析平台，用以辅助区域经济运行效能提升。安阳市"十四五"规划纲要在上级政策文件的指导下，进一步细化工作要点，强调要完善经济治理基础数据库，强化经济监测预测预警能力，加速实现现代化经济体系建设。

在国务院办公厅，河南省委、省政府的指导下，安阳市紧跟数字化改革的浪潮，率先开展了经济运行调度平台的建设工作。

2. 建设内容

构建安阳市经济运行"监测""调控""服务"一体化框架体系。"监测"包括经济运行"一张图"、聚合研判分析、领导专报，"调控"包括监测预警和统一调度，"服务"目前已经建设"亲清在线"企业服务。

经济运行"一张图"。从宏观、中观、微观三个层级"一张图"呈现经济运行总体态势，通过对经济形势的准确把握和科学分析，及时研判经济运行的问题和趋势，为政府制定和实施宏观经济政策提供科学依据，辅助把握经济调度工作的方向和重点，助力经济决策"数智化"。

聚合研判分析。以企业、项目两类主体为主，以固定资产投资、GDP、规上工业企业等特定专题为辅，提供多方面信息全量查询、研判分析的应用，实现重点指标快速浏览、先行指标关联分析、考核指标提前预测，从而适当干预企业经营、项目管理等工作。

领导专报。根据政策发文、考核要求、领导关注选定分析主题，提炼核心经济指标，结合统计分析、监测预警数据，由专业人员撰写经济运行专报，报送给领导和相关部门，辅助领导和相关部门掌握重点领域运行情况，从而提升经济治理的精准性、科学性。

监测预警（见图7.1）。针对重点经济工作的难点痛点，通过模型将数据转变为实战情报，在复杂的经济数据中有重点地进行风险感知，提前预警，从而防范化解经济风险，提升经济数字化管理水平。

图 7.1　预警模型

统一调度（见图7.2）。通过多渠道的经济数据汇聚分析、监测预警，依托经济调度任务管理系统，对重点项目管理、企业发展管理等经济发展相关问题进行主动干预，实现"预警发现—问题分拨—协同处置—结果呈现"的数字经济闭环管理，辅以绩效考核评估，强化经济运行统筹调度，全面提升本市经济调节数字化水平。

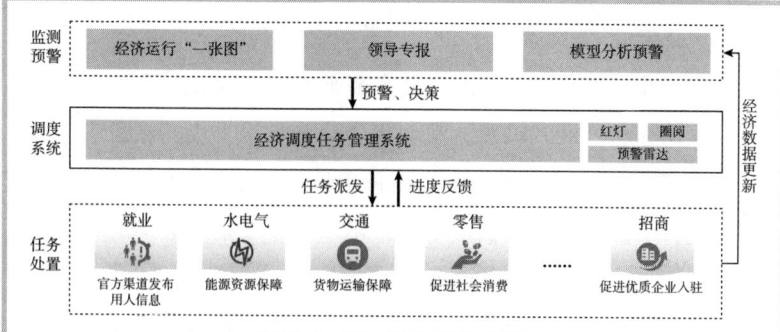

图 7.2　统一调度架构设计

企业服务。通过数据共享、大数据分析和人工智能辅助建设"亲清在线"服务，实现"零见面、零申报"的新举措，助企惠企，促进本市经济持续健康发展。

3. 建设成效

精准识别，分级预警。通过模型将数据转变为实战情报，在复杂经济数据中有重点地进行风险感知，防范化解经济风险，提升经济数字化管理水平。精准有效地识别特定行业风险，辅助管理者提前做出决策，进行干预；提前识别重点企业外迁倾向，进行分级预警，针对性采取帮扶、政策吸引等措施劝留，保障重点企业留存本地。以 2023 年 3 月为例，通过固定资产投资项目风险预警模型，平台预警了各县（区）共计 22 个未按计划入库的项目，研判发现了 550 个投资低于计划 70% 的项目，有效掌握市场运行态势，进一步提升了对重点行业领域监测与分析的时效性和精细度。

智能评估，辅助决策。通过对全市重点经济工作调研材料和核心指标进行分析加工，定期形成专项报告，报送给市领导和相关部门，使其掌握最新的经济发展运行情况，辅助市领导和相关部门做出决策指示。分析选定企业发展潜力，挖掘准"四上"企业、重点税源企业等重点企业，并评估重点企业的运行健康程度，帮助政府进行提前干预，引导企业良性、健康发展。

监测分析，统一调度。围绕经济运行核心要素，在经济运行"一张图"中构建了宏观经济、先行指标、重大项目和企业监测四个模块，实现从宏观到微观"一张图"全方位呈现经济运行的总体态势，把握经济调度工作的方向和重点，助力经济决策数智化。平台上线至今，已经取得显著成效，实现重大项目投产率达90%以上，重点项目投资总额达1 600亿元，累计重点项目达100多个。

免申即享，助企惠企。安阳市目前基于"亲清在线"服务门户拓展建设了"免申即享"系统，已经对接了13个部门，包括市科技局、市人力资源和社会保障局、市金融工作局、市工业和信息化局、市税务局等，汇聚各类惠企政策近140个，其中"免申即享"政策18个。通过对政策进行标签拆解，实现政策智能推送，截至2023年5月19日，共计拆分出52个"免申即享"事项，企业注册216家。累计奖补企业189家，奖补金额3 485万元。

2. 深化"一网通办"改革，推进政务服务高效能

优化政务服务是加快转变政府职能、推进数字政府建设的重要内容。党的十八大以来，各地各部门聚焦企业和群众办事难、办事慢、办事繁的问题，不断推进以"一网通办"为代表的政务服务改革，服务"网上办""掌上办""指尖办""码上办"持续迭代升级。全国一体化政务服务平台实现了从无到有、从有到优，全国政务服务一张网基本形成，为推进"一网通办"改革、推动数字政府建设提供有力支撑。实践表明，以"一网通办"为代表的系列改革在建设人民满意的法治政府、创新政府、廉洁政府和服务型政府中发挥了重要作用。

为持续发力常态化推动政务服务效能全面提升，国务院办公厅围

绕为民办实事、惠企优服务，依托全国一体化政务服务平台开展了政务服务效能提升"双十百千"工程，提出解决企业群众急难愁盼问题，提升政务服务便利化、精准化、智能化、普惠化水平。为系统总结政务服务效能，提升"双十百千"工程经验，全面巩固实践成果，2023年9月印发的《国务院办公厅关于依托全国一体化政务服务平台建立政务服务效能提升常态化工作机制的意见》，标志着政务服务效能提升已进入拓成效、谋长远的阶段，为更大范围、更宽领域、更深层次全面深化政务服务"一网通办"改革提供指引。国家数据局发布的《数字中国发展报告（2023年）》显示，截至2023年底，全国共计26个省市建立数字政府建设工作领导小组，数字政府在线服务指数继续保持全球领先水平，全国90%以上的政务服务实现网上可办，基本实现地方部门500万余项政务服务事项和1万余项高频事项标准化服务，推动92.5%的省级行政许可事项实现网上受理和"最多跑一次"。

综合国家相关政策要求及各地建设实践经验，深化"一网通办"改革需要不断提升主动、精准、集成、智能、普惠等服务能力，以打造泛在可及、智慧便捷、公平普惠的数字化服务体系。

一是提升主动服务能力。一方面，构建全时在线、渠道多元、全国通办的一体化政务服务体系，让企业和群众随时随地享受政府服务；另一方面，通过多源数据融合应用，增强基于大数据、人工智能等技术的预测、预判能力，打造主动式、多层次的创新型服务场景，实现从"人找服务"到"服务找人"。

二是提升精准服务能力。积极利用大数据、人工智能、区块链等新兴技术，建设企业和个人专属服务空间，完善"一企一档""一人一档"，结合用户画像分析和用户需求研判等手段，围绕政务咨询、政策服务、接诉即办、政务办事等关键环节，实现服务精准化匹配、个性化推送、一站式办理。

三是提升集成服务能力。以用户视角的"一件事"为导向，聚焦企业和个人全生命周期，全面梳理场景涉及的事项、流程、材料等内容，通过数据共享、流程再造、部门协同等措施，统筹推进技术融合、数据融合、业务融合，提供"一次告知、一表申请、一窗受理、一网通办"的集成化服务，提升跨层级、跨地域、跨系统、跨部门、跨业务的协同管理和服务水平。

四是提升智能服务能力。聚焦与企业群众生产生活密切相关的公安、人社、医保、税务等高频领域，充分发挥数字化技术和数据赋能优势，通过优化流程、精简材料、数据共享、自动比对等方式，大力推动"无证办、无感办、秒批秒办"等服务创新，更好满足企业和群众的办事所需。

五是提升普惠服务能力。针对老年人、残疾人等特殊人群需求，适时推出长者关怀及助残服务专区，为老年人和残疾人提供退休养老、健康医疗等领域的服务，支持家庭成员间授权代办，推广"帮代办"模式，解决特殊人群在接受数字化服务方面所遇到的困难。

案例6

重庆市"渝快办"：以数据驱动业务创新，提供智能化服务体验

1. 建设背景

重庆市为全面落实国家有关"一网通办"政策以及线上线下融合的要求，按照数字重庆"1361"整体构架布局，通过组建专班的形式统筹推进一体化政务服务平台优化升级、事项梳理、应用接入等工作，创新以数据驱动业务流程再造，实现数据复用共享、业务高效协同。探索利用政务大模型、大数据建模等新技术，分析预判企业和群众办事需求，构建"智能导办、帮办代办、无感智办"等智能化、主动式、体系化服务，优化企业、群众办事体验。

2. 建设内容

积极落实强化新技术应用赋能工作要求，充分利用政务大模型、大数据建模等技术，助力政务服务降本提质增效。针对群众侧，在全国率先应用政务大模型优化智能客服、智能搜索、智能导办等服务，支撑按照人群属性、位置地域、设备类型等不同要素为企业、群众呈现差异化的功能和服务，真正实现"千人千面"。针对工作人员侧，开发智能预审、智能审批等功能，支撑业务办理流程实现智能化，帮助减轻基层工作人员负担。针对管理人员侧，打造统一运营中心驾驶舱，配置"一网通办"运营管理功能，推动业务全要素实时统管和有数可依，帮助提升管理效能。

智能导办。针对现阶段通用办事指南内容冗长、情形复杂、难以理解，办事流程复杂、耗时耗力等问题，通过智能导办应用，围绕企业及群众办事事前、事中、事后全生命周期进行流程优化，为办事人员提供以"情形化办事指南+智能申报"为特征的线上线下办事全过程辅助服务，降低全科"综合窗口"政务服务事项知识学习成本，减少窗口工作人员咨询、收件压力，实现提质增效、"不见面"审批，促进"一网通办"从能办到好办的服务升级。

智能客服。以智能客服系统为依托，提供一站式交互服务。通过对政务服务政策、业务等数据的专项学习训练，结合具体的业务场景数据选定合适的算法模型并调优，构建以政务大模型为核心的智能客服系统，为企业和群众提供各类咨询，智能客服可精准识别用户意图，并构建智能导服式对话，实现政务服务"边聊边办"，优化群众咨询交互体验。

智能推荐。基于用户专属标签，为用户提供迎合个性化需求的智能推荐服务，包括政策、服务、专题内容等，方便用户直达服务、信息，实现由"人找服务"向"服务找人"的转变。当用户基础信息或偏好设置发生变化时，系统能够动态捕捉用户的兴趣变化，实时更新推荐内容，实现精准推荐、智能推荐。

智能搜索。建设简洁、精准、稳定的智能检索系统，通过智能算法对用户输入的关键词、语句或问题进行分析和匹配，从归集的全市政务服务数据库中精准地搜索出符合群众需求的信息或资源，并关联呈现相关事项的服务入口，为群众提供更加智能化和个性化的检索服务，提高办事群众的查询效率，实现搜索结果精准直达。

智能审批。在总结审批人员工作经验、流程管理、数据共享的基础上形成事项审批标准规范，对审批服务的条件、环节、流程、时限等要素加强标准化管理，实现审批标准的规范化、透明化、法治化。同时，以智能审批功能为承载、以规范为支撑，实现系统自动采集、比对、审批，以及无差别受理、统一标准审批、无人工干预。

3. 建设成效

提升群众办事便捷度。从便民利企和群众办事角度出发对事项进行精细化梳理，并依托一体化、智能化公共数据平台进行数据材料共享，推动政务服务事项简表单、减材料、优流程。以职工退休申请事项为例，优化前，不支持电子表单，必填字段为13个，必传材料为4份；优化后，新增的情形导服功能降低了办事复杂度，并将必填字段缩减至5个，必传材料缩减至1份，让群众办事更简单。目前，已推动形成新生儿出生、中小学招生入学、公租房申请、扶残助困、企业开办、企业准营等29个"一件事一次办"集成服务套餐全程网办,实现办理时间、跑动次数、办事环节、申请材料分别减少72.9%、92.6%、78.1%、59.9%,让百姓少跑腿、数据多跑路。

实现主动精准服务。通过数据共享、大数据分析、人工智能辅助等技术,精准匹配符合条件的企业和群众,实现政策和服务精准找人、主动服务,企业、群众无须主动提出申请,无须填写申请表和提交材料,即可享受政策和服务,实现企业群众政务服务"免申即享"。

降低行政运行成本。通过智能预审、智能审批等智能化功能,减轻基层工作人员负担,推动单科窗口向全科"综合窗口"转变,全面精简行政运行成本,提升政务服务效能。以重庆市江北区"一窗综办"试点为例,通过区政务服务大厅部署"一窗综办"系统,在全市率先开展首批可办理事项试运行,极大地提升办件效率与服务精准性,预计大厅办事窗口及工作人员数量可以减少约30%。

案例 7

克拉玛依市:探索政务服务多样化办理模式

1. 建设背景

党中央、国务院高度重视政务服务体系建设,发文要求提升"一网通办"政务服务能力,随着"放管服"改革的不断深化,"互联网+政务服务"的持续推进,政务服务渠道逐步向多端融合发展,服务范围逐步拓展至社会服务与企业服务。

克拉玛依市作为政务服务深化先行试点地区,以解决公民个人和企业的烦心事为出发点，根据公民个人和企业的实际办事需求，全面梳理"一件事一次办"事项范畴，依托线上新疆政务服务网能力和线下"综合窗口"服务模式，为群众提供多融合的政务服务；同时，克拉玛依市以智慧物业"数字家庭"为枢纽，为群众提供了更多"一屏办""指尖办"等线上服务渠道。

2. 建设内容

（1）以多部门事项联办改革，推进"一件事一次办"

精细化梳理，助力优化政务服务流程。围绕办理频度及民生关切度高的"一件事一次办"联办事项进行精细化梳理，厘清各单事项办事流程及所需材料，明确各类材料数源部门及数据共享交换需求内容，有序推进数据共享。依托精细化梳理成果，以精简办事程序、减少办事环节、缩短办理时限为目标，全面优化"一件事一次办"办事流程，满足"一次办妥"的标准和要求。

深入推进"一窗受理、集成服务"模式。根据各部门梳理的"一件事一次办"事项清单，专设"一次办妥"综合窗口，启动"套餐式"服务，要求联办事项形成"一表""一图""一说明"即时办理，实现即办即结。以群众关注度高的市场准入、不动产登记类综合窗口为重点率先推行，其他事务分类推进。

多端融合，构建主题线上受理专栏。以提升企业群众获得感为导向，着力构建线上多渠道融合服务模式，在克拉玛依市政务服务网、"新服办"移动端（含 App、小程序）、自助服务终端上线"一件事一次办"专栏，对全市"一件事一次办"提供统一申报入口，实现"多种渠道、统一申报"的线上受理模式。按照个人办事和法人办事全生命周期进行主题套餐分类展示，并在线上服务专栏中增加智能引导、一表申请、证照免交、信息预填等智能化措施，方便企业群众便捷申报。对于需要线上、线下申报结合的"一件事一次办"主题，增加办事指南引导，在群众线上完成申报后，提示线下业务办理信息，为申请人提供一站式的精准化、个性化、便利化的申报服务。

（2）依托"数字家庭"平台，打造更多线上办服务

克拉玛依市"数字家庭"是依托城市运行管理服务平台和智慧社区平台打造的第三级服务平台，利用物联网、云计算、大数据、移动通信等信息技术，通过全量全域采集物业管理数据、公共服务数据、政务服务数据，实现更多场景化服务从社区延伸至家庭，不断满足居民多样化、多层次的生活服务需求。

在线上政务服务方面，对接了就业服务信息查询、办事指南查询、政务服务预约等政务服务。业主通过入户智慧屏可以实时了解全市最新的招聘考试信息、各项政务服务的办事指南，同时对办理事项可以网上预约取号。实现线上政务服务"一屏办""指尖办"。

在线上社会化服务方面，建设了通知公告、物业服务、线上缴费、服务商城、银行网点查询等社会化服务。实现在业主的入户智慧屏上自动推送天气信息、社区活动信息等。业主通过入户智慧屏可以进行物业事项报修，发布物业投诉建议，查看物业公示信息；可以足不出户在线缴纳水费、暖气费、燃气费、物业费；可以在线预约家政保洁、家政维修等社会化服务，进一步提升生活便利程度。

3. 建设成效

办理效率显著提升。以"新生儿出生一件事"为例，此前新生儿父母需要跑动5个单位，上交13份材料。实现联办后，将

涉及的5个职能部门的5项服务集成为"新生儿出生一件事"，通过跨部门系统联通、数据共享，形成"一张表单、一套材料、一套流程"，群众只需通过"新服办"小程序的"新生儿出生一件事"服务，在线即可办理，在家完成填报。

办理途径更加多元。依托新疆政务服务网、"新服办"移动端、自助服务终端、"数字家庭"平台等多个线上办理渠道，使广大居民能够足不出户、随时随地享受优质的服务和便利的生活，同时也实现了政务服务水平的"效能叠加"。

3. 加强数字治理模式创新，推进社会治理现代化

党的二十大报告提出，完善社会治理体系。健全共建共治共享的社会治理制度，提升社会治理效能。完善社会治理体系是以习近平同志为核心的党中央从推进国家安全体系和治理能力现代化，坚决维护国家安全和社会稳定的战略高度提出的一项重大任务。以数字技术推动社会治理模式创新、提升社会治理水平，是高质量建设数字政府的重要内容，也是以人民为中心的价值理念的重要体现，更是推进国家治理现代化的必然选择。回顾人类社会发展历程，科技创新始终是社会发展和治理变革的重要推动力。习近平主席指出，"当今时代，数字技术作为世界科技革命和产业变革的先导力量，日益融入经济社会发展各领域全过程，深刻改变着生产方式、生活方式和社会治理方式"[1]。数字技术在开辟了人类社会全新图景的同时，也给社会治理带来了更多的风险和挑战，为此必须抓住数字化时代机遇，推动社会治理模式从单向管理转向双向互动、从线下转向线上线下融合，着力提升矛盾纠纷化解、社会治安防控、公共安全保障、基层社会治理等领

---

[1] 《习近平向2022年世界互联网大会乌镇峰会致贺信》，新华网，2022年11月9日。

域的数字化治理能力，以数字治理加快推进社会治理现代化，助推国家治理体系和治理能力现代化。

一是提升社会矛盾化解能力。矛盾处理是一个国家、社会长治久安的基础性工作，如何将矛盾纠纷等社会风险化解在萌芽状态、解决在初始阶段，是当前社会治理领域的一项重要课题。要坚持和发展新时代"枫桥经验"，不断适应社会主要矛盾的变化，抓住矛盾纠纷新特征，满足人民群众新需求，应对风险新挑战，拥抱科技新发展，推动实现社会善治。坚持"多元协同、联动共治"，不断深化跨部门、跨层级矛盾纠纷信息共享应用，推进矛盾调解、司法救助等领域信息化建设，提升网上行政复议、网上信访、网上调解、智慧法律援助等水平，实现矛盾纠纷在线咨询、评估、分流、调解。要用数字技术开展"溯源治理"，将各类社会矛盾和社会风险化解在基层萌芽状态，促进矛盾纠纷源头预防和排查化解。

案例 8

深圳市福田区：打造"民有所呼、我有所应"的"民意速办"平台

1. 建设背景

围绕习近平总书记"一流城市要有一流治理，要注重在科学化、精细化、智能化上下功夫"[1]的重要讲话精神，福田区将"首善治理"纳入建设"首善之区、幸福福田"发展愿景。福田"民意速办"项目以打造"民有所呼、我有所应"的基层治理新格局为目标，按照"全领域治理、全周期管理、全要素共建"的整体思路，通过区级高层统筹推动，优化整合辖区各部门资源，打破

---

[1] 《习近平在上海考察》，新华社，2018 年 11 月 7 日。

部门壁垒，实现民意诉求全渠道汇聚接入、民生咨询全天候响应、群众诉求高效办理和社会风险"负一秒"感知，切实解决联系服务群众"最后一公里"的问题，成为福田党群、政民互动的"连心桥"。通过数字化改革体系、统筹协同推进机制和科学的技术架构支撑，打造超大型城市中心城区治理的"福田样板"。

2. 建设内容

民意汇聚，民声诉求全渠道接入。为畅通社情民意反馈渠道，快速解决群众急难愁盼问题，福田区全面汇聚深圳市"12345"热线、深圳市民生诉求平台、"深平安"、"i 福田"等42个民生诉求渠道，搭建民意汇聚系统，利用 EI（边缘智能）算法分析实现重复工单判重、处理，实现工单并案、并案办结答复、并案提醒等功能。实现民意诉求工单从多源分散到统一汇聚受理，推动全区民生诉求数据全面融合、多口归一。

民意处置，民意事件全流程速办。基于统一业务流转平台，福田区根据业务特性，将通用事件、深圳市"12345"热线事件、妇女儿童智慧维权事件、矛盾纠纷事件的处置流程进行全方位适配。

在技术层面，采用 RPA（机器人流程自动化）等智能化手段，将"民意速办"子系统升级为城区治理的"好助手"，率先实现工单全天候、全流程自动智能分拨，一单到底，智能分拨准确率达 90% 以上。以 2023 年 11 月 2 日为例：单日工单数为 1 267 单，其中 881 单自动分拨（约 70%），334 单智能分拨（约 26%），52 单手动分拨（约 4%）。

在机制层面，以信息化平台支撑"基层吹哨、部门报到"协作机制，对于需要不同单位协同处置的事件，福田区"民意速办"智慧分拨中心、办理单位皆可在线发起协办操作或申请，从部门"各自为政"转向全区"整体联动"，有效凝聚"民意速办"合力，协同处置效率大幅提升。

民意分析，风险隐患多维度监控。为推动从事中、事后处置向全过程跟踪督办转变，福田区打造"民意速办"分析研判子系统。以民意的数量、结构、速度、质量为切入点，建设驾驶舱、民意总览、民意事件、民意处置、效能研判五个专题，关注民意汇聚、分拨、处置过程中的重点、难点、堵点。通过制定事件处置规则规范，监控分析问题风险等，督促各处置节点相关人或相关部门提高处置效率，综合监管事件处置全流程，实时掌控各个节点的办理情况，有效遏制了推诿、拖延、履职不规范等行为，进一步提高了城市治理精准化、精细化水平。

3. 建设成效

整合渠道，一网采集。整合纳管全区40多个民生诉求渠道，落地包括小散工程和零星作业巡查、"三小"场所巡查、农林巡查、违法建筑和违规用地巡查、矛盾纠纷调解、妇女儿童维权等在内的高价值场景化应用。

构建全天候办理新模式，民生诉求快速响应。创新建立民生诉求非工作时间快速处置机制，致力完善打造全天候、全时段接诉业务闭环机制，构建民意提速办理新标准，用"五加二""白加黑"的"辛苦指数"换取人民群众的"满意指数"；做到诉求响应"不打烊"、事件办理无延迟，福田区接诉部门执行"103024"机制，即10分钟内响应、30分钟内沟通联系、24小时内告知办理结果，通过执行"新标准"展现"新气象"，将"接诉即办"工作落到实处。

统一民生诉求职责清单，大幅缩短事件处置时长。汇编福田区民生诉求职责清单，建立清单动态管理机制，细化夜间响应和速办事项清单，探索开放社会力量参与社会治理事项子清单，厘清权责，统一分拨规则。各单位参照区级职责清单，以基础网格和综合网格为基础，进一步延展梳理本单位或街道内部的职责清单，推进民意分拨"一单到底"，秒转秒派。通过梳理个性化事项清单、统一事件办理与事件反馈标准等手段，福田区民生诉求办理时限整体压缩50%，咨询类办理时限缩减至2个工作日，其他类办理时限缩减至平均10个工作日，保障诉求事项件件有着落、件件有回音、件件有成效。

创新"民情日报"，领导督办事件办理提速提优。向领导提供每日民情分析报告，领导查阅并对工单办理情况进行批示；同时，工单办理过程可自动抄送对应的领导，上级关切监督推动相关单位加快办理速度，提升办理质量。2022年6月21日至2023年9月30日，共印发"民情日报"459期，领导批示288次、2 646条，推动加速解决民生事件5 490宗，实现"小切口"推动同类问题"大治理"，民意办结率保持在100%。

二是推进社会治安防控体系智能化。国家"十四五"规划纲要提出，统筹发展和安全，建设更高水平的平安中国。社会治安防控是建设平安中国的重要内容。要坚持以人民安全为宗旨，把保护人民生命安全摆在首位，全面提高公共安全保障能力，努力为人民群众创造安业、安居、安康、安心的良好环境。以数字化手段提高对影响群众安全突出问题的精准打击力，提高对动态环境下社会治安的主动防控力，提高对安全生产风险隐患的综合治理能力，提高对网络社会的安全治理能力。加强"雪亮工程"和公安大数据平台建设，深化数字化手段在国家安全、社会稳定、打击犯罪、治安联动等方面的应用，提高预测、预警、预防各类风险的能力。

案例9
黑龙江省伊春市：打造市域社会治理的"林都"特色

1. 建设背景

按照《黑龙江省"十四五"数字政府建设规划》，以及黑龙江省委、省政府关于综治（网格化服务）中心"两化三有"的工作目标，伊春市委、市政府高度重视社会治理现代化建设，以创建"全国一流市域社会治理现代化城市"、争创"长安杯"四连冠为目标，成立由市委书记、市长为双组长的全市网格化建设领导小组，全面统筹领导，部署推动。将全要素治理与全方位治理相结合，着力创新打造市域社会治理的"林都"特色和"林都"模式，加快推进社会治理现代化建设。形成具有伊春市特色的网格化市域社会治理体系，形成全域覆盖、全网整合、规范高效、常态运行、具有实战能力的市域社会治理现代化体系，推动治理服务能力全面提高，打通基层社会治理通道，不断提升人民群众的获得感、幸福感、安全感。

2. 建设内容

畅通小屏应用，架起群众与网格化工作人员沟通交流的桥梁。建设"伊网通"App（网格员端）及"伊网通"微信小程序（市民端）。"伊网通"App通过"录入、核实、摸底"三位一体的模式，实现对网格内基础信息的精准掌控。集成"事件工单""上级交办""巡查走访""工作日志"等功能，为网格员提供对网格内大事小情及时处置、及时上报的渠道，实现对网格内人、地、事、物、情、组织的全掌握。通过小程序，市民可以方便快捷地参与社会治理，反映民生诉求，享受便民功能和法律服务，查看便民公告和热点推送信息，提高生活效率。

统一事件协同，高效处置一件事。结合"12345"热线、互联网信息、App 渠道，形成主动和被动相结合的方式，统一受理伊春市社会治理问题；健全"统一受理、统一分拨、全域协同、统一监管"的事件流程闭环管理体系（见图7.3），形成伊春市横向协同、纵向联动的全域协同体系，线上支撑治理事件高效流转。实现社会治理事项"第一时间发现、第一时间处置、第一时间解决"。

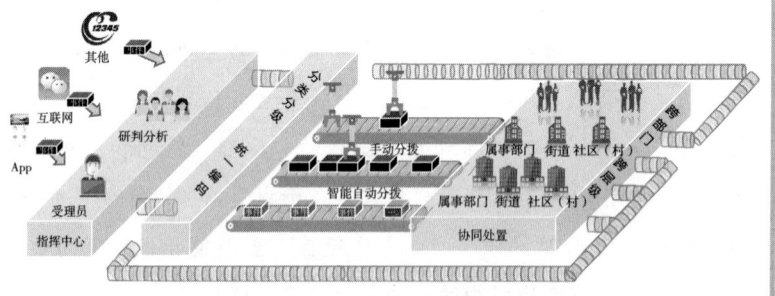

图7.3　统一事件处置系统

统一大屏展示，指挥调度可视化。研判指挥大脑实现社会治理"一张图"，在城市资源云图上，借助各种人工智能应用与现场工作人员进行沟通交流，直接进行远程指挥和调度，实现治理事件快速协同和高效处置。各级指挥中心和网格工作人员等多方的融合通信调度，后期将多系统统一接入，为数据可视化和线上指挥调度提供支撑，提升治理事件快速协同和高效处置能力，推进城市运行管理要素数字化建设。

拓展场景化治理应用，打造多元化社会治理矩阵。平台整合党建引领、综治基础、网格化服务、矛盾纠纷排查调处、平安维稳建设、公共安全等十大功能应用，实现市级层面对全盘工作的汇总、统筹、调度、巡查与监督，形成多元化、数字化的社会治理信息化矩阵。例如，根据网格化管理的要求及城市精细化治理的目标，提供对重点人员信息的管理和维护，并基于地图 GIS（地理信息系统）服务实现对重点地区以及重点人员的监管（见图 7.4），及时发现异常行为，加强预警防范治理，预防风险发生，保障社会稳定。

3. 建设成效

通过伊春市市域社会治理信息化平台，进一步提升基层服务管理水平，有效化解社会矛盾，建立市域社会治理"指挥中枢"和基层社会治理"末梢神经"的定位，着力打造具有伊春市特色的"枫桥式"综治中心。

科学划分网格，实现多网融合。全市共划分网格 3 796 个，其中基础网格 2 085 个、专属网格 1 711 个，实现了网格划分全覆盖，社会治理无盲点。建立网格党组织 3 678 个，其中党支部 1 678 个，党小组 2 000 个，构建形成县（市、区）党委、乡镇（街道）党工委、村（社区）党支部、网格党小组、党员联系户五级组织体系，基层党组织政治功能和服务功能显著增强。

促进跨部门资源共享与业务协同，创新"网格化+"治理模式。伊春市市域社会治理信息化平台纵向贯通市、县（市、区）、乡镇（街道）、村（社区）、网格、个人用户六级治理层级，为全省唯一将信息化平台全面覆盖四级 378 个综治中心（站）的地市，整合社会治安综合治理和网格化服务相关应用，创新开发了"网格化+矛盾纠纷排查""网格化+诉源治理""网格化+消防安全"等功能。同时，从县（市、区）层面横向连接 728 家党政职能部门及公安"雪亮工程"、智慧应急、智慧城建等，打造了纵横联动的治理模式，以市域信息系统矩阵集群构建全市大数据平台，实现了信息收集渠道的多元化与信息流动渠道的双向贯通，为全市各类政务信息化平台建设提供资源和数据保障，实现以网格之

图 7.4 重点人员监管场景

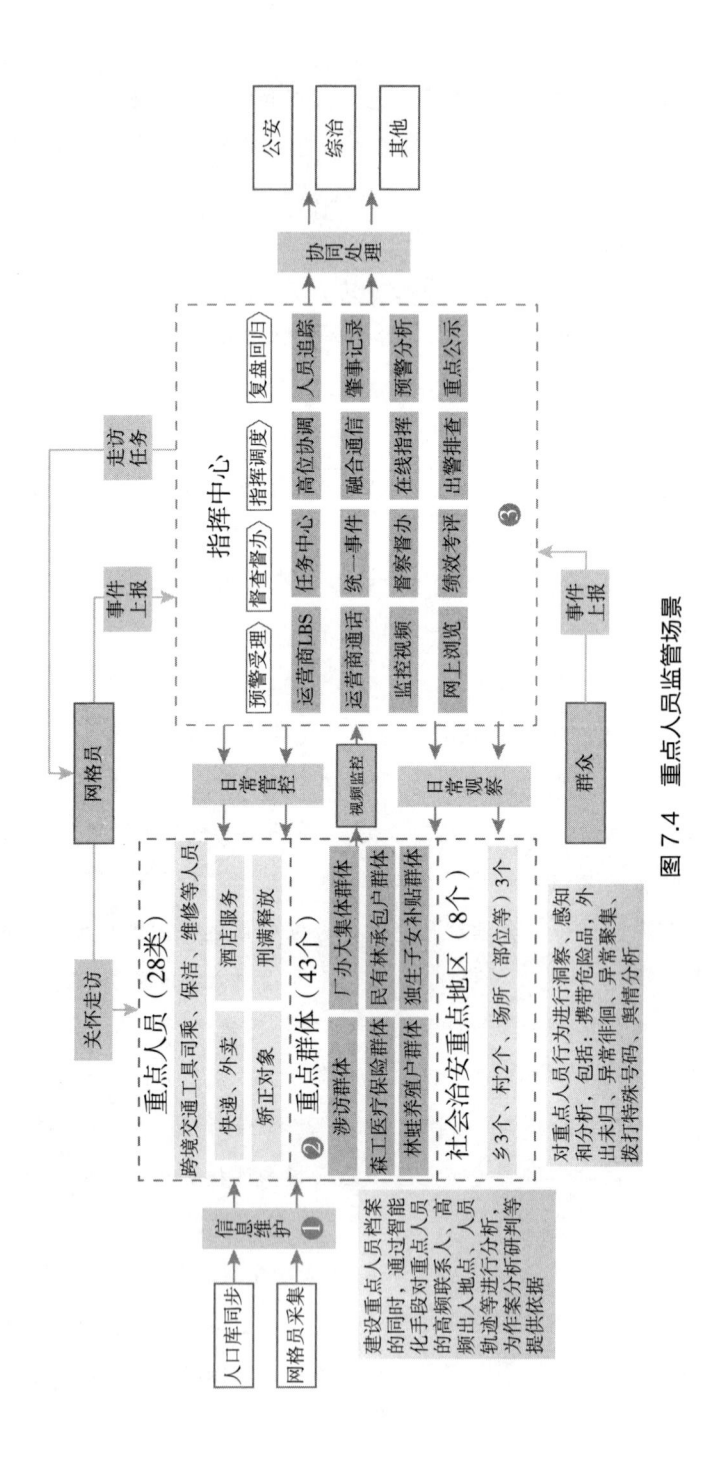

"智"赋能基层之"治"。

"六个率先",实现伊春市市域社会治理现代化居全国领先水平。率先实现市域社会治理信息化平台建设;率先完成市级辖区内综治基础信息库建设;率先完成市、县、乡、村四级232个综合治理(网格化服务)中心(站)实体化建设,同时146个村(社区)可以通过互联网终端登录平台进行操作;率先实现社会治安综合治理中心、网格化服务中心一体运行机制;率先实现省委关于综合治理(网格化服务)中心"两化三有"的工作目标;率先在全省实现基础、专属网格全划分,社会治安综合治理无死角,平安建设体系全覆盖。伊春市市域社会治理信息化平台项目,在2023年首届黑龙江省数字政府数智创新应用大赛中获得"十优案例"奖。

三是推进智慧应急建设。打造强大的应急体系是建设韧性城市、提升城市治理能力的重要内容。城市应急管理工作涉及城市生命线、安全生产、公共安全、自然灾害等诸多领域,推进智慧应急建设,要优化完善应急指挥通信网络,构建集应急指挥信息网、卫星通信网、无线通信网于一体的应急通信保障体系,使各类应急通信网络能够广域覆盖、随域接入。要强化物联感知等新型基础设施支撑,整合汇聚自然资源、建设、水利、气象等多部门数据,深化防灾减灾、安全生产、公共卫生和消防救援等领域数字化应用,全面提升应急监督管理、指挥救援、物资保障、社会动员的数字化与智能化水平,不断增强城市发展势能,推进高韧性城市建设。

四是提高基层社会治理精准化水平。基层社会治理是社会治理的重要落脚点,是实现社会治理现代化的基础。要深入实施"互联网+基础治理"新试点,完善乡镇(街道)、村(社区)地理信息等基础数据,共建全国基层治理数据库,推动基层治理数据资源共享,根据需要向基层开放使用。深化"一网统管"、基层治理、智慧物业、数字家庭等平台建设，构建完善新型基层管理服务平台体系，推进智慧社区建设，提升基层智慧治理能力。创新打造以数据资源为基础，以智慧平台为载体的多元主体参与的社会治理模式。持续强化城乡社区、乡镇街道治理数字化、智能化发展，增强基层组织治理能力，完善无缝隙、全覆盖、网格化管理模式，提升政策宣传、民情沟通、便民服务效能，更好发挥基层组织在人员流动管理、生活服务、群众参与动员、纠纷解决、社会治安保障、风险防范等方面的重要作用。

> **案例 10**
>
> **河南省信阳市：推进以党建引领基层治理，**
> **探索基层治理现代化新路径**
>
> 1. 建设背景
>
> 党的二十大报告强调，推进以党建引领基层治理。面对基层治理的新形势、新挑战、新要求，河南省信阳市立足实际，推进以党建引领基层治理，加强基层治理制度创新，以"基层善治"助力"老区振兴"。以"党建引领、条块融合、数字赋能、协同联动"为思路，探索构建"指挥一体化、权责明晰化、条块协同化、流程数字化、考评多维化"的"五化"治理体系，有效提升基层治理能力，初步走出了一条基层治理体系和治理能力现代化的有效路径。
>
> 2. 建设内容
>
> 坚持党委对基层治理改革的系统性设计和整体性推进。信阳市始终坚持党对基层治理改革的全面领导。由信阳市委统一部署推进，充分发挥顶层设计的作用，把党的领导贯穿基层治理全过程、各方面，从制度设计、组织架构、指挥体系、工作机制等方

面，重点突出政治引领、组织引领、方向引领，使党的路线方针政策更加具体地贯彻落实到基层治理中，全面激发基层治理活力。通过市委全会明确"定调"，信阳市委书记亲自安排、亲自培训、亲自督导，逐步在信阳市、县、乡、村四级开展党建引领基层治理总体部署。

优化系统主体结构，推进治理主体权责明晰。针对当前基层治理存在的部门碎片化管理和各自为政的"孤岛效应"，信阳市基层治理改革以优化组织体系为重点，按照"规范分工、上下对应"的思路，构建"王"字形治理架构（见图7.5），实现各级组织各尽其责、上下贯通、执行有力，把握好改革举措的耦合性。做优县区"顶线"，县区党委侧重抓总；做强乡镇（街道）"中线"，规范机构设置，做实职能模块；做实村（社区）网格"底线"，实施分岗明责、网格管理；做畅联动指挥"竖线"，实现组织架构上下贯通、执行有力，破解基层治理体制性障碍、机制性梗阻，推动基层治理规范、有序、高效。

明确治理主体职能责任，推进系统结构的协同性。针对基层存在的"人少事多、权小责大""条条压责到属地""看得见的管不着，管得着的看不见"等问题，以"一支队伍管执法""政务服务就近办""县乡协同事项联办"等"三项改革"为重点，推动重心下移、权力下放、力量下沉，强化乡镇（街道）的统筹协调能力，实现"基层事情基层办、基层权力给基层、基层事情有人办"。

实施数字化治理，推进基层治理的系统化转型。信阳市坚持"让群众办事更方便、让政府管理更高效"的理念，把数字赋能贯穿基层治理全过程。按照"管用、好用、爱用"的理念，探索开发以民意诉求办理（上行事项）、高效精准指挥（下行事项）、与"12345"热线联动（横向事项）三项功能为主要内容的"H"形基层治理数字平台（见图7.6），用信息化助推工作流程优化，

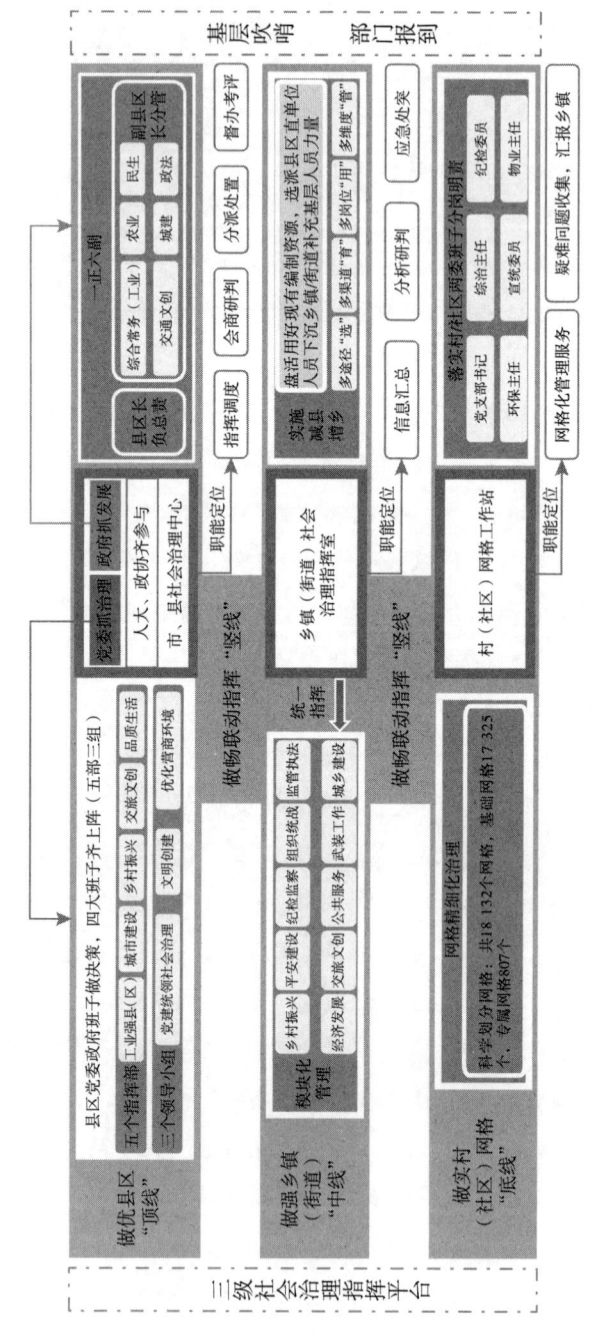

图 7.5 "王"字形治理架构

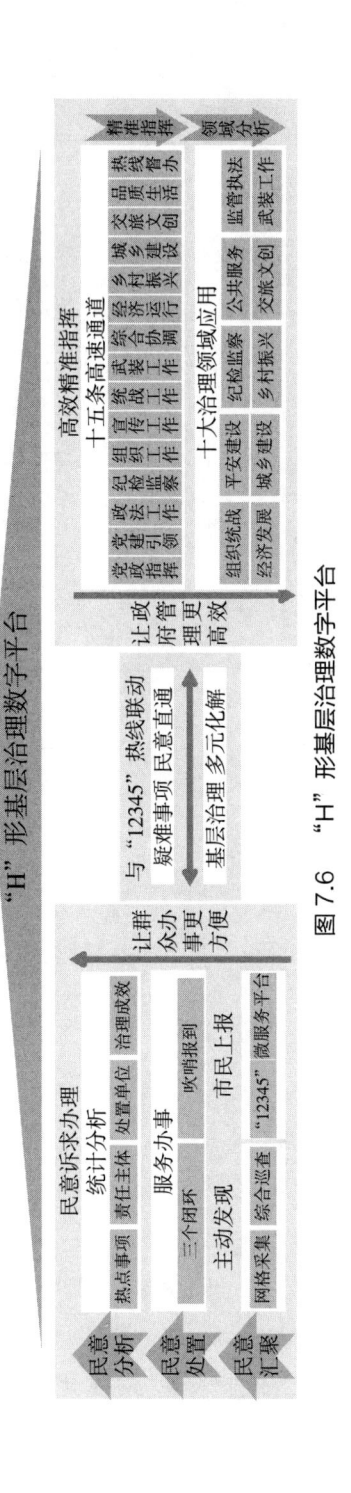

图 7.6 "H" 形基层治理数字平台

让群众办事更方便、政府管理更高效。

3. 建设成效

开展"五星"支部创建，持续补短板、强弱项、固根基。通过"五星"支部评比，串联各项党建引领工作形式，规范日常工作机制，丰富工作内容和工作形式。同时，通过考评发现各党组织工作中的成效差距，以培训分享的形式共同提高工作成效。近年来，信阳市聚焦"五星"支部创建，着力把党建优势转化为治理优势，以创建成效检验能力作风，提升治理效能，赋能乡村振兴。2023年，全市创建"五星"支部85个、"四星"支部501个、"三星"支部1 386个，"三星"以上支部占比57%，较2022年提高9.6个百分点。

开展"支部联支部"活动，组织全市4 111个市、县两级机关党支部，与村（社区）党支部"一对一"结对。按照全域覆盖、精准结对、常态长效原则，组织全市4 111个行政机关和企事业单位党支部与村（社区）党支部固定结对，通过举办孝善敬老"饺子宴"、"三星"文明户评选、"三零"村（社区）创建、开展人居环境整治等活动，形成了党群同心携手"五星"支部创建的生动局面。截至2023年底，全市共评选"三星文明户"13.05万户，开展"饺子宴+"文明实践活动3.3万场次，参与群众170.3万人次，德治在基层治理中的"浸润"作用得以有效发挥。

"一支队伍管执法"全面铺开，基层执法能力显著提升。改革以来，全市乡镇（街道）现有执法人员增加至3 769人，其中持证人员2 023人，持证率达53.67%；新建改建执法场所225处，开展综合行政执法行动8 878次，其中联合执法行动3 269次、专项执法行动5 609次，查处违法案件2 914件，立案284件，已结案275件，罚没收入135.65万元，一大批小微违法行为得到及时处理,县区部门充分融入基层治理。

治理效能的显著提升,有力助推了各项大事要事的实现。豫东南高新技术产业开发区揭牌成立,苏州信阳对口合作上升到国家层面,信阳高新区升级为国家级高新区,全国气候投融资试点成功获批,重大项目接踵而至,各项改革实现突破,营商环境整体跃升。

五是推进城市治理"一网统管"。当前,城市治理的维度越来越宽、领域越来越广,群众期盼度越来越高、诉求越来越多元。面对千头万绪的诉求和任务,"一网统管"成为重构数字政府底座、推进数智治理创新的"最优解"。围绕城市治理中群众急难盼愁问题,构建实体化运作和线上化平台一体的城运管理体系,利用在线数据和智能方法,创新管理模式,优化业务流程,通过数据赋能和多维协同,帮助综合态势全面感知、事件趋势智能研判、区域资源统筹调度和处置行动人机协同,实现城市治理"一屏全观,一图感知,一体联动",并致力于挖掘城市问题的根源,力求从源头上解决问题,达成城市治理"观、管、防"有机统一,提升城市治理的科学化、精细化和智能化水平。

案例11

深圳市龙岗区:推动"一网统管"改革,变城市"治"理为"智"理

1. 建设背景

为改善辖区基层网格治理体系,提升治理能力现代化水平,2021年深圳市龙岗区在全市率先启动综合网格改革,从综合网格划分、机制建设、队伍整合、职责划定、平台建设五个方面推进改革，基层治理由"单打独斗"转向"合力作战"，原来各部门的"信息孤岛"也转为"一网统管"，切实提升龙岗区基层治理能力现代化水平。龙岗区"一网统管"平台从"高效处置一件事"出发，建立多部门高效联动工作机制，紧紧围绕综合网格改革，统筹整合各部门系统和数据资源，实现"数据一平台采集、事件一平台处置"，建设"一网采集、一网分拨、一网处置、一网督办、一网治理"。

2. 建设内容

"一网采集"：从"事件多头分散"到"集中规范受理"。依托"一网采集"系统，统一整合全区事件信息采集、巡查事件受理渠道，结合综合网格改革，基于地理空间定位完成"四实"信息采集、"三小"场所巡查、农业巡查、林业巡查、矛盾纠纷调解、妇女儿童智慧维权、小散工程和零星作业巡查及"两违"（即违法建筑及违法用地）巡查和政府专业巡查事件、群众自主上报事件、智能分析事件的汇聚受理。

"一网分拨"：实现事件按各类权责设置有效分拨。按照事件类型和处置流程，依照权责清单设置不同的分拨路径，采用自动与人工相结合的方式，实现对全区事件统一、精准、高效的分拨。在事件分拨过程中对其进行标签标记，为后续的事件分析提供依据，充分利用信息技术手段，提升龙岗区社会治理智能化水平。

"一网处置"：实现事件处置按统一标准规范执行。根据事件的来源和处置流程，梳理事件的统一处置流程，实现进入平台事件的全部处置流转。同时实现事件处置的"一网协同"，当发生争议事件时，建立争议会商机制，避免重复处置情况的发生，进而提升龙岗区管理智能化、精细化水平。各街道、各部门可定制内部处置流程，对于需要其他单位协同处置的事件，一键发起协同办理，为落实"基层吹哨，部门报到"协作机制提供信息化平台支撑。平台上线运转以来，事件分拨时长从最初的5.4小时减少至1.22小时，处置时长由平台启用前的12.06天缩减至6.64天，处置成效大幅提升。

"一网督办"：实现效能预警、问题督办的全网统管。建立全面完善的问题发现机制、督查督办机制、事件回访和事件核查机制、快速到位的问题处置机制，实现对单个事件的智能预警和督察督办，提升事件的处理效率和质量，全面扫清"一网统管"全过程盲点。

根据办件天数，系统自动发出"黄牌"（到期前三天）、"红牌"（到期当天）、"紫牌"（超期）对相关办件人员进行预警提醒。根据时间的紧迫程度可以实现一键催办。事件办结后，系统自动向诉求人发送满意度评价短信，被诉求人评价为"不满意"的事件100%开展人工或智能回访。

"一网治理"：发挥数据价值，赋能科学决策。基于龙岗区"一网统管"事件处置过程中的数据采集和沉淀，按照区、街道、社区三级体系以及针对领导、业务人员等不同用户角色，对"一网统管"相关数据进行挖掘分析，通过态势感知、数据研判、比对分析、预警监测、效能监督充分发挥数据价值，为城市的智慧化以及精细化管理提供支撑和依据，辅助区、街道、社区及部门领导精准化、智能化决策，实现政府社会治理能力、治理体系的现代化、规范化、科学化。

3. 建设成效

事件全量汇聚，达成"高效处置一件事"。平台统筹汇聚政府巡查、群众上报、智能分析三大类共147个事件来源，所有事件通过区、街道、社区三级城市运行体系统一受理，依据2 330项事项权责清单自动分拨、一派到底，支持一键发起协办，跨部门、跨层级、跨区域快速反应、联勤联动，实现一个平台运转、一套标准处置。建立多维评价模型，"一事一评价"，可对超期未办结、重点投诉、群众评价"不满意"等事件重点督办、一键催办，处置全流程可查可追溯。

打造数据分析中心，实现人工智能分析预警，辅助事件研判。利用人工智能分析研判，对高发主体、热点话题、敏感词、疑似不规范处置单位等分专题呈现，动态预警突发事件、持续热点、重复投诉、苗头事件、集中性事件等，便于先期介入、提前处置。

创新"千人千面"个人中心，卡片式多维分析，工作评价更全面。全国首创卡片式设计，针对事件处置、综合网格实有事件、小散工程和零星作业等各条线业务制作了一系列"数据卡片"，通过数据汇聚分析，助力查找工作短板，反哺业务效能提升。通过点击卡片可查看具体部门、街道、社区甚至个人的工作情况，推动单位、个人"比学赶超"。创新设计超390张卡片，可以根据角色权限和业务需求自定义配置用户界面，形成"千人千面"个人中心。

在2023中国国际大数据产业博览会"数字政府"论坛发布的《2023数字政府创新成果与实践案例》中，深圳市龙岗区"一网统管"平台在全国318个项目中脱颖而出，成功入选"2023数字政府管理创新类"成果案例。

六是推进智慧监管。监管效能高不高、执法是否规范，是判断一个地方营商环境好坏的重要指标。为了适应更加复杂的市场环境，必须加快应用新技术，大力实施"互联网＋监管"行动，推进智慧监管建设。要构建、完善全国一体化在线监管平台，加强监管事项清单数字化管理，强化监管数据治理，运用多源数据为市场主体精准画像，强化风险研判与预测预警。积极开展以部门协同远程监管、移动监管、预警防控等为特征的非现场监管，补齐监管手段短板。对食品、药品、医疗器械等直接关系人民群众生命财产安全、公共安全和潜在风险大、社会风险高的重点领域中涉及多部门监管的事项，要积极开展跨部门综合监管，构建形成优势互补、分工协作、沟通顺畅、齐抓共管的综合监管格局。

4. 不断加快数字机关建设，推动政务协同高效

数字机关是指利用数字化理念和数字技术，推进机关事务工作管理流程再造、服务模式优化、保障效能提升的机关运行新模式。推动数字机关建设，是数字中国建设的必要环节，是数字政府的有机组成部分，是推动政府运行保障现代化的重要支撑。机关事务要更好服务党和国家中心工作，更好服务国家治理体系和治理能力现代化。加快数字机关事务建设，打造协同高效、共治共享的数字机关事务业态，成为提升决策科学化、管理精准化、服务便捷化水平的必然要求。

一是提高机关运行数字化水平。构建"整体智治"的机关事务治理体系，建设集中统一的机关事务管理与服务数字化平台，创新资产管理、公务出行、经费管理、会议服务等核心业务应用，实现办公用房、公务用车、公共机构节能、机关运行成本等业务数据纵向直报、横向打通，形成跨地域、跨层级、跨部门、跨业务共享的整体运行机制，以平台驱动实现机关事务整体协同治理。

二是提高施政履职智能化水平。建设一体化政务协同办公体系，打破时空和部门分隔限制，重点推动流程审批、单位内部即时通信、文档编辑等日常办公的协同高效，以及知识信息流、业务数据流的无障碍流动，实现各类办文办会办事、督查督办、信息报送、工作交

流、应急处置等政务工作智慧化处理，以跨地区、跨部门、跨层级的政务协同推动政府运转效率提升。

> **案例12**
>
> **安徽省马鞍山市：大力推进基层系统整合，**
> **有效提升智慧治理能力**
>
> **1. 建设背景**
>
> 为了更加有效地衔接政府服务与民众生活，提高政府内部资料的传输效率，更好地为民众服务，近年来，各级政府有关部门建设了大量数据共享平台与服务化平台。然而，单个系统服务覆盖范围小、集约化水平低等问题，成为困扰基层工作的新难题。对于基层工作人员来说，国家级、省级系统繁多，彼此间"分散孤立"，工作过程中需要频繁切换各个业务系统，"系统门户多""登录账号多"等问题，给工作的开展带来了"数据负担"。
>
> 党的十九大强调，要全面增强执政本领，善于运用互联网技术和信息化手段开展工作。《"十三五"国家政务信息化工程建设规划》指出，大力加强统筹整合和共享共用，统筹构建一体整合大平台、共享共用大数据、协同联动大系统，推进解决互联互通难、信息共享难、业务协同难的问题，将"大平台、大数据、大系统"作为较长一个时期指导我国政务信息化建设的发展蓝图，构建一体化政务治理体系。《安徽省政务信息系统整合共享实施方案》明确提出，"各设区市政府结合实际统筹推进本地区政务信息系统整合共享工作，初步实现省政府部门和国家及地方政府信息系统互联互通""将分散的、独立的政务信息系统整合为一个互联互通、业务协同、信息共享的'大系统'，对以处室名义存在的独立政务信息系统原则上必须整合"。

马鞍山市在现有政务信息化建设成果基础上对基层政务信息系统进行"减负",进一步加强政务信息化统筹规划建设和标准规范落实执行,加快推进各区县基层信息系统集成整合及政务信息资源共享的工作部署。

2. 建设内容

统一政务工作门户入口。通过马鞍山市大管家综合服务平台打造统一的政务工作门户,实现"一入口、一用户、全网通"的服务体系;推进精准化的数据共享体系,实现"理得清、给得对、用得好"的供需机制;构建集约化的应用管理中台,实现"融得进、整得全、统管理"的应用市场。

统一用户及组织架构管理。通过对马鞍山市各业务系统的调研,选取了组织架构相对健全的马鞍山市OA(办公自动化)作为基础,初始化大管家平台的组织架构;对于需要进行统一认证对接的市级业务系统的存量用户,通过手机号作为统一账号,在大管家平台和其他市级业务系统进行映射;对于增量用户,统一通过大管家平台新增,以接口方式将新增用户推送至其他市级业务系统,初步搭建了大管家平台的组织架构体系。

统一身份认证及单点登录。新建系统认证:按照认证平台规范进行对接,先通过组织架构全量数据接口做一次数据完整的同步和初始化,后续通过登录触发用户增量接口调用,持续获取增量用户的数据,保持组织架构的数据同步。历史系统认证:考虑到历史系统中有存量账号数据,为实现数据同步和统一认证,将历史账号与统一认证中的新账号建立关联映射关系,通过接入应用开发面向老账号用户的映射配置页面,用户在系统完成单点登录改造后首次登录系统时,通过此页面填写老账号的用户名和密码确立匹配关系。

国家级、省级系统账号和密码自动填充、自动登录。基层工作人员使用的国家级、省级系统繁多，需要记住很多的系统地址、账号和密码，虽然在浏览器上有书签和记住账号及密码的功能，但是基层人员工作调动频繁，工作计算机需要更换，导致经常需要重新设置书签，这增加了基层人员的工作量。通过安装大管家平台小工具，并在该平台上将日常使用的系统账号和密码进行绑定，即可通过小工具实现系统的自动打开、自动填充账号和密码以及自动登录的操作，很大程度上减轻了基层工作人员在使用系统过程中的负担。

数据自动填充。基层工作人员在使用各业务系统时，面临大量的数据录入和重复录入的问题，并且很多数据难采集、难核实，导致安全性和工作效率低，对基层工作人员造成较大的工作负担。一旦忘记一组或多组业务系统的账号和密码，往往需要花费较多时间回忆或寻求系统管理员重置，过程烦琐、效率低下，且容易与之前的数据记忆重复，在无形中增加了需要记忆的数据内容。通过与市大数据平台对接，统一身份数据源，最终将繁杂的用户名和密码统一，实现了多个业务系统的数据自动填充，通过输入身份证号将该身份证号所关联的数据带入并自动填充至对应输入栏中。在方便基层工作人员使用各应用系统的同时也减少了数据重置的请求，为基层工作人员和系统管理人员减轻了不必要的工作负担。

领导驾驶舱。领导可以看到自己所在行政区划的所有数据统计和办件总数，方便在系统中随时查看下属工作安排并协调工作。

3. 建设成效

数字政府一体化工作格局初步显现。依托马鞍山市政务信息资源共享平台、政务服务网统一身份认证平台的信息化建设成果，运用智能数据对接、数据集成共享等技术手段，着力解决跨网异构、同网异构、垂管业务等带来的集成整合难、数据共享难、网络联通难的问题，进一步疏通基层跨网异构系统集成整合通道，加大力度推进基层跨网异构系统技术整合，丰富信息资源共享方式，打造跨业务部门、跨行政层级的一体化"政务工作门户""精准共享体系""应用管理中台"。为马鞍山市"十四五"时期的数字政府建设提供了统一政府数字化改革的信息化工程规划实施管理抓手，奠定了扎实的应用支撑基础。

政务信息化架构治理体系基本形成。制定标准规范，建立基层信息系统准入制度，即未通过联合审核并接入大管家平台的信息系统，不得延伸到村（社区）使用。基层使用的系统降为85个，降幅17%；统一入口登录的系统66个，减少系统入口率72%。通过数据共享建设减少数据重复输入，总体减少基层输入数据对象率58%。

基层政务工作效率得到显著提升。让基层工作"只进一个平台，只记一个账号"即可登录并管理所有系统，查看办理市级系统各待办事项，同时实现与国家级、省级系统数据共享复用，切实解决基层信息系统门户多、登录账户多、数据重复录入等过多消耗基层工作人员时间、精力的问题，极大地提升了工作效率。

5. 优化数字公共服务供给，提高企业群众获得感

数字公共服务是指运用数字技术对公共服务的组织、结构、流程和方式进行变革，提高公共服务的效率和质量。习近平总书记在十九届中共中央政治局第二次集体学习时强调，要运用大数据促进保障和改善民生。大数据在保障和改善民生方面大有作为。要坚持以人民为

中心的发展思想，推进"互联网+教育""互联网+医疗""互联网+文化"等，让百姓少跑腿、数据多跑路，不断提升公共服务均等化、普惠化、便捷化水平。①必须充分发挥数字赋能公共服务的价值，优化数字公共服务供给，切实为中国式现代化筑牢民生之基。

一是推动公共服务供给精准化。建立公共服务常态化需求表达和供需对接机制，强化在线民意调查、网上听证会、网上征求意见等公共服务反馈路径，打通自上而下与自下而上的双向反馈渠道。打造"用数据决策、用数据服务、用数据创新"的现代化公共服务供给模式，运用大数据辅助需求预测预判，构建公共服务业务清单及动态管理机制，完善公共服务投诉举报受理与反馈制度，提升普惠性、基础性、兜底性服务能力。

二是推动公共服务供给高效化。构建覆盖省、市、县、乡、村和不同部门系统的数字化公共服务体系，建设统一集中的公共服务云平台、公共服务数据共享平台，鼓励政府、市场、民众等多元主体进入服务圈层，丰富智慧教育、智慧医疗、智慧养老、智慧交通等民生领域应用场景，推广"一网通办""一网统管""最多跑一次"等一体化政务服务创新实践，全面提升公共服务数字化、智能化水平，满足企业和群众多层次、多样化、定制化服务需求。

6. 构筑精准感知防护体系，加快生态治理现代化

全面推动生态环境保护数字化转型，提升生态环境治理能力，是提高资源利用效率，推进碳达峰、碳中和目标实现，更好支撑美丽中国建设的有效途径。经过多年坚持不懈的努力，我国生态环境数字化建设取得了长足进步，但对标生态环境治理现代化目标要求，仍然存在一些短板和瓶颈。例如，数据资源分散，资源整合利用程度不高，

---

① 《习近平主持中共中央政治局第二次集体学习并讲话》，《人民日报》，2017年12月9日。

难以有效发挥数据价值；部门间协同联动水平低，未形成治理合力；生态资源利用效率有待提升；生态环境监测手段有待优化，难以适应和满足当前生态文明建设与生态环境治理体系以及治理能力现代化的工作需求；等等。

针对以上问题，着力从以下几个方面抓取痛点、推进重点、攻克难点，构建智慧高效的生态环境治理体系，强化生态环境数字化治理能力。

一是统筹生态环境数据汇聚。积极推动物联网、人工智能等数字化技术在生态环境数据采集中的创新应用，如利用无人机进行生态监测，利用智能传感器进行环境数据采集等。汇聚整合大气、水、土壤、自然生态、核与辐射、气候变化等生态环境保护数据，建立数据资源关联关系和数据库体系，建设统一的基础数据库，确保数据的唯一性、规范性和时效性，推动生态环境感知监测朝"空天地人"一体化、自动智能化方向发展。

二是构建协同治理体系。建设生态环境综合管理信息化平台，强化生态环境数据分析，持续提升自然资源开发利用、国土空间规划实施、海洋资源保护利用和资源管理调配水平，提升生态资源利用的科学性。

三是提高生态资源利用效率。加大对环保科技和绿色技术的研发投入力度，推动科技进步和创新，开发新技术和产品，提高生态资源利用效率和可持续性，鼓励企业进行绿色技术创新，推动生产方式的转型升级。

四是加强生态环境智慧监测。通过数字化手段，模拟和预测各种环境因素对生态系统的影响，建立环境自动监测模型，对环境污染进行提前研判与预测预警，提升生态风险监测评估能力，推进生态治理工作由事后治理向事前预防转变，支撑污染管控的精细化、智能化。

（二）构建科学规范的数字政府建设制度规则体系

1. 创新管理机制

以数字化改革助力政府职能转变，创新数字政府建设管理机制，是破除制约政府数字化履职效能提升制度瓶颈的必由之路，也是保障数字政府建设和运行整体协同、智能高效、平稳有序，实现政府治理方式变革和治理能力提升的重要支撑。

一是完善高位协调机制。以统筹领导、明确职能为抓手，从省级、市级层面高位协调数字政府建设工作，明确各级政府部门组织管理、平台建设、业务应用、运行保障权责，完善数字政府建设工作领导小组、数字政府联席会议制度等多方会商机制，形成职责清晰、分工有序、上下协同、齐抓共管的工作格局。

二是统筹项目建设管理工作。深化项目建设"一本账"统筹管理，建立数字政府项目立项联审机制和资金分摊机制，探索综合论证、联合审批、绿色通道等项目建设管理新模式。制定科学的项目评价指标体系，严格把控项目立项和验收关口，强化项目省市县纵向管理和横向约束，避免分散建设、重复建设，推动一体化规划、一体化建设、一体化运营。

三是技术赋能管理服务。发挥技术赋能与技术赋权的双重驱动作用，以数字化助推政府职能转变、治理方式变革和业务流程优化，推进体制机制改革与数字技术应用深度融合，促使政府部门规范有序地运用新技术手段赋能管理服务，鼓励和规范政产学研用等多方力量参与数字政府建设。

2. 健全法规制度

完善的法规制度是推动数字政府效能提升的重要依托，不仅有助于构建权威长效的数字政府治理体系，也是促进数字政府治理能力现代化的根本保障。通过加强基础立法、调整规范、细化配套措施等，形成与数字政府建设相适应的法律法规框架体系，保障推动数字政府建设向更高水平发展。

一是推进基础性立法工作。加强公共数据开发利用、政务新媒体管理、电子证照、政务信息化项目规范管理等领域的基础性立法工作，制定和完善相关法律法规，明确数字政府建设的原则、目标、范围、权限等，为数字政府建设提供法律依据和保障。

二是修改完善不相适应的法规制度。推进政务服务现有法规、规章和规范性文件立改废释，修改完善与政务服务"一网通办"、电子证照扩大应用等不相适应的法规制度，破除整体性治理、协同治理、开放治理领域面临的制度性障碍。

三是建立健全数字政府建设配套管理措施。明确数字政府建设架构、权责、流程和程序，建立科学的决策机制，确保决策过程的透明、公正和科学。完善评估监督机制，对各项规章制度和政策措施进行评估和监督，及时发现问题和不足，确保规章制度的有效实施。建立激励与容错机制，充分调动各地、各部门数字政府建设的积极性和主动性。

3. 健全标准规范

数字政府建设的标准化、规范化是保障数字政府规范建设的重要基础，是促进政府管理更加科学、监管更加有序、服务更加高效的重要手段。近年来，随着数字政府建设进程不断加快，"一网通办""一网统管""最多跑一次""综合监管"等创新模式如雨后春笋不断涌现，群众满意度和获得感不断增强。但数字政府建设作为一项构成要素多、协同难度大的系统性工程，仍面临软硬件种类繁多、各类设备系统应用的技术标准不统一、缺乏权威的行业标准等问题，导致各地数字政府建设水平参差不齐，并给一体化带来隐性壁垒。而标准化作为数字化改革的软性基础设施，通过对数据的规范、技术的融合、系统的联通以及对颠覆性创新行为的约束等途径，能够有效支撑数字化改革一体化推进。因此，推进数字政府建设，提升数字政府建设质量，急需推行"标准先行、规范引领"。加强数字政府标准化、规范化建设，推进标准共识构建，已成为各级数字政府建设工作的重要组成部分。

一是构建多维标准规范体系。数字政府标准体系是数字政府标准化工作的总体规划，不仅为数字政府主管部门提供决策依据，而且有助于各部门、各地区了解数字政府的重要性，激发它们参与数字政府建设的热情。依据数字政府建设的特点，可以从内容角度、层级角度、生命周期角度构建数字政府多维标准体系框架。从内容角度来看，主要包括数据开发利用、系统整合共享、共性办公应用、关键政务应用等方面的标准制定；从层级角度来看，主要包括国家标准、行业标准、团体标准、地方标准等；从生命周期角度来看，主要包括设计规划阶段、建设实施阶段、运营管理阶段等。在多维数字政府标准体系的指引下，加快推进各领域标准编制工作，持续完善已有关键标准，充分发挥标准化在数字政府建设中的基础性、规范性、引领性作用，引领数字政府建设和运行整体协同、智能高效、平稳有序。

二是加大标准推广执行力度。数字政府的有序建设离不开标准的应用，在数字政府建设中，应改善标准应用不足的局面，全面建立数字政府标准的评估验证机制，保障数字政府标准顺利实施。对于架构、数据共享开放程度、管理、安全、成熟度等可评级的标准化对象，建立标准评估机制，将标准作为权威依据，通过自评或者第三方评估等方式，开展评价评估工作，摸清当前数字政府建设的成效，发现差距。对于数据、系统、应用等实体化、标准化对象，建立标准验证机制，通过测试、检验等方式，验证是否符合标准，通过建立白名单、认证认可等形式，保证标准的有效实施。同时，定期开展标准实施情况监督，提升标准应用水平，以标准化促进数字政府建设规范化。

三是健全数字政府标准技术组织。数字政府标准体系的构建与维护需要标准技术组织的统筹与管理，需要进一步团结政产学研用等数字政府建设参与力量，根据当前数字政府发展需求，成立相应的数字政府标准技术组织，对数字政府标准化工作进行统筹推进，提升数字政府标准化工作的发展水平和整体效果，全面有序推进数字政府标准化工作开展。

4. 建立运营机制

按照数字政府统一运营管理要求，建立数字政府运营机制，全面及时掌握数字政府建设和运行情况，保障数字政府整体稳定、协同、持续、高效运行。运营机制应基于科学规范的制度规则体系，具备整合资源、协调工作、监督和评估等功能，实现数字政府建设的高效运行和持续发展。

提升数字政府建设的运营能力，需要从企业和群众办事体验感、获得感出发，通过全面变革政府履职方式，规范政务服务供给、数据共享标准和监督评价机制，将"离散的机构运行"转变为"平台一体化运营"，实现政务服务能力"量质双升"。

一是建立健全协同运营体制机制。明确数字政府建设组织架构、职责分工、业务及数据协同机制，形成跨地区、跨部门、跨层级堵点挖掘、科学决策、协同解决、交流分享的一体化协同发展格局。

二是完善平台运营管理体系。完善各业务平台运营管理系统，形成分级管理、责任明确、保障有力的平台运营管理体系。增强平台运营管理力量，建立健全相关规章制度，优化运营工作流程，提升各平台的服务支撑能力。

三是加大建设和运营经费保障力度。优化政务信息化项目运营资金审核程序和机制，不断完善财政资金购买服务的流程和机制，推进平台功能丰富、服务内容优化、数据开放共享，提升平台技术防护能力，确保平台安全稳定运行。

（三）构建开放共享的数据资源体系

1. 建立健全数据共享运行机制

要加强数据资源体系建设，数据运行管理机制是关键。在数据资源体系中，加快推进全国一体化政务大数据体系建设相对更为基础、更为重要。因此，如何建立政务数据共享协调机制，加大政务数据共享统筹协调力度，提升服务管理水平，是数据资源体系建设中应优先解决的核心问题。《国务院关于加强数字政府建设的指导意见》提出"创新数据管理机制"。2022年10月，国务院办公厅发布《全国一体化政务大数据体系建设指南》（简称《建设指南》），并围绕统筹管理一体化、共享交换一体化、标准规范一体化等做出任务部署，为如何建立健全数据共享运行机制提供方向指引。

根据《国务院关于加强数字政府建设的指导意见》《建设指南》要求及各地建设实践总结，要用整体论的思维方式跨越组织机构和专业领域的边界，建立健全数据统筹协调机制、高效供需对接机制，完善相关法规制度及标准规范，从数据维度打破部门"碎片化"的职能壁垒，通过数据共享推动多业务协同，为数字政府发展奠定坚实基础，注入强劲动力。

一是建立权威高效的数据共享统筹协调机制。首先，明确各级政务数据共享工作主管机构和各部门内设机构，明确各部门对归集、共享、开放、应用、安全、存储、归档等数据全生命周期的管理职责。其次，建立由主要领导、各地各部门政务数据共享主要负责人组成的政务数据共享议事协调机制或领导小组，负责统筹协调解决跨部门数据共享中出现的重点难点问题，指导督促各地各部门落实数据共享责任，建立监督考核与激励机制，完善政务数据共享相关法规制度、标准规范和安全机制，确保政务数据共享协调有力、管理规范。

二是建立健全高效有序供需对接机制。首先，按照"谁管理谁负责、谁使用谁负责"的原则，厘清数据流转全流程中数据提供部门、数据使用部门等各方权利义务和法律责任。其次，加强政务数据供需对接，优化审批流程，精简审批材料，及时响应数据共享需求，保障数据按需高效有序共享，满足各地各部门的业务需求。

三是完善相关法规制度与标准规范。一方面，按照国家相关法规制度要求，制定本地数据管理办法，并制定配套实施细则，对数据进行全方位规范化治理；另一方面，建立健全数据质量管理、质量评估、异议处置、安全管理等制度，提高数据质量。同时，围绕系统互联互通、数据更新等方面制定具体技术、运营标准规范，切实保障数据按需高效共享。

2. 建立健全数据共享交换体系

以整体协同为关键特征的整体性治理是我国数字政府建设中最重要的理念，构建完善的数据资源体系，推动业务数据化和数据高效共享，是实现各系统智能互联、资源共享、业务协同，打破公共治理中部门割裂和解决管理"碎片化"问题的最行之有效的方式，是全面赋能数字政府管理服务业务转型，实现整体性治理的直接动能。

《国务院关于加强数字政府建设的指导意见》提出，要深化数据高效共享，建立全国标准统一、动态管理的政务数据目录，实行"一数一源一标准"，实现数据资源清单化管理。《建设指南》提出，要全量编制政务数据目录，推进政务数据归集，建设完善数据资源库，构建完善统一的共享交换体系等工作要求。《国务院关于加强数字政府建设的指导意见》《建设指南》为各地如何建立健全数据共享体系提出指引。

一是加强目录清单管理。各地各部门按照"应编尽编"的原则建立全量覆盖、互联互通的高质量全国一体化政务数据目录，实现全国政务数据"一本账"管理，将数据资源"应采尽采""应归尽归"的要求落到实处，支撑跨层级、跨地域、跨系统、跨部门、跨业务的数据有序流通和共享应用。

二是加强数据资源管理。以政务数据目录为基础，推动政务数据资源"按需归集、应归尽归"，并进行统筹管理。探索社会数据"统采共用"，加强对政府共享社会数据的规范管理。建设完善人口、法人、自然资源、经济、电子证照等基础库，按需建设主题库，对各类基础数据库、业务资源数据库实行规范管理。

三是加强共享交换平台互联互通。各地各部门需要充分利用现有数据资源体系的骨干平台设施，建设本地本部门政务数据实时交换系统，并按照《建设指南》中全国一体化政务大数据体系总体架构要求与相关系统对接、互通，形成覆盖国家、省、市、县等层级的全国一体化政务数据共享交换体系，按需申请数据共享，满足本地本部门业务改革的数据需求。

3. 加强数据资源开放应用创新

公共数据开放、融合和开发利用能力，在很大程度上决定了数字政府的建设发展水平。利用数据感知治理对象状态，分析数据发现潜在风险，挖掘数据获取知识和规律，实现"用数据决策，用数据服务，用数据管理，用数据创新"，是数字政府建设的核心目标之一。

《国务院关于加强数字政府建设的指导意见》提出，促进数据有序开发利用。《建设指南》提出，加大政务数据应用创新力度，推进政务数据资源开发利用，鼓励各地各部门开展应用创新。国家数据局等十七部门联合印发《"数据要素×"三年行动计划（2024—2026年）》，提出要以推动数据要素高水平应用为主线，以推进数据要素协同优化、复用增效、融合创新作用发挥为重点，强化场景需求牵引，带动数据要素高质量供给、合规高效流通，培育新产业、新模式、新动能。

为响应国家要求，充分释放数据资源价值，发挥数据要素倍增效应，各地各部门以政务数据应用创新为切入口，不断向公共服务延伸，各类创新应用场景不断涌现，极大提升了企业和群众的获得感和满意度。基于国家相关要求及建设实践，加强数据资源开放应用创新需要注意以下几点。

一是以企业和群众需求为导向，深化政务服务应用场景创新。从企业和群众需求出发，从政府管理和服务场景入手，系统梳理重点、热点、痛点场景，以解决急难愁盼问题、提供好办易办政务服务为目标，深化"一网通办""高效办成一件事""跨省通办"等应用创新，推进跨层级、跨部门数据共享，提升政务服务效能。

二是加大数据开放力度，营造公共数据创新应用氛围。各地各部门应基于统一的政务信息资源目录，编制数据开放目录及相关责任清单，明晰数据开放的权利和义务，分类分级有序推动政务数据资源的开发利用。优先开放与民生紧密相关、社会迫切需要、行业增值潜力显著的政务数据。培育一批创新能力强、成长性好的数据商和第三方专业服务机构，形成相对完善的数据产业生态。鼓励在科研、文化、交通运输等领域开展行业共性数据资源库建设，打造高质量人工智能大模型训练数据集，在工业制造、现代农业、商贸流通、交通运输、金融服务、科技创新、文化旅游、医疗健康、应急管理、气象服务、城市治理、绿色低碳等领域打造一批示范性强、显示度高、带动性广的典型应用场景，营造全社会利用政府开放数据创造价值的创新氛围，提升各行业、各领域运用开放数据推动经济社会发展的能力。

三是探索公共数据授权运营，推进政务数据与社会数据的深度融合。充分调动政产学研各方力量，协同攻关，开展数据权属、数据安全保护技术等方面的理论研究，探索公共数据授权运营机制，强化授权场景、授权范围和运营安全监督管理，完善数据资源开发利用制度环境。在重点领域、相关区域组织开展公共数据授权运营试点，探索公共数据授权机制。引导企业开放数据，鼓励市场力量挖掘商业数据价值，支持社会数据融合创新应用。完善数据流通规则和标准，加强数据空间、隐私计算、联邦计算等技术应用，优化数据流通环境，加强数据安全保障。

> **相关阅读**
>
> 加快构建数据资源体系，全力支撑数字中国建设
>
> 　　作为"两大基础"之一的数据资源体系已成为数字中国建设的关键要素和核心基础，是支撑数字中国建设的基础资源、创新引擎和数据底座，也是数字中国建设各个环节畅通运转的黏合剂和润滑剂，是激活数据要素新价值、培育经济发展新动能、创新社会治理新模式的关键所在。加快构建数据资源体系，发挥海量数据与丰富场景优势，能为网络强国和数字中国建设注入强劲的创新动能，对促进数字政府建设、助推数字经济发展、加快数字社会建设步伐发挥至关重要的作用。
>
> **1. 当前我国数据资源体系建设取得成效**
>
> 　　数据资源配套政策法规体系不断完善。近年来，我国高度重视构建数据资源体系，并强调对数据资源的高效共享和开放利用，相继印发了《"十四五"国家信息化规划》《"十四五"推进国家政务信息化规划》《"十四五"数字经济发展规划》等系列政策规划，以及《网络安全法》《个人信息保护法》《数据安全法》《关键信息基础设施安全保护条例》等法律法规。政策法规文件内容涉及总体规划、产业规划、数据安全、数据应用、数字生态等多个领域，有效指导了各地各部门开展数据资源体系建设，规

范数据治理活动。在政策法规体系建设方面，我国与西方发达国家基本上保持同步。

数据基础设施体系初具规模，政务数据共享开放与应用水平不断提升。"十三五"时期，国家电子政务内网初步建成，国家电子政务外网实现了四级骨干网络全覆盖，依托已有数据中心基础，形成"1+3"的国家电子政务云数据中心体系。基于政务外网建设的国家数据共享交换平台发挥共享交换枢纽作用，与所有省级平台实现对接，基本实现了部门全联通、省级全覆盖，为"数据通"奠定基础。相关数据显示，截至2023年12月底，全国一体化政务数据枢纽接入53个国家部门，31个省、自治区、直辖市和新疆生产建设兵团数据，挂接资源达2.06万个，实现累计调用5 361.35亿次服务。

数据规模总量位居世界前列，数据资源开发利用和数据要素市场化培育进程加速。《数字中国发展报告（2023年）》指出，2023年，全国数据生产总量达32.85 ZB，同比增长22.44%。截至2023年底，全国数据存储总量为1.73 ZB。海量数据为数据资源开发利用和数据要素市场化培育提供了坚实的基础。贵阳、上海、北京等多地成立了数据交易机构，面向数据流通交易提供相关服务。广东等地探索开展数据要素市场化配置改革，建设"全省一盘棋"数据要素市场体系。随着《关于加快建设全国统一大市场的意见》《关于构建数据基础制度更好发挥数据要素作用的意见》等文件相继发布，我国在推动数据要素市场化建设，促进数据资源充分开发利用方面的步伐将会进一步加快。

2. 数据资源体系建设面临的问题及挑战

当前，我国数据资源体系建设虽然取得了一定成效，但建设总体水平不高，数据要素价值潜力尚未有效激活。综合来看，数据资源管理体系不健全、数据资源应用水平不高、数据要素市场化配置能力较弱是面临的主要问题与挑战。

一是数据资源管理体系有待进一步健全和完善。组织机构方面，在国家层面没有组建明确承担全国数据资源体系建设管理职责的组织机构。工作机制方面，全国数据资源底数不清，缺乏全国统一的数据资源目录，没有形成政务数据、公共数据和社会数据统筹管理的工作机制。制度体系方面，当前我国数据治理层面的立法以及数据确权、流通交易、数据共享、开发利用、市场运营等领域的基础性法规制度相对欠缺。

二是数据资源应用水平有待进一步提高。当前，政务数据高效共享流通障碍依然存在，特别是部委与地方政府、省际数据共享难度较大，数据向基层回流难。数据开发利用水平有待进一步提高。一些地方、部门在数据资源开发利用方面存在"不会干、不敢干、不愿干"等问题。此外，地方、部门数据治理和服务能力不平衡、不充分的现实，也影响了数据资源应用水平的提升。

三是数据要素市场化配置能力有待加强。数据要素市场建设管理体制机制不健全，国家层面的数据产权、交易流通、安全监管、收益分配等基础性法规制度尚未完全建立，数据要素市场分割、流通不畅，全国统一的数据要素市场尚未培育形成。

3. 优化完善数据资源体系建设的若干建议

一是加快顶层战略规划设计。贯彻落实党中央、国务院关于加快建设网络强国、数字中国战略总体部署，围绕全面促进我国大数据发展和应用任务，不断优化迭代国家层面的数据战略规划。针对当前我国数据要素市场存在的现实问题，从软硬件环境层、技术工具层、数据要素层、保障制度层等方面研究开展国家层面的数据要素市场顶层架构设计，为全国统一数据要素市场建设发展奠定基础。

二是创新数据资源管理体制机制。研究推进一体化政务数据管理体制建设，明确数据主管部门及责任分工，构建覆盖国家、省、市、县各级政府的数据治理机构体系，形成各地各部门权责统一、分工明确、协调有力的一体化政务数据管理格局。探索政府、公共企事业单位、行业组织等多元主体共同参与的共建共治共享的数据治理新格局。国家层面可考虑组建具有统筹全国数据资源管理职能的数据管理组织机构，统筹规划政务数据、公共数据和社会数据资源管理，完善基础信息资源和重要领域信息资源，积极探索政企合作、多方参与的新模式，加快公共服务领域的数据集中和共享，推进同企业积累的社会数据进行平台对接，形成社会治理的强大合力。加强数据资源管理制度体系建设。推动政务数据高效共享、公共数据开发利用、数据安全管理等领域政策法规的编制工作。推进数据标准规范体系建设，完善数据管理国家标准体系。制定数据资源体系建设成效考核评价制度，指导各地各部门加强数据资源管理应用。

三是加快各级各类数据整合汇聚。编制重点数据资源目录。统筹规划政务数据、公共数据、社会数据管理，全量、规范编制重点数据资源目录，建立目录动态更新机制，实现目录清单化管理。加快数据资源汇聚。构建国家大数据平台，建设完善人口、法人、自然资源等基础库和医疗健康、科技教育、社会保障、生态环保等重要领域数据资源库。鼓励企业开放搜索、电商、社交等数据，按照"统采共用"原则汇聚形成社会数据资源库。深化数据资源调查，全面摸清全国数据资源底数。探索通过全国数据共享交换平台和标准统一的清单目录体系，形成标准统一、布局合理、管理协同、安全可靠的全国一体化数据资源体系。

四是建立数据高效共享协调机制。建立政务数据共享协调机制，厘清各地各部门在政务数据资源体系中的职责分工，形成政务数据跨部门、跨层级、跨区域共享的高效汇聚、有效回流机制。建立健全政府部门与党委、人大、政协、法院、检察院等机构的数据共享机制。推动建立政务数据、公共数据、社会数据共享机制，打通共享使用税务、海关等政务数据，民航、铁路、医疗等公共数据，以及重点行业、头部平台企业拥有的社会数据的通道。探索建立个人数据、企业数据跨平台互联互通机制。加快推进高价值数据集安全有序开放。构建统一的国家公共数据开放平台，推动企业、医疗卫生、交通运输、气象环保、信用监管等高价值数据集向社会安全有序开放。

五是探索创新数据开发利用机制。推进完善政务数据、公共数据和社会数据整合应用机制。结合政务数据高效共享机制，针对政府内部数据融合和大数据分析应用需求，推进数据资源开发利用环境的建设，形成政务数据、公共数据和社会数据整合应用的机制与流程，鼓励开展跨部门、跨地区、基于应用场景数据的开发利用。加快公共数据授权运营试点探索，创新运营模式（如行业主导模式、区域一体化模式、场景牵引模式），引入专业团队开展公共数据资源开发利用及运营工作，鼓励专业化大数据服务企业发展。探索公共数据对外开发利用模式，实现资源配置程序合规化、效率最大化和效能最优化，妥善处理数据持有、使用、获取收益的权益关系，确保数据可管可控。

六是持续丰富数据资源应用场景。鼓励重点地方、重点领域根据需求打造场景化应用。比如政务领域，可以探索建立健全大数据辅助科学决策机制，充分汇聚整合多源数据，拓展动态监测、统计分析、趋势研判、效果评估、风险防控等应用场景，提升政府决策科学化水平。逐步构建社会化数据运营体系，结合现有医疗健康、普惠金融等应用基础，选取需求迫切的典型应用场景，引入重点企业，按照市场化机制运行，打造社会化数据运营体系。

七是全面提升数据安全保障能力。组织制定数据安全管理办法，建立数据分类分级管理制度，明确涉及不同类别、不同级别、不同体量的数据资源应满足的安全管理要求。建立实施数据安全管理认证制度，引导企业通过认证提升数据安全管理水平。建立公共数据资源全流程开发利用安全机制，探索将成熟企业在数据资源采集、存储、调用、计算、分析、交易等方面的安全内控机制引入公共数据资源开发利用领域，在激发数字经济活力的同时，确保网络空间安全可控。搭建数据资源开发利用安全环境，提高数据访问、流向控制、数据溯源、数据销毁等关键环节的技术管控能力，确保数据利用来源可溯、去向可查、行为留痕、责任可究。加强数据跨境传输安全，探索建立跨境数据分类分级管理制度，探索构建多渠道、便利化数据跨境流动监管机制，阻断境外以及法律和行政法规禁止发布或者传输信息的传播。

八是完善数据要素市场治理体系。加强数据要素市场相关基础性制度和配套制度建设，健全完善数据资源相关产权界定、流通交易、跨境传输、安全保护、权益分配等领域基础制度。探索建立全国统一数据要素统计核算体系，加快建立数据产权制度，把数据作为重要资产加以管理，规范开展数据资产申报、登记、普查、核算，绘制全国数据资产地图，做到心中有"数"。健全完善数据交易市场建设，加强数据交易场所体系规划设计，探索开展国家级数据交易场所（交易平台）建设，避免数据交易壁垒、"交易孤岛"、违规交易风险，确保场内场外交易合规化、线上线下交易便捷化、国内国际交易可控化。培育数据要素市场生态，鼓励企业（数商、数据经纪人等）积极参与数据要素市场建设，充分发挥行业协会、商会等多方力量参与数据要素市场建设，形成有效市场和有为政府相结合的数据要素治理格局。

（四）构建智能集约的平台支撑体系

1. 推进智能集约的政务云建设

政务系统上云已成为政府数字化转型的普遍共识。经过多年数字政府建设实践，政务云建设正从基础设施层过渡到应用层，强调通过整合政务数据中心和云计算存量资源，实现网络、算力、算法、数据、应用、服务等资源共建共享，面向政务部门提供绿色集约、安全可靠的一体化算力资源服务，支撑各级政务部门快速灵活地调用资源，降低各地各部门利用各类资源的门槛和成本，有效避免多头重复建设，满足数字政府大规模业务承载、大数据开发利用、共性履职应用的需要。

《国务院关于加强数字政府建设的指导意见》提出，构建全国一体化政务云平台体系，实现政务云资源统筹建设、互联互通、集约共享。根据该指导意见要求及各地建设实践，按照"扬优势、补短板"的原则，在政务云建设中应注意以下几点。

一是推进"一朵云"建设，加强云资源统筹管理。推动非涉密政务信息系统全面向政务云迁移，推进政务"一朵云"建设，建立物理分离、逻辑集中、一体管理的运行机制和政务云资源统一调度规则。开展当地云资源普查，摸清算力总量、算力分布、算力构成和技术选型等，形成云资源"一本账"，进行政务云监测分析，掌握政务云资源使用情况，开展云资源分析评估，完善云资源管理运营机制。

二是提升云资源按需快速响应能力。建设统一云服务平台，为各使用单位提供云资源统计查询、使用效率管理、故障管理、服务质量管理、计费结算等功能，高效满足各部门业务需求。

三是加强核心技术攻关，提升云资源安全保障能力。政务数据大多是涉及国家、公民、社会经济运行基本信息的核心数据，事关关键信息基础设施安全和人民利益，需要加大核心技术攻关力度，推进信创体系与政务云融合发展，通过信创解决技术内生安全的问题，提升云资源安全保障能力，夯实数字政府建设底座。

2. 推进安全稳健的网络设施建设

以电子政务网络为主的网络设施是数字政府平台支撑体系的重要组成部分，更是数字政府建设的重要基石。通过电子政务网络，能够将各类政务服务不断向底层延伸，打破地理区域限制，为国家治理体系和治理能力现代化发展提供强有力的支撑。尤其是电子政务外网，作为联结公众、企业、政府的纽带，更是支撑政务服务、政府运行、社会治理等各类政府信息化业务开展的基础。在网络强国战略的指引下，随着各地建设数字政府的进程不断加快，我国网络基础设施建设取得历史性成就，5G、千兆光网等设施建设部署进入全球领先行列。据国家网信办数据，截至2024年4月，国家电子政务外网已覆盖中央、省、市、县四级全部行政区域，连接中央部门及相关机构225家，地方政务部门及相关机构达到51.85万家，乡镇（街道）接入率达到99.4%以上。尽管电子政务网络经过多年的发展已取得一定成果，但与建设数字政府的定位和目标仍有不小差距，仍然存在网络服务和支撑能力有待提升、网络建设和运营模式不够集约、网络安全面临挑战等问题。因此，建设数字政府要加快网络融合，升级完善国家电子政务网络体系，全面支撑跨部门、跨地区、跨层级业务协同和数据共享。

一是强化电子政务网络统筹建设管理。建设整体协同的数字政府要求实现资源整合、避免重复建设，电子政务网络作为上下贯通、横向互联的信息传输纽带，需要我们坚持大平台、大系统、大数据的思维，站在一体化、整体性的角度，做好统一的顶层规划和设计，强化电子政务网络统筹建设和管理，加强跨部门共建共用共享，避免多头重复建设，降低建设和运维成本。整合联通各地各部门分散建设的业务专网，以重大业务应用为牵引，有序推进各类非涉密业务专网向电子政务外网整合迁移，原则上不再新建各地各部门业务专网。

二是提升电子政务外网支撑能力。要提升网络平台支撑能力，必须加快升级完善统一的国家电子政务网络，进一步畅通业务协同、数据共享的大通道。在提高网络承载能力方面，推动骨干网扩容升级，扩大互联网出口带宽，提升网络支撑能力。在扩大网络覆盖范围方面，要进一步加强5G、IPv6+（即IPv6的升级版）、物联网、区块链等新技术的融合应用，加强电子政务外网移动接入能力建设，满足聚焦移动办公、政务服务、应急管理、社会管理、重大活动保障等移动应用场景需求，并不断向乡镇基层延伸。在安全可控的前提下按需向企事业单位拓展。通过不断升级完善统一的国家电子政务网络体系，打破地方、部门"信息孤岛"，实现应联尽联、信息共享。

三是保障数据传输安全高效。电子政务网络建设应当以总体国家安全观为统领，坚持安全可控与开放创新相结合，为数字政府高质量发展筑牢安全防线。全面落实等级保护制度、关键信息基础设施安全保护制度和密码应用安全评估相关标准要求，定期开展网络安全、保密和密码应用检查。稳妥应用前沿技术，积极创新安全防护手段，持续构建以风险和数据安全为驱动的纵深防御能力，高效、安全支撑多跨度政务数据共享交换，构建完善覆盖电子政务外网所有资产的网络安全综合防控体系。

3. 提高集约共享的支撑能力

提高集约共享的支撑能力，是促进数据共享汇聚、推进业务整体协同的重要前提。地方数字政府创新实践表明，共性支撑能力技术水平在很大程度上决定了数字政府的建设水平。为全面推进数字政府建设，需要强化信息技术应用创新，按照集约化原则，充分整合现有的信息基础设施，全面夯实数字政府建设底座。

《国务院关于加强数字政府建设的指导意见》提出"构建智能集约的平台支撑体系"的建设任务,对支撑能力赋予了"智能""集约"的新内涵,指明了优化提升的方向。

一是提高智能化水平。快速、高效满足人民群众多样化、便利化、精准化的服务需求,需要政府在面对外部需求及环境变化时,能够精准感知,快速响应。这就迫切需要推进人工智能、大数据等技术与政府业务融合,培育智能感知、敏捷计算、泛在互联、高效共享的技术支撑能力,提升业务服务和复杂应用场景调度能力,更好地支撑数字政府创新。

二是提高集约化水平。集约化强调共性支撑能力建设与多部门共享,需要围绕数字政府建设的应用需求,以标准化、平台化方式,提供各类自主调用、灵活配置的共性技术工具,支撑各级政务部门快速、灵活地调用资源,从而降低各个单位利用各类资源的门槛和成本,有效避免多头重复建设。

案例 13

重庆市:创新"一体三中心贯通"模式,率先打造全国领先的"两网融合"能力

1. 建设背景

为贯彻落实重庆市委、市政府有关部署和数字重庆建设大会提出的"一年形成重点能力、三年形成基本能力、五年形成体系能力"目标,推动数字重庆"1361"整体架构落细落实,进一步提升全市一体化政务服务平台标准化、规范化、便利化水平,重庆市政府办公厅会同市大数据发展局全面启动"渝快办"重构工作,创新性提出国内领先、特色鲜明的技术实施路径,将传统政务中台建设的模式优化为"基于一体化平台开发、三级治理中心贯通"的模式,并依托三级平台推动政务服务事项贯通,构建"一网通办"与"一网统管"深度融合平台,在全国率先实现"两网融合"。

2. 建设内容

建设基于数字重庆"1361"的整体架构。按照统一规划、统一构架、统一标准、统一支撑、统一运维原则,强化一体化、智能化公共数据平台数字底座支撑,尽快实现数据共享共用。按照迁移一批、迭代一批、开发一批、谋划一批的要求,逐步推动"渝快办"和全市数字化应用实现三级贯通,一体部署,逐步实现所有办件消息全量接入三级治理中心,实现与各业务部门的消息互通互认,支撑事件调度、事项办理、任务分发等的跨业务闭环处理。

打通基于公共数据平台的政务数据流。进一步完善优化"渝快办"现有政务服务专题数据库,以政务服务业务需求为核心,在一体化、智能化公共数据平台的基础上,推进政务服务领域数据治理共享汇聚和开发利用,为"渝快办"上层应用提供数据支撑。统一共享数据平台及其标准化接口,实现政务服务数据办件材料的统一归集和调用,通过权限管控和审计,实现数据接口的统一审批和管理,有效满足决策流、执行流和业务流对数据流的需求。

重塑基于两端协同的政务业务流。打造全市统一的政务服务组件,实现前端的统一申请、收件与后端各委办局事项受理、审批的统筹管理,有序接入各委办局业务系统,丰富社会服务应用场景,实现线下办理从标准不一到无差别办理的转变,办事体验从分头办理到联审联办的转变,服务运行从单体运维到整体运营的模式转变,平台支撑从独立分散到统筹建设的转变。通过将政务服务和事项处置进行联动，实现事件与任务的全方位关联，促进基层智治"放管服"，推动任务考核与服务群众的"条抓块统"。

3. 建设成效

"渝快办"依托三级治理中心实现融跨业务流转，支撑高效办成一件事和高效处置一件事协同联动，推动"渝快办"与三级治理中心的用户体系、任务中心、事件中心、事项中心等核心组件的统一化、标准化，打通政务服务和城市治理边界，培养全国领先的"一网通办""一网统管"深度融合能力。以高龄老人福利补贴事项为例，"渝快办"经三级治理中心推送服务需求数据，生成帮办代办任务，并将任务下发至基层网格员，让他们主动上门服务，减少86%的表单内容填写和75%的证明材料上传，推动政务服务能力向基层高效延伸。

第八章

经济增长新动能：数字经济

一、数字经济的全球浪潮和中国机遇

（一）建设数字经济的战略背景

数字经济是指以数字技术为基础、以数据为核心资源、以网络为主要载体、以智能化为主要特征、以创新为主要动力的经济形态。数字经济是新一轮科技革命和产业变革的重要成果，也是决定未来全球竞争力的关键因素。随着数字技术的不断发展和应用，数字经济已经成为推动经济增长、促进社会进步、提升国家治理水平、保障国家安全的重要力量。

1. 全球数字化转型加速，数字经济成为世界发展新引擎

当前，世界正处于百年未有之大变局，各国面临着前所未有的挑战和机遇。在这样的大背景下，数字技术作为第四次工业革命的核心驱动力，正在深刻改变人类的生产生活方式，引领全球经济社会

的发展方向。根据中国信息通信研究院发布的《全球数字经济白皮书（2024年）》，数字经济在全球经济复苏中发挥了重要作用。2023年，美国、中国、德国、日本、韩国5个国家的数字经济总量超过33万亿美元，同比增长超8%；数字经济占GDP的比重为60%，较2019年提升约8个百分点。2019—2023年，德国、日本、韩国数字经济稳步发展，美国、中国数字经济实现快速增长。其中，产业数字化的比重最高，占比达到89.8%，较过去提高较多。在数字经济发展过程中，智能算力需求激增，算力成为战略资源和科技竞争焦点，主要国家高度关注算力互联，并开展多方探索。以北京地区成功试验为例，19家算力设施平台部署网关，全国10%的公共算力资源可查询、可访问，算力互联互通和运行服务平台完成40余次调度需求。与此同时，还应注意算力与新能源协同推进，包括一体化融合、产业链协同、算电协同和用电优化等，这也是全球数字经济发展中的重要方向。

在促进复苏增长方面，世界各国和地区纷纷加大对数字经济的投入与支持力度，推动数字化转型升级（见表8.1）。可以预见，随着数字技术的不断创新和应用，数字经济将在全球范围内持续释放巨大的发展潜力和红利，成为世界经济发展的新引擎和新动力。

表8.1　世界各国和地区数字经济发展战略

国家/地区	发展战略	目标
美国	《美国创新与竞争法案》	拟投入2 500亿美元支持人工智能、量子计算、先进制造等关键技术领域发展，并加强对数据安全和隐私保护等方面的立法监管
欧盟	《塑造欧洲数字未来》《欧洲数据战略》《欧洲数字主权》《2030年数字指南针：数字十年的欧洲之路》	谋划欧盟数字经济领域领先优势，加快建设单一数字市场，推动数据共享和开放，培育数字创新生态

续表

国家/地区	发展战略	目标
日本	"互联工业""社会5.0""数字新政"	争取半导体材料、关键元器件领域的全球领先地位,谋求以数字经济拉动日本经济增长和社会变革
印度	《国家数字通信政策》	到2022年实现印度全国宽带覆盖,提高网络质量和速度,促进电子商务、电子教育、电子医疗等领域发展

2. 我国数字经济发展基础雄厚,数字化转型成效显著

党的十八大以来,在以习近平同志为核心的党中央坚强领导下,我国深入实施网络强国战略、国家大数据战略、新一代人工智能发展规划等,加快推进数字产业化和产业数字化,推动数字经济蓬勃发展。十多年来,我国数字经济取得了举世瞩目的发展成就,总体规模连续多年位居世界第二,对经济社会发展的引领支撑作用日益凸显。

(1) 数字基础设施实现跨越式发展

信息通信网络建设规模全球领先。我国统筹谋划新型基础设施建设布局,加快推动高速泛在、天地一体、云网融合、智能敏捷、绿色低碳、安全可控的智能化综合性数字基础设施建设。我国深入实施"宽带中国"战略,建成了全球最大的光纤和移动宽带网络,光缆线路长度从2012年的1 480万千米增加到2023年的6 432万千米,增长约4.3倍。截至2023年底,我国已许可的5G中低频段频谱资源共计800 MHz(兆赫),许可的中低频段频谱资源总量位居世界前列,累计建成开通5G基站达337.7万个。网络基础设施全面向IPv6演进升级,IPv6活跃用户数达6.97亿。深入实施工业互联网创新发展战略,网络、平台、安全体系以及工业互联网标识解析体系基本建成。

信息通信服务能力大幅提升。我国移动通信实现从"3G突破"

到"4G（第四代移动通信技术）同步"再到"5G引领"的跨越，6G领域的愿景需求研究、关键技术研发、国际交流合作加快。互联网普及率从2012年的42.1%提高到2023年的77.5%。宽带发展联盟发布的《中国宽带速率状况报告》显示，2023年第四季度，我国固定宽带网络平均下载速率（用户体验）达到83.88 Mbit/s（兆比特每秒），较上一季度提升了4.3%，较2022年同期提升了12.18 Mbit/s，年度提升幅度达到16.99%；我国移动宽带用户使用4G和5G网络访问互联网时的综合平均下载速率（用户体验）达到129.36 Mbit/s，较2022年同期提升了31.91%。

数据资源开发利用水平显著提升。大力推进数据开放共享，建立健全数据治理体系，加快构建数据安全保障体系。制定出台《数据安全法》《个人信息保护法》等法律法规，加强对数据分类分级、合法合规、安全可控的管理。推动政务数据、社会数据、产业数据等多源异构数据的整合融合，打造一批国家大数据综合试验区、国家新一代人工智能创新发展试验区、数字经济创新发展试验区等，培育一批具有国际竞争力的大数据企业和平台。推进数字经济领域的标准化工作，制定发布了一批数字经济相关标准，参与了一批国际标准的制定。

数字技术创新能力显著增强。加大对数字技术领域的科研投入和支持力度，加强关键核心技术攻关和突破，提升自主创新能力和水平。在人工智能、云计算、大数据、物联网、区块链、量子信息等领域取得了一批重要成果和突破。例如，在量子信息领域，我国在量子通信、量子计算、量子测量等方面取得了一系列重要突破和创新，包括成功发射"墨子号"量子科学实验卫星，建成"京沪干线"量子保密通信骨干网络，实现"九章"量子计算原型机超越百亿次经典计算等。

（2）数字产业发展势头强劲

以数字技术为核心驱动力的数字产业，在我国经济社会发展中发挥着越来越重要的作用。数字产业包括信息技术产业、数字内容产业、数字创意产业等，是数字经济的核心组成部分，也是数字经济的重要支撑力量。

信息技术产业的规模不断扩大。信息技术产业是指以计算机、通信、软件、集成电路、互联网等为主要代表的产业，是数字技术的主要提供者和应用者。2023年，软件产业、信息技术服务、信息安全产品和服务以及嵌入式系统软件收入占行业总收入的比重分别为23.6%、65.9%、1.8%和8.7%，对行业总收入增长的贡献率分别为16.2%、73.3%、1.3%和9.2%。我国软件业不断开辟新赛道，重构软件生态。2023年以来，通用大模型、智能芯片设计、工业软件、量子信息等领域创新成果不断涌现，开源软件发展进一步激发创新活力，国产操作系统、数据库、应用软件等逐渐进入国内中高端市场，产品性能也随之大幅提升，更好地服务用户需求，推动软件产业发展。

数字内容产业的规模持续增长。数字内容产业是指以数字化为基础、以互联网为平台、以内容为核心、以用户为导向的产业，包括网络游戏、网络视频、网络音乐、网络文学、网络动漫等。2023年，我国规模以上互联网企业完成互联网业务收入1.7万亿元，同比增长6.8%，实现利润总额1 295亿元，同比增长0.5%。以信息服务为主的企业（包括新闻资讯、搜索、社交、游戏、音乐视频等）互联网业务收入同比增长0.3%。截至2023年12月，我国网络视频用户规模为10.67亿人，较2022年12月增长3 613万人，其中，短视频用户规模为10.53亿人，较2022年12月增长4 145万人，占网民整体规模的96.4%。

数字创意产业的规模稳步扩大。数字创意产业是指以数字化为基础、以创意为核心、以文化为内涵、以科技为手段的产业，包括网络广告、网络设计、网络教育、网络旅游等。例如，生活服务领域的企业收入增速大幅提升，2023年，以提供生活服务为主的平台企业（包括本地生活、租车约车、旅游出行、金融服务、汽车、房屋住宅等）互联网业务收入同比增长20.7%。目前，数字创意产业蓬勃发展，形成了庞大的用户消费规模，展现出强大的发展韧性与动力，对产业发展发挥着重要的引领带动作用。数字创意产业急需积极提升文化生产的数字化水平，积极引导文化产业向智能化转型升级，进一步优化产业政务与市场发展环境，加大数字文化企业科技与内容创新力度，进而真正实现高质量发展。

3. 传统产业转型升级步伐加快

以数据为核心资源和要素的传统产业，在我国经济社会发展中发挥着越来越重要的作用。传统产业包括农林牧渔、工矿制造、建筑交通、商贸服务等各个领域，是数字经济的重要组成部分，也是数字经济的重要应用领域。

农林牧渔业的数字化水平不断提高。深入实施乡村振兴战略，加快推进农业农村现代化，推动农林牧渔业数字化转型升级。利用物联网、大数据、人工智能、云计算等技术，构建智慧农业生产体系，提升农业生产效率和质量。利用电子商务、移动互联网、社交网络等技术，构建农产品网络营销体系，拓展农产品销售渠道和市场空间。利用区块链、物联网、云计算等技术，构建农产品质量安全追溯体系，提升农产品品牌信誉和价值。利用互联网、移动互联网、人工智能等技术，构建农业农村公共服务体系，提供农业技术指导、农资供应、金融支持、社会保障等服务。2023年，农林牧渔业总产值158 507亿元，较1952年的461亿元增加了158 046亿元。按可比价格计算，1953—2023年年均增长4.5%。

工矿制造业的数字化水平显著提升。深入实施制造强国战略，加快推动制造业高质量发展，推动工矿制造业数字化转型升级。利用物联网、大数据、人工智能、云计算等技术，构建智能制造生产体系，提升制造生产效率和质量。利用电子商务、移动互联网、社交网络等技术，构建网络化制造营销体系，拓展制造产品销售渠道和市场空间。利用区块链、物联网、云计算等技术，构建制造产品质量安全追溯体系，提升制造产品品牌信誉和价值。利用互联网、移动互联网、人工智能等技术，构建制造业公共服务体系，提供制造技术指导、制造资料供应、金融支持、社会保障等服务。2023 年，全国规模以上工业增加值较 2022 年增长 4.6%，增速较 2022 年加快 1.0%；分门类看，2023 年，采矿业，制造业，电力、热力、燃气及水生产和供应业增加值分别增长 2.3%、5.0%、4.3%。

建筑交通业的数字化水平稳步提高。深入实施交通强国战略，加快推进交通运输现代化，推动建筑交通业数字化转型升级。利用物联网、大数据、人工智能、云计算等技术，构建智能交通运输体系，提升交通运输效率和安全性。利用电子商务、移动互联网、社交网络等技术，构建网络化交通运输营销体系，拓展交通运输服务渠道和市场空间。利用区块链、物联网、云计算等技术，构建交通运输服务质量安全追溯体系，提升交通运输服务品牌信誉和价值。利用互联网、移动互联网、人工智能等技术，构建交通运输公共服务体系，提供交通技术指导、交通资料供应、金融支持、社会保障等服务。2023 年，我国全年完成交通固定资产投资 39 142 亿元，较 2022 年增长 1.5%，其中公路水路固定资产投资 30 256 亿元，增长 0.2%。

商贸服务业的数字化水平快速提高。深入实施服务业创新发展战略，加快推动服务业高质量发展，推动商贸服务业数字化转型升级。利用物联网、大数据、人工智能、云计算等技术，构建智能化商贸服务体系，提升商贸服务效率和质量。利用电子商务、移动互联网、社交网络等技术，构建网络化商贸服务营销体系，拓宽商贸服务渠道和市场空间。利用区块链、物联网、云计算等技术，构建商贸服务质量安全追溯体系，提升商贸服务品牌信誉和价值。利用互联网、移动互联网、人工智能等技术，构建商贸服务公共服务体系，提供商贸技术指导、商贸资料供应、金融支持、社会保障等服务。2023年，服务业增加值增长到688 238亿元，2013—2023年年均实际增长6.9%，增速高出同期GDP年均增速0.8个百分点；服务业对GDP的贡献额达到60.2%，比2012年提高15.2个百分点，成为经济社会发展的主引擎；服务业就业人员达到35 639万人，占全国就业人员的比重为48.1%，吸纳就业能力不断增强。

4. 社会生活方式日益数字化

以用户为中心和导向的社会生活，在我国经济社会发展中发挥着越来越重要的作用。社会生活包括教育培训、医疗健康、文化娱乐、旅游休闲等各个领域，是数字经济的重要组成部分，也是数字经济的重要应用领域。

教育培训方式日益多样化。深入实施教育现代化战略，加快推动教育信息化发展，推动教育培训方式数字化转型升级。利用互联网、移动互联网、人工智能等技术，构建在线教育平台和资源库，提供在线课程和学习内容。利用大数据、人工智能、云计算等技术，构建智能教育评估和辅导系统，提供个性化和精准化的教育服务。利用虚拟现实、增强现实、人工智能等技术，构建沉浸式教育体验和交互系统，提供丰富生动的教育场景。利用区块链、物联网、云计算等技术，构建教育证书和学历认证系统，提供安全可信的教育凭证。2023年，在线教育用户规模达3.49亿人，同比增长11.14%；在线教育市场规模达4 133亿元，同比增长14.17%。

医疗健康方式日益智能化。深入实施健康中国战略，加快推进医疗卫生信息化发展，推动医疗健康方式数字化转型升级。利用互联网、移动互联网、人工智能等技术，构建在线医疗平台和资源库，提供在线问诊和咨询服务。利用大数据、人工智能、云计算等技术，构建智能医疗诊断和治疗系统，提供精准高效的医疗服务。利用物联网、大数据、人工智能等技术，构建智能健康管理和预防系统，提供个性化和全面的健康服务。利用区块链、物联网、云计算等技术，构建医疗数据和电子病历系统，提供安全可信的医疗信息。2023年，在线医疗用户规模达 4.14 亿人，同比增长 14.04%；在线医疗市场规模达 3 764 亿元，同比增长 21.34%。

文化娱乐方式日益丰富化。深入实施文化强国战略，加快推进文化创意发展，推动文化娱乐方式数字化转型升级。利用互联网、移动互联网、人工智能等技术，构建在线文化平台和资源库，提供在线阅读、观看、听音乐等服务。利用虚拟现实、增强现实、人工智能等技术，构建沉浸式文化体验和交互系统，提供丰富生动的文化场景。利用区块链、物联网、云计算等技术，构建文化产品和版权保护系统，提供安全可信的文化内容。利用互联网、移动互联网、人工智能等技术，构建文化创意公共服务体系，提供文化创意指导、文化创意资料供应、金融支持、社会保障等服务。2023年，在线文化用户规模达 10.74 亿人；在线文化市场规模超过 1.15 万亿元，以网络视听业务为主营业务的存续企业共有 66.08 万家。

旅游休闲方式日益便捷化。深入实施旅游强国战略，加快推进旅游业高质量发展，推动旅游休闲方式数字化转型升级。利用互联网、移动互联网、人工智能等技术，构建在线旅游平台和资源库，提供在线预订、支付、导航等服务。利用虚拟现实、增强现实、人工智能等技术，构建沉浸式旅游体验和交互系统，提供丰富、生动的旅游场景。利用区块链、物联网、云计算等技术，构建旅游产品和服务质量安全追溯体系，提升旅游产品和服务品牌信誉与价值。利用互联网、移动互联网、人工智能等技术，构建旅游业公共服务体系，提供旅游技术指导、旅游资料供应、金融支持、社会保障等服务。2023年，在线旅游预定5.09亿人，较2022年12月增加8 629万人，增长率为20.4%。

（二）建设数字经济的重大意义

数字经济是以数字技术为基础、以数据为核心资源、以网络为主要载体、以智能化为主要特征、以创新为主要动力的经济形态。发展数字经济是我国应对国际形势变化、实现高质量发展、建设现代化强国、实现中华民族伟大复兴的必然选择。

1. 发展数字经济是提升国家综合实力和国际竞争力的必然要求

数字技术是第四次工业革命的核心驱动力，也是未来全球竞争力的关键因素。数字技术的创新和应用，正在深刻改变世界经济政治格局和国际关系。受当前百年未有之大变局和经济下行压力双重叠加影响，世界各国和地区纷纷加大对数字经济的投入与支持力度，推动数字化转型升级，争夺数字经济领域的制高点和先机。美国、欧盟、日本等发达国家和地区都把数字经济作为重振经济、提升竞争力、维护安全的重要手段，出台了一系列政策措施，加强顶层设计，推动数字经济高质量发展。

我国是全球最大的发展中国家，也是全球最大的数字经济体之一。我国拥有全球最多的网民、最大的网络市场、最丰富的数据资源、最活跃的创新创业环境，具有建设数字经济的巨大潜力和优势。同时，我国也面临着数字技术领域的不平衡不充分问题，如关键核心技术受制于人，数据安全和隐私保护面临挑战，存在数字鸿沟和不公平现象，等等。这些问题不仅影响我国数字经济的健康发展，也威胁我国经济社会稳定和国家安全。因此，必须加快发展数字经济，提升自主创新能力和水平，打造自主可控的数字技术体系和产业链、供应链，提升数据资源开发利用能力和水平，构建健全的数据治理体系和安全保障体系，缩小数字鸿沟和不公平差距，增强国家综合实力和国际竞争力。

2. 发展数字经济是促进经济增长和社会进步的重要动力

推动传统产业转型升级。通过将数字技术与农林牧渔业、工矿制造业、建筑交通业、商贸服务业等传统产业相结合，可以实现传统产业的数字化、网络化、智能化，提升传统产业的生产效率和质量，降低传统产业的生产成本和资源消耗，增强传统产业的创新能力和竞争力。利用物联网、大数据、人工智能等技术，可以构建智慧农业、智能制造、智能交通、智慧商贸等生产体系，实现农业生产的精准化、制造生产的自动化、交通运输的优化、商贸服务的个性化等。截至 2023 年底，我国建成 62 家"灯塔工厂"，占全球"灯塔工厂"总数的 40%，培育了 421 家国家级智能制造示范工厂、万余家省级数字化车间和智能工厂。工业和信息化部对 209 个示范标杆工厂的调研显示，在智能化改造后，工厂产品研发周期缩短 20.7%，生产效率提升 34.8%，产品不良品率降低 27.4%。

推动新兴产业快速发展。通过将数字技术与教育培训、医疗健康、文化娱乐、旅游休闲等新兴产业相结合，可以实现新兴产业的创新化、多样化、智能化，提升新兴产业的服务效率和质量，拓宽新兴产业的服务渠道和市场空间，增强新兴产业的活力和魅力。利用互联网、移动互联网、人工智能等技术，可以构建在线教育、在线医疗、在线文化、在线旅游等服务平台，实现教育培训的便捷化、医疗健康的智能化、文化娱乐的丰富化、旅游休闲的便捷化等。新兴产业发展呈现线上线下融合、行业跨界融合特征，有力推动生产性服务业向专业化和价值链高端延伸、生活性服务业向高品质和多样化升级。截至

2023 年末，我国网络购物、网上外卖、网约车、互联网医疗的用户已经分别达到 9.15 亿人、5.45 亿人、5.28 亿人和 4.14 亿人。

推动社会生活方式日益多样化。通过将数字技术与居民消费、社会治理、公共服务等社会生活领域相结合，可以实现社会生活方式的数字化、网络化、智能化，提升社会生活方式的便利性和舒适性，丰富社会生活方式的选择性和多样性，提高社会生活方式的幸福感和满意度。利用电子商务、移动支付、社交网络等技术，可以构建网络购物、网络支付、网络社交等消费平台，实现居民消费的便捷化和多样化。利用大数据、人工智能、云计算等技术，可以构建智慧城市、智慧政务、智慧安全等治理平台，实现社会治理的精准化和高效化。利用互联网、移动互联网，可以构建网络教育、网络医疗、网络文化等服务平台，实现公共服务的便捷化和普惠化。

3. 发展数字经济是提高国家治理能力和社会治理水平的有效途径

提高国家治理能力。通过将数字技术与国家政权、国家机构、国家政策、国家安全等国家治理领域相结合，可以实现国家治理的数字化、网络化、智能化，提升国家治理的效率和质量，增强国家治理的创新能力和竞争力。例如，利用大数据、人工智能、云计算等技术，可以构建智慧政务平台和资源库，提供在线政务服务和政策咨询。利用物联网、大数据、人工智能等技术，可以构建智慧安全平台和资源库，提供在线安全监测和预警。利用区块链、物联网、云计算等技术，可以构建国家数据平台和资源库，提供安全可信的国家数据信息。利用互联网、移动互联网、人工智能等技术，可以构建国家治理公共服务平台和资源库，提供国家治理指导、国家治理资料供应、金融支持、社会保障等服务。

提高社会治理水平。通过将数字技术与社区自治、社会组织、社会信用、社会秩序等社会治理领域相结合，可以实现社会治理的数字化、网络化、智能化，提升社会治理的效率和质量，增强社会治理的创新能力和竞争力。例如，利用物联网、大数据、人工智能等技术，可以构建智慧社区平台和资源库，提供在线社区服务和管理。利用互联网、移动互联网、人工智能等技术，可以构建网络社会组织平台和资源库，提供在线社会组织服务和管理。利用区块链、物联网、云计算等技术，可以构建社会信用平台和资源库，提供安全可信的社会信用信息。利用大数据、人工智能、云计算等技术，可以构建智慧秩序平台和资源库，提供在线秩序监测和维护。

（三）数字经济的概念和内涵

数字经济是一个新兴的经济形态，也是一个复杂的经济现象。关于数字经济的概念和内涵，目前还没有一个统一的定义和界定，不同的国家和机构有不同的理解和表述。本书对数字经济的定义是"以数据资源为关键要素，以现代信息网络为主要载体，以信息通信技术融合应用、全要素数字化转型为重要推动力，促进公平与效率更加统一的新经济形态"。数字经济是继农业经济、工业经济之后的主要经济形态，是数字时代国家综合实力的重要体现，是构建现代化经济体系的重要引擎。数字经济发展速度之快、辐射范围之广、影响程度之深前所未有，正在推动生产方式、生活方式和治理方式深刻变革，成为重组全球要素资源、重塑全球经济结构、改变全球竞争格局的关键力量。可以从以下几个方面梳理和分析数字经济的基本特征和主要内容。

1. 数字经济的基本特征

数字经济是以数字技术为基础、以数据为核心资源、以网络为主要载体、以智能化为主要特征、以创新为主要动力的经济形态。具体来说，数字经济具有以下五个基本特征。

数字技术是数字经济的基础和支撑。数字技术是指以计算机、通信、软件、集成电路、互联网等为代表的信息技术。数字技术通过对数据的采集、存储、传输、处理、分析、应用等环节的不断创新和优化，实现信息的数字化、网络化、智能化，为数字经济提供强大的技术支撑和保障。

数据是数字经济的核心资源和要素。数据是指通过数字技术采集、存储、传输、处理、分析、应用等过程产生的信息。数据通过对现实世界的反映和描述，为数字经济提供丰富的内容和价值；通过对各种产业与领域的整合和融合，为数字经济提供广阔的空间和可能性；通过对各种问题的解决与需求的满足，为数字经济提供强劲的动力和效益。

网络是数字经济的主要载体和平台。网络是指通过数字技术构建的信息通信网络。网络通过对数据的高速泛在传输，为数字经济提供便捷、高效的连接方式；通过对数据的云端集中存储，为数字经济提供海量安全的资源库；通过对数据的在线实时处理，为数字经济提供灵活、智能的服务系统。

智能化是数字经济的主要特征和趋势。智能化是指通过人工智能等技术实现对数据的深度学习和分析，从而实现对各种问题和需求的自动识别和优化解决。智能化通过对数据的价值挖掘和创造，为数字经济提供更高层次的效率提升和价值创造；通过对数据应用场景的拓展和创新，为数字经济提供更广泛的应用领域和创新空间。

创新是数字经济的主要动力和目标。创新是指通过不断探索和尝试实现对数据、技术、产业、领域等方面的新发现、新理解、新方法、新模式等。创新通过对数据、技术、产业、领域等方面的不断突破和优化，为数字经济提供持续发展的动力和源泉；通过对数据、技术、产业、领域等方面的不断融合和创新，为数字经济提供更多元的发展路径和目标。

2. 数字经济的主要内容

数字经济作为一种新兴的经济形态，其内涵和外延正在不断演进和扩展。它是一个多维度、多层次的复杂经济系统，涉及技术、产业、社会等多个领域。结合国家统计局印发的《数字经济统计监测制度（试行）》，数字经济可以分为三个层次：核心层、扩展层和支撑层。该分层结构不仅有助于系统地认识和分析数字经济的内在结构，还为量化评估数字经济的规模和影响提供了理论基础。核心层作为数字经济的基础，为整个数字经济体系提供技术支撑和创新动力；扩展层体现了数字经济的渗透力，推动传统产业的数字化转型；支撑层则反映了数字经济对社会生活的深刻影响。

数字经济的核心层是指以数字技术为基础、以数据为核心资源、以网络为主要载体、以智能化为主要特征、以创新为主要动力的产业，包括信息技术产业、数字内容产业、数字创意产业等。在信息技术产业方面，包括但不限于云计算、大数据、人工智能、物联网、区块链等前沿技术的研发和应用，不仅推动了生产力的跨越式发展，还催生了新的商业模式和经济增长点。在数字内容产业方面，涉及数字出版、数字媒体、数字音乐等领域，这些产业正在重塑文化创意的生产、传播和消费模式。数字创意产业则包括虚拟现实、增强现实、混合现实等新兴技术的应用，正在为传统创意产业注入新的活力。

数字经济的扩展层是指通过将数字技术与传统产业相结合，实现传统产业转型升级和效率提升，主要包括农林牧渔业、工矿制造业、建筑交通业、商贸服务业等。在农业领域，数字技术的应用催生了精准农业、智慧农业等新模式，通过物联网、大数据等技术实现农业生产的精细化管理和资源优化配置。在工业领域，智能制造、工业互联网等概念的落地正在推动制造业朝数字化、网络化、智能化方向发展，提高生产效率和产品质量。在服务业领域，数字技术的应用正在重塑金融、物流、零售等行业的业务模式和服务流程，如金融科技、智慧物流、新零售等新业态的兴起。

数字经济的支撑层是指通过将数字技术与社会生活相结合，实现社会生活方式的多样化和便捷化的产业，包括教育培训、医疗健康、文化娱乐、旅游休闲等。在教育培训领域，在线教育平台和智能学习系统的发展正在改变传统的教育模式，推动教育资源的均衡化和个性化。在医疗健康领域，远程医疗、智慧医疗等新模式的应用正在提高医疗服务的可及性和效率。在文化娱乐领域，数字技术正在创造新的文化消费形式，如数字博物馆、虚拟演唱会等。在旅游休闲领域，智慧旅游、虚拟旅游等新概念的出现正在丰富人们的旅游体验。

（四）数字经济的发展历程

1. 数字化阶段（20世纪40年代至90年代）

数字化阶段的开始，以美国学者唐·泰普史考特于1996年出版的《数据时代的经济学：对网络智能时代机遇和风险的再思考》一书为标志，主要特征是数字技术的创新和应用主要集中在信息产业领域，如计算机、通信、软件等，数字经济主要体现为信息产业的发展和壮大，数字经济的规模和贡献相对较小。

数字化阶段的数字技术主要包括计算机技术、通信技术、软件技术等，它们在信息产业领域发挥了重要作用，促进了信息产业的快速发展和创新。例如，计算机技术从最初的电子管、晶体管、集成电路到微处理器、个人计算机、互联网等，不断提高计算能力和存储能力；通信技术从最初的电话、电报、无线电到卫星通信、移动通信、光纤通信等，不断加快通信速度；软件技术从最初的机器语言、汇编语言、高级语言到数据库、操作系统、应用软件等，不断丰富软件功能和类型。

这一阶段的数字经济主要体现为信息产业的发展和壮大，信息产业包括计算机制造业、通信设备制造业、软件服务业等，它们为其他产业提供了信息化的基础设施和服务。例如，计算机制造业为各行各业提供了各种类型和规格的计算机设备；通信设备制造业为各行各业提供了各种方式和手段的通信设备；软件服务业为各行各业提供了各种功能和需求的软件产品与解决方案。

然而，数字化阶段的数字经济规模和贡献相对较小，主要原因是数字技术的创新和应用还没有深入其他传统产业领域，数字经济尚未形成一个完整的产业链和生态系统。

2. 网络化阶段（20世纪90年代至21世纪初）

网络化阶段的开始，以美国商务部于1998年发布的《新兴的数字经济》报告为标志，主要特征是数字技术的创新和应用开始向其他传统产业领域渗透和融合，如农业、制造业、服务业等，数字经济主要体现为电子商务的发展和繁荣，数字经济的规模和贡献显著提升。

网络化阶段的数字技术主要包括互联网技术、电子商务技术、移动互联网技术等，它们在其他传统产业领域发挥了重要作用，促进了其他传统产业的数字化转型和升级。例如，互联网技术通过提供全球性的信息交流和资源共享平台，打破了时间和空间的限制，实现了信息的无限扩散和传播；电子商务技术通过提供在线交易和支付的方式，打破物理和地理的限制，实现了商品与服务的无界流通和交换；移动互联网技术通过提供随时随地接入和使用的条件，打破设备和场景的限制，实现了用户和应用的连接与互动。

这一阶段的数字经济主要体现为电子商务的发展和繁荣，电子商务包括电子零售、电子批发、电子金融、电子旅游等，它们为消费者和企业提供了更便捷、更高效、更低成本的购买和销售渠道。例如，电子零售为消费者提供了更多选择和比较的机会，为企业提供了更大的市场和竞争空间；电子批发为消费者提供了更优惠的价格和服务，为企业提供了更快速的库存和物流管理；电子金融为消费者提供了更安全的支付和理财工具，为企业提供了更灵活的融资和投资方案；电子旅游为消费者提供了更丰富的目的地选项和体验，为企业提供了更精准的营销和运营策略。

网络化阶段的数字经济规模和贡献显著提升，主要原因是数字技术的创新和应用促进了其他传统产业领域的数字化转型和升级，数字经济形成了一个较为完整的产业链和生态系统。根据美国商务部的统计数据，2000 年，美国电子商务占 GDP 的比重为 2.8%，占就业人数的比重为 1.9%，占出口额的比重为 16.7%。

3. 智能化阶段（21 世纪初至今）

智能化阶段的开始，以习近平总书记于 2023 年在第六届数字中国建设峰会上提出的"加快数字中国建设"重要指示为标志，主要特征是数字技术的创新和应用进入了以大数据驱动为特征的智能化时代，数字技术与实体经济深度融合，产生了巨大的效率提升和价值创造效果，数字经济主要体现为各种新模式、新业态的出现和变革，数字经济的规模和贡献达到了前所未有的高度。

智能化阶段的数字技术主要包括大数据技术、云计算技术、人工智能技术等，它们在各个产业领域发挥了重要作用，促进了智能化转型和升级。例如，大数据技术通过提供海量的数据挖掘和分析能力，打破"信息孤岛"和"信息壁垒"，实现了数据的价值化和变现；云计算技术通过提供弹性的计算和存储资源，打破设备和平台的限制，实现了应用的云端化和分布式；人工智能技术通过提供智能的识别、理解、决策和执行等功能，打破人类和机器的隔阂，实现了人机协同和共生。

智能化阶段的数字经济主要体现为各种新模式、新业态的出现和变革，新模式、新业态包括共享经济、平台经济、物联网经济、区块链经济等，它们为消费者和企业提供了更多元、更高质量、更低碳的生产和消费方式。例如，共享经济为消费者提供了更便利的出行和住宿服务，为企业提供了更高效的资源利用和配置机制；平台经济为消费者提供了更丰富的内容和社交体验，为企业提供了更强大的用户聚合和价值创造能力；物联网经济为消费者提供了更智能的家居和健康管理，为企业提供了更精准的产品与服务的定制和优化；区块链经济为消费者提供了更安全的身份和资产保护，为企业提供了更透明的交易和监管环境。

智能化阶段的数字经济规模和贡献达到了前所未有的高度，主要原因是数字技术的创新和应用促进了各个产业领域的智能化转型和升级，数字经济形成了一个完备且强劲的产业链和生态系统。根据中国信息通信研究院《中国数字经济发展研究报告（2024年）》的统计数据，2023年，我国数字经济占GDP的比重达到42.8%，较2022年提升1.3个百分点，显示出数字经济对经济增长的拉动作用日益增强。同时，数字经济同比名义增长7.39%，高于同期GDP名义增速2.76个百分点，对GDP增长的贡献率达到66.45%，成为支撑经济稳增长的关键力量。

简言之，数字经济的发展历程是一个不断创新、演进和普及的过程，数字技术提高了信息获取、传递和利用的效率与效果，数据增加了信息的价值和变现的可能性，网络扩大了信息范围，加快了信息传播速度。数字经济不仅推动了信息产业的发展和壮大，也促进了其他传统产业的数字化转型和升级，催生了各种新模式、新业态的出现和变革。数字经济已经成为当今世界经济发展的重要引擎和动力，也是未来世界经济竞争的关键领域和方向。

二、数字经济的崛起和战略布局

（一）建设数字经济的总体要求

"十四五"时期，我国数字经济转向深化应用、规范发展、普惠共享的新阶段，作为一个拥有庞大市场和丰富资源的国家，我国数字经济发展具有巨大的潜力和优势。然而，在数字化转型的过程中，我国仍面临诸多挑战和问题，如数据安全风险、技术标准不统一、产业生态不完善等。为应对新形势、新挑战，把握数字化发展新机遇，拓展经济发展新空间，推动我国数字经济健康发展，本书结合《国务院关于印发"十四五"数字经济发展规划的通知》，提出建设数字经济的总体要求。

坚持创新引领、融合发展。坚持把创新作为引领发展的第一动力，突出科技自立自强的战略支撑作用，促进数字技术向经济社会和产业发展各领域广泛深入渗透，推进数字技术、应用场景和商业模式融合创新，形成以技术发展促进全要素生产率提升、以领域应用带动技术进步的发展格局。加强数字技术研发投入和人才培养，提升我国在关键核心技术领域的自主创新能力和国际竞争力。加快构建以数据为核心的创新体系，打造一批具有国际影响力的数字技术创新中心和平台。推动数字技术与实体经济深度融合，促进传统产业转型升级和新兴产业培育壮大。推动数字技术与社会治理、公共服务、民生改善等方面的有效对接，提高社会管理水平和公共服务效率。

坚持应用牵引、数据赋能。坚持以数字化发展为导向，充分发挥我国海量数据、广阔市场空间和丰富应用场景优势，充分释放数据要素价值，激活数据要素潜能，以数据流促进生产、分配、流通、消费各个环节高效贯通，推动数据技术产品、应用范式、商业模式和体制机制协同创新。建立健全数据开放共享制度和标准规范体系，推动政府部门、企事业单位、社会组织等各类数据资源有序流通和高效利用。加强数据治理能力建设，完善数据安全保障措施，保障数据合法合规使用。推动数据驱动的智能化变革，在工业制造、农业生产、城市管理、社会服务等重点领域实施一批示范项目，提升各行各业的智能化水平。

坚持公平竞争、安全有序。突出竞争政策的基础地位，坚持促进发展和监管规范并重，健全完善协同监管规则制度，强化反垄断和防止资本无序扩张，推动平台经济规范健康持续发展，建立健全适应数字经济发展的市场监管、宏观调控、政策法规体系，牢牢守住安全底线。加强数字经济领域的法治建设，完善数字经济相关的民事、行政、刑事等法律法规，保护数字经济主体的合法权益。加强数字经济领域的监管创新，探索适应数字技术发展特点的监管模式和手段，提高监管效能和公信力。加强数字经济领域的安全保障，建立健全数据安全、网络安全、信息安全等方面的风险防控机制，提升应对各类安全威胁和挑战的能力。

坚持系统推进、协同高效。充分发挥市场在资源配置中的决定性作用，构建经济社会各主体多元参与、协同联动的数字经济发展新机制。结合我国产业结构和资源禀赋，发挥比较优势，系统谋划、务实推进，更好发挥政府在数字经济发展中的作用。加强顶层设计和统筹协调，形成中央统一领导、部门分工负责、地方各司其职的工作格局。加强政策支持和激励引导，营造有利于数字经济创新发展的良好环境。加强基础设施和公共服务建设，提供有力的物质保障和条件支撑。加强国际合作和交流，积极参与国际规则和标准制定，推动构建开放包容、合作共赢的数字世界。

建设数字经济的总体要求，体现了我国数字化发展的战略思维和行动指南，是指导我国数字经济高质量发展的重要依据。为了实现建设数字经济的总体要求，要深入学习贯彻习近平总书记关于数字经济的重要论述，坚持以人民为中心，坚持以问题为导向，坚持以改革创新为动力，坚持以协调发展为保障，全面落实建设数字经济的总体要求，推动我国数字经济走在新时代前列。加强数字经济的理论研究和实践探索，不断提高对数字经济规律和特征的认识，为数字经济发展提供科学指导和理论支撑。加强数字经济的统计监测和评估分析，建立健全数字经济核算体系和评价指标体系，及时反映数字经济发展的质量和效益，为数字经济决策提供数据依据和参考信息。加强数字经济的宣传推广和社会动员，充分发挥媒体、社会组织、专家学者等各方面的积极作用，营造有利于数字经济创新发展的良好氛围，增强全社会对数字经济的认同感和参与度。

（二）建设数字经济的指导思想

党中央高度重视数字经济的发展，将数字经济作为国家战略谋划和推进。习近平总书记在多个重要场合强调数字经济的重要性和紧迫性，并提出一系列重要指示和要求。国家"十四五"规划专篇部署"加快数字化发展 建设数字中国"。党中央、国务院出台一系列政策措施，加强顶层设计，推动数字经济高质量发展。建设数字经济是应对国际形势变化、实现高质量发展、建设现代化强国、实现中华民族伟大复兴的必然选择。必须抓住机遇，迎接挑战，坚持创新驱动发展战略，加快建设数字中国，为全面建设社会主义现代化国家做出新的贡献。建设数字经济的指导思想，是指导我国数字经济高质量发展的根本遵循和行动指南。本书结合《国务院关于印发"十四五"数字经济发展规划的通知》，提出建设数字经济的指导思想。

第一，以习近平新时代中国特色社会主义思想为指导。习近平新时代中国特色社会主义思想是党和国家事业发展的行动纲领，是当代中国的马克思主义、21 世纪的马克思主义，是全党全国人民为实现中华民族伟大复兴而奋斗的行动指南。深入学习贯彻习近平总书记关于数字经济的重要论述，坚持以人民为中心，坚持以问题为导向，坚持以改革创新为动力，坚持以协调发展为保障，全面落实党中央关于数字化发展的决策部署，推动我国数字经济走在新时代前列。习近平新时代中国特色社会主义思想是对马克思主义关于社会发展规律的继承和创新，是对中国特色社会主义理论体系的丰富和发展，是对中国特色社会主义实践经验的总结和提炼，是对中国特色社会主义事业前进方向和道路的明确和指引。坚持以习近平新时代中国特色社会主义思想为指导，把握数字化发展的历史方位、时代特征、规律机制、战略目标、任务要求，不断开创数字经济发展新局面。

第二，全面贯彻党的十九大和十九届历次全会精神。党的十九大和十九届历次全会是我国进入新时代的重大历史事件，对我国社会主义现代化建设做出了战略部署和顶层设计。紧紧围绕"两个一百年"奋斗目标和中华民族伟大复兴的中国梦，立足新发展阶段，完整、准确、全面贯彻新发展理念，构建新发展格局，推动高质量发展，统筹发展和安全、统筹国内和国际，在实现第一个百年奋斗目标的基础上，开启全面建设社会主义现代化国家新征程。党的十九大和十九届历次全会为我国数字经济发展提供了根本遵循和行动指南，为我国数字经济发展描绘了宏伟蓝图和美好愿景。全面贯彻党的十九大和十九届历次全会精神，把握数字化发展的战略机遇、重大任务、重点领域、重要举措，不断推进数字经济与实现第二个百年奋斗目标相互促进、相得益彰。

第三，以数据为关键要素。数据是数字经济的核心资源和价值载体，是提高生产效率和社会福祉的最具时代特征的生产要素。坚持数据开放共享原则，加快数据资源整合集聚和流通利用，激活数据资源潜能，释放数据资源价值，打造数据驱动型创新体系和发展模式。数据是数字经济的生命线和动力源，是数字经济发展的基础和前提。坚持数据的战略地位，加强数据的战略规划，提高数据的战略能力，实现数据的战略利用。坚持数据的安全性、合法性、有效性、质量性，加强数据的安全保护、合规管理、效能提升、质量提升，实现数据的安全发展、合规发展、效益发展、质量发展。

第四，以数字技术与实体经济深度融合为主线。数字技术与实体经济深度融合是推动我国产业结构优化升级、增强国际竞争力的必由之路。加快促进云计算、大数据、人工智能、物联网、区块链等数字技术与制造业、农业、服务业等实体经济的深度融合，推动数字产业化和产业数字化赋能传统产业转型升级，培育新产业、新业态、新模式，提高全要素生产率和经济社会发展质量。数字技术与实体经济深度融合是数字经济发展的核心内容和主要方向，是数字经济发展的内在要求和外在表现。坚持数字技术与实体经济深度融合的战略选择，加强数字技术与实体经济深度融合的顶层设计，推动数字技术与实体经济深度融合的创新驱动，促进数字技术与实体经济深度融合的协同发展。

第五，加强数字基础设施建设。数字基础设施是数字经济发展的重要支撑，是提升国家数字化能力的重要手段。加快建设信息网络基础设施，推动云网协同和算网融合发展，有序推进基础设施智能升级，扩大网络覆盖范围，提高接入速率、服务质量和安全保障水平，为数字经济发展提供坚实的物质基础。数字基础设施是数字经济发展的先决条件和基本保障，是数字经济发展的物质载体和技术平台。坚持以需求为导向，以创新为引领，以效益为目标，以安全为前提，加强数字基础设施建设的战略布局，完善数字基础设施建设的政策支持，优化数字基础设施建设的投资结构，提升数字基础设施建设的运营水平。

第六，完善数字经济治理体系。数字经济治理体系是规范数字经济发展的重要保障，是维护数字经济秩序的重要手段。坚持以人民为中心的发展思想，坚持公平竞争、安全有序的原则，健全完善协同监管规则制度，强化反垄断和防止资本无序扩张，推动平台经济规范健康持续发展，建立健全适应数字经济发展的市场监管、宏观调控、政策法规体系，保障数据安全、网络安全和个人信息安全，维护国家安全和社会公共利益。数字经济治理体系是数字经济发展的软实力和核心竞争力，是数字经济发展的规则制定和秩序维护。坚持以法治为基础，以公平为原则，以效率为目标，以安全为底线，完善数字经济治理体系的法律法规、标准规范、监管机制、评价体系，形成有利于数字经济创新发展的良好环境，构建符合数字经济特征的现代化治理体系。

建设数字经济的指导思想，体现了我国数字化发展的战略思维和行动指南，是指导我国数字经济高质量发展的重要依据。推动我国数字经济走在新时代前列，是党和国家的战略目标，是全面建设社会主义现代化国家的重要内容，是实现中华民族伟大复兴的必然要求。坚定信心，增强责任感，抓住机遇，迎接挑战，勇于创新，敢于实践，不断提升我国数字经济的发展水平和国际地位。坚持以习近平新时代中国特色社会主义思想为指导，全面贯彻党的十九大和十九届历次全会精神，以数据为关键要素，以数字技术与实体经济深度融合为主线，加强数字基础设施建设，完善数字经济治理体系，建设数字经济的指导思想，推动我国数字经济走在新时代前列。

（三）建设数字经济的发展目标

建设数字经济的发展目标，是指导我国数字经济高质量发展的具体目标和行动指南。到 2025 年，我国数字经济规模和质量、数字技术创新能力和水平、数字基础设施覆盖面和服务水平、数据资源开放共享和流通利用水平、数字产业化和产业数字化水平、数字治理能力和水平，以及数字安全保障能力和水平均显著提升。

一是数据要素市场体系初步建立。数据要素市场体系是数字经济发展的重要基础，是实现数据资源有效配置和优化利用的重要途径。

数据资源体系基本建成，利用数据资源推动研发、生产、流通、服务、消费全价值链协同。数据要素市场化建设成效显现，数据确权、定价、交易有序开展，探索建立与数据要素价值和贡献相适应的收入分配机制，激发市场主体创新活力。坚持以市场为导向，以法治为保障，以创新为动力，以安全为前提，构建符合国情、适应市场需求、有利于创新发展的数据要素市场体系。加快推进数据资源的统一登记、分类分级、标准规范、开放共享，形成高质量的数据资源池，提高数据资源的可获取性、可流通性、可利用性。完善数据确权制度，明确数据权属主体、权利范围、权利内容，保护数据权属人的合法权益。建立健全数据定价机制，探索多种形式的数据价值评估方法，反映数据资源的稀缺性、时效性、关联性等特征。规范有序发展数据交易市场，加强对数据交易平台的监管和服务，促进数据交易的公开透明、诚信合规、安全高效。探索与数据要素价值和贡献相适应的收入分配机制，合理确定数据权属人与其他参与方之间的收益分配比例，激励各方共同参与数据生产、流通、消费和创新。

二是产业数字化转型迈上新台阶。产业数字化转型是数字技术与实体经济深度融合的重要表现，是提升产业竞争力和社会福祉的重要手段。农业数字化转型快速推进，制造业数字化、网络化、智能化更加深入，生产性服务业融合发展加速普及，生活性服务业多元化拓展显著加快，产业数字化转型的支撑服务体系基本完备，在数字化转型过程中促进绿色发展。坚持以需求为导向，以创新为引领，以效益为目标，以安全为前提，推动各行各业实现数字化转型升级。加快促进农业数字化转型，利用物联网、大数据、人工智能等技术提升农业生产效率和品质，打造智慧农田、智慧渔场、智慧畜牧场等新模式，构建农业全产业链数字化服务平台。加快推进制造业数字化转型，利用工业互联网平台整合各类生产资源和信息流程，实现产品设计、生产管理、质量控制等环节的智能优化，打造智能工厂、智能车间、智能设备等新形态，构建制造业全价值链数字化服务平台。加快推进生产性服务业数字化转型，利用云计算、区块链、人工智能等技术提升服务效率和质量，打造智慧物流、智慧金融、智慧商贸等新业态，构建生产性服务业全流程数字化服务平台。加快推进生活性服务业数字化转型，利用移动互联网、电子商务、在线教育等技术提升服务便捷性和多样性，打造网上购物、网上娱乐、网上学习等新模式，构建生活性服务业数字化服务平台。加快培育产业数字化转型的支撑服务体系，提供数字技术咨询、培训、评估、认证等专业服务，解决企业数字化转型中的痛点和难点问题。在推进产业数字化转型的过程中，坚持绿色发展理念，利用数字技术提高资源利用效率，减少环境污染排放，实现经济社会发展与生态环境保护的协调统一。

三是数字产业化水平显著提升。数字产业化是数字技术与实体经济深度融合的重要结果，是提升国家创新能力和国际竞争力的重要途径。数字技术自主创新能力显著提升，数字化产品和服务供给质量大幅提高，产业核心竞争力明显增强，在部分领域形成全球领先优势。新产业、新业态、新模式持续涌现，广泛普及，对实体经济提质增效的带动作用显著增强。坚持以市场为导向，以创新为引领，以效益为目标，以安全为前提，推动数字产业健康发展。加强关键核心技术自主创新，突破云计算、大数据、人工智能、物联网、区块链等领域的核心技术和关键装备，形成一批具有自主知识产权和国际竞争力的原创成果。提高数字化产品和服务的供给质量，满足不同行业、不同层次、不同群体的多样化需求，打造一批具有国际影响力的品牌和标杆。增强数字产业的核心竞争力，在部分领域形成全球领先优势，在国际市场占有更大份额，在国际规则制定中发挥更大作用。培育新产业、新业态、新模式，推动平台经济、共享经济、协同经济等创新发展，打造一批具有国际影响力的独角兽企业和瞪羚企业。发挥数字产业对实体经济的带动作用，推动数字技术与传统产业深度融合，促进传统产业转型升级，催生新兴产业并不断发展壮大。

四是数字化公共服务更加普惠均等。数字化公共服务是数字经济发展的重要内容，是提升国民生活水平和社会文明程度的重要手段。坚持以人民为中心，以需求为导向，以效率为目标，以安全为前提，推动数字化公共服务全面覆盖、高效便捷、普惠均等。加快建设数字基础设施，扩大网络覆盖范围，提高接入速率、服务质量和安全保障水平，为数字化公共服务提供坚实的物质基础。优化数字营商环境，简化审批流程，降低办事成本，提高办事效率，为企业和群众提供更多的便利和优惠。提升电子政务服务水平，推进政务数据整合共享，实现政务信息互联互通，提供"一网通办""一次性告知""最多跑一次"等便民服务。完善利企便民服务体系，推进公私合作模式，在教育、医疗、养老、文化、体育等领域提供多样的网络化、数字化、智慧化的公共产品和服务。加速弥合数字鸿沟，加大对农村和边远地区的网络建设与信息普及力度，在教育、医疗、就业等方面提供更多的数字化机会和资源，促进城乡区域协调发展。

五是数字经济治理体系更加完善。数字经济治理体系是规范数字经济发展的重要保障，是维护数字经济秩序的重要手段。协调统一的数字经济治理框架和规则体系基本建立，跨部门、跨地区的协同监管机制基本健全。政府数字化监管能力显著增强，行业和市场监管水平大幅提升。政府主导、多元参与、法治保障的数字经济治理格局基本形成，治理水平明显提升。与数字经济发展相适应的法律法规制度体系、数字经济安全体系进一步完善。坚持以法治为基础，以公平为原则，以效率为目标，以安全为底线，建立健全适应数字经济发展的治理体系。构建协调统一的数字经济治理框架，明确各级各部门的职责分工和协作机制，形成上下贯通、左右联动的工作格局。建立跨部门、跨地区的协同监管机制，加强信息共享和沟通协调，解决监管重叠和监管空白等问题，提高监管效能和公信力。提升政府数字化监管能力，利用大数据、云计算、人工智能等技术手段，实现对数字经济领域的动态监测、实时分析、精准干预、及时处置。提高行业和市场监管水平，加强对平台企业、数据交易、网络安全等方面的规范管理，防范化解各类风险隐患，维护公平竞争和消费者权益。形成政府主导、多元参与、法治保障的数字经济治理格局，充分发挥政府部门、企事业单位、社会组织、专家学者等各方面的积极作用，构建有利于数字经济创新发展的良好环境。完善与数字经济发展相适应的法律法规制度体系，及时修订和出台涉及数据安全、网络安全、个人信息保护等方面的法律法规，保护数字经济主体的合法权益。强化数字经济安全体系，建立健全数据安全、网络安全、信息安全等方面的风险防控机制，提升各主体应对各类安全威胁和挑战的能力。

到 2035 年，我国数字经济规模和质量、数字技术创新能力和水平、数字基础设施覆盖面和服务水平、数据资源开放共享和流通利用水平、数字产业化和产业数字化水平、数字治理能力和水平，以及数字安全保障能力和水平均进一步提高。建设数字经济的发展目标，体现了我国数字化发展的战略思维和行动指南，是指导我国数字经济高质量发展的重要依据。

三、构筑中国式现代化新引擎的关键任务

（一）加强关键核心技术攻关

关键核心技术是国之重器，是推动我国经济高质量发展、保障国家安全、提升国际竞争力的重要基础。加强关键核心技术攻关，是实施创新驱动发展战略的重要内容，是建设数字经济的重点领域和关键任务之一。习近平总书记在两院院士大会中国科协第十次全国代表大会上指出，"坚持把科技自立自强作为国家发展的战略支撑"，"加快

建设科技强国,实现高水平科技自立自强"。①加强关键核心技术攻关,是建设数字经济的重要任务,也是实现国家战略目标的必然要求。深入学习贯彻习近平总书记关于数字经济的重要论述,坚持自主创新、协同创新、开放创新相结合,加快突破关键核心技术,为我国数字经济高质量发展提供有力的科技支撑。

加大基础研究和应用基础研究投入力度,提升原创能力。基础研究是科技创新的源头活水,是关键核心技术的根本支撑。坚持问题导向和目标导向相结合,加强基础理论和前沿探索,取得一批具有原创性、战略性、引领性的基础研究成果。同时,加强应用基础研究,推动基础研究与应用需求的对接,加速基础研究成果向应用转化,为产业创新提供源源不断的科技供给。湖北省十堰市依据新型智慧城市顶层设计,坚持"急用先学、急用先建"原则,为衔接"智慧十堰"夯实数字底座"1云、1心、1大脑"的建设任务,十堰市郧阳区行政审批局在数字化服务体系和以数字化改革助力政府职能转变方面持续发力,以大数据中台为切入点,构建一站式惠民惠企、产业促进政策发布平台,围绕市场监管、社会治理、政务服务、民生幸福等领域,建设城市运行监管分析平台,实现区域内资源聚合、数据聚合、支撑能力聚合、大数据应用建设以及运行管理体系搭建的建设目标。

加强关键核心技术攻关项目组织和管理,提升协同能力。关键核心技术攻关往往需要跨学科、跨领域、跨机构的协同合作,需要形成高效的组织和管理机制。充分发挥市场在资源配置中的决定性作用,激励企业主动参与关键核心技术攻关,形成以企业为主体、市场为导向、产学研用深度融合的创新体系。同时,充分发挥政府在数字经济发展中的作用,加强顶层设计和政策引导,建立健全适应数字经济发展的法规制度和标准体系,为关键核心技术攻关提供有力的制度保障。

---

① 习近平:《加快建设科技强国 实现高水平科技自立自强》,《求是》,2022年4月30日。

四川省自贡市创新运用数字化手段，自主研发数字化社会心理服务平台"智悦盐都"，持续延伸心理服务网络触角，通过重构全面"预防体系"，创新分类"筛查机制"，打造精准"分级预警"，建立协同"处置模式"，全方位筑牢人民群众心理防线，形成"前端普遍服务、中端监测预警、末端精准干预"的社会心理健康全程服务链（见图 8.1）。

图 8.1　社会心理健康全程服务链

加强国际科技交流与合作，提升开放能力。关键核心技术攻关不是封闭的自我循环，而是开放的互利共赢。积极参与全球科技治理和规则制定，推动构建人类命运共同体。坚持对外开放的基本国策，积极拓展国际科技合作渠道和平台，引进、消化吸收国外先进技术，促进我国关键核心技术的创新发展。同时，加强知识产权保护和利用，维护我国关键核心技术的合法权益，防止技术外流和被动转让。

（二）加快新型基础设施建设

新型基础设施是以数据资源为关键要素，以现代信息网络为主要载体，以信息通信技术融合应用、全要素数字化转型为重要推动力，促进公平与效率更加统一的新经济形态。新型基础设施是继农业经济、工业经济之后的主要经济形态，是数字时代国家综合实力的重要体现，是构建现代化经济体系的重要引擎。新型基础设施发展速度之快、辐射范围之广、影响程度之深前所未有，正在推动生产方式、生活方式和治理方式深刻变革，成为重组全球要素资源、重塑全球经济结构、改变全球竞争格局的关键力量。

加大投入力度，提升建设规模。新型基础设施建设需要巨额的资金投入，这既是挑战，也是机遇。充分发挥市场在资源配置中的决定性作用，激励社会资本积极参与新型基础设施建设，形成多元化的投融资机制。同时，充分发挥政府在数字经济发展中的作用，加强财政支持和政策引导，优化财政支出结构和投资方向，提高投资效益和回报率。福建省柘荣县智慧城市（二期）项目，依托柘荣县智慧城市（一期）建设成果和柘荣县现有的信息化基础设施资源，实施云计算、大数据、物联网、移动互联网等信息化技术建设，构建具有高度共享、共性支撑、业务协同的城市大脑。柘荣县"一网统管"平台建设以智能化技术实现联勤联动、全面协同、上下贯通指挥高度统一，城市治理事件全时感知、全域覆盖、事件高效处置线上流转、统一网格全面基础管理，推动了柘荣县城市运行从经验治理到科学治理的数字化转型升级。

加强技术创新，提升建设质量。新型基础设施建设不仅需要数量上的扩张,更需要质量上的提升。坚持以技术创新为驱动力,加强关键核心技术的研发和突破,提高自主创新能力和水平。我国智慧港口的实践与规模化建设已经具备加速建设的基础,以新一代人工智能与自动驾驶技术为代表的前沿科技,为港口"数智化"升级提供必要的技术条件。主线科技作为领先的人工智能专精特新与国家高新技术企业,全栈自研了 AiTrucker L4 级自动驾驶系统,该系统专为实现卡车自动驾驶研发设计,在硬件层配备分布式车规级多传感器系统和自主研发的"车端大脑"——Trunk ICC 中央计算平台,为实现单车智能驾驶提供强大支持,同时结合主线领先的原创智能感知算法、智能定位算法和智能规控算法,能够实现高级别自动驾驶功能,包括低速封闭场景下的混行完全无人驾驶和高速场景下的领航辅助驾驶功能。加强应用推广,提升建设效益。新型基础设施建设的最终目的是为经济社会发展提供更好的服务。坚持以需求为导向,加强新型基础设施与产业、社会、民生等领域的深度融合,推动新型基础设施的广泛应用和普惠化。加强新型基础设施的标准化、规范化、互联互通,促进数据资源的开放共享和流通利用,激发数据要素的价值和活力。加强新型基础设施的数字治理和安全保障,防范化解各种风险和挑战,保障新型基础设施的安全可靠运行。在智慧城市建设方面,我国已经在一些城市实现了新型基础设施的有效应用和示范。天府新区数字城市项目依托云从科技的从容大模型,从数字孪生底座、智慧城市规划、智慧政务、智慧防汛等方面着手建设、打造智慧化管理数字孪生系统,建设与现实城市一一映照的虚拟孪生城市,在数字化的空间平台中彻底打破"数据孤岛",实现城市要素间更深层次的互联互通,有效赋能各类创新应用场景的智慧化,从多维度推动城市的协同包容发展。

　　加快新型基础设施建设,是实施创新驱动发展战略的重要内容,是建设数字经济的重点领域和关键任务之一。

（三）充分激活数据要素价值

数据是数字经济的核心资源和价值载体，是提高生产效率和社会福祉的最具时代特征的生产要素。充分激活数据要素价值，是实施创新驱动发展战略的重要内容，是建设数字经济的重点领域和关键任务之一。

加快数据资源整合集聚，提升数据质量和规模。数据资源整合集聚是提高数据价值的前提条件，是实现数据流通利用的基础环节。坚持以需求为导向，加强数据资源的收集、存储、清洗、融合、标准化等工作，构建统一的数据资源目录和元数据管理系统，形成全面、准确、及时、完整的数据资源库。加强跨部门、跨行业、跨地区的数据资源共建共享，打破"数据孤岛"和"数据壁垒"，实现数据资源的有序流动和高效利用。

加快数据资源开放共享，提升数据效率和效益。数据资源开放共享是释放数据价值的关键途径，是促进数字经济发展的重要动力。坚持以安全为前提，以法治为保障，以市场为导向，以公益为原则，加快推进政府部门和公共机构的公共数据资源开放共享，满足社会各界对公共服务和公共决策的需求。中锦科技智慧园区智能辅助决策平台（见图 8.2）综合运用物联网、大数据、人工智能、数据编织、数据挖掘等先进技术，实现智慧园区建设和运维全过程海量异构数据的融合、存储、挖掘和分析；着眼企业园区的全局规划，以及运营管理、综合治理、企业服务等业务需求，研制建设智能化中台底座、一体化综合管理、可视化运营看板，促进园区内技术融合、资源共享、业务协同以及实时状态反馈。采用智能化手段重新定义园区，全方位提升园区的安全性、体验感、成本和效率；重塑园区管理和运营模式，驱动行政管理的变革；重构园区业务部署模式和商业模式，加速业务能力的扩展和复制；实现从园区业务入手，开启并推动企业、组织和社会智慧化转型。

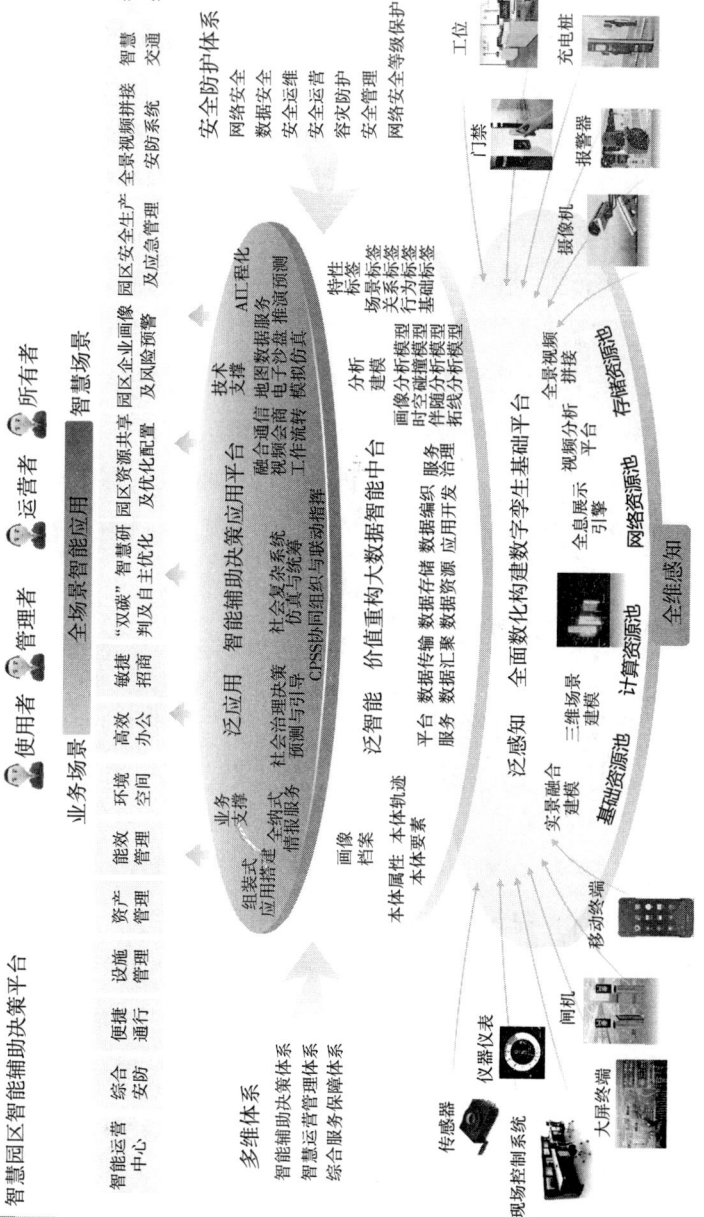

图 8.2 中锦科技智慧园区智能辅助决策平台

注：CPSS 为信息物理社会系统。

第八章 经济增长新动能：数字经济

加快数据资源流通利用，提升数据创新和价值。数据资源流通利用是实现数据价值的核心环节，是推动数字经济创新发展的重要手段。坚持以应用为目标，加强数据资源的分析、挖掘、加工、优化等工作，提高数据资源的质量和价值。加强数据资源的融合应用，推动数据资源与人工智能、物联网、区块链等新一代信息技术的深度融合，形成数据驱动型创新体系和发展模式。加强数据资源的创新应用，推动数据资源在各行业、各领域、各层面的广泛应用，培育新产业、新业态、新模式。在智慧农业领域，我国通过建立全国农业大数据中心，实现了农业生产、流通、消费等各环节的数据资源流通利用，为农业生产管理、市场监管、食品安全等提供了科学的数据支撑。同时，我国还通过推动农业大数据与云计算、物联网、人工智能等技术的创新融合，实现了农业生产的精准化、智能化、绿色化，为提高农业效率和效益、保障国家粮食安全提供了有力的技术支撑。

（四）深入推进产业数字化转型

产业数字化转型是指利用数字技术和平台，对产业的生产、流通、消费等各个环节进行创新和优化，提升产业的效率、质量、竞争力和可持续性。深入推进产业数字化转型，是实施创新驱动发展战略的重要内容，是建设数字经济的重点领域和关键任务之一。

加强数字技术的研发和应用，提升产业的智能化水平。数字技术是产业数字化转型的核心驱动力，是提高产业创新能力和竞争力的关键因素。加强对云计算、大数据、人工智能、物联网、区块链等新一代信息技术的研发和应用，推动这些技术与各行各业的深度融合，打造智能化的产品、服务、流程和模式。在工业领域中，新型建筑工业化产业运营平台（见图8.3）以支撑建筑产业设计、生产、施工、运维全周期各阶段信息化应用，助力相关企业进行科学化决策、精细化管理、协同化

图 8.3 新型建筑工业化产业运营平台

作业为目的。面向全产业链建筑企业，以用户为核心，以 BIM 为基础，结合物联网、GIS、大数据、云计算、人工智能等新兴技术，打造一个高效网络协同治理的产业数据应用管理平台。为建筑产业企业运营提供数字应用平台，助力建筑企业的数字化转型。

加强数据资源的整合和开放，提升产业的协同化水平。数据资源是产业数字化转型的核心资源和价值载体，是提高产业效率和效益的重要因素。加强对数据资源的收集、存储、清洗、融合、标准化等工作，构建统一的数据资源目录和元数据管理系统，形成全面、准确、及时、完整的数据资源库。上海市土壤污染防治"一网统管"平台以《中华人民共和国土壤污染防治法》为根本遵循，站位全市"一盘棋"，在市领导的统筹和推动下，由市生态环境局牵头，联合规划资源、农业农村、绿化市容等多个部门，构筑起上海市土壤污染防治的统一战线。该平台打造了全市土壤感知一张网、业务协同一体系、监管要素一张图三大数字化能力，并依托上海市"一网通办"和"一网统管"两网融合，实现了土壤监测、调查、风险评估、修复监管、安全利用、问题处置的全过程、跨部门、精细化监管，开创了全国首个土壤环境治理新模式（见图 8.4）。

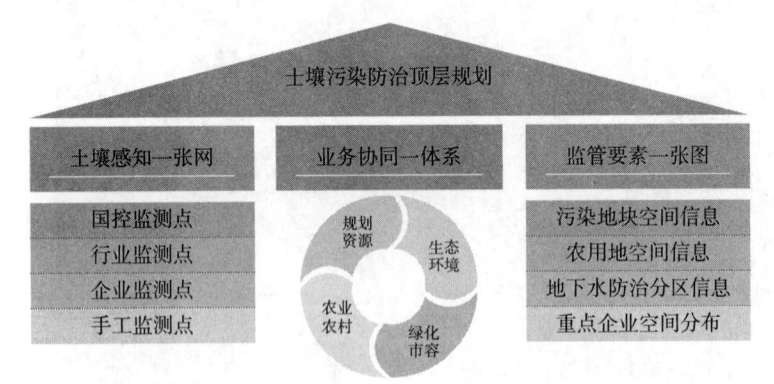

图 8.4 上海市土壤污染防治"一网统管"平台整体规划

加强数字平台的构建和运营，提升产业的生态化水平。数字平台是产业数字化转型的核心载体和价值创造器，是提高产业协同性和竞争力的重要因素。加强对数字平台的设计和开发，打造具有开放性、互联性、智能性的数字平台，为产业链上下游的各方参与者提供高效、便捷、优质的服务。加强对数字平台的运营和管理，打造具有活力、创新、包容的数字平台，为产业链上下游的各方参与者提供公平、合理、有利的机制。在零售业领域，我国通过加强电商平台的构建和运营，实现了线上线下的无缝对接，提高了零售效率，改善了用户体验。阿里巴巴集团利用自主研发的淘宝、天猫等电商平台，实现了消费者与商家之间的直接交易；京东集团利用自主研发的京东商城、京东到家等电商平台，实现了消费者与商家之间的快速配送。

深入推进产业数字化转型，是建设数字经济的重要任务，也是实现国家战略目标的必然要求。深入学习贯彻习近平总书记关于数字经济的重要论述，坚持以人民为中心，坚持以问题为导向，坚持以改革创新为动力，坚持以协调发展为保障，全面落实深入推进产业数字化转型的各项措施，推动我国产业走在新时代前列。

（五）大力推动数字产业创新发展

数字产业是指以数字技术为核心、以数据资源为基础、以数字平台为载体、以数字服务为内容、以数字生态为目标的产业。大力推动数字产业创新发展，是实施创新驱动发展战略的重要内容，是建设数字经济的重点领域和关键任务之一。

加强对数字技术的研究和突破，提升数字产业的核心竞争力。数字技术是数字产业的根本支撑，是提高数字产业创新能力和竞争力的关键因素。加强对云计算、大数据、人工智能、物联网、区块链等新一代信息技术的研究和突破，推动这些技术在各领域的广泛应用和深度融合，打造具有国际领先水平的数字技术体系。加强对 5G、卫星导航、量子通信等新型基础设施的建设和运营，为数字产业创新发展提供高速、稳定、安全的网络支撑。在人工智能领域，财联社把握大模型的时代机遇，构建了基于大语言模型的语料库，为后续的大语言模型应用打下坚实的基础，实现了内容的高效创作，大幅提升了生产效率和质量，为大模型普及时代的来临做好准备。财联社大语言模型语料库以界面财联社的原创金融资讯为基础，叠加可信来源采集数据及清洗、审核后的第三方采购数据，汇聚成金融资讯的专业语料库，之后利用自然语言处理技术和机器学习算法，将文本转化为高维向量表示，并建立高效的向量数据库，使大模型可以通过向量数据库快速检索和获取相关金融资讯知识（见图 8.5）。

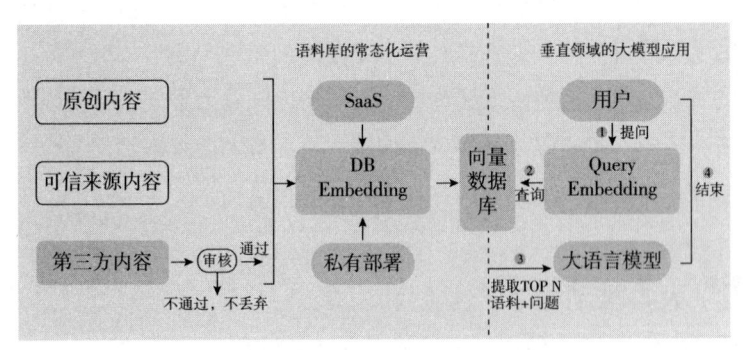

图 8.5　界面财联社大语言模型语料库

加强对数据资源的开发和利用，提升数字产业的数据驱动力。数据资源是数字产业的核心资源和价值载体，是提高数字产业效率和效益的重要因素。加强对数据资源的收集、存储、清洗、融合、标准化等工作，构建统一的数据资源目录和元数据管理系统，形成全面、准确、及时、完整的数据资源库。加强跨部门、跨行业、跨地区数据资源的共建共享，打破"数据孤岛"和"数据壁垒"，实现数据资源的有序流动和高效利用。在电商领域，我国通过加强对电商平台数据资源的开发和利用，实现了线上线下的无缝对接，提高了零售效率和用户体验。阿里巴巴集团利用自主研发的阿里云，实现了消费者与商家之间的直接交易；京东集团利用自主研发的京东云，实现了消费者与商家之间的快速配送。

加强数字平台的构建和运营，提升数字产业的平台化水平。数字平台是数字产业的核心载体和价值创造器，是提高数字产业协同性和竞争力的重要因素。加强对数字平台的设计和开发，打造具有开放性、互联性、智能性的数字平台，为数字产业链上下游的各方参与者提供高效、便捷、优质的服务。加强对数字平台的运营和管理，打造具有活力、创新精神、包容性的数字平台，为数字产业链上下游的各方参与者提供公平、合理、有利的机制。在教育领域，浪潮软件通过大数据技术，实现了教育资源的高效整合、实时分析与智能应用，致力于为广大师生、教育管理者和相关利益方提供全面、精准和便捷的优质服务。通过"聚一通一用"三步走策略，摸清数据家底，建设数据资源目录，形成数据标准，实现对学生、教师、学校资产及办学条件三大类教育基础数据的"伴随式收集"，为省、市、县（市、区）、校四级基础数据的使用奠定了基础。既为地市、区县、学校提供基础数据服务，又为全省教育管理、教育决策、监测评估及公共服务提供基础性的、共性的信息技术支撑。深入挖掘数据价值，最终实现横向互通、纵向互联。

大力推动数字产业创新发展，是建设数字经济的重要任务，也是实现国家战略目标的必然要求。

（六）推动平台经济规范健康持续发展

平台经济是一种基于数字技术，由数据驱动、平台支撑、网络协同的经济活动单元所构成的新经济系统，是基于数字平台的各种经济关系的总称。平台经济具有规模效应、网络效应、数据效应等特点，能够有效降低交易成本，提高资源配置效率，促进创新创业，对推动经济社会发展具有重要意义。近年来，我国平台经济发展迅速，在电子商务、共享经济、在线教育、互联网医疗等领域取得了显著成绩，为疫情防控和促进经济恢复提供了有力支撑。

然而，平台经济的发展也面临着一些问题和挑战，如平台垄断和不正当竞争、数据安全和隐私保护、消费者和劳动者权益保障等。这些问题不仅影响了平台经济的健康发展，也损害了市场秩序和社会公平。为此，国家出台了一系列政策文件和监管措施，旨在促进平台经济规范健康持续发展，构建良好的市场环境和法治环境。以下从四个方面对这些政策文件与监管措施进行梳理和分析。

一是完善治理规则和制度规范。为了规范平台经济领域的反垄断和反不正当竞争行为，国家修订了《反垄断法》，制定出台了《国务院反垄断委员会关于平台经济领域的反垄断指南》《网络反不正当竞争暂行规定》等文件，明确了平台企业的市场主体地位、市场支配地位的认定标准、禁止的垄断协议和滥用市场支配地位行为等内容，并加大了执法力度。例如，针对阿里巴巴集团实施"二选一"等排他性协议的行为，国家市场监管总局依法对其处以182.28亿元罚款；针对腾讯音乐娱乐集团滥用市场支配地位，通过独家版权协议限制竞争的行为，国家市场监管总局依法对其处以5亿元罚款。

为了保护数据安全和个人信息，国家制定出台了《数据安全法》《个人信息保护法》等法律，并细化了平台企业数据处理规则。《个人信息保护法》规定了收集、处理个人信息的合法、正当、必要原则，以及个人信息主体的知情同意权、访问更正权、删除权等；《关于加强互联网信息服务算法综合治理的指导意见》要求平台企业在严格保护算法等商业秘密的前提下，提升算法透明度与可解释性，促进算法公平。

为了建立有序开放的平台生态，国家鼓励平台企业间合作，构建兼容开放的生态圈,并制定出台了相关规则。《国务院办公厅关于促进平台经济规范健康发展的指导意见》提出,要推动制定云平台间系统迁移和互联互通标准,加快业务和数据互联互通;《国家发展改革委等部门关于推动平台经济规范健康持续发展的若干意见》提出,要支持平台企业推动数字化产品与服务"走出去",增强国际化发展能力,提升国际竞争力。

二是提升监管能力和水平。为了适应平台经济的高度综合性、技术性、动态性,国家不断改进、提高监管技术和手段,建立违法线索线上发现、流转、调查处理等非接触式监管机制,提升监测预警、线上执法、信息公示等监管能力。市场监管总局建立了互联网平台反垄断专项执法机制,运用大数据分析等手段,对平台经济领域的市场集中度、市场支配地位、垄断协议、滥用市场支配地位等情况进行实时监测;工业和信息化部建立了网络安全等级保护制度,探索开展数据安全风险态势监测通报,建立应急处置机制。

为了实现事前、事中、事后全链条监管,国家强化部门协同,坚持"线上线下一体化监管"原则,负有监管职能的各行业主管部门在负责线下监管的同时,承担相应的线上监管职责,实现审批、主管与监管权责统一。人力资源和社会保障部等八部门联合发布的《关于维护新就业形态劳动者劳动保障权益的指导意见》,明确了网约配送员、网约车驾驶员等新就业形态劳动者与平台企业、用工合作企业之间的劳动关系认定标准,合理确定企业与劳动者的权利义务;2024年3月,商务部等九部门联合印发《关于推动农村电商高质量发展的实施意见》,引导农村电商实现数字化转型升级,助力农民收入和农村消费双提升。

三是优化发展环境。为了降低平台经济参与者的经营成本,国家持续推进平台经济相关市场主体登记注册便利化、规范化,支持省级人民政府按照相关要求,统筹开展住所与经营场所分离登记试点。同时,国家进一步清理和规范各地于法无据、擅自扩权的平台经济准入等规章制度，完善互联网市场准入禁止许可目录。《国务院办公厅关于促进平台经济规范健康发展的指导意见》提出，要简化互联网企业设立登记程序，在符合法律法规要求的前提下，允许互联网企业以住所或者其他固定场所作为登记地址；《国家发展改革委等部门关于推动平台经济规范健康持续发展的若干意见》提出，要引导平台企业合理确定支付结算、平台佣金等服务费用，给予优质小微商户一定的流量扶持。

为了激发平台企业的创新活力和竞争力，国家支持平台企业加强自主创新，提高核心技术和关键能力，培育具有国际影响力的数字平台品牌。同时，国家支持平台企业加强合作创新，建立开放包容的创新生态，促进数字技术、数据资源、创新成果等的共享共赢。《国务院办公厅关于促进平台经济规范健康发展的指导意见》提出，要支持平台企业加强对人工智能、物联网、区块链等前沿技术的研发和应用，打造具有自主知识产权的核心技术和产品；《国家发展改革委等部门关于推动平台经济规范健康持续发展的若干意见》提出，要支持平台企业与高校、科研机构、创新型企业等开展合作，建立产学研用协同创新机制。

四是保障参与者权益。为了保护消费者和劳动者的合法权益，国家加强对平台企业的监督管理，规范平台企业的经营行为，完善平台企业的社会责任制度。同时，国家加强对消费者和劳动者的教育引导，提高他们的法律意识和维权能力，促进他们与平台企业之间的良性互动。《关于维护新就业形态劳动者劳动保障权益的指导意见》提出，要完善网约配送员、网约车驾驶员等新就业形态劳动者的社会保险制度，保障他们的基本生活和工伤医疗等权益；《网络交易监督管理办法》提出，要完善网络交易纠纷处理机制，保障消费者的知情权、选择权、公平交易权等权利。

推动平台经济规范健康持续发展，是建设数字经济的重要任务，也是实现国家战略目标的必然要求。

（七）数字金融助推数字经济高质量发展

数字金融作为推动数字经济高质量发展的强大引擎，肩负着助力变革、深化服务、支持数字经济发展的重要使命。在我国经济高质量发展的进程中，数字化转型成为不可或缺的一环。随着数字技术与实体经济深度融合，数字金融的发展成为助推数字中国建设的关键着力点。2023 年 10 月，习近平总书记在中央金融工作会议上强调了数字金融的重要性，明确提出"做好科技金融、绿色金融、普惠金融、养老金融、数字金融五篇大文章"[1]，其中数字金融受到高度关注，表明我国已步入数字金融快速发展的阶段，需要积极探索与数字经济相匹配的金融形态和模式。

数字经济的多元化特征使得各行各业都走向数字化，对数字中国建设提出了全方位的金融需求。因此，在设计金融产品和服务时，必须紧密契合企业数字化转型的实际需求。数字金融作为银行业适应数字经济发展的金融创新，不仅包括自身服务模式的数字化转型，还包括服务对象的扩大和延伸，即服务数字经济，全力支持数字经济与实体经济的融合，助推数字中国建设。具体而言，数字金融是指持牌金融机构运用数字技术，通过数据协作和融合打造智慧金融生态系统，为客户提供个性化、定制化和智能化的金融服务，形成与数字经济相匹配的金融形态。作为实体经济的关键支持，我国金融业正迈向数字化转型的关键阶段。然而，当前数字金融的发展依然面临着一系列挑战和难点，如数字基础设施建设不足、监管机制不完善等。为此，需要在以下三个关键任务领域进一步加强建设。

一是完善数字金融的顶层设计。健全法律法规体系，制定促进数字技术应用、业态创新的政策和标准，为数字金融的发展指明方向。在

---

[1]《中央金融工作会议在北京举行》，人民网，2023 年 11 月 1 日。

此基础上，推进数据流通体系的建设，不断丰富和健全对数字资产与数据要素的估值定价能力，解决传统金融机构数据不足和获取成本过高等问题。明确数字化转型的发展指引和统筹安排，制定发展目标与实施路径，确保各业务条线协同推进。建立健全数字化转型管理评估体系，确保各方面协同推进，形成长期的、可持续的数字化发展机制。

二是适度超前布局与投资数字金融发展的基础设施。大力推动信息网络、大数据平台等数字基础设施建设，促进5G、云计算技术的发展，这不仅为数字金融提供了更加强大的技术支持，也为数字金融的深化发展提供了坚实保障。同时，要推进分布式和云计算技术架构的转型升级，搭建数字化发展的数据新底座，实现业务数字化、数字资产化、资产服务化，确保数据资产能够被充分、高效利用。在发展过程中，要注重安全性，建设多地、多中心的高可用系统，确保技术底座对业务的强力支撑。深入推进信创技术体系建设，加强关键核心技术信创攻关，提高极端情况下保障业务连续性的应急能力。

三是建立健全数字金融治理体系。数字金融的发展需要一个完善的治理体系。因此，必须不断完善数字金融的治理体制机制，建立透明、常态化的监管体系。在此基础上，探索数据资产化的应用，解决金融数据治理中存在的问题，如数据质量不高、挖掘利用滞后、数据权利边界不清等。引入云计算、大数据处理等技术，建立数据要素流通共享平台。同时，促进金融机构自身数据要素与外部数据要素的融合，逐步拓展从数据资源化到数据资产化的实施路径和应用场景。借助数字技术构建新型监管机制，建立全方位、多层次、立体化监管体系，实现事前、事中、事后全链条全领域监管，维护公平竞争的数字金融市场秩序，为促进数字金融持续发展提供有力保障。

综上所述，数字金融在数字中国建设中发挥着至关重要的作用，通过完善顶层设计，投资基础设施，建立健全治理体系，为数字经济的高质量发展提供强大支持，推动我国走向数字化转型的新阶段。

案例 14

建行"惠懂你"App：普惠金融智能化进阶[1]

为贯彻党中央、国务院支持实体经济、大力发展普惠金融的重要部署，中国建设银行立足新金融实践，深化"数字、平台、生态、赋能"发展理念，打造国际领先的数字普惠金融模式。围绕完善产品创新与供给体系，夯实普惠金融统一应用平台建设，塑造数字化运营新优势，提升智慧风控新水平，打造普惠平台生态经营新高地五个方面落实普惠金融研发创新经营发展各项工作，有效加强数据资产应用和"数智化"融合，以"三惠合一"全面构建多维数字普惠金融生态，加大算法、人工智能等新兴技术应用的转化力度，把"惠懂你"建设成为普惠金融平台高地。

1. 模式做法

（1）打造"惠懂你"平台生态经营新高地

围绕"惠懂你"平台运营中心，实现"一部两中心"的一体化协同，在数据分析、系统开发、运营支持等方面深度融合，实现从产品设计、需求分析、前端开发、后台开发、生态联结、数据分析、模型开发、用户运营、活动运营等环节的端到端支持，深化研运一体，快速响应市场需求，实现普惠金融业务发展提质增效。

坚持"建生态、搭场景、扩用户"的数字化经营方向，围绕生态和场景抓用户，推进对外出海部署，连接用户高频交互的第三方平台，形成更丰富的数据信息来源和更紧密的客户管理，推动快速引流及批量获客，将用户有效转化为客户。创新 VISTA

---

[1] 资料来源：建信金融科技有限责任公司，2024 年 1 月。

（远景）五种出海模式（扫码链接模式、手机预置模式、功能嵌入模式、产品超市模式、深度融合模式），聚焦政府机构、核心企业、事业单位、交易平台、媒体平台、电商平台、数据公司、商会协会、产业园区、手机厂商十大类出海场景，与阿里巴巴、美团、腾讯等头部互联网平台合作，强化场景赋能，拓宽获客渠道，构建开放共享的普惠金融生态。

"惠懂你"4.0立足融资、成长和生态三条主线，构建平台化生态体系，将融资服务与小微企业生产经营场景有机结合，打造"财富、贷款、经营"交互融合的陪伴式服务体验，从"低频、单一融资功能"向"高频、综合服务功能"跃升，实现小微企业一站式综合服务，全面提升客户全生命周期综合化金融服务能力和水平，有效打通金融活水流向小微企业的"最后一公里"，实现信贷资金精准滴灌，切实支持小微企业实体经济的经营成长，服务社会，服务大众。

（2）完善产品创新与供给体系

新建"小微善"系列产品，全面升级金融服务，创新"善担贷""善营贷""善新贷"系列产品。其中，创新产品"善营贷"，允许分行针对不同客户群体，多维度定制业务"贷款方案"，提升差异化服务能力及市场响应速度，按需灵活办理业务，增强分行特色场景的市场响应能力，巩固建设银行普惠金融的业务优势。"善担贷"产品首创与国家融资担保基金合作，采用"担保＋信用"的合作方式，实现"国家—省—市"三级担保模式，并通过联机担保代偿保证贷款回收率。

（3）夯实普惠金融统一应用平台建设

实现抵押快贷4.0业务流程办理，全面提升人工智能、影像识别等新兴技术在线上线下贷款中的应用率，推进抵押快贷线上化办理，丰富电子信息采集及优化信息流转；基于移动应用众研平台，在"惠懂你"App上融合部署"惠助你""惠点通"，助力"三惠合一"生态体系融合提升，为客户、客户经理全面赋能。在贷款核算方面，成功投产小微企业正常及不良证券化核算功能，优化了信贷资产投向配置，加快了不良贷款资金的回收；实现小微企业免税及小微企业承诺的计量功能，减少建设银行增值税支出，精细化核算建设银行小微企业授信规模，有效节约建设银行的监管资本占用和减值计提。

（4）塑造数字化运营新优势

在金融科技转型发展背景下，践行"开放、共享、普惠"的数字化经营理念，从数据连接应用能力、平台场景经营能力、全渠道融合服务能力等方面打造提升数字化营销、服务、运营一体的数字化经营体系，形成数据决策、科技支撑、生态共生、全域服务的竞争新优势。

在数据连接应用方面，完善了普惠金融"作战指挥室"的功能，多维度展现了业务关心的重点指标，丰富了综合贡献度、同业、授信、"小微快贷"新模式到期客户承接率、抵押快贷效率监测等约60个可视化监测指标。普惠业务发展监测、资产质量监测、"惠懂你"数据监测、普惠同业监测等模块打造的可视化看板，有效提升了管理人员日常监测运营贷款业务的效率，并以实时或准实时数据为支撑，助力总行有的放矢进行普惠业务发展部署。在渠道行为数据方面，基于统一的数据采集，构建开放、智能、实时的用户行为数据分析看板，共接入看板、场景、通用、用户、智能触达、数据管理六大模块，支持多维度业务数据分析：用户分群划分、业务指标监测、用户来源分析、用户流失分析、用户关键行为转化、渠道效果分析、用户留存分析、用户旅程分析等。建立420个客户标签，对"惠懂你"认证客户进行分层分类，批量进行客户额度测算，精准挖掘潜在客户。

（5）提升智慧风控新水平

基于普惠金融实验室，对"小微快贷"客户的行内外数据进行深入挖掘，提取有效信息，构建模型和策略，为决策提供科学的数据支撑。融合企业数据、企业主数据、场景数据，建立机器学习模型，当前已稳定试运行，全年为20万名无额度客户提供授信。对小微企业客户的二代企业及企业主征信报告进行解读，形成了230个征信特色标签并应用到"惠眼视图"和"首贷户"提额模型中，围绕提额、授信等维度挖掘征信数据应用价值，有效增强客户黏性。

2. 经验优势

（1）普惠运营分析平台

建设银行通过普惠数字化运营指标工具，为普惠金融业务管理提供强有力的支撑，基于看板实时、全面、精准的数据，应用"先进算力+算法"，业务人员可以进行自助分析，在预测、分析、过程干预和事后回溯全流程发挥数据价值，重构运营模式，提高运营效率（见图8.6）。

（2）形成无纸化信贷流程生产线

实现抵押快贷4.0业务流程办理：进一步全面提升人工智能、影像识别、RPA、指纹识别等新兴技术在线上线下贷款中的应用率，支持客户线上申请、客户经理无纸化电子申报；创新电子印章、线上公证签约室，完善在线抵押登记流程，实现全流程无纸

运营方案——总览

3. 活动运营
围绕产品策划并开展活动,促进用户拉新与转化,短期内快速提升相关指标
- 功能优化
- 活动宣传与推广
- 活动效果评估

4. 产品运营
通过对金融产品的发行与存量分析,结合对用户需求的洞察和判断,进行产品运营
- 产品浏览、交易量
- 精细化营销策略与效果
- 持有客群特征、偏好
- 产品需求洞察与产品创新

2. 渠道运营
围绕渠道功能优化与用户体验提升,制定渠道运营长期战略
- 功能优化
- 渠道运营策略优化
- 用户体验提升
- 渠道生态建设

5. 服务运营
- 服务支付
- 服务响应
- 用户意见反馈落到实处
- 体验管理

6. 内容运营
- 输出建行核心理念
- 服务普惠民生生活
- 关注企业政策资讯

1. 用户运营
围绕用户的新增、留存、活跃等搭建整套用户体系,聚焦提升各环节表现
- 用户的拉新与转化
- 用户的维系与活跃
- 用户的挖掘与沟通
- 用户的留存与防流失

7. 风控运营
- 运营风险管控策略
- 全流程风险控制
- 运营风险识别
- 运营风险数据支持

数据运营
从庞大的、杂乱无章的数据中分析出有价值的数据规律及产品问题,从而帮助决策优化,推动业务用环环与产品迭代

普惠运营分析平台

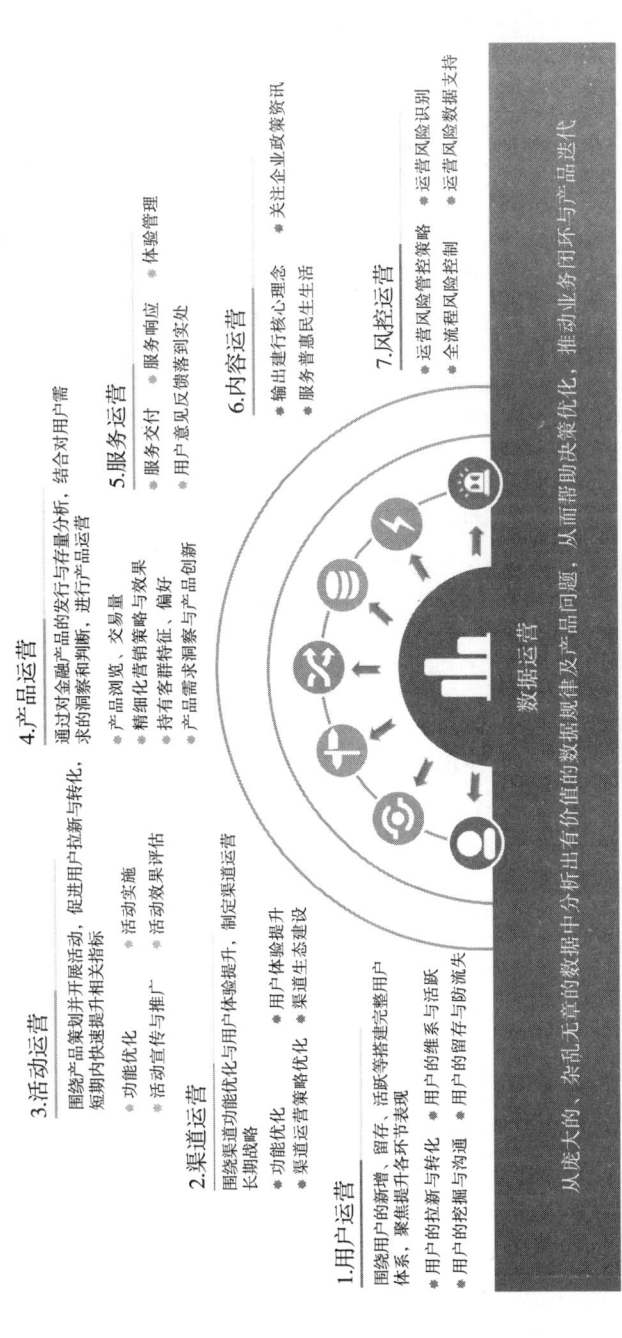

图 8.6 普惠运营分析平台

第八章 经济增长新动能:数字经济　　277

化办理，打造客户经理和各级管理人员的移动智慧办公平台（见图8.7）。

（3）多维灵活差异化客群贷款方案产品创新模式

通过制定标准化业务管理及流程框架，从普惠、聚类、归属产业及授信模型等多个维度对客户进行分类和贴标签。由此，分行可以针对不同客户群体，按适用群体、风险缓释方式、贷款利率、测额模型、差异化指标等多种元素，定制满足不同业务场景所需的"贷款方案"，灵活采用单笔或批量申报、人工审批或自动审批等业务办理方式。将分行产品创新与科技开发解耦，并利用模型热部署技术，实现模型自动热部署，满足分行实时灵活定制创新业务场景，大大缩短了产品上线周期，大幅度降低了开发成本，提升了定制化创新能力及市场响应速度，巩固建设银行普惠金融业务优势（见图8.8）。

（4）打造一体化的合同管理中台

在建设银行总行统一贷款合同模板框架下，支持分行可视化灵活定制合同模板，快速适应不同地方的政策要求；支持合同集中统一生成，实现"一点变更"，多渠道生效，提高开发效率，减少测试工作量。同时，整合现有电子印章、数字签名、电子存证等功能，实现电子合同存证（见图8.9）。

（5）搭建"惠懂你"产品货架

依托产品谱系，融合集团内外普惠产品，支持总行、分行和用户灵活配置楼层展示，实现业务流程准入、发起、审核、审批、上架、效果评估、下架全流程管控；不同渠道按标准规划，按总分行视图、特色专区等模式推广活动和智能推荐普惠系列产

信贷全流程服务（抵押快贷）

① 做优抵押快贷：基于抵押快贷3.0的建设成果，抵押快贷4.0全面提升人工智能、影像识别等新兴技术在线上线下贷款中的应用率，推进抵押快贷线上化办理，丰富电子化信息采集及信息流转，深化"惠点通""融合互联"，打造客户经理和各级管理人员的移动智慧办公平台。

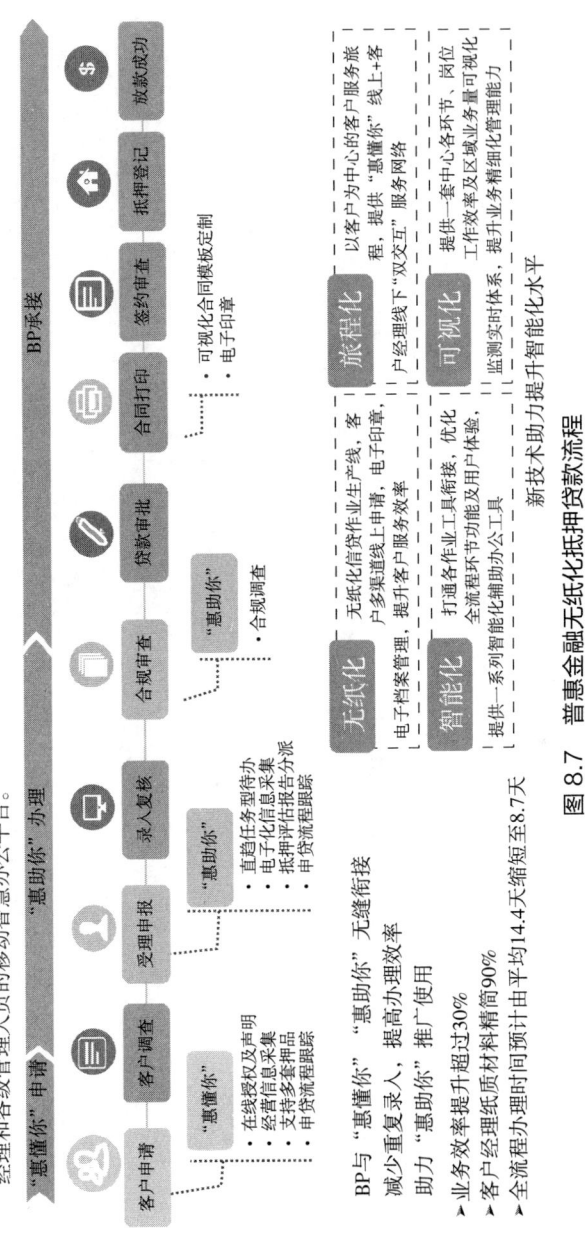

② "惠懂你"申请 → 客户调查 → 受理申报 → 录入复核 → 合规审查 → 贷款审批 → 合同打印 → 签约审查 → 抵押登记 → 放款成功

"惠懂你"：
- 在线授权及声明
- 经营信息采集
- 支持多套抵押
- 申贷流程跟踪

"惠助你"：
- 直营任务型待办
- 电子化信息采集
- 抵押评估报告分派
- 申贷流程跟踪

"惠助你"：
- 合规调查

- 可视化合同模板定制
- 电子印章

BP与"惠懂你""惠助你"无缝衔接，减少重复录入，提高办理效率，助力"惠助你"推广使用
➤ 业务效率提升超过30%
➤ 客户经理质效材料精简90%
➤ 全流程办理时间预计由平均14.4天缩短至8.7天

无纸化：
- 无纸化信贷作业生产线，客户渠道线上申请，电子印章，电子档案管理，提升客户服务效率
- 打通各作业工具衔接，优化全流程环节功能应用户体验
- 提供一系列智能化辅助办公工具

旅程化：
- 以客户为中心的客户服务旅程，提供"惠懂你"线上+客户经理线下"双交互"服务网络

可视化：
- 提供一套各环节、各区域、岗位工作效率及业务量可视化监测实时体系，提升业务精细化管理能力

图 8.7 普惠金融无纸化抵押贷款流程

新技术助力提升智能化水平

注：BP 为业务伙伴。

第八章　经济增长新动能：数字经济　　279

打造统一标准化业务流程，支持分行针对不同细分客群定制多维灵活贷款方案，提升普惠生态场景创新效率，为拓宽普惠场景生态接入范围及客户的基础数据提供了快速通道。

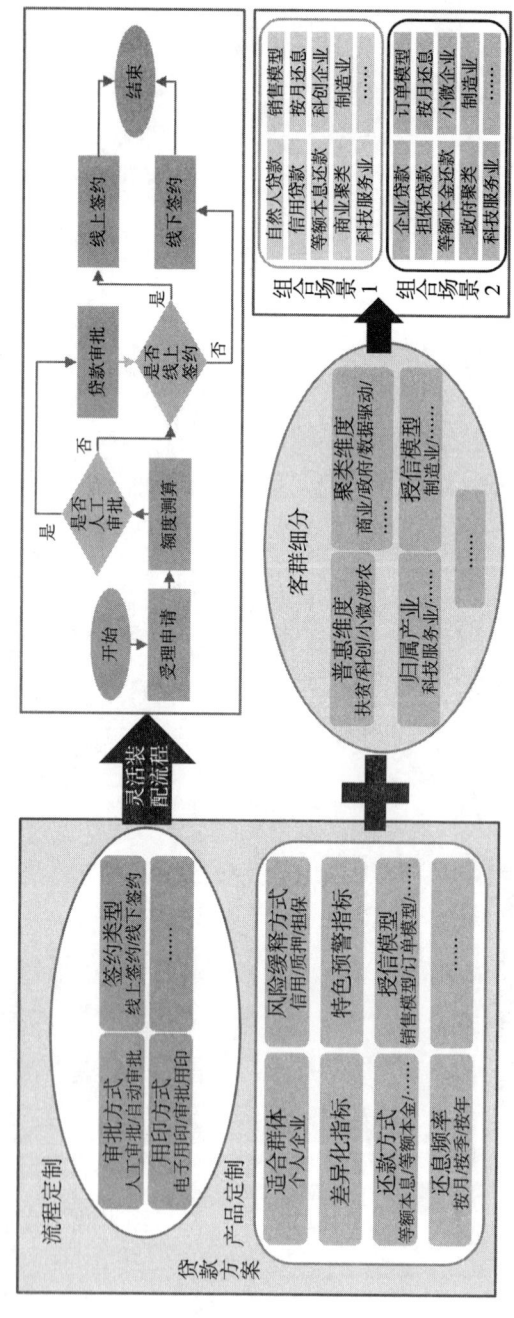

图 8.8 多维灵活差异化客群贷款方案

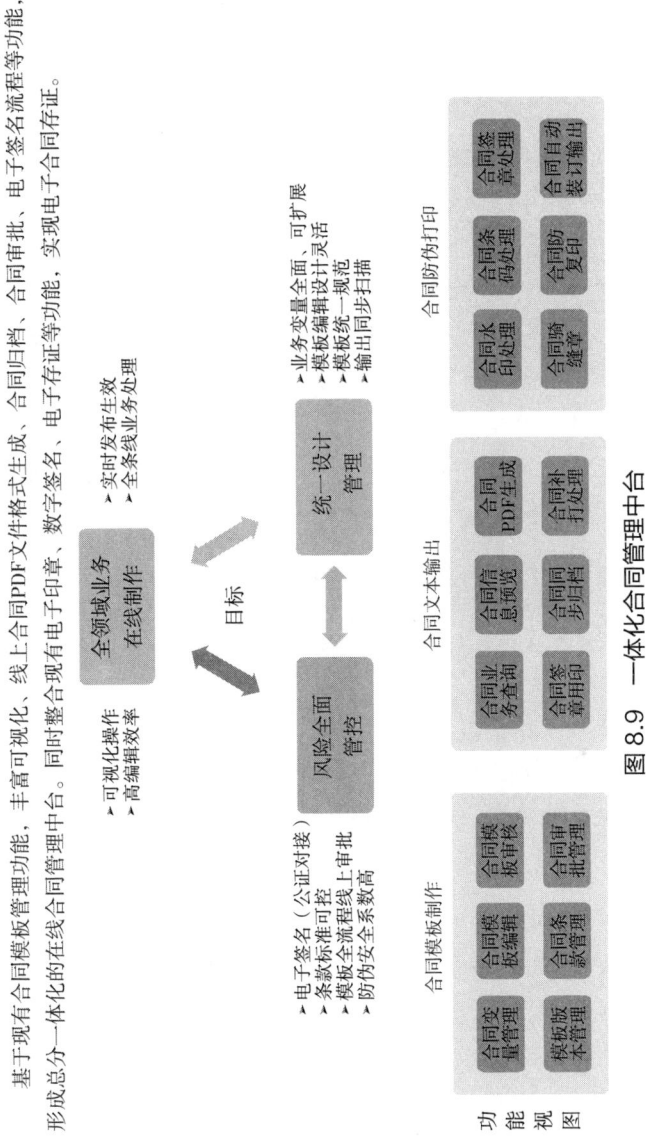

普惠金融信贷——合同管理中台

基于现有合同模板管理功能、丰富可视化、线上合同PDF文件格式生成、合同归档、合同审批、合同查询、电子签名流程等功能，形成总办一体化的在线合同管理中台。同时整合现有电子印章、数字签名、电子存证等功能，实现电子合同签名合同存证。

目标

- 可视化操作 高编辑效率
- 全领域业务在线制作
- 实时发布生效 全条线业务处理

全领域业务在线制作 ⇄ 风险全面管控 ⇄ 统一设计管理

- 电子签名（公证对接）条款标准可控
- 模板全流程线上审批 防伪安全系数高
- 业务量全面 可扩展
- 模板编辑设计灵活
- 模板统一规范 输出同步扫描

功能视图

合同板模制作：合同变量管理 / 模板版本管理 / 合同模板编辑 / 合同条款管理 / 合同模板审核 / 合同审批管理

合同文本输出：合同业务查询 / 合同签章套用印 / 合同信息预览 / 合同同步归档 / 合同PDF生成 / 合同补打处理

合同防伪打印：合同水印处理 / 合同骑缝章 / 合同条码处理 / 合同防复印 / 合同签章自动处理 / 合同自动装订输出

图 8.9 一体化合同管理中台

品。实现产品货架与渠道端的统一联动,支持产品的快速部署,为后续部署高频金融、非金融产品奠定基础。

3. 应用成效

普惠金融研发创新有力地促进普惠业务的发展,普惠金融客户新增和贷款余额持续增长。截至2023年12月底,建设银行普惠金融贷款余额达3.04万亿元,贷款客户超过317.33万人,"惠懂你"总访问量达3.06亿次,认证企业数超过1 000万家。

以"三惠合一"全面构建多维数字普惠金融生态,通过研运一体,提升质效;创新VISTA五种出海模式,连接用户高频交互的第三方平台,推动快速引流及批量获客,累计出海平台企业超8 000家。"惠懂你"4.0打造融资、成长和生态三条主线,有效打通金融活水流向小微企业的"最后一公里",实现信贷资金精准滴灌,切实支持小微企业实体经济的经营成长,造就"把'惠懂你'打造成为超级流量入口和普惠金融领域第一平台"目标定位的重要里程碑。

无纸化抵押快贷线上办理流程及多渠道部署,精简客户及客户经理受理流程,纸质材料精减90%,全流程办理时间平均缩短50%,打造客户经理和各级管理人员的移动智慧办公平台。对小微客户的二代企业及企业主征信报告进行解读,并形成230个征信特色标签,融合企业数据、企业主数据、场景数据等,建立首贷户机器学习模型,预计全年为20万名无额度客户提供授信,提升普惠客户洞察能力,为搭建低门槛、轻量级、开放式客户体系建立坚强支撑。通过完善普惠金融产品创新与供给体系,打造了普惠平台生态经营新高地,为银行业如何利用金融科技赋能普惠金融提供指引,带动同业普惠金融发展,赋能国家治理体系与治理能力建设。

第九章

普惠共享新生活：
数字社会

一、数字社会：迈向智慧生活的必由之路

（一）数字社会的内涵

数字经济是继农业经济、工业经济之后的主要经济形态。数字社会建设应运而生，成为富有时代意义和现实价值的重大议题。

首先，云计算、大数据、人工智能等技术迅猛发展，为数字社会建设提供了适宜发展的技术环境。数字技术的广泛应用和数字平台的搭建，让原本的社会生活在数字领域实现了孪生，现实世界中的若干要素在数字化环境出现对应，生产方式因数字技术的发展发生变革，人们的生活方式也随之转变。可以说，数字社会的关键特征在于数字技术的广泛应用，以及数字技术对于社会结构与运行机制的根本改变。

其次，以政府为核心的公共部门出台的多层次、多维度的支持政策为数字社会建设指明方向和提供保障。在中国"五位一体"总体布

局中，社会是相对于经济、政治、文化、生态文明而言的社会建设概念。国家在 2021 年发布的"十四五"规划纲要中提出，要加快数字社会建设步伐，并进一步阐明，要"适应数字技术全面融入社会交往和日常生活新趋势，促进公共服务和社会运行方式创新，构筑全民畅享的数字生活"。国家"十四五"规划纲要还指出，数字社会建设的主要内容是要发挥政府的主导作用，并鼓励社会力量的参与，进而为人民群众提供更加智慧便捷的公共服务，建设智慧城市和数字乡村，构建美好的数字生活新图景。要加强数字技术的应用，建设更加普惠的服务和管理机制，助推城乡发展和治理模式的创新，变革原有生活方式，丰富群众的数字生活体验。

最后，学界研究为数字社会建设提供了理论支撑。针对数字社会这一概念，当前学术界的主流观点均强调了数字化手段的广泛应用导致的原有社会生活方式和运行机制发生的深刻变革。狄波拉·勒普顿指出，数字社会是数字技术对日常生活的影响，技术发展导致原本的社会关系、经济发展、知识生产和传播方式都发生了变革，数字社会实际上就是社会生活的数字化。[①]我国学者周尚君指出，数字社会是建立在物理世界之上的，利用数字技术对物理世界进行的重建，既能包容物理世界同时又超越了时空限制。[②]邱泽奇也强调了数字技术的社会化应用改变了社会经济发展的基本动力，进而推动形成了与工业社会具有本质区别的数字社会。[③]

数字社会，即数字技术广泛应用于社会生活，关键点在于社会生活方式的转变，是一种全新的社会运行和组织方式。为适应当前数字技术不断发展的趋势，国家必须大力开展数字社会建设，推动高质量发展，满足人民美好生活的需要。

---

① ［澳］狄波拉·勒普顿著，王明玉译：《数字社会学》，上海人民出版社，2022 年。
② 周尚君：《数字社会对权力机制的重新构造》，《华东政法大学学报》，2021 年第 5 期。
③ 邱泽奇：《数字社会与计算社会学的演进》，《江苏社会科学》，2022 年第 1 期。

（二）加快数字社会建设的重大意义

1. 加快数字社会建设是实现中国式社会现代化的必然要求

习近平总书记在党的二十大报告中提出，2035年要实现的中国式现代化总体目标包括，"建成现代化经济体系，形成新发展格局，基本实现新型工业化、信息化、城镇化、农业现代化""基本实现国家治理体系和治理能力现代化""基本公共服务实现均等化，农村基本具备现代生活条件，社会保持长期稳定，人的全面发展、全体人民共同富裕取得更为明显的实质性进展"。[①] 加快数字社会建设，为实现经济体系的现代化转型、治理体系的现代化建设、基本公共服务的均等化发展等提供技术平台和制度体系保障。数字社会的建设符合当前数字技术融入社会生活的发展趋势，同时，便捷普惠的社会服务与治理方式也符合人民群众对于更高质量的生活需求，伴随着生产生活方式与社会运行方式的不断变革，数字化技术的应用越发普遍，人们的日常交往、行为方式以及思维模式都发生了重大转变，加快数字社会建设是实现中国式社会现代化的必然要求。

2. 加快数字社会建设是完善数字中国建设体系化布局的必由之路

2023年初，中共中央、国务院印发的《数字中国建设整体布局规划》指出，建设数字中国是数字时代推进中国式现代化的重要引擎，对全面建设社会主义现代化国家、全面推进中华民族伟大复兴具有重要意义和深远影响，其总体目标为，到2035年，数字化发展水平进入世界前列，数字中国建设体系化布局更加科学完备，经济、政治、文化、社会、生态文明建设各领域数字化发展更加协调充分，有

---

① 习近平：《高举中国特色社会主义伟大旗帜 为全面建设社会主义现代化国家而团结奋斗——在中国共产党第二十次全国代表大会上的报告》，新华网，2022年10月25日。

力支撑全面建设社会主义现代化国家。数字社会建设是其中的关键环节，普惠便捷的数字社会关乎民生。同时，数字社会建设也助力经济、政治、文化等方面的发展。例如，数字消费的广泛应用推动了数字经济的发展，智慧便民生活圈的打造也为数字文化的传播提供了环境基础。作为数字中国建设体系化布局中的重要组成部分，数字社会建设是完善数字中国整体建设规划的必由之路。

3. 加快数字社会建设是满足人民美好生活需要的重要抓手

坚持人民至上是习近平新时代中国特色社会主义思想的根本立场观点方法，贯穿党的二十大确定的强国建设、民族复兴中心任务的各个方面。坚持人民至上，让中国式现代化的成果惠及全体人民，数字社会建设是不断满足人民日益增长的美好生活需要的重要抓手。首先，数字社会建设可以提升政府公共服务的效率，网络平台的搭建以及办事流程的简化可以让人民更为轻松地获取信息和办理事务，提升生活的便利性。其次，数字社会建设有助于实现区域间的平衡发展，教育、医疗等方面的优质资源可以借助数字技术实现共享，在一定程度上促进社会的公平发展。最后，数字社会建设为社会治理提供了数据基础，将数字技术应用在治理过程中对各项指标进行检测和数据分析，根据结果进行规划，为提升治理的科学性提供了保障，对推动社会发展和提升人民生活质量起到了重要作用。

二、数字社会的中国蓝图与愿景

（一）数字社会建设的发展目标

数字社会建设是我国高质量发展阶段的重要环节。一方面，数字社会建设是为了顺应数字时代的发展需求，促进公共服务和生活方式的变革，进而提升生活质量。党的十九届五中全会指出，"加强数字社会、数字政府建设，提升公共服务、社会治理等数字化智能化水平"，国家"十四五"规划纲要提出，"加快数字社会建设步伐""适应数字技术全面融入社会交往和日常生活新趋势，促进公共服务和社会运行方式创新，构筑全民畅享的数字生活"。另一方面，数字社会建设是数字中国建设体系化布局中的有机组成部分，数字社会建设要与其他领域协同发展，全面建设社会主义现代化国家。中共中央、国务院印发的《数字中国建设整体布局规划》提出，到2025年，数字社会精准化普惠化便捷化取得显著成效；到2035年，数字中国建设体系化布局更加科学完备，经济、政治、文化、社会、生态文明建设各领域数字化发展更加协调充分，有力支撑全面建设社会主义现代化国家。《数字中国建设整体布局规划》描绘了未来我国数字社会的美好图景，指明了加快数字社会建设的发展方向。

数字社会建设是社会建设的重要组成部分，其目标可以概括为：扩大数字技术的覆盖范围，革新公共服务和社会运行方式，增进民生福祉，提高人民生活品质，服务于数字中国建设体系化布局，与经济、政治、文化、生态文明建设各领域数字化发展相协调，推动全面建设社会主义现代化国家。

（二）数字社会建设的关键领域

《数字中国建设整体布局规划》提出，要"构建普惠便捷的数字社会。促进数字公共服务普惠化，大力实施国家教育数字化战略行动，完善国家智慧教育平台，发展数字健康，规范互联网诊疗和互联网医院发展。推进数字社会治理精准化，深入实施数字乡村发展行动，以数字化赋能乡村产业发展、乡村建设和乡村治理。普及数字生活智能化，打造智慧便民生活圈、新型数字消费业态、面向未来的智能化沉浸式服务体验"。据此，数字社会建设要抓好三大关键领域建设。

1. 社会服务普惠化

普惠性的提升，是公共服务数字化发展的首要目标。教育、医疗、养老等公共服务的数字化有利于扩大公共服务的覆盖范围，实现优质资源的共享，从而提升公共服务的普惠性。近年来，我国开展了一系列利用数字化手段提升公共服务质量和效率的行动，例如，2015年的《国务院关于积极推进"互联网+"行动的指导意见》以及2017年的《智慧健康养老产业发展行动计划（2017—2020年）》等，这些行动有利于发挥政府在公共服务中的主导作用并调动相关企业的积极性，不断优化公共服务以适应数字技术迅速发展下的新兴生活方式，促进城乡公共服务均等化，满足人民群众的生活需求。

2. 社会治理精准化

数字乡村等推动城乡一体化发展的建设有利于提高社会治理的精准性，数字技术的合理应用可以在个体化服务、监督反馈、治理制度升级以及资源配置等多个方面提升政府的社会治理水平。例如，各地政府网络平台的建设，将部分政务和服务功能移至线上办理，打造出互联互通的信息服务平台，不仅能够提高办事效率，还可以实现对群众意见的反馈与相关数据的合理分析，为不同群体提供更加个性化和多元化的服务。同时，数字乡村建设行动，对政府资源配置的优化、资源利用率的提升也有一定的促进作用。一方面，数字化的治理方式为乡村治理提供了一个可以实时监督反馈的平台，更有利于了解农村地区群众的真实诉求；另一方面，数字技术对农村产业的发展也能起到一定的指导和促进作用。例如，浙江省嘉兴市南湖区的现代农业企业依托"5G+数字化农业"，运用数字化技术自动调节大棚内的温度和湿度，应对恶劣天气的影响，助农抗高温保增收。

3. 社会生活智能化

数字社会建设为社会生活的智能化提供了发展环境，为各项技术的广泛推广提供了应用场景。当前，云计算、大数据以及人工智能的高速发展不断赋能生活的方方面面。社会生活的智能化体现在一系列便民服务的建设上，数字消费、数字住宅、网络缴费等生活服务的数字化转型极大地便利了人们的生活。一方面，数字设备的普及推动了数字生活圈的建设，智能手机、智能家居以及一系列为残疾人群体制作的智能设备极大地方便了日常生活。2023全球人工智能技术大会上展示的智能仿生手、智能灵巧假腿、脑机智能安睡仪等多款脑机接口产品，已在康复、大健康、人机交互等领域得到应用，有效地帮助残疾人回归正常生活。另一方面，数字化服务的发展也为人们实现更加便捷的生活方式提供了可能，网络购物、网上银行等数字消费新业态推动了社会生活的智能化发展，提高了生活效率与质量。

（三）数字社会建设的保障措施

数字社会建设需要多方面的保障措施，主要包括制度保障、财政保障、安全保障和人才保障。

1. 制度保障

各级各类政府在推动数字社会建设过程中要建立完善的制度体系，以政府为主导自上而下地推动建设进程。要制定相应的制度体系，尤其在数字治理规范、权责分配等方面要建立详细的规范，保障数字社会的建设能够平稳有序推进。中央政策出台后，各省市积极发布数字社会专项行动的实施方案，由政府统筹顶层设计，制定标准，评估督导，推进公共服务的便利发展。坚持全面部署与试点带动相结合的方式，总结经验并不断推进，各部门协同配合，在教育、就业、健康、养老等重点领域突出数字社会服务和治理两项重点任务，进而提升人民群众的生活质量，实现数字惠民。

2. 财政保障

数字社会建设需要政府的资金投入作为保障，其中基础设施的建设、数字平台的搭建和维护、相关技术研发以及数字化教育培训等都需要持续性的投入作为支撑。《数字中国建设整体布局规划》对各项数字化建设的资金保障做出了说明："创新资金扶持方式，加强对各类资金的统筹引导。发挥国家产融合作平台等作用，引导金融资源支持数字化发展。鼓励引导资本规范参与数字中国建设，构建社会资本有效参与的投融资体系。"以财政投入为主导，引导相关企业积极参与投入，建设起多元主体的投入体系，保障数字社会的健康发展。

3. 安全保障

数字社会建设必须重视网络安全、数据安全等方面的保障。建立健全网络安全相关的法律法规，加强数据安全，增强应对网络攻击的能力，保障用户个人隐私不遭泄露，提升数字社会的整体安全性。近年来，我国出台了一系列提高数字社会建设安全性的法律法规，包括《网络安全法》《数据安全法》《个人信息保护法》等。这些法律法规较为系统地规范了网络及数据的使用原则，同时维护了公民基本的权益，保护了网络信息的安全，为数字社会的建设提供了安全保障。

4. 人才保障

数字社会的建设需要多元主体共同努力来实现生活方式的变革创新，数字社会的最终建成需要全社会具有更高的数字素养和数字能力，在推动数字社会建设的过程中要充分发挥人才的作用，不断推动技术创新、相关应用的开发以及平台的管理运营。首先，要提升领导干部的数字素养，领导干部的数字素养和数字能力直接关系到一个地区数字社会建设的发展进程；其次，要加强数字技术技能专业人才的培养和提升，包括但不限于具备数据分析、计算机编程等专业数字技能，从事数字产品服务开发或技术研发工作等人才；最后，数字化作为未来社会的发展趋势，应在当前的教育体系中强化对于数字素养和信息技术的培养，"职业专业素养＋数字技术素养"是数字经济时代人才队伍的显著特征。

三、数字公共服务普惠化：构建全民的智慧生活

（一）数字技术赋能公共服务高质量发展

公共服务是指政府部门、国有企业以及相关中介机构按照法定职责，为公民、法人及其他组织提供其所需的帮助和办理相关事务的行为。2021年，国家发展改革委等21部门联合发布的《"十四五"公共服务规划》，将公共服务由传统的基本公共服务与非基本公共服务的"二分法"，通过增添"生活服务"的划分方式，变成"三分法"的分类格局，为公共服务的完善和发展创造了新的格局。

基本公共服务和非基本公共服务按照服务供给的权责来分类，其中，基本公共服务是指一系列保障人民群众最基本生存和发展需求的公共服务，与经济和社会发展水平相适应，由政府来承担供给服务的主要责任。2023年，国家发展改革委等部门发布的《国家基本公共服务标准（2023年版）》对基本公共服务的范围进行了细化，涵盖了"幼有所育、学有所教、劳有所得、病有所医、老有所养、住有所居、弱有所扶、优军服务保障、文体服务保障"9个方面的服务保障，共22个大类及81个服务项目，为人民群众的基本生活提供了基础性保障。

非基本公共服务，则是指在基本生存和发展需求之上满足公民更高层次需求，保障社会整体福利水平的公共服务。非基本公共服务无法由市场自发供给满足，需要依赖政府对公益性社会机构或市场主体的扶持来提高服务质量。非基本公共服务是在基本公共服务的基础上，对人民更高水平的服务需求的满足，在养老、托育、教育、医疗等重点领域提供更高质量的公共服务，我国在《"十四五"公共服务规划》中提出，要扩大普惠性非基本公共服务的供给，为人民群众提供更加广泛且价格可负担的高质量公共服务。

生活服务是指一系列完全由市场供给、居民付费享有的，满足人民群众个性化、多样化需求的高品质服务。生活服务是公共服务体系的有益补充，政府在其中要做好统筹和引导工作，营造良好的市场环境，制定完善的行业规范，协调好公共服务与生活服务之间的关系，提升人民群众的生活水平。根据国家统计局制定的《生活性服务业统计分类（2019）》，生活服务覆盖了居民和家庭服务、健康服务、养老服务、文化服务、教育培训服务、居民住房服务、其他生活性服务等十二大领域，贯穿了人民生活的方方面面，反映了人民群众的生活需求。此外，国家还出台了一批政策推动建设智慧便民生活圈，提升居民日常生活的智慧化。从国家"十四五"规划纲要到《"十四五"公共服务规划》等的远景规划政策，都强调了要坚持把满足人民群众对美好生活的需要作为出发点和落脚点，强化系统观念，打造智能化沉浸式的生活服务体验。2022年，民政部等九部门共同印发的《关于深入推进智慧社区建设的意见》提出，要"推动社区购物消费、居家生活、公共文化生活、休闲娱乐、交通出行等各类生活场景数字化，支持村（社区）史馆、智慧家庭、智能体育场地等建设，打造多端互联、多方互动、智慧共享的数字社区生活"。有效地利用数字手段赋能生活，提升生活质量。

随着社会经济的不断发展，不同类型公共服务间的边界与关系也在不断变化，如何保障各类公共服务之间的补充与平衡以及如何提升服务质量，成为满足人民群众对美好生活需要的关键。数字技术的不断发展给公共服务的高质量发展带来了转机。一方面，从供给侧来看，数字技术赋能公共服务主要体现在供给方服务能力和效率的提升。云计算、大数据和人工智能等技术的应用有效帮助政府等供给方更加精准地识别群众的服务需求，以便于提供更加适切的服务。另外，数字平台的搭建简化了各项服务的流程，使得各项服务更加便捷，例如，各项生活缴费网上营业厅的建设为广大群众提供了便利。另一方面，从需求侧来看，数字技术也有助于提升服务的个性化和普惠性。各类数字媒介的广泛应用有助于人民群众需求的表达，同时人民获取服务的途径也更加通畅，教育文化等公共服务能够更便捷地被获取，在一定程度上推动了社会公平正义的实现。

（二）智慧教育

1. 智慧教育的内涵和特征

近年来，电子信息技术被更加广泛地应用在教育领域，截至2023年，全国范围内中小学（含教学点）互联网接入率达100%，与2012年同期数据相比提高了75%；学校出口带宽100 MBit/s以上以及多媒体教室的覆盖率分别达99.9%和99.5%，实现无线网络覆盖的学校超过75%。这一转变推动了我国教育形态的变革，中国教育迈入了智慧教育的新阶段。智慧教育的发展不仅是顺应时代发展的战略选择，同时也是推动教育现代化发展的重要途径。

中国教育科学研究院发布的《中国智慧教育发展报告（2022）》对智慧教育的内涵进行了定义，相较于工业时代的教育形态，智慧教育更加强调通过现代科技为每位学习者提供更加便捷、更具个性、内容上强调多重能力建设的终身学习体系，在这一体系中，无论是学习、教学还是管理都有着全新的范式，教育各个环节的效率和收益都有了明显提高。当前我国智慧教育的发展处于起步阶段，如何利用数字化手段提升教育质量是未来智慧教育发展的重要课题。

《中国智慧教育发展报告（2022）》还强调了智慧教育环境数字化、课程教育个性化、教育治理精准化三大特征，这些特征共同构成了更加灵活开放、多元高效的高质量教育体系，最终服务于培养更具价值信念、数字素养、创新能力以及终身学习能力人才的需要。教育环境的数字化带来的是全新教育生态的建立，从硬件设备的升级到资源体系的建构，再到智慧校园的建设，学习场景不断丰富和扩大。课程教学的改变主要体现在教学方式与内容的多元化和个性化发展，在满足学生个体学习需求的同时，也为学生成长提供多元化的发展空间。教育治理的精准化体现在智能化手段的应用，大数据、云计算等手段被更加广泛地应用于决策和治理之中，为精细管理和科学决策提供了数据支持。

2. 加快推进教育数字化转型

教育的数字化转型是国家公共服务体系建设的关键环节。近年来，我国陆续推出了一系列政策和实践以推进教育的数字化进程。国务院印发的《"十四五"数字经济发展规划》提出，要深入推进智慧教育，推进教育新型基础设施建设，构建高质量教育支撑体系，推动"互联网+教育"持续健康发展。中共中央、国务院印发的《数字中国建设整体布局规划》也强调了教育数字化的重要性，提出要大力实施国家教育数字化战略行动。教育部等相关部门出台了一系列推动教育数字化建设的政策文件，如《教育信息化十年发展规划（2011—2020年）》《教育信息化"十三五"规划》《教育信息化2.0行动计划》等。这表明，我国教育数字化转型的重点实现了从最初建立人人可享有优质教育资源的信息化学习环境到探索新的人才培养、教育服务和教育治理的新模式，从硬件设施的全面覆盖到"互联网＋教育"大平台的全面建设，从信息技术与教育的融合式发展到教育数字化能力的培养提升的转变。

《教师数字素养》《数字教育资源基础分类代码》《教育基础数据》等教育行业标准的发布，标志着教育数字化发展更加规范化、系统化，为智慧教育发展提供了软件支撑。国家中小学智慧教育平台、国家智慧教育公共服务平台、全国中小学实验在线平台等网站的建设推动了教育资源的共享和使用，为智慧教育的发展提供了硬件条件，规范了在线教育平台的发展，在一定程度上促进了教育公平。

智慧教育是未来教育发展的必然趋势，是我国实现中国式教育现代化的必然要求，教育部计划通过国家智慧教育公共服务平台的建设，着力实现优质教育资源均衡化，进一步建成国家教育数字化大数据中心、智能中心、发展中心和国际交流合作中心，切实做到赋能学生、赋能教师、赋能管理、赋能研究并走向国际化。

3. 智慧教育发展展望

在数字中国建设的背景下，未来中国智慧教育应在以下几个方面持续发力，助推中国教育的高质量发展，服务经济社会发展的人才需求。

一是加快教育的数字化转型，建设数字化教育新生态。要以数字化基础设施建设为基础，以网络教育平台为抓手，不断完善数字化教育生态，实现智慧教育环境更广泛地覆盖。要在教育全过程中使用电子信息技术，以数据作为支撑，建立以学习者为中心的教育环境，加强教育治理的精准性和科学性，推动教育的高质量发展。

二是转变教育理念，实现全民数字素养等能力的提升。要建立起更加科学完善的教育评价标准，以能力为导向制定培养方案。尤其是要强调师生数字素养、创新能力以及实践能力的培养，不断提升自身能力，以适应时代发展的需求。

三是优化教育资源的分配与共享，促进教育公平。智慧教育的发展能有效打破时间与空间的局限性，要加强数字化教育平台的建设，在最大范围内实现优质教育资源的共享与传播。数字化教育平台既能为建设更高质量和更加公平的教育体系提供平台保障，同时也能在一定程度上避免数字化发展过程中数字鸿沟所带来的新的不公平。

案例 15

阿里巴巴集团："少年云助学计划"[①]

阿里巴巴集团于 2021 年 10 月发起的科技公益项目"少年云助学计划"，秉承"以工具公平促进教育公平，更早激发数字创造力"原则，通过全新自研的"云—网—端"协议架构，在赋能教育发展，推动公共服务均等化、普惠化方面形成了宝贵的经验。

主要做法包括以下几个方面。一是高安全性。区别于传统云电脑，"少年云助学计划"项目打造了专属的云端一体、安全高效的一站式云上办公空间"无影云"，实现了信息安全和数据安全双重保障。屏蔽黄赌毒不良网站，拦截非法有害的信息，避免意识形态渗透；数据不落地，高可靠储存，确保数据安全，实现隐私保护。二是强成长性。打造一站式专属学习平台，以学生为中心，营造"时时学、处处学、个性学"的灵活学习环境，实现生生互动、师生互动、家校互动。通过融合学生机房场景的信息技术课及口语训练等多元化场景应用，助力有效且有趣学习；日常教学数据自动汇聚后台，为教师个性化帮助学生提供科学依据；通过终端小设备随时接入网络，打破校内学习与课后学习壁

[①] 该案例为北京师范大学青年诚信建设研究中心实地调研成果。

> 垒，为家校社协同育人提供平台支持；提供专属评价工具，通过伴随式数据采集与科学评价分析，并与区域教育共同体大数据融合，助力全面成长。三是可持续性。通过流化技术提供云桌面、云应用、应用中心、安全浏览器等系列云办公能力，无机房、能源等开销，从基础设施建设上拉齐软硬件差距；根据用户需求快速进行升降配，畅通优质资源和信息的传播通道，永不过时，促进工具、资源与机会的均衡；云机房的电脑耗电量是普通电脑的25%。一间标准云机房配备50台云电脑，每年省电3 900千瓦·时（相当于一个五口之家一年的用电量），通过自动记录碳足迹助力学生筑牢绿色低碳的环保理念。

（三）智慧医疗

1. 智慧医疗的内涵和特征

智慧医疗是指将大数据、云计算等多种信息技术综合运用到医疗卫生服务当中，加强患者与医务人员、医疗设备以及医疗机构之间的联系，利用信息化手段实现医疗服务最优化。[1]智慧医疗的发展改变了原有的医疗方式，患者和医生可以打破时空限制实现远距离沟通和问诊，优质的医疗资源能够借助网络共享到贫困和偏远地区，不仅节约了患者就医和诊疗的时间，同时也为医生提升医疗服务能力和效率找到了突破口。

一是建设问诊平台互联网医院。通过搭建电子信息平台，比照现实中的医院在数字世界中构建起来，解决人民群众"看病难"的问题。一方面，互联网的建设需要相关基础设施和在线技术的支持，医

---

[1] 李洁：《数字鸿沟背景下中国"智慧医疗"的发展》，《电子政务》，2018年第2期。

疗机构发展网上业务，为远程医疗提供环境保障；另一方面，建立网络医疗保障体系，将医疗保障结算服务扩展到网络医疗服务范围中，实现相关数据的联通共享，建立起在线支付和医保结算功能，为患者提供便利。

二是创新"互联网+"公共卫生服务。一方面，要建立公民的电子健康档案，做好数据的处理和分析工作，为患者提供更加有针对性的卫生服务；另一方面，要打破医院与家庭之间的壁垒，提升智慧医疗的家庭健康服务能力，在为家庭普及健康知识的同时，提供简单的问诊服务，简化看病流程，提升服务质量和效率。

三是构建完善的问诊用药体系。为网络看诊及用药提供相应的监管机制，建立起网络医院药品保障服务体系，与符合条件的医疗企业和药品企业进行合作，对智慧医疗所需药品实现供应和监督的保障。

2. 积极推行智慧医疗

数字技术与医疗服务的紧密结合是当前人民群众的迫切需求，也是我国提升公共服务质量和效率的关键举措。中国互联网络信息中心发布的第 54 次《中国互联网络发展状况统计报告》显示，互联网医疗相关应用保持较快增长。截至 2024 年 6 月，互联网医疗用户规模达 3.65 亿人，成为用户规模较大且增速较快的应用类型之一。

立足长远发展，我国发布了一系列推动智慧医疗发展的政策规划。《"十四五"数字经济发展规划》提出，要加快发展数字健康服务，加快完善电子健康档案、电子处方，推进医疗机构数字化、智能化转型，加快建设智慧医院，推广远程医疗，提升"互联网+医疗健康"服务水平。此外，各部门也针对智慧医疗的发展发布了一系列具体的规范和标准，如《国务院办公厅关于促进"互联网+医疗健康"发展的意见》《国家医疗保障局关于积极推进"互联网+"医疗服务医保支付工作的指导意见》《互联网诊疗监管细则（试行）》等文件，使智慧医疗的建设体系逐步完善，促进了医疗行业的高质量发展。

3. 智慧医疗发展展望

互联网医院、线上诊疗、远程会诊等智慧医疗服务越发普及，促进了医疗服务的普惠化发展。《"十四五"医疗装备产业发展规划》强调，要推进"5G+医疗健康"新模式发展，搭建新型数字基础设施和医疗平台，构建覆盖诊前、诊中、诊后的线上线下一体化医疗服务模式。推进远程问诊、远程会诊等发展，促进高端医疗资源下沉服务基层。未来，除智慧医院建设外，还要大力发展智慧卫生系统和家庭健康系统，最大限度地实现优质医疗资源的共享，满足人民群众的医疗需求。《"数据要素×"三年行动计划（2024—2026年）》对未来应用数据要素推进医疗发展提出了指引，提出要推进电子病历数据共享，加强医疗机构数据创新，进而推广医疗机构间的结果互认，提升保险服务水平，创新数据应用新模式，提升群众就医的便捷度和医疗机构的服务质量。

> **案例 16**
>
> **河南平顶山模式：望闻问切，科技助力健康中国**[①]
>
> 河南省平顶山市与医疗健康科技平台微医合作，构建了第三方平台建设运营、政府购买服务的"互联网+医疗"平顶山模式，成立了全国首家互联网医院——乌镇互联网医院，线上连接全国2700多家医院、28万名医生，在19个省市落地互联网医院，与100余家区域中心医院共建医联体，形成了覆盖全国的医疗服务网络。

---

① 国家互联网信息办公室：《案例·微医："望闻问切"，科技助力健康中国》，《网络传播》，2020年1月19日。

> 主要做法包括以下几个方面。一是搭建功能完备、体系完善的网络医疗平台。建立覆盖市、县、乡、村四级的智能分级诊疗平台，远程心电、远程影像、云巡诊车、健康一体机等智能医疗软硬件设备和医疗资源被源源不断地"输送"到基层，实现"硬件+软件、线上+线下"的检查、检验能力提升。二是打造面向政府、医院、药企等大数据智能医保平台。微医与易联众共建微医联众，联动处方共享平台和药品集中采购平台，推动医保支付向按病种付费（DRGs）升级。三是打破医疗、医药、医保之间的技术壁垒。让"三医联"平台整合三方各自优势，以医保为核心，构建以个人健康为中心的医疗服务体系，打通医联体、互联网医院、云药房、集采平台、商保，让百姓获得更便捷、公平的寻医购药体验，为群众用药提供安全保障的同时加强便利性。

（四）智慧养老

1. 智慧养老的内涵和特征

智慧养老这一概念最早由英国生命信托基金提出，从智能家居的狭义角度展开。随着数字技术的迅猛发展，如何搭建数字化的养老服务平台，以及如何构建智能化信息系统使其应用于养老服务成了关注的热点，拓展了智能养老的产品应用和服务范围。[1]

从《中国老龄事业发展"十二五"规划》提出居家养老信息系统建设起，我国就开始了养老智慧化的发展阶段。随着人口老龄化进一步激发养老服务的迫切需求，数字技术的迅猛发展为智慧养老提供技

---

[1] 孙晴、郝钢、丁莹莹：《数字平台驱动智慧养老服务供给结构优化——基于价值共创理论视角的博弈分析》，《商业研究》，2023年第3期。

术支撑，智慧养老进入快速发展时期，国家"十四五"规划纲要及一系列政策加强了智慧养老的规划，人们也更多地关注如何利用数字化手段实现更好的养老服务。

2. 国家积极推进养老智慧化

养老作为公共服务的重点领域，是《"十四五"公共服务规划》的重点任务之一。规划提出，要"制定国家基本养老服务标准，科学界定基本养老服务对象，细化服务项目和标准，完善设施建设、功能布局、设备配置、人员配备、服务流程、管理规范等软硬件标准和质量要求"。养老工作关系到民生，也是我国积极应对人口老龄化的重要战略，如何提高养老工作的质量是当前工作的重点。

借助数字技术的力量，发展智慧养老是实现养老服务新突破的重要方式，近年来我国出台了一系列政策来推进智慧养老的发展。从长远规划来看，《智慧健康养老产业发展行动计划（2021—2025年）》《"十四五"国家老龄事业发展和养老服务体系规划》都对智慧养老的长期发展进行了总体布局。一方面，从强化信息技术、提升数据应用能力、丰富健康服务、拓展智慧养老场景、推动适老化设计，以及优化产业发展环境等方面引导提升智能养老的服务水平；另一方面，重点规划了"互联网+医疗健康""互联网+护理服务""互联网+康复服务"领域，以试点示范建设的方式，开展和推广居家、社区和机构智慧医养相结合的养老服务。

此外，《养老机构服务安全基本规范》《养老服务智能化系统技术标准》以及各地智慧养老的运营规划相继出台，细化了养老服务的规范和标准，包括软硬件的设备标准、养老机构安全监管、服务质量监管以及智慧养老平台的建设等，为群众享受规范化的养老服务提供了依据，有效提高了养老服务的质量。

3. 智慧养老发展展望

未来，我国智慧养老的发展态势良好。在服务方式上，逐渐转变为人机交互，智慧养老服务在精准化、专业化和人性化方面得到提升。在服务内容上，向满足价值需求转变。在服务广度上，转变为面向全社会的"共享式"，由社区、机构、医疗等多元主体共同参与，实现养老资源最大化利用。所用到的基础应用也从单一的网络基础系统转变为业务应用系统，实现养老服务的规范化，形成养老产业全链条[①]。

案例 17

四川省自贡市：智慧医养大数据公共服务平台[②]

针对老年人普遍的"一人多病"问题，西南医科大学（直属）附属自贡医院超前谋划，于2019年1月正式上线了四川省第一个智慧医养市级平台——自贡市智慧医养大数据公共服务平台，为全市老龄健康事业发展、政策拟定等提供数据支撑，以大数据助力老年大健康。

主要做法包括以下几个方面。一是平台利用物联网、"互联网+"、大数据、云计算、人工智能等新一代信息技术，将政府、医院、高校、企业、养老机构的养老资源和医疗资源进行整合。打通数据的"最后一公里"，实现数据共享，使数据多跑路，老人少跑路，使资源效益最大化。打通医疗机构和养老机构之间的合作关系，让医生可以长期为对口的老人提供服务，使平台上的老人更加快捷、智慧地享受服务。二是打造机构养老、社区养老

---

① 吴雪：《"十四五"我国智慧养老发展的态势分析与实现路径》，《经济体制改革》，2022年第3期。
② 该案例改编自贡市智慧医养大数据公共服务平台。

和居家养老三大健康养老应用场景，为高龄、空巢、患病老人提供智慧医养服务。机构养老是在医院或养老机构内部建设智慧医养服务站；社区养老是在社区内建立智慧医养服务站，以社区为中心，建立活动半径在2 000米之内、步行15分钟的社区居家医养康养生活服务圈；居家养老是在传统的居家养老模式基础上进行全方位的智能化、适老化改造，且可通过平台下单，挑选、享受专业化的养老服务。三是利用平台可大规模地收集涉老数据资料，建立政府管理大数据平台。对城市养老服务情况进行全面跟踪与监管，全面优化养老服务供给侧配置，通过平台大数据统计分析，深化改革并为政府提供决策支持。

> **案例18**
>
> ## 广西壮族自治区北海市：探索"全链条"智慧养老发展模式[①]
>
> 近年来，广西壮族自治区北海市紧紧抓住"国家第四批居家和社区养老服务改革试点""广西智慧养老数字平台试点""国家居家和社区基本养老服务提升行动项目试点"机遇，探索建立"全链条"智慧养老发展模式。
>
> 主要做法包括以下几个方面。一是在服务内容方面，将养老设备与养老服务优化升级，提升了人机之间的交互体验，增强了服务的个性化，为不同类型老年人的晚年生活提供了保障。例如，为4 301名经济困难的失能、失智等特殊困难老年人免费发放烟

---

① 董林军：《科技赋能，探索"全链条"智慧养老发展模式》，《中国社会报》，2022年11月14日。

感报警器、智能腕表和智能拐杖等智能设备，提供身体健康监测、24小时定位行动轨迹检测、应急救援等服务，进一步降低了失能、失智老年人走失风险和生活安全隐患。二是在服务广度方面，实现了多元主体的协同参与。积极引导专业社会力量参与智慧养老服务，打通养老服务"最后一公里"，满足老年人"养老不离家"的现实需求。养老服务送上门。例如，通过购买居家养老服务，引进专业养老团队免费为孤寡、特困失能和高龄等老年人群体进行需求评估，制定"菜单"，提供个性化"点单式"服务，全市享受到助餐、助洁、助浴等服务的居家老年人达6.6万人次，满意度达100%。三是在数字技术的应用方面，实现了业务系统的搭建，促进了智慧养老的规范化发展。将智慧养老纳入"智慧北海"建设项目，打造集智能监管、智能管理、智能服务、安全防护、健康服务、情感关爱六类场景于一体的"智慧养老服务体系"，构建智慧养老服务平台、智慧养老服务和智能终端"三位一体"的智慧机构养老服务模式，提高养老院智慧化管理水平。

（五）数字职业

1. 数字职业的内涵和特征

根据国家统计局发布的《数字经济及其核心产业统计分类（2021）》，数字职业是在数字产业化[①]和产业数字化[②]的基础上进行分类的。《中华人民共和国职业分类大典（2022年版）》（以下简称《大典》）首次增加了"数字职业"这一分类标识，共增加职业类型97

---

① 数字产业化，主要包括计算机通信和其他电子设备制造业、电信广播电视和卫星传输服务、互联网和相关服务、软件和信息技术服务业等。
② 产业数字化是指应用数字技术和数据资源为传统产业带来的产出增加和效率提升。

个。主要围绕数字语言表达、数字信息传输和数字内容产生3个维度，以所使用的工具、所处环境、目标制定、内容实施、过程和产出6个可能涉及数字化因素的权重作为依据，对具有显著数字特征的职业进行标注。目前所标注的职业涉及地理、广播视听、计算机、金融、电子商务、农业、工业等多个领域。

数字职业的发展具有以下几个显著特征。一是数字技术与多种类型的产业相融合，促进了经济形态的转型。从前述分类来看，数字职业分布于各行各业，如地理国情监测工程技术人员、信息系统分析工程技术人员等职业均代表着所在行业的发展前沿，数字技术与传统职业相融合推动着经济形态和产业结构的升级，在一定程度上代表了未来行业的发展趋势。二是数字职业的蓬勃发展促进数字技术得到更加广泛的应用，也对相关行业的从业者提出了更高的要求，劳动者只有不断提高自身的数字素养、掌握一定的数字技术，才能适应当前产业转型的发展趋势。三是数字职业的认定为就业市场创造了新的动力，当前产业转型带来了数字化人才在多领域的缺口，《2021年北京市人力资源市场薪酬大数据报告》《数字经济就业影响研究报告》等相关报告显示，当前中国数字化人才缺口巨大，且数字职业的薪酬水平较高。在就业竞争日渐激烈的背景下，数字化相关职业为就业市场带来新的生机。

2. 数字职业发展展望

数字职业的发展契合了数字经济社会建设的需求，为提升人民群众的生活质量、促进社会的发展提供了动力，也为未来产业的发展提供了不竭的动力。

《大典》对数字职业明确进行标识，不仅是对我国职业分类的重要创新，也是对各行各业数字化建设进程的推动。从宏观上看，数字职业的发展有利于填补当前数字技术、工业设计、人工智能等领域的人才缺口，推动数字经济的发展，加快产业结构的转型升级。从微观上看，相关职业得到了规范化发展。一方面，有助于推动数字技术的创新发展，提升相关职业的社会认可度；另一方面，数字职业的规范化发展为就业市场提供了相关行业人才的评价标准，有助于满足相关行业的人才培养和就业需求。

> **案例 19**
>
> ### 四川省成都市：打造数字职业技能培训公共服务平台[①]
>
> 四川省成都市积极探索"互联网+职业技能培训"新模式，打造了全新的数字职业技能培训公共服务平台——成都职业培训网络学院。
>
> 主要做法包括以下几个方面。一是互联网技能培训平台功能完备，推动了免费技能培训公共服务普惠性、均等化。目前，已经实现了培训政策和资讯发布、在线学习、在线考试、职业能力测评、业务经办、数据管理六大在线教育功能，满足了随时随地学习的需求。二是平台量身打造多层次教学资源，满足各类群体自主学习需求。有效整合了各类职业技术（技工）院校、高技能人才培训基地、技能大师工作室的优质培训课程资源，针对企业在职职工、失业人员、高校毕业生、农民工、贫困地区劳动者等各类群体，分别开发了就业培训、技能提升培训、创业培训与创业指导、技能扶贫、直播课堂、精品微课等多类别课程资源。三是平台建立起职业培训电子档案，实现培训、就业一站式服务。汇集劳动者的网上学分、线下培训记录、职业资格证书等信息，

[①] 人力资源和社会保障部：《四川成都：打造数字职业技能培训公共服务平台 助力全民技能提升计划落地》，2019年11月28日。

> 建立劳动者职业培训电子档案。通过联通职业培训电子档案和就业服务信息，打通从培训到就业的关键环节。通过联通职业培训电子档案和社保信息，精准跟踪劳动者培训后的上岗就业情况，从而评估培训效果，指导提升培训质量。

（六）智慧消费

1. 智慧消费的内涵和特征

消费作为经济活动的出发点和落脚点，反映的是最终需求，是拉动经济持久增长的关键动力，是保障和改善民生的重要力量，在经济发展中发挥着基础性作用。随着信息技术的发展，消费业态和模式不断更新，各类互联网平台建设越发完善，智慧消费这一概念逐渐清晰。智慧消费是指依托于互联网，通过网络渠道销售和购买产品或服务的行为。2022年国务院办公厅发布的《关于进一步释放消费潜力促进消费持续恢复的意见》提出："促进新型消费，加快线上线下消费有机融合，扩大升级信息消费，培育壮大智慧产品和智慧零售、智慧旅游、智慧广电、智慧养老、智慧家政、数字文化、智能体育、'互联网+医疗健康'、'互联网+托育'、'互联网+家装'等消费新业态。"

随着消费业态的转型与升级，智慧消费显现出与传统消费模式不同的特征。首先，消费的渠道越发多样。随着各类销售平台的建设，各项保障更加完善，人们的选择也更加丰富，商品间的流通变得快捷高效，商品的流通方式和支付方式也随之发生改变，B2B（企业对企业）、B2C（企业对消费者）、C2C（消费者对消费者）以及跨境电商等现代商贸流通也随之产生，传统消费形态下的销售链条被打破重塑[1]。

---

[1] 周楠：《互联网背景下居民消费行为特征与影响要素探析》，《商业经济研究》，2018年第24期。

其次，网络消费催生了一系列新兴行业。网络购物的快速发展也为物流行业的发展提供了不竭动力，为外卖、客服等相关行业提供了一批就业岗位。最后，人们的消费习惯和理念也随之改变。完善的售后保障、便捷的物流系统以及更加丰富的选择让居民更容易接受新产品，也更好地满足了居民个性化的消费需求，产品更新迭代迅速，对实体行业造成了一定的冲击。

2."智慧+"消费新动力展望

"智慧+"消费是消费业态转型的必然趋势，是推动经济社会发展、实现中国式现代化的重要支撑，要不断为"智慧+"消费注入新的动力。

首先，政策的引导和保障是智慧消费发展的基础。《"十四五"数字经济发展规划》《关于进一步释放消费潜力促进消费持续恢复的意见》等政策文件都强调了数字经济的重要性，《"数据要素×"三年行动计划（2024—2026年）》强调了数据要素在消费过程中发挥的作用，鼓励各类经营主体，依托客流、消费行为等市场环境数据拓展新消费，培育新业态，打造新品牌，以数据为基础，健全完善的数字经济治理体系，提升公共服务数字化水平，为智慧消费的发展提供保障。

其次，要为"智慧+"消费扩容提质，各地区要结合地方经济发展现状，支持传统企业开展智慧商业改造升级工作，促进"智慧+"消费与实体经济的深度融合，同时改善消费环境，促进产品流通，进而提升人民群众对数字经济的获得感[①]。

最后，要引导群众树立健康的消费观念，由于网络消费的便捷性以及支付方式的改变，应积极引导并出台相应举措，避免过度消费，谨慎超前消费，并要建立监督体系，保护消费者的合法权益。

---

① 杨鹏岳：《"智慧+"：消费新动力》，《中国电子报》，2022年5月5日。

案例 20

"多彩宝"App：建好政务民生服务大平台[①]

"多彩宝"App 作为贵州政务服务网移动端总入口，全力打造更加便捷、更加智能、更有温度的"数字政务＋数字民生＋数字商务"大平台。2018—2022 年，贵州省一体化政务服务移动端能力评估连续 5 年位列全国第 3。

主要做法包括以下几个方面。一是"多彩宝"App 数字政务平台接入公安部实名认证体系，在全国率先推出"身份证一站式掌上办"，开通代开电子发票等多项便民服务，已基本实现"一个 App，办全省事"。二是"多彩宝"App 数字民生平台助力贵州在全国省级区域唯一实现水、电、燃气、数字电视等互联网基础民生服务省、市、县、乡、村五级全覆盖，不断深化互联网、大数据在教育、就业、社保等民生领域应用。三是"多彩宝"App 数字商务平台依托"多彩宝"平台开展"多彩贵州促消费百日专项行动""多彩贵州·暖心冬季""数字贵州·乐享消费"等系列促消费活动，累计拉动消费超过 118 亿元。

案例 21

智能家电领航"智慧＋消费"[②]

智慧消费是实现生活服务智能化的重要途径之一，智能家电的普及成为"智慧＋"消费的典型案例，不仅能给消费者带来更

[①] 本案例改编自《建好政务民生服务大平台，助力数字政务建设》。
[②] 杨鹏岳：《"智慧＋"：消费新动力》，《中国电子报》，2022 年 5 月 5 日。

多便利，也为产业的升级转型提供了方向。

主要做法包括以下几个方面。一是家电产品在特点和属性上更加"智慧"，智能家电消费高速增长，渗透率不断提升。中国电子信息产业发展研究院发布的《2021年中国家电市场报告》显示，智能空调占比超过50%，智能空气净化器占比达65%，智能洗衣机占比接近60%。二是服务端方面，家电产品的软件升级、硬件维修等持续升级，通过智能化等多种辅助手段，提升了便利性和服务效率。例如，海尔旗下的场景品牌"三翼鸟"通过集家装、家居、家电、家生活一体化服务，汇集各行业优质生态资源，提供一站式定制的智慧家服务，不仅让用户摆脱了传统家装消费的众多局限，也赋能传统家装厂商实现数字化转型升级。三是渠道端方面，平台加快线上线下消费的不断融合，探索消费新业态模式。例如，2021年全国首家京东MALL（京东旗下购物中心）落地西安，汇集当下新潮的3C家电[①]、家居产品，消费者通过主题场景体验区和产品互动体验区享受沉浸式购物体验，同时还可以通过官方小程序扫码随时自主下单。

（七）智慧交通

1. 智慧交通的内涵和特征

智慧交通，是指以互联网等网络组合为基础，以智慧路网和智慧管理等为重要内容的交通发展新模式。交通运输部和科学技术部印发的《交通领域科技创新中长期发展规划纲要（2021—2035年）》强调，要将交通运输科技创新进一步夯实，持续提升交通运输的自主创新能

---

① 3C家电，是指计算机（computer）、通信（communication）和消费类电子产品（consumer electronics）三者的结合，也称"信息家电"。——编者注

力，要面向国家重大需求，深入实施创新驱动发展战略，发挥交通运输重大应用场景牵引作用，推进新一代信息网络、智能绿色制造、安全高效清洁能源、资源高效利用和生态环保等技术加速应用，促进科技成果工程化、产业化，支撑和引领加快建设交通强国，服务科技强国、网络强国、数字中国、平安中国、美丽中国等建设。国务院印发的《"十四五"现代综合交通运输体系发展规划》提出，要加快智能技术深度推广应用，其重点在于推进交通运输基础设施的智能化升级，推动先进交通装备的应用，创新运营管理模式，坚持交通运输领域的创新发展。《"数据要素×"三年行动计划（2024—2026年）》提出，要合理应用数据资源，推进进货运寄、运单、结算等全流程数据的共享互认，提升多式联运服务效能。同时，要挖掘数据的复用价值，构建覆盖车辆营运行为、事故统计等高质量动态数据集，提高航运服务能力，提升运输服务效率，推动交通运输企业创新发展。总体而言，智慧交通是以现代信息技术为依托，通过数字化手段引领交通运输行业的现代化发展，从而实现提质增效、科学决策、创新服务的交通运输行业的新发展业态。

智慧交通具有以下特征。首先，与传统交通运行机制相区别的形态改变。随着科技的发展，交通运输的管理手段、交通工具、运输能力都会发生转变，以数字化平台建设为基础，智慧交通的管理和运行将会更加科学，安全性也会得到提高。

其次，交通运输服务能力的提升。利用人工智能和大数据等技术，能更加清晰地预测和判断使用者的服务需求，更加智能地提供个性化服务，同时利用网络信息平台，可以更加便捷高效地传递信息，简化办事流程，提升服务效率。

最后，智慧交通具有全面性。交通运输行业的数字化发展涉及所有业务、所有设施、所有装备、所有企业和整个交通运输系统的各个方面、环节，智慧交通的发展是实现交通运输现代化战略的根本要求[1]。

2. 智慧交通的成效和创新发展

近年来，我国智慧交通已取得出行更加便捷、物流更加高效、运行更加安全和监管更加精准等重要成效[2]。共享单车、智慧邮政、数字航道、高速公路桥梁结构健康监测等多项智慧交通成果，给生活带来了切实的便利。

智慧交通的发展方兴未艾，未来仍需坚持以数字化为引领，建立起更加智能高效的交通运输运行体系。要加强关键技术研发的自主性，攻坚关键性技术。坚持以应用为驱动，试点先行，立足真实业务和场景，解决真实需求。要坚持数据赋能，增强决策的科学性和严谨性，做好数据的应用和管理工作，加快智慧交通的建设步伐。要切实保障行业重要网络和系统安全稳定运行，健全网络安全责任体系，建设安全监管平台[3]。

案例 22

京港地铁：智能乘务排班系统建设新项目[4]

京港地铁因其业务规则复杂、决策维度多、工作量大、人工编制效率低、编制周期长，所以人力和时间成本居高不下。杉数科技在将智能决策技术引入乘务排班计划后，京港地铁实现了人

---

[1] 张新、杨建国：《智慧交通发展趋势、目标及框架构建》，《中国行政管理》，2015年第4期。
[2] 李小鹏：《大力发展智慧交通 加快建设交通强国 为当好中国式现代化的开路先锋注入新动能》，《中国网信》，2023年9月15日。
[3] 李小鹏：《大力发展智慧交通 加快建设交通强国 为当好中国式现代化的开路先锋注入新动能》，《中国网信》，2023年9月15日。
[4] 本案例改编自京港地铁智能乘务排班系统建设项目。

> 和车次的最优配置，决策效率提升 10 倍，正线值乘人数降低 3%，全面提升了乘务排班的效率和弹性，生产率提升至 47%，周平均里程由 499.9 千米提升至 510 千米，整体方案的均衡性和合理性得到显著提升，为其他轨道交通排班起到了示范作用。
>
> 总体思路是采用时空网络模型结合有效不等式的方法进行建模，并应用自研数学规划求解器 COPT 求解，一次性考虑所有约束条件进行全局优化。因本项目属于超大规模问题，涉及 50 余项约束条件，项目算法团队定制化开发了"先轮值、再排班"的业务解耦模型。
>
> 主要流程如下：在轮值表优化阶段，杉数科技以优化正线值乘人数为目标，基于时空网络模型结合割平面的方法，对轮值表场景进行定制化的精确求解建模；通过设计一系列定制化算法对各项约束进行预处理，然后基于业务逻辑进行建模，再结合求解器 COPT 进行求解，求解速度明显加快；轮值表优化完成后，乘务团队需要将轮值表中的任务，合理且均衡地分配给每一位司机，即制定排班母表；针对该场景的复杂变量和约束，杉数科技基于业务规则构建混合整数规划模型，并开发定制化求解器 COPT 进行求解。

（八）智慧住宅

1. 智慧住宅的内涵和特征

智慧住宅这一概念尚处于萌芽状态，学界尚未形成较为权威的定义。从各省市推进智慧住宅建设的相关举措来看，大致可以概括为"利用物联网、大数据等技术创新建构的全新住宅形态，通过这些技术智能控制家电、安防等设备，提升入住质量，提供个性化关怀，为业主提供更加智能的居住、娱乐、健康、养老等多项服务体验，进而变革传统的住宅模式"。

智慧住宅具有以下特征。首先，在生活中对数字技术的广泛应用，形成了一整套智能服务网络，能够满足业主在住宅内的多样化需求。这一系统需要具备较强的信息收集能力、数据处理能力、人机交互能力，并能够根据数据结果做出决策，其智能性相较于传统住宅模式大幅提升。

其次，智慧住宅具有绿色环保特性。习近平总书记强调，中国式现代化是人与自然和谐共生的现代化[1]。在发展智慧住宅的过程中，绿色环保是一大主题，通过智能化手段减少能耗与排放是智慧住宅的创新之处。

最后，智慧住宅具有鲜明的服务属性。发展智慧住宅的最终目的是服务于人民群众的生活需求，要始终坚持以人为本的原则，发展社区安防、智慧人行、智慧车行、生活服务、物业管理等多项功能服务于生活，为消费者创造更加环保、舒适和个性化的居住体验[2]。

2. 智慧住宅的发展展望

当前，智慧住宅的发展尚处于起步阶段，后期仍需持续性投入和试点，总结经验后再铺开推广。智慧住宅的发展核心是更好地服务于居民的各项需求，要以提升服务质量为出发点。当前，居民的迫切需求主要集中在养老、医疗、安全等方面，因此要将智慧住宅的发展与其他社会服务需求相结合。以养老为例，要建立智能化的适老住宅，"从单纯的'居家服务网络'逐渐到'被动执行智能物联'再到'主动探

---

[1] 习近平:《高举中国特色社会主义伟大旗帜 为全面建设社会主义现代化国家而团结奋斗——在中国共产党第二十次全国代表大会上的报告》，新华网，2022年10月25日。

[2]《以人为本，荣盛塑造"有温度"的智慧住宅》，《时代周报》，2020年9月15日。

测'功能的开发，结合建筑、医疗、大数据、物联网、人工智能等多重学科的共同研究，通过以人为本的环境智能体系"[1]突破单纯的智慧住宅系统的局限，扩大服务网络，进而提供更及时和全面的综合服务。

> **案例 23**
> **内蒙古自治区呼和浩特市："智慧城建"项目**[2]
>
> 呼和浩特市"智慧城建"项目打造"121N 工程"，即"1 朵云""2 张传输网络""1 个数据平台""N 个应用系统"，大幅提升呼和浩特市住建局综合管理能力，改善建设行业环境，间接改善经济发展环境，促进城市经济发展。
>
> "1 朵云"是指以建设联通自研云为底座的城建云，为"智慧城建"平台提供 LaaS（基础设施即服务）基础资源，实现计算、存储、网络、安全资源的灵活分配。其既可满足新增的云计算资源使用需求，又可以连接住房和城乡建设厅的政务云、各分管二级单位现有资源，实现整体的资源协同与共享。"2 张传输网络"分别是指城建业务专网和物联感知网。城建业务专网连接城建云、各二级单位以及呼和浩特市政务云、智慧青城、12345 接诉即办的城建业务专网。物联感知网则是对路灯、管网、桥梁等基于窄带网络传输的设备，以及车载、单兵装备等基于宽带网络传输的设备进行采集。"1 个数据平台"是指城建大数据平台，要构建全域全量的城建数据资源中心和资产管理系统，形成地理信息、基础设施等基础数据库，工程、房地产、物业、企业、从业人员、市政设施等全业务库，以及事件和设施感

---

[1] 王滢：《适老化智慧住宅相关技术发展现状与展望》，《住宅与房地产》，2023 年第 19 期。
[2] 本案例改编自呼和浩特市"智慧城建"项目。

知等运行库，通过数据采集、数据整合、数据治理，实现"数据全接入、流程全融合"。"N个应用系统"包括诚信管理系统、人事管理系统、可视化主题展示、统一门户、App整合等。各个应用系统间相互配合，建设和完善智慧建筑、智慧房产、公众服务、智慧政务、综合业务等应用平台功能，实现城市精细化规划、建设、管理的全生命周期以及政务服务的闭环管理，提升住建部门的应急处置能力、公共服务能力和公众满意度。

案例24
安徽省：智慧住宅建设推出"安徽标准"[①]

生活服务智能化覆盖了衣食住行等多个方面，其中智慧住宅作为新兴概念为便民生活圈的打造提供了全新思路，安徽省率先行动，起草了《智慧住宅工程建设标准（征求意见稿）》。安徽省预计到2025年底，全省将建设不少于1万套智能家居成套系统标准化示范住宅，面积约100万平方米。

智慧住宅的标准涉及家居安防、家电控制、家居娱乐、家居环境和健康保障等多方面。在家居安防方面，应建立健全数据隐私与网络安全体系，具备可靠的住户隐私保护。在家电控制方面，应可以设置红外转发器，通过智能交互终端对智能家用电器进行红外遥控操作。在家居环境和健康保障方面，宜设置环境传感器，对家居室内空间环境进行监测，监测的环境要素包括空气质量及温度、湿度等。此外，宜通过智能设备对家庭成员的血压、体重等生理数据进行采集，并上传到智能交互终端。

---

① 吴奇：《智慧住宅建设将出"安徽标准"》，《合肥晚报》，2023年6月14日。

（九）智慧助残

1. 智慧助残的内涵及主要内容

当前，智慧助残的概念相对模糊，大致可以概括为"利用数字化手段，搭建网络助残平台，创新助残服务模式，为残疾人群体提供更加便捷的服务，从而满足残疾人的康复、就业、教育等方面的需求"。

智慧助残的主要内容以残疾人的需求为主导，分为以下几类。一是残疾人的康复需求，包含相关的医疗服务需求、辅助器具需求、社会保障需求、紧急救治需求等。这一部分服务是残疾人最迫切需要的，也是助残工作的主要内容，智慧助残可以通过建立助残平台的方式，为残疾人提供更具针对性的服务。另外，数字技术在辅助器具上的应用也可以为残疾人康复提供帮助。二是残疾人的生活需求，包括教育需求、文体娱乐需求等，数字化手段的应用可以大大降低残疾人与外界沟通的难度，使他们更好地表达自己的需求。三是残疾人的就业需求，借助网络平台，残疾人可以更好地获取职业信息，同时，数字技术的发展使得部分残疾人具备与常人相近的工作能力，切实为残疾人解决生活中的困难[①]。

2. 智慧助残的成效和发展展望

我国高度重视残疾人事业发展，各级残联以习近平新时代中国特色社会主义思想为指导，不断开展助残活动，推动残疾人事业高质量发展。截至 2022 年，全国有残疾人康复机构 11 661 个，康复机构在岗人员达 32.8 万人，其中，管理人员 3.4 万人，业务人员 23.9 万人，其他人员 5.5 万人。2022 年，完成康复专业技术人员规范化培训 1.7 万人，

---

① 胡培铃、王婉娟、尚开艇：《协同治理视角下智慧助残服务平台构建研究》，《改革与开放》，2018 年第 13 期。

共有856.7万残疾人得到基本康复服务[①]。

为更好地保障残疾人的基本权益，国家出台了一系列政策来保障提供更高质量的服务。《"十四五"公共服务规划》提出，要"研究提出残疾人服务标准体系，开展残疾人康复、托养照护、就业服务、无障碍和残疾人服务资源管理、信息化服务平台建设等方面的标准试点"，《"十四五"残疾人保障和发展规划》明确提出，要"坚持传统服务方式与智能化服务创新并行，建立线上线下相结合的残疾人服务体系，推动数字化服务在助残中的普惠应用。完善残疾人口基础数据，改进残疾人服务需求和服务供给调查统计，加强残疾人服务大数据建设"。发展智慧助残，利用数字技术实现助残服务的普惠性发展已经成为助残服务的重要抓手。

智慧助残将为助残工作开拓新的服务平台，并利用电子信息技术改变原本的传统服务模式，在以智能化手段降低服务成本的同时提升服务的便利性。智慧助残系统应从教育、生活、就医、康复、就医等角度出发，为残疾人基本生活提供保障，在实现生活质量提高的同时，满足残疾人的精神需求。

案例25

浙江省：浙江政务服务网的智慧助残服务[②]

浙江政务服务网推出了智慧助残服务，该服务依托数字化改革，围绕残疾人办证、就业、机构服务等与残疾人息息相关的事情，形成助残服务专区。

主要做法包括以下几个方面。一是开通了多项热门生活服

[①] 中国残疾人联合会：《2022年残疾人事业发展统计公报》，中国残联，2023年4月6日。

[②] 浙里办：《"智慧助残"，一路伴您温暖同行》，2023年5月18日。

务，满足残疾人需求，包括残疾人证的申领、低保认证、在线注册登记残疾人机动轮椅车等。二是可以提供就业创业方面的帮助。残疾人可以在线进行求职登记并查看最新就业公告，智慧助残服务协同相关部门提供"就业登记"和"就业创业补贴"。三是可以提供医疗康复等多种类型的助残服务。智慧助残服务协同相关部门提供残疾人低保认定、残疾人低保边缘认定和特困残疾人供养、病残儿鉴定和因病或非因工致残完全丧失劳动能力提前退休（退职）核准等服务，可以在线进行康复评估表的填写和自测、评估语音咨询，以及残疾人之家、残疾评定机构、残疾人就业服务机构、残疾儿童定点康复机构等助残服务机构的定位导航服务和基本情况介绍等。

四、数字技术赋能提升社会治理智能化水平

（一）科技创新赋能社会治理智能化

1. 科技支撑社会治理智能化

科技创新赋能是实现社会治理现代化的必由之路，数字技术的日新月异可以帮助治理主体更便捷、高效、精准地掌握社会发展的动态和提供多样化解决方案。党的十九届四中全会《中共中央关于坚持和完善中国特色社会主义制度 推进国家治理体系和治理能力现代化若干重大问题的决定》提出，"必须加强和创新社会治理，完善党委领导、政府负责、民主协商、社会协同、公众参与、法治保障、科技支撑的社会治理体系"[1]，强调要将科技支撑作为完善社会治理体系的重

---

[1] 《中国共产党第十九届中央委员会第四次全体会议公报》，新华网，2019年10月31日。

要内容。要着力推动现代科技与社会治理深度融合，通过现代科技推进社会沟通、改进管理服务，打造数据驱动、人机协同、跨界融合、共创分享的智能化治理新模式，提升社会治理整体效能。

通过数字政务服务、智能交通管理、智慧城市建设、数字乡村建设、互联网法院建设等应用，数字技术赋能社会治理，为更好建设平安中国、法治中国发挥着越来越重要的作用。党的十九届六中全会审议通过的《中共中央关于党的百年奋斗重大成就和历史经验的决议》指出，党的十八大以来，我国社会治理社会化、法治化、智能化、专业化水平大幅度提升[1]。党的二十大报告强调，要加快建设"科技强国"。

2. 数据应用优化治理方式

近年来，数据成为社会治理的关键要素，是社会治理智能化发展的重要依托。《"数据要素×"三年行动计划（2024—2026年）》的发布强调要发挥数据要素的关键作用，推动城市人、地、事、物、情、组织等多维度数据融通，丰富数据要素的应用场景，深化公共数据的共享应用，建立起城市公共服务的数据库，加强区域协同治理，提高各项公共服务的科学性，优化服务流程，提升服务水平，满足群众需求。

为实现数据要素的合理应用，要强化政府的保障支撑作用。要充分发挥政府的统筹作用，建立更加完善的数据资源体系，建立全面详细的规则标准，为数据的共享流通建立更通畅的环境，便于各机构之间的数据共享，提升服务水平。另外，在数据安全方面要加强管理，建立相应的组织机构，利用制度规则保障数据安全水平。

---

[1]《中共中央关于党的百年奋斗重大成就和历史经验的决议》，新华社，2021年11月16日。

案例 26

安徽省安庆市：社会治理平台项目[①]

安徽省安庆市与中电云计算技术有限公司合作，开展市、县、乡、村社会治理平台一体化建设，建设基础设施、平台支撑、全域数据、核心平台、特色应用、决策展示六层应用体系，不断提升社会治理智能化、精细化水平。

基础设施层为平台建设的基础，是安庆市社会治理管理平台的运行基础。平台支撑层由支撑业务应用的中间件等构成，为平台安全稳定运行提供数据支撑与应用支撑。安庆市社会治理平台是全域数据层的数据核心，通过整合综治9+X（综合治理大数据平台）、矛盾调解、物联感知、市民上报等数据，为整个上层的业务及特色应用提供数据支撑。核心平台层围绕基层社会治理核心业务，建设治理要素系统、治理机制系统、治理过程系统、治理效能系统四大核心应用，达到厘清治理要素、明确治理机制、严控治理过程、提升治理效能的管理目标。特色应用层围绕平安建设、"一标四实"、重点人群、矛盾调解、基层减负、考核评价等需求，借助公安技防能力、人工智能技术，搭建特色应用平台，涵盖平安指数、人房关联、重点人群服务管理、多元矛盾调解、基层减负一表通、指标评价等创新场景应用。决策展示层通过手机、电脑、大屏等多种渠道多终端展示，面向市、区、街道、社区、网格五级基层管理单位及公众提供信息及服务，以全景和专题两种模式体现人口、事件、网格、考核等社会治理基础信息及分析研判结果，实现一屏统览，为各级管理者提供决策辅助。

---

① 本案例改编自安庆市社会治理平台项目。

> 安庆市社会治理平台全面推动权责、资源、力量向基层治理一线下沉，实现市、县（市、区）、乡镇（街道）、村（社区）、网格五级业务应用全贯通，推动了基层治理力量不足、权责交叉、资源有限、负担过重、手段单一等问题的探索破题；通过多轮数据会战，对网格内各类人口要素、房屋要素等全部录入并核验，同时，通过整合公安、司法、信访、安全等部门治理要素信息，开展数据治理，为实施精细化管理提供全面、精准、翔实的底数；聚焦基层治理核心业务，通过事件协同处置、App无感登录、网格划分工具、"随手拍、随手报"等功能提升平台使用效能，高效解决综治9+X、矛盾调解等场景中的各类问题。截至2023年7月，平台共排查矛盾事件8 780件，调处8 377件，日均上报40余件，充分提高网格内人、地、事、物、情等全景全要素数据的治理能力以及科学决策等社会治理基础能力。

（二）智慧城市社区建设

1. 智慧城市社区建设的背景与意义

基层治理是国家治理的基石。数字城市社区建设是建设数字中国战略的重要基础环节。国家高度重视数字城市社区建设，先后出台了一系列政策措施促进数字城市和智慧园区的建设。国家发展改革委等八部门印发的《关于促进智慧城市健康发展的指导意见》指出，建设智慧城市的目的在于保障和改善民生，要努力推动公共服务便捷化、城市管理精细化、生活环境宜居化、基础设施智能化以及网络安全长效化。民政部等九部门印发的《关于深入推进智慧社区建设的意见》则指出，"到2025年，基本构建起网格化管理、精细化服务、信息化支撑、开放共享的智慧社区服务平台，初步打造成智慧共享、和睦共治的新型数字社区"。

智慧城市和智慧社区的发展相辅相成。一方面，智慧城市的发展有利于加速技术、服务、资源等下沉到基层，城市整体发展可以有效带动社区服务质量的提升；另一方面，基层社区治理水平的提升可以促进城市的发展，作为"最后一公里"的社区治理，通过数字技术实现基层数据的采集、核查和上传工作，打破了传统治理过程中的"信息壁垒"，有助于提升社会治理的精准性，更好地服务于人民群众的需求[1]。智慧城市及其社区建设在数字社会的建设中发挥着越来越重要的作用，不仅有助于提高人民群众的生活质量，促进区域的整体发展，也可以优化区域内资源的利用情况，促进均衡发展和可持续发展，还可以提升治理精准性，更好地提供个性化、多元化的社会服务，为居民打造更加宜居的生活环境，并引导群众参与到城市和社区的共建共治共享当中，实现社会治理的创新发展。

2. 智慧城市社区发展的重要任务

建设智慧社区的重点任务在于集约建设智慧社区平台，拓展智慧社区治理场景，构筑社区数字生活新图景，推进大数据在社区的应用，精简归并社区数据录入，以及加强智慧社区基础设施建设改造。一方面，要在已有平台的基础上，继续推进智慧社区的平台建设，改善基础设施，完善各项功能并不断拓展服务范围，使智慧社区能够覆盖到更多的应用领域，实现政务服务、公共服务的创新建设，加强养老、助残、托育、公共文化等各项功能建设，满足人民群众的社会生活和精神文化需求；另一方面，要加强治理的精准性与科学性，提高数据应用能力，完善数据采集、录入、制表、报送等机制，有效利用智慧社区平台数据与政务信息系统数据科学配置服务资源，为社区居

---

[1] 张东、朱剑宇、王刚：《智慧社区助推智慧城市高质量发展》，《中国建设信息化》，2023年第15期。

民提供更具个性化、更高质量的服务。在实施过程中，各级政府要加强组织领导、规划引领、资金投入等多方面保障，创新服务和运营模式，吸引多元主体的共同参与，推广成功经验和典型做法，助力提升智慧城市、智慧社区的建设水平。

> **案例27**
>
> **四川省天府新区：云从科技 × 天府新区数字城市项目**[①]
>
> 四川省天府新区数字城市项目依托云从科技从容大模型，从数字孪生底座、智慧城市规划、智慧政务、智慧防汛等方面着手打造智慧化管理数字孪生系统，建设与现实城市一一映照的虚拟孪生城市，赋能各类创新应用场景的智慧化，从多维度推动城市的协同包容发展。
>
> 主要做法包括以下几个方面。一是打造实现数字孪生的核心"天府大脑"。通过对各类数据资产进行盘点、抽取、采集、转换、清洗，"天府大脑"形成了"一图统揽"和"一网统管"两大核心主题。数据层面上，天府新区已建成564平方千米的数字孪生城市信息模型对三维场景进行实时渲染，支持实时光源、大气雾、高度雾以及24小时昼夜变换、大气渲染和自动光照变化等模拟肉眼看到的真实世界的效果。应用层面上，天府新区综合枢纽数字孪生平台支持不少于8个城市运行监测主题的可视化，包括智慧规划、智慧工地、智慧科创、智慧出行等，构建全新的CDO（首席数据官）城市运行模式，将与实体城市孪生的数字空间储存在"城市大脑"中。二是打造事前、事中、事后全周期智慧应急防汛

[①] 本案例改编自云从科技 × 天府新区数字城市项目。

> 体系，全面提升城市韧性水平，筑强安平之城。整合应急、气象、水利等方面监测预警信息，构建智慧防汛系统，为汛情态势感知、预警预报、风险分析和应急响应等提供有力的技术支撑和决策辅助系统。三是推出智慧规划平台，着力打造侧重于数字城市智慧规划应用和服务平台，推出建设现状评估、规划评估、方案分析、专题分析、驾驶舱等子系统，打造智慧化的全新规划模式。四是推出智慧政务，以"一横、一纵、一跨"为核心思路，创新打造以"审批即服务"为内核的全新服务/治理体系和方式。构建横向覆盖整个天府新区政务服务领域，纵向贯穿省、市、区、街一体化服务总线，跨区、跨市、跨省多级分段服务模式。

（三）数字乡村建设

1. 数字乡村建设的背景与意义

数字乡村建设是数字社会建设的重点领域，关乎公共服务的均等化与普惠化，关乎农业农村现代化的实现。

首先，数字乡村建设促进了农村现代化发展进程。数字技术的应用为农业生产提供了科学保障，为农产品的销售和农村产业结构转型提供了发展机会，增加了农民的收入，促进了农村地区的经济发展。同时，数字经济通过整合市场，畅通了农产品销售的通路，增加了城市农产品的供给，助力城乡融合发展[①]。

其次，数字乡村建设提高了农民的生活质量。教育、医疗等基本公共服务可以通过共享，促进城乡公共服务均等化。通过简化服务流程，促进更多的优质资源向农村地区传递，以创新的形式提高农村地

---

① 孙久文、张翱：《数字经济时代的数字乡村建设：意义、挑战与对策》，《西北师大学报（社会科学版）》，2023年第1期。

区基本公共服务质量。

最后，数字乡村建设增强了乡村治理的精准性。数字技术有助于改进农村的治理方式，以大数据为依托的决策和治理更具科学性，能有效提高基层治理的透明度和效能。此外，运用数字技术开展实时环境监测等，还能促进生态文明、乡村文化保护，助力实现可持续发展。

2. 数字乡村建设的基本目标和主要举措

数字乡村建设关系到城乡融合与社会公平，国家出台了一系列政策来推动数字乡村的建设进程。

《数字乡村发展战略纲要》规划了 2020 年、2025 年、2035 年直到 21 世纪中叶的数字乡村建设目标，要实现 5G 创新应用，缩小城乡数字鸿沟，基本实现农业乡村现代化，城乡基本公共服务均等化，乡村治理体系现代化，全面建成数字乡村，实现乡村振兴的远景目标。《数字乡村发展行动计划（2022—2025 年）》提出，重点任务为实现数字基础设施的升级、实现智慧农业的创新发展、实现乡村发展的新业态新模式、提升数字治理能力、实现乡村网络文化的振兴、保护乡村生态、提升公共服务效能以及实施网络帮扶拓展行动。在此基础上，《2023 年数字乡村发展工作要点》进一步丰富了强化粮食安全数字化保障、发展智慧农业、发展县域数字经济、深化乡村数字普惠服务等任务。《2024 年数字乡村发展工作要点》进一步部署了涉农数据资源集成共享、农村电商高质量发展、农村文化文物资源数字化、培养壮大乡村数字人才队伍等任务。

数字乡村建设重点任务的发展变化表明，数字乡村建设从重视新技术发展和应用向更加强调"数字技术创新＋数据要素分析"的融合创新，利用技术手段保障农业生产以及农村经济发展，增强农村规划和发展的科学性，促进农村地区产业结构的优化升级，以数字化推动乡村振兴。

案例28

云南省楚雄市：建设"数字乡村"赋能乡村振兴[①]

云南省楚雄市通过实施"智慧城市＋数字乡村"两轮驱动，推动数字经济与乡村振兴深度融合，城乡数字鸿沟不断缩小，2020年被正式列为国家数字乡村试点县（市），荣获"全国县域数字农业农村发展先进县"称号。

主要做法包括以下几个方面。一是"广覆盖"，夯实数字乡村建设基础。大力推进农村信息基础设施建设，实施光缆入村、网络入户，促进农村通信网、互联网和广播电视网"三网融合"，推动乡村信息网络覆盖率不断提升。二是"数字化"，助力乡村农业全面升级，推进农业数字化转型，推广云计算、大数据、物联网、人工智能在农业生产经营管理中的运用，促进新一代信息技术与种植业、种业、畜牧业、农产品加工等全面深度融合应用。三是"云智慧"，嵌入基层社会治理。建设由大数据指挥中心和"基层治理、党政融合、党员教育、基础党务"四个板块构成的"威楚智慧党建"系统，推动手机端数据与智慧党建大数据指挥中心互联互通、资源共享，促进基层党建工作由传统向现代、由单边灌输向多方互动、由管理型向服务型转变。四是"信息化"，提升惠民服务水平。补齐农村教育信息化短板，探索跨区域"1+N"互动教学模式，搭建"楚雄教育云"平台，推进以优质"三通两平台"为重点的教育信息化建设。

[①]《楚雄：建设"数字乡村"赋能乡村振兴》，"网信云南"微信公众号，2021年2月26日。

案例29
"裕农通"：数字乡村建设助力乡村振兴[①]

裕农通是建行将普惠金融战略向农村地区延伸、服务农民大众的一个重要抓手，是对中央服务三农、乡村振兴战略的积极响应和落实，同时也是对运用金融力量，实现精准扶贫的一次有效探索。

具体做法包括以下几个方面。一是打造乡村振兴综合服务在线平台，创设土地经营融资、云企贷、产销服务、品质农业服务、阳光乡村服务、休闲农业与乡村旅游服务、职业培训服务等涉农生态场景，快速整合各方相关应用满足农业农村需求，助力乡村线上生活服务。二是打造线下综合金融服务点，以"涉农、扶贫"为重点客群，以新一代核心系统和金融科技优势为依托，拓宽渠道覆盖面，扩大综合化服务领域，打通乡村金融服务"最后一公里"。三是打造县域基层治理综合服务平台，构建城乡之间产品、服务、资金、土地、数据等生产要素双向流动体系，探索"互联网+"治理模式，形成集村务、"三资"、农村产权等于一体的服务方案，助推乡村治理现代化。截至2023年12月底，"裕农通"乡村振兴综合服务在线平台注册用户达1 312.9万户，实名用户721.8万户，实名用户占比约55%。"裕农通"钱包开立76.2万个，贷款发放达882.6亿元。"裕农通"线下服务点总数为34.5万个，服务点当年活跃率为85%，当季活跃率为83%，当月活跃率为89%。服务农户总量为3 040.1万户，金融总量为3 962.4亿元。基层治理平台覆盖全国1 800个区县，26 000个村集体，108 000个行政村；开立基层政府账户124 000户，时点余

---
① 本案例改编自建设银行"裕农通"项目。

额 1 245 亿元，银农直联线上交易 85 亿元；平台集体经济组织平均资金沉淀 10.8 万元，为同业第一。智慧村务服务已与冀时办、三晋通、渝快办、北京大兴、i 安康、辽事办、津心办、政通雄安、安馨办等十余款政府 App 完成对接，为政府搭建乡村治理信息化平台，以科技赋能乡村治理，提高基层政府工作效率。裕农通服务点与第三方合作典型模式的概况，如表 9.1 所示。

表 9.1 裕农通服务点与第三方合作典型模式概况

合作模式	核心内涵
裕农通+卫生系统	满足农村城乡社保卡客户的金融与社保服务需求
裕农通+日日顺乐农	借力国家农村饮水安全工作，输送普惠金融服务
裕农通+通信公司	打造"商户+银行+通信+物流"村口银行新模式
裕农通+益农信息社	依托农业农村部信息进村入户工程，叠加"益农信息社"乡村渠道和网络
裕农通+智慧政务	提供直达乡村的多维一体综合政务便民服务
裕农通+产业龙头企业	联动农村产业化龙头企业及上下游客户
裕农通+商超	借助连锁超市、农资销售点、百货便利店等农村商超店面，提供"裕农通+商户服务"

（四）坚持和发展新时代"枫桥经验"

1. 新时代"枫桥经验"的时代价值

20 世纪 60 年代初在浙江农村由基层干部群众首创的"枫桥经验"[①]，从处理阶级矛盾的社会主义教育运动样板经验，发展为加强社会管理的社会治安综合治理典范，再提升为创新社会治理的基层治理现代化新实践，实现了系统性升级、历史性跨越。"枫桥经验"法治

---

① 中共中央党史和文献研究院：《建国以来毛泽东文稿》（第十册），中央文献出版社，1998 年。

价值迭代升级的关键在于马克思列宁主义、毛泽东思想、邓小平理论、"三个代表"重要思想、科学发展观、习近平新时代中国特色社会主义思想指引与赋能其持续响应国家需求，深植群众沃土，紧扣时代脉搏，力求守正创新。

2. 坚持和发展新时代"枫桥经验"

坚持和发展新时代"枫桥经验"，要以实践为依托，不断完善共建共治共享的社会治理制度，助力国家治理体系和治理能力现代化。要立足基层，不断丰富创新基层治理范式，坚持源头治理、群防群治、调解帮扶，探索社会心理服务机制，以更高效的方式助力社会矛盾纠纷化解。要坚持人民至上，积极引入新技术和新手段满足人民群众需求，可通过优化网络平台、简化工作流程等不断提高办事效率，通过云技术实现"远程调解""远程医疗"等不断满足民生需求，通过区块链等技术促进过程透明，增进社会公正，更大限度地便民利民。

案例 30

"智悦盐都"："数智"驱动，打造心理危机干预"千里眼"[①]

四川省自贡市自 2019 年被确定为全国社会心理服务体系建设试点城市以来，在市委、市政府领导下，市委政法委、市卫生健康委"双牵头"，依托西南医科大学（直属）附属自贡医院三甲专科医院优势，自贡市创建了社会心理服务平台"智悦盐都"，中小学生心理健康疏导与危机干预专项工作被国家卫生健康委办公厅收录到工作专刊印发交流，并在国家卫健委、中共中央政法委等

---

① 本案例改编自四川省自贡市"智悦盐都"项目。

九部门联合发文的《全国社会心理服务体系建设试点2021年重点工作任务》中通报表扬；探索社会心理服务体系建设推动基层社会治理情况被省委办公厅《四川信息专报》采用，并上报中央办公厅。群众对心理健康认知认同不断提升，梳理排查的社会心理得到及时有效干预，因心理问题引发的矛盾纠纷同比下降15%。

"智悦盐都"的总体思路是，以数字评估、数字疗法、大数据为核心技术支撑，创新"网格+心理服务"。"智悦盐都"共建设了1个"心理健康大数据中心"和"市民健康、心理援助、数字化健康管理、心理网格、医校协同、人才培训"6个业务分中心，主要做法是常态化关注服务与应急事件处理紧密结合。一方面，"智悦盐都"与市公共安全视频联网应用平台"智治盐都"相融合，将心理网格系统模块作为一个单独的功能板块植入"智治盐都"网格系统中，让基层网格员通过"智治盐都"心理网格系统模块的使用，及时识别高危个体，特别是有潜在暴力倾向的个体，进行常态化的关注和服务，早发现、早干预、不转化。另一方面，在应急事件处理上，"智悦盐都"将全天候心理援助热线与微信整合到同一操作界面，在向全市提供实时线上咨询、在线评估、就医咨询的同时，将发现的危机预警事件通过综治中心提供的专网接口进行警情上报，市综治中心将事件推送至区县综治中心，实时调派人员开展"现场+远程"干预，进而实现政法、卫健、公安、应急等多部门联动，构建起"一张网络统揽、一套机制统筹"的链条式办理机制（发现上报—网上分流—处置反馈—跟踪督办—回访问效—结单归档），有效从源头预防并治理风险和隐患，为安全问题提供多一重保障。

第十章

文化建设新篇章：
数字文化

一、数字化转型下的文化融合与重塑

（一）建设数字文化的战略背景

党的二十大报告提出，要切实"实施国家文化数字化战略"，[①] 我国数字文化建设与发展的战略目标尤为凸显。当前信息革命浪潮奔涌澎湃，新一轮科技革命和产业变革正加速孕育兴起，以互联网、云计算、大数据为代表的数字技术逐渐以新理念、新业态、新模式有机融入人类经济、政治、文化、社会、生态文明建设的各领域和全过程中，海量的信息内容、多元的展现形式与丰富的云端生态不断充盈着人民群众的文化生活，形塑了人们的认知习惯、价值观念与行为规范。在数字时代，以数字技术赋能文化发展、以文为媒建设数字中国

[①] 习近平：《高举中国特色社会主义伟大旗帜 为全面建设社会主义现代化国家而团结奋斗——在中国共产党第二十次全国代表大会上的报告》，新华网，2022年10月25日。

既是推进中国式现代化的必由之路，更是构筑国家核心产业竞争力的有力支撑，对于提振社会风气，提升国家凝聚力、向心力，提高国家文化软实力，以及全面推进中华民族伟大复兴具有重要意义和深远影响。

国家之魂，文以化之，文以铸之。迈入新时期，日新月异的信息技术不仅为人民群众的生产生活提供了新平台、新空间，还为文化的繁荣发展提供了新载体、新机遇。党的十八大以来，以习近平同志为核心的党中央统筹部署中华民族伟大复兴战略全局，在长期浸润于工作实践的先进理念的指引下，党中央已深刻把握了信息时代下社会主义文化建设的要点及规律，并围绕更好满足人民群众的精神文化需求，加快文化服务与数字技术的深度融合，助力数字文化的正本清源与守正创新，打造高质量数字文化产业集群等课题出台了一系列政策与指导意见，全方位立体描摹了数字文化发展与革新的宏伟蓝图，为加速推动中国价值、中国精神、中国力量在文化建设中的展现注入了强大的决策动力。

数字文化建设并非一时之功，也非一时之举。早在2017年，文化部（现为文化和旅游部）就出台了《关于推动数字文化产业创新发展的指导意见》，首次从国家层面对数字文化产业发展提出宏观性、指导性意见。2020年，文化和旅游部发布了《关于推动数字文化产业高质量发展的意见》，明确提出要实施文化产业数字化战略。2022年，中共中央办公厅、国务院办公厅印发了《关于推进实施国家文化数字化战略的意见》，明确了"到'十四五'时期末，基本建成文化数字化基础设施和服务平台，形成线上线下融合互动、立体覆盖的文化服务供给体系"与"到2035年，建成物理分布、逻辑关联、快速链接、高效搜索、全面共享、重点集成的国家文化大数据体系，中华文化全景呈现，中华文化数字化成果全民共享"的发展目标；提出了8项重点任务。2023年，习近平总书记在文化传承发展座谈会上强调，

"在新的起点上继续推动文化繁荣、建设文化强国、建设中华民族现代文明，是我们在新时代新的文化使命"。[1] 在党中央的带领下，地方政府与社会各界正从夯实数字文化产业发展基础，培育数字文化产业新型业态，构建数字文化产业生态等层面多维度实施文化产业数字化战略，数字文化产业已成为文化产业发展的重要领域与数字经济的重要组成部分。

（二）数字文化的内涵和特征

随着数字化进展的加快，人们利用计算机、互联网、数字化高清视频等技术对文化资源、文化元素进行信息采集、加工、存储、传播等数字化处理，实现了文化传播的时空普及与内容升级，产生了崭新的文化服务共享模式，包括文化内容的生产供给、文化传播途径的拓展和提升、文化市场的管理和服务，产生了文化供给侧和需求侧的双向革命，也就是数字文化。[2] 数字文化产业以文化创意内容为核心，依托数字技术进行创作、生产、传播和服务，呈现技术更迭快、生产数字化、传播网络化、消费个性化等特点，有利于培育新供给、促进新消费。[3] 由于数字文化高度依赖数字技术的发展与环境塑造，既是传统文化在数字环境下的形态拓展，又是数字技术带来的文化新样态，因此，数字文化已经成为现代文化的有机组成部分，凸显出文化引领、数字赋能、科技支撑、融合创新的发展趋势。[4]

首先，文化总是与技术相伴相生，数字文化具有技术更迭快、生产数字化的主要特征。在新一代信息技术产业蓬勃兴盛的 10 年里，

---

[1] 习近平：《在文化传承发展座谈会上的讲话》，《求是》，2023 年第 17 期。
[2] 曹清尧：《瞭望 | 推进数字文化系统建设》，新华社，2023 年 7 月 7 日。
[3] 文化部：《关于推动数字文化产业创新发展的指导意见》，2017 年 4 月 11 日。
[4] 杨永恒：《文化数字化与数字文化化——对数字文化发展再审视》，《学术前沿》，2023 年第 1 期。

5G+8K（5G 传输技术与 8K 超高清视频技术的融合应用）、大数据、区块链、云计算、人工智能、虚拟现实等技术不断更替交织以催生新的文化图景，数字技术消弭了传受双方的界限，海量信息从超级网络载体与社交数字平台中纷至沓来，超高清视频、虚拟现实、先进计算等领域的发展步伐进一步加快，平板电脑、可穿戴设备等智能终端产品供给能力稳步增长，与文化领域的跨界融合应用也在不断探索新空间。[1]以文化大数据、数字藏经洞、"超写实"虚拟人和"数字敦煌"等文化产品为例，在多方高新技术与实时数据流的支持下，传统文化在保留文明内涵与价值的基础上，不断被解构、颠覆和重组，让抽象静态的文化成为可观、可闻、可触的活态文化，[2]数字化技术完成了点、网、面的覆盖，我国的文化数字化生产已逐渐形成一条成熟的产业链。

此外，数字文化还具有传播网络化、消费个性化及交互融合的特点。社交媒体平台建构了一种公共与私人、现实与虚拟、线上与线下的移动场景，通过大规模连接社会个体，创造了一张无远弗届的关系网络，这也为数字文化提供了跨越时空与虚实来触达受众的可能性。同时，在大数据、云计算等信息技术的加持下，文化的数字化生产主动适应分众化、差异化的传播趋势，以"量化思维"构建数字文化指标体系，实现目标受众的内容精准投放；以"透明化思维"破除"数据壁垒"，实现数字文化成果的全民共享；以"跨界融合思维"开发各类衍生产品，联动各大文化 IP（知识产权），丰富产品变现渠道，优化服务场景与消费体验，满足了消费者的多元审美与个性化消费需求。

---

[1] 电子信息司：《一图读懂十年来我国新一代信息技术产业发展成就》，2022 年 9 月 20 日。

[2] 曹清尧：《瞭望 | 推进数字文化系统建设》，新华社，2023 年 7 月 7 日。

（三）数字文化的发展历程

在经历三次现代化浪潮后，各国纷纷大规模将文化资源转换成数字化形态，数字文化的现代化趋势日益显著。自20世纪60年代起，计算机便被用来将书面内容转换为数字形式，以便于信息的存储、传输与处理。以欧美国家为例，1978年，美国启动图书数据库建设，并在2000年向公众开放了500多万份数字化文献资料。法国、英国、意大利也先后将国家美术馆的艺术珍品进行数字化再现。[1]在世纪交替之际，随着微处理器、互联网、移动设备与智能手机等数字化产品和信息交流平台的不断焕新升级，数字媒体技术开始大放异彩，信息的生产、分发、传播、接收路径不断改变，各国文化数字化也相继推进，数字技术在文化领域的应用程度进一步提高。2003年韩国颁布"在线数字内容产业发展基本规划"，2004年澳大利亚图书馆、纪念馆、档案馆应用数字技术进行运行管理，2005年英国宣布实施"欧洲文化和科学内容数字化协作行动计划"，2010年法国文化部启动"文化数字化"项目[2]……

当前，以5G、人工智能、物联网、区块链等为代表的新兴技术不断涌现，文化数字化已成为难以逆转的"新浪"。在时代浪潮的推动下，我国开始出台全局性的政策建议，用互联网、数字化高清视频、虚拟现实等技术对文化资源、文化元素进行信息采集、加工、存储、传播等数字化处理，各创作主体不断在实践中磨合文化数字化转型的棱角，放大数字文化产品的创新性、体验性与互动性优势，打造了一批具有鲜明中国特色的数字文化产品，构建了若干综合性数字文化展示平台，拓宽并延长了数字文化的业态模式与产业链条，产生了

---

[1] 赵东：《数字化生存下的历史文化资源保护与开发研究——以陕西为中心》，山东大学，2014年。
[2] 梁昊光、兰晓：《文化资源数字化》，人民出版社，2014年。

崭新的文化服务共享模式，让社会个体得以共享数字文化发展成果，开拓了适合我国国情的数字文化建设路径。

二、国家文化数字化战略引领转型升级

2022年，中国共产党第二十次全国代表大会胜利召开，中国特色社会主义踏上新征程，社会经济文化进入中国式现代化发展的新阶段。习近平总书记在党的二十大报告中强调，"繁荣发展文化事业和文化产业""实施国家文化数字化战略，健全现代公共文化服务体系，创新实施文化惠民工程。健全现代文化产业体系和市场体系，实施重大文化产业项目带动战略。加大文物和文化遗产保护力度，加强城乡建设中历史文化保护传承，建好用好国家文化公园""坚持以文塑旅、以旅彰文，推进文化和旅游深度融合发展"。[①] 发展数字文化是坚定文化自信、提升国家文化软实力和中华文化影响力的重要举措。对此，需要以习近平新时代中国特色社会主义思想武装头脑，以原则把控发展渠道，以八项重点任务为发展目标不断规范数字文化的建设过程。

（一）建设数字文化的指导思想

建设数字文化，要坚持以习近平新时代中国特色社会主义思想为指导，高举中国特色社会主义伟大旗帜，深入贯彻落实党的十九大和十九届历次全会精神，以及习近平总书记关于网络强国的重要思想和关于精神文明建设的重要论述。一要坚持马克思主义在意识形态领

---

① 习近平：《高举中国特色社会主义伟大旗帜 为全面建设社会主义现代化国家而团结奋斗——在中国共产党第二十次全国代表大会上的报告》，新华网，2022年10月25日。

域的指导地位，紧紧围绕统筹推进"五位一体"总体布局和协调推进"四个全面"战略布局，坚持稳中求进工作总基调，立足新发展阶段，贯彻新发展理念，构建新发展格局，坚定文化自信，推动形成适应新时代数字文化建设要求的思想观念、文化风尚、道德追求、行为规范、法治环境、创建机制。二要以培育和践行社会主义核心价值观为引领，以国家文化大数据体系建设为抓手，推动中华民族最基本的文化基因与当代文化相适应、与现代社会相协调，发展中国特色社会主义文化。三要坚持开拓创新、与时俱进，坚持为人民服务、为社会主义服务的方向，以现代信息技术为支撑，以资源建设为重点，不断满足信息化环境下人民日益增长的美好生活需要。凝魂聚气、强基固本，建设中华民族共有精神家园，传承先进文化，传播科学知识，提高公民文明素质，增强民族凝聚力和创造力，提升国家文化软实力，维护国家文化安全和意识形态安全。四要推进社会主义文化强国建设，为全面建设社会主义现代化国家、实现第二个百年奋斗目标提供坚强思想保证、强大精神动力、有力舆论支持、良好文化条件。[①]

（二）建设数字文化的基本原则

当今数字化时代，建设数字文化的必要性日益凸显。在坚持正确方向、以人民为中心、矢志创新和系统服务的基本原则下，数字文化将更好地满足人民群众的需求，传承和弘扬优秀文化传统，推动文化的创新与融合，实现数字文化建设的繁荣与进步。

坚持正确导向，提升内涵。坚持马克思主义在意识形态领域的指导地位，坚持社会主义先进文化前进方向，坚持把社会效益放在首

---

① 文化部、财政部：《关于进一步加强公共数字文化建设的指导意见》，2011年11月15日；中共中央办公厅、国务院办公厅：《"十四五"文化产业发展规划》，2022年8月16日。

位、社会效益和经济效益相统一，确保数字文化建设持续健康发展。提高数字文化产业品质内涵，讲好中国故事，展示中国形象，弘扬中国精神。

坚持以人民为中心。坚持以满足人民美好生活需要为根本目的，牢固树立以人民为中心的创作生产导向，了解群众对数字文化的需求。不断扩大优质数字文化产品供给，建设丰富适用的数字资源，加强公共数字文化的惠民服务，更好满足人民精神文化生活新期待，更好推动人的全面发展、社会全面进步。

坚持创新驱动，科学管理。坚持以创新为核心驱动力，激发文化创新创造活力。全面推进数字文化内容形式、载体渠道、业态模式等创新，推进文化和科技深度融合，推动发展结构升级、链条优化、价值拓展，提高质量效益和核心竞争力。发挥先进信息技术和标准规范在数字文化建设中的基础作用，维护和保障广大公众的基本文化权益。

坚持系统观念，开放共赢。把握数字文化发展特点规律和资源要素条件，统筹区域城乡数字文化协调发展。正确处理发展与安全、政府与市场、事业与产业、供给与需求、国内与国际等重要关系，加强战略谋划、整体推进，促进形成数字文化发展新格局。坚持共建共享，鼓励、引导社会力量参与公共数字文化建设，开创互利共赢的局面。①

（三）建设数字文化的发展目标

中共中央、国务院印发的《数字中国建设整体布局规划》指出，

---

① 文化部、财政部：《关于进一步加强公共数字文化建设的指导意见》，2011年11月15日；中共中央办公厅、国务院办公厅：《"十四五"文化产业发展规划》，2022年8月16日。

要打造自信繁荣的数字文化。大力发展网络文化，加强优质网络文化产品供给，引导各类平台和广大网民创作生产积极健康、向上向善的网络文化产品。推进文化数字化发展，深入实施国家文化数字化战略，建设国家文化大数据体系，形成中华文化数据库。提升数字文化服务能力，打造若干综合性数字文化展示平台，加快发展新型文化企业、文化业态、文化消费模式。

建设数字文化、发展数字文化要求我们完成八项重点任务。一是统筹利用文化领域已建或在建数字化工程和数据库所形成的成果，关联形成中华文化数据库。二是夯实文化数字化基础设施，依托现有有线电视网络设施、广电5G网络和互联互通平台，形成国家文化专网。三是鼓励多元主体依托国家文化专网，共同搭建文化数据服务平台。四是鼓励和支持各类文化机构接入国家文化专网，利用文化数据服务平台，探索数字化转型升级的有效途径。五是发展数字化文化消费新场景，大力发展线上线下一体化、在线在场相结合的数字化文化新体验。六是统筹推进国家文化大数据体系、全国智慧图书馆体系和公共文化云建设，增强公共文化数字内容的供给能力，提升公共文化服务数字化水平。七是加快文化产业数字化布局，在文化数据采集、加工、交易、分发、呈现等领域，培育一批新型文化企业，引领文化产业数字化建设方向。八是构建文化数字化治理体系，完善文化市场综合执法体制，强化文化数据要素市场交易监管。①

预计到"十四五"时期末，基本建成数字文化基础设施和服务平台，基本贯通各类文化机构的数据中心，基本完成文化产业数字化布局，公共数字文化建设跃上新台阶，形成线上线下融合互动、立体覆盖的文化服务供给体系。到2035年，建成物理分布、逻辑关联、快速链接、高效搜索、全面共享、重点集成的国家文化大数据体系，数

---

① 中共中央办公厅、国务院办公厅：《关于推进实施国家文化数字化战略的意见》，2022年5月22日。

字文化生产力快速发展，中华文化全景呈现，中华数字文化成果全民共享，优秀创新成果享誉海内外。①

三、建设自信繁荣的数字文化关键任务

数字文化是随着数字技术和互联网的发展而产生的、数字社会特有的文化形态，也是现代信息技术为人类创造出的全新的生产方式、生活方式和思维方式。数字文化具有创新性、体验性、互动性等特征。建设数字文化，需要统筹处理好以下五个关系，即数字与文化的关系、发展与安全的关系、共建与共享的关系、自主与开放的关系、继承与创新的关系。同时，建设自信繁荣的数字文化，需要在以下三个重点领域下足功夫，做好关键任务。首先，要大力发展网络文化，加强优质网络文化产品供给，引导各类平台和广大网民创作生产积极健康、向上向善的网络文化产品。其次，要推进文化数字化发展，深入实施国家文化数字化战略，建设国家文化大数据体系，形成中华文化数据库。最后，要提升公共数字文化服务能力，打造若干综合性数字文化展示平台，加快发展新型文化企业、文化业态、文化消费模式。

（一）大力发展网络文化

在信息技术迅猛发展、不断革新的互联网时代，网络平台和新媒体成为文化传播的主阵地，文艺乃至社会文化面临着重大变革。如今互联网已经深刻改变了中国文化事业的面貌。现代信息技术催生了一大批新的文艺形态和文艺类型，更带来了文艺观念和文艺实践的深刻

---

① 中共中央办公厅、国务院办公厅：《关于推进实施国家文化数字化战略的意见》，2022年5月22日。

变化。网络文化产品数量爆发，创作主体激增，价值观空前多元，新的形势有新的发展，也带来了新的挑战。其核心，就是如何推出更多健康优质的网络文化产品，以高质量文化供给增强人民的幸福感、获得感。[①] 本部分主要从网络文化内涵与外延、网络文化发展蓝图、国内外文化发展差异三个方面探索如何发展网络文化。

1. 全方位厘清网络文化的内涵和外延

网络文化是伴随互联网的产生和普及而兴起的新兴事物，主要是指网络中以文字、声音、图像、视频等形态表现的精神文化成果。中国特色网络文化是中国特色社会主义文化的重要组成部分，是基于我国网络空间，源于我国网络实践，传承中华民族传统文化，吸收世界网络文化优秀成果，面向大众、服务人民，具有中国气派，体现时代精神的网络文化。[②] 从网络文化的内涵和外延角度，也可以对其概念进行一定程度的扩展。一般来说，网络文化是在网络平台上产生、传播、消费的各类文化产品和文化活动，包括网络文学、网络音乐、网络影视、网络动漫、网络游戏等。从内涵来看，网络文化是指在互联网这个特定环境中，由网络用户通过共同的网络行为和交往构建，并与现实社会文化相互影响、相互渗透的一种文化形态；是信息技术与人类社会文化相结合的产物，是人类文化在新的历史条件下的自然发展和延伸。从外延来看，网络文化则主要表现在其广泛的影响范围和应用领域，不仅包括社交媒体、在线教育、数字娱乐等，还包括其对社会、政治、经济、教育等各个领域的深远影响。

网络文化具有独特的开放性、平等性、自由性、共享性和全球性，它与传统文化相比，具有更强的时效性和更广的影响力。同时，网络文化也反映了现代社会的多元化和复杂化趋势。总体来说，网络

---

① 瞭望智库：《2018年度网络文化产品用户评价报告》，2018年12月15日。
② 曲青山：《论网络文化及其表现特征》，《青海社会科学》，2008年第4期。

文化是现代社会的一个重要组成部分，正在深刻地改变着我们的生活方式和思维方式，塑造着新的社会文化形态。

2. 全流程完善网络文化发展蓝图

（1）加强优质网络文化产品供给，营造积极健康的网络文化环境

2016年4月，习近平总书记主持召开网络安全和信息化工作座谈会时强调，要"培育积极健康、向上向善的网络文化，用社会主义核心价值观和人类优秀文明成果滋养人心、滋养社会，做到正能量充沛、主旋律高昂，为广大网民特别是青少年营造一个风清气正的网络空间"。[1]2018年8月，全国宣传思想工作会议召开，习近平总书记指出，要推出更多健康优质的网络文艺作品。[2]"培育积极健康、向上向善的网络文化""推出更多健康优质的网络文艺作品"是习近平总书记提出的重要要求，也是亿万网民的共同期盼，为我国加快推进网络文化建设指明了前进方向，提供了根本遵循。[3]

网络文化生产主体的目标是不断产出为大众接受、社会认可的网络文化产品和内容成果，这些产物主要集中在音乐、娱乐、游戏、演出剧（节目）、表演、展览比赛、艺术品、动漫等类别。[4]对此需要鼓励网络文化生产主体不断创新，优化网络文化内容生产体系，适当引入新科技，全面提升网络文化产品的设计和内容。对网络文化产品的生产过程进行优化，包括改进生产流程，提高生产效率，以及根据

---

[1] 习近平：《在网络安全和信息化工作座谈会上的讲话》，新华社，2016年4月25日。
[2] 《习近平出席全国宣传思想工作会议并发表重要讲话》，新华网，2018年8月23日。
[3] 《春风化雨润神州——习近平总书记指引数字文化建设述评》，《中国网信》，2023年第4期。
[4] 朱卫未、林华萍、叶美兰：《网络文化软实力的综合评价方法与应用》，《电子政务》，2020年第9期。

市场需求调整生产策略，使生产的网络文化产品更加贴近广大人民群众的精神需求。

以网络文学创作为例，中国社会科学院文学研究所发布的《2023中国网络文学发展研究报告》显示，2023年网络文学阅读市场规模为404.3亿元，网络文学IP市场规模为2 605亿元，网络文学用户规模达5.37亿人。中国作协网络文学中心发布的《2022中国网络文学蓝皮书》则表明，进入新时代，中国近百家重点网络文学网站的上百万名活跃作者，累计创作上千万部作品。网络文学不仅赢得海量读者，而且成为影视、游戏、动漫等文化创意产业的重要内容源头。同时，在创作总量提升、平台垂类发展的大背景下，网络文学类型风格更加多元。新生代网络作家勇于探索，反套路、新类型、类型融合成为创作新范式。然而随着免费阅读的兴盛，阅读市场进一步下沉，网络文学"三俗"、同质化现象仍然存在，精品力作占比低；"蹭热度"的同人创作扎堆，在缺少创新性的同时存在版权纠纷风险；IP改编存在"甜宠"等题材扎堆、叙事模式化等问题，精品改编仍较少。针对此类问题，亟须引导各类平台和广大网民创作生产积极健康、向上向善的网络文化产品。加大对于积极健康内容，尤其对青少年有良好教育意义内容的推广力度，鼓励引导平台和个人将创作焦点转向此类主题和内容。建设网络文学创新基地并适时开展培训教育活动，定期评比优秀网文作品，建立科学合理的优秀人才激励计划，促使创作者提升自身能力和素质，使他们对于积极健康、向上向善的价值观产生更加深入的体会，创作出更多文化精品。

（2）加强网络文化产品管理，打击网络侵权盗版行为

中国互联网络信息中心发布的第54次《中国互联网络发展状况统计报告》显示，截至2024年6月，我国网络直播用户规模达7.77亿人，占网民整体的70.6%。而国家广播电视总局、文化和旅游部于

2022年印发的《网络主播行为规范》明确提出,"各有关行业协会要加强引导,根据本行为规范,建立健全网络主播信用评价体系,进一步完善行业规范和自律公约,探索建立平台与主播约束关系机制,积极开展道德评议,强化培训引导服务,维护良好网络生态,促进行业规范发展。对违法违规、失德失范、造成恶劣社会影响的网络主播要定期公布,引导各平台联合抵制、严肃惩戒"。这一行为规范的制定,明确了网络平台与有关行业协会对于网络直播行业的监督管理责任。

包括网络直播行业在内的网络文化事业急需公正公平、竞争有序的市场环境,相关行业协会和网络平台应当协助禁止任何形式的不正当竞争,同时对违反市场规定的行为进行处罚。2022年1月,国家版权局约谈主要唱片公司、词曲版权公司和数字音乐平台等,要求除特殊情况外不得签署独家版权协议,推动了网络音乐版权秩序的进一步规范。打击网络侵权盗版行为是建立和维护网络文化市场秩序的重要一环。有关监管主体需加强对网络平台版权的监管,依法查处利用短视频、直播、电商平台销售侵权制品的行为,坚决整治滥用"避风港"规则的侵权行为,压实网络平台主体责任,及时处置侵权内容和反复侵权账号,便利权利人依法维权。[①]另外,还需建立多层次的法律保护网有效维护原作者的权益,运用技术手段监控网络行为防止侵权盗版行为发生,同时引导广大消费者尊重他人的创作,自觉远离侵权和盗版。确保网络文化产品创作者的权益得到合理保护,也有利于激励更多人投身网络文化建设,推动网络文化事业的繁荣和发展。

此外,一方面需要制定明确的网络文化产品管理规定,保证所有人在法律法规的约束下从事网络文化产品的创作;另一方面也应考虑鼓励创新,允许网络文化产品形式的多样化,以适应快速发展的网络

---

① 《国家版权局等四部门启动"剑网2022"专项行动》,新华网,2022年9月9日。

环境和市场需求。

（3）加强网络文化产品推广，扩大优质网络文化产品在国内外的影响力

有效的渠道和策略可以让更多的网民了解和使用优质网络文化产品，为此需要细化推广策略，实施有针对性的营销活动，搭建多元化的推广平台，并充分利用已有新媒体平台对网络文化产品进行传播。在具体实施上，可以根据不同的受众群体设计符合其需求和习惯的推广策略。例如，对于年轻用户可以通过微博话题、豆瓣小组、知乎问答等热门社交媒体渠道进行推广；对于中老年用户则可以通过微信公众号、视频号等新媒体平台进行推广。新媒体的即时性和互动性更有利于将网络文化产品迅速传播给广大用户。另外，可以举办各类线上线下活动，如网络文化节、IP 人气评比等，吸引公众参与，提高相关产品的认知度。

增强优质网络文化产品在海外的影响力，不仅是打造具有国际化优秀文化品牌的重要环节，也是提升国家文化软实力的有效举措。积极参加国际文化交流活动，展示我国优质的网络剧集、游戏等；调研不同国家和地区的文化需求，有针对性地制作和推广相关作品；促进国内创作者与国外同行的交流合作，共享信息、资源，提升我国网络文化产品制作水准。总结来说，需要以创新的策略、积极的态度和国际化的视野，扩大优质网络文化产品在国内外的传播力，提升全球网民对我国网络文化的认知和接纳程度。

以网络游戏为例，2023 年，"在剧烈竞争环境下，海外收入略有下滑"。我国自主研发游戏产品海外实销收入 163.66 亿美元，规模连续 4 年超过千亿元。但从数据来看同比下降 5.65%，表明国际局势动荡、市场竞争剧烈以及隐私政策变动等因素，增加了出海难度和经营成本。游戏产业作为中国文化产业出口重要支柱的地位进一步凸显，

同时也让海外年轻群体对中华文化有了更鲜活立体的认知。加大对以中华文化符号为主要元素的，玩法创新、人气口碑俱佳的自主研发游戏在海外市场的营销力度，及时跟踪其营收情况，不仅能促进主流文化成果的对外输出，也能为相关游戏的制作经营提供正面反馈，形成良性循环。

此外，还应当注意不同地域、不同群体对于文化资源的使用有不一样的需求和习惯。例如，在国内部分少数民族地区只有制作并推广对应其民族语言的网络文化产品，才能真正实现有效营销。国内外网民的文化背景有着较大差异，更需要具有针对海外市场的细致调研。利用大数据挖掘与分析技术，刻画不同的人群画像，实现产品的多维定制服务，一方面能提升网络文化产品的传播效果，另一方面能助推文化资源的均衡发展。①

3. 客观洞察国内外文化发展差异

2022年7月，商务部、文化和旅游部等27个部门发布《关于推进对外文化贸易高质量发展的意见》，提出要积极培育网络文学、网络视听、网络音乐、网络表演、网络游戏、数字电影、数字动漫、数字出版、线上演播、电子竞技等领域出口竞争优势，提升文化价值，打造具有国际影响力的中华文化符号。在一系列政策与平台的支持下，我国网络文化建设在多方面均有卓越建树。互联网覆盖率迅速提高，截至2024年6月，我国城镇地区互联网普及率为85.3%，农村地区互联网普及率为63.8%，实现了城乡广泛覆盖。② 网络文学、网络游戏、网络动漫以及抖音等短视频应用在全球产生了广泛的影响，抖音国际版（TikTok）在一些国家和地区的下载量居高不下，凭借其

---

① 国家互联网信息办公室：《数字中国建设发展进程报告（2019年）》，2020年9月13日。
② 中国互联网络信息中心：第54次《中国互联网络发展状况统计报告》，2024年8月。

独特的创新和社交属性赢得了全球年轻用户的青睐。

然而，中国网络文化发展还面临一些挑战，创新类、设计类等高附加值文化产业的国际竞争力仍较弱，文化产业的市场准入和"走出去"门槛仍然较高，部分西方国家对中国文化的认同感不强，甚至存在误解和刻意偏见。因此，中国在国际网络文化市场中的地位可以说是"很有力量但还需进一步加强"。

相比之下，作为国际市场的引领者，美国长期以来致力于对数字文化发展相关规则的探索，在人才、技术资源及优势技术方面的创新比较丰富。韩国网络文化发展也较早，并提出"文化立国"战略，积极拓展数字文化新业态，在国际市场中扮演着重要角色。美韩两国的发展经验对中国制定完善网络文化发展方案具有借鉴意义。例如，在人才培养计划方面，美韩两国都给予了高度重视。作为世界一流名校的聚集地，美国每年都吸引着来自世界各地大批的顶尖人才就读和工作。美国的高校教学注重以实践为导向，并且常与企业合作，让学生深入各种技术创新研究，研究的成果再投入企业应用，这样既借助企业的资金、资源等促进了创新能力的突破，又增加了企业的投资回报率。而韩国政府每年都会在人才培养方面投入大量资金，除强化学校人才培养外，还给予文化企业从业人员专业资格培训的机会，由此构建了系统化人才培养体系，且人才培养阶段设置比较合理，覆盖范围广。数字文化建设需要由掌握前沿数字技术、了解文化产业特性、拥有创新思维的人才资本去推动，中国政府需加大对人才的引进力度，进一步优化相关领域的教育资源配置。

相较于全球网络数字文化的先进水平和多元化发展态势，中国网络文化发展显然还存在一定差距。探索网络文化适合我国国情的发展路径，可以面向"一带一路"共建国家和地区构建数字文化贸易区域价值链，进而提升中国在全球数字文化贸易规则制定体系中的话语权，[①]尤其是在与全球网络文化互动整合的过程中，对网络文化的规划、管理和引导可以适时深化改进，推动中国网络文化与世界文化的交流互鉴。

（二）推进文化数字化发展

文化数字化是让文化"活"起来的重要途径。2022年中共中央办公厅、国务院印发的《关于推进实施国家文化数字化战略的意见》中强调："各地要把推进实施国家文化数字化战略列入重要议事日程。"文化数字化在促进我国文化发展，提升我国文化产业国际竞争力，赋能数字经济高质量发展等方面发挥着不可替代的作用。本部分主要从文化介质数字化转型、文化内容提质升级、优化文化消费供给三个方面探索如何推进文化数字化发展。

1. 推动文化介质数字化转型，建构高质量资源数据库

数字技术显著改变着文化的介质载体与呈现样态。2022年中共中央办公厅、国务院办公厅印发的《关于推进实施国家文化数字化战略的意见》将"关联形成中华文化数据库"列为首项重点任务。具体的保障措施包括：在数据采集加工、交易分发、传输存储及数据治理等环节，制定文化数据安全标准；强化中华文化数据库数据入库标准，构建完善的文化数据安全监管体系，完善文化资源数据和文化数字内容的产权保护措施。数字文化既高度依赖于服务器、云平台、计算机等数字媒介进行内容存储，还需要通过数字化的处理、传播技术来赋能数字文化的进一步生产、展现与流通，例如以数据库为信息载体的文化介质。同时，数字技术可以将高密度、海量的文化信息进行

[①] 王朝晖、叶萌：《美韩数字文化贸易发展对中国的启示》，《北方经贸》，2023年第7期。

一站式汇聚与数据关联，实现文化资源全阶段、全地域、全形态、全内容的整合，消除文化交流与对话之间的数字鸿沟，便于受众更便捷、低成本地检索与使用，进而实现中华文化全景呈现及中华文明数字化成果全民共享。

中华文化数据库的建设是一项全社会协同、全员参与、惠及全民的工作。在数字典藏开启的初期探索阶段，传统图书馆的资源进行了扫描式的简单数字化改造；在中国记忆工程引领的多元发展阶段，多媒体资源的档案文献遗产以数字化形式进行统一整合；在数字人文驱动的高级过渡阶段，诞生了融合多学科，可以实现史料探勘视觉化，建立3D模型等功能的数字人文数据库。[1] 日后，数字人文技术还将为中华文化数据库的资源汇集、全景呈现提供更多可能性——利用文本挖掘技术对文献资源进行深度挖掘，运用 GIS 技术再现中华文化的动态地理分布，运用可视化技术实现中华文化脉络的关联与建构，通过语料库技术实现人物情感的传递，通过数字技术改变时空格局等。[2]

将蕴含中华文明精神标识和文化精髓的文化资源转化为文化生产要素的基础，是文化数字化发展的前提。中华文化数据库不仅要汇聚网络文艺、广播电视、文化旅游等不同领域的文化资源数据，还需要关联文字、图像、音频、视频等不同形态的文化实体，丰富中华民族文化基因的当代表达，涵括文物古迹、地方戏曲剧种、民族民间文艺、农耕文明遗址等数据资源，在国际舞台上弘扬博大精深的中华优秀传统文化、鲜明独特的革命文化、继往开来的社会主义先进文化。以中国非物质文化遗产数字博物馆为例，该数据库整合了民间文学、曲艺、

---

[1] 刘琼、刘桂锋、卢章平：《中华文化数据库：缘起、渐序、汇聚——基于党的二十大报告中关于"文化强国"和"数字中国"的思考》，《情报科学》，2023年第7期。

[2] 刘琼、刘桂锋、卢章平：《中华文化数据库：缘起、渐序、汇聚——基于党的二十大报告中关于"文化强国"和"数字中国"的思考》，《情报科学》，2023年第7期。

传统体育、游艺与杂技、传统医药等十大门类非物质文化遗产，共计1 557个国家级项目与3 610个子项目，依据项目特征、传承状况与保护单位设置扩展项目名录。同时，该数据库还收纳了国家级非物质文化遗产代表性项目代表性传承人、国家级文化生态保护区、国家级非物质文化遗产生产性保护示范基地等清单，以展览、影音、图集、H5（第五代超文本标记语言）等形式对资源进行多模态呈现。数据显示，我国拥有76.7万处不可移动文物、56项世界遗产、1.08亿件可移动文物，以及数量巨大的民间文物、散落海外的流失文物，数字技术助力文物保护、传承发扬中华民族基因的创作空间巨大。

目前，我国文化数据库建构虽然总体上日趋成熟，但仍然存在部分数据库数据更新不及时、信息封锁、资源零散、界面检索困难、数据冗余、知识产权意识模糊等问题，"文化孤岛"依旧是各类型数据关联的痛点。

以前述问题为导向，首先，中华文化数据库的建立应明确各环节的责任主体，形成有组织、有计划的顶层设计与系统布局，打破资源壁垒，强化数据库内容监管。其次，建立全方位跨类协同的结构化体系，统筹各地区、各社会领域的文化数字资源，最大限度实现文化资源的全面多样，推动数据关联与跨界融合。再次，搭建一个高效利用、兼容协同的开放共享系统，明确用户访问数据的行为规范，提升文化数据库的使用效率和共享水平。最后，完善数字文化知识产权保护条例，建立健全个人信息保护机制，防止因传感器等识别技术的应用泄露用户个人信息，既要避免对用户信息的过度采集，又要满足精准服务的需要。

2. 加速内容提质升级，更新数字文化生产标准

文化数字化是信息技术在文化领域的延伸与扩展，能够使文化产品的创作、生产、展现、传播和消费具有显著的数字特征。2021年

12月14日，习近平总书记在中国文联十一大、中国作协十大开幕式上强调，"要正确运用新的技术、新的手段，激发创意灵感、丰富文化内涵、表达思想情感，使文艺创作呈现更有内涵、更有潜力的新境界"。[①] 在数字文化建设中，巩固文化本体地位的核心要义是加强内容的创造性转化与创新性发展——整合文化资源，挖掘传统平面文化向数字化多维转化的内容潜力，加强原创能力建设，培育并塑造一批具有本土特色的高质量文化IP，敢于跨界融合多元产业形态，提升数字文化品牌价值。

随着数字技术的介入与用户主体意识的唤醒，文化产业内容生产的生态也发生了改变，不少文化经济活动开始从以艺术家的个性创作为中心转向以市场需求、社会意义、大众渠道密切联动的"文化产品"为中心，[②] 创意作品的主体价值在多元协商与博弈中不断变化。当下，数字文化的内容创作主要面临三大挑战。第一，数字技术虽然降低了文化创作的艺术门槛，使得文化生产更加便捷、自由和多元，普通人也可以一键生成精美的绘画作品，但这也导致数字文化产品数量的陡增与质量的良莠不齐，在受众注意力有限的情况下，内容分发和接收渠道更加复杂。第二，由于数字平台载体的集群效应，在流量追逐的数据指标压力及云算法推送服务的影响下，数字文化创作存在追逐热点的跟风态势，刻意迎合用户不良心态、同质化、模式化、粗制滥造等问题较为突出，在刻意营造的社会主流认同感中，多元文化的内涵价值容易被矮化。第三，网络空间具有"去中心化"的媒介特性，各类语境难以统一，且数字技术使文化创作的速度加快，内容生产不再经过社会文化系统的整体过滤。因此，网络环境中可能会滋生

[①] 习近平：《在中国文联十一大、中国作协十大开幕式上的重要讲话》，新华社，2021年12月14日。

[②] 金元浦：《全球竞争下5G技术与中国文化创意产业的融合新变》，《山东大学学报（哲学社会科学版）》，2020年第5期。

偏激、情绪化、偏离主流价值观的文化内容，增加传播场域的意识形态风险。①

为了数字文化内容创作生态能够长期稳健地健康发展，首先，需要破除"唯市场论""唯数据论"的创作导向，打破对技术形式的过度追求，增加历史向度，注重高质量数字文化作品对社会优良风气的塑造及文化精神的传扬。其次，改良"以用户为中心"的算法推荐制度，增加反映客观现实，描绘当代生活的内容推送，鼓励创作者勇于打破大众同质化审美的藩篱，扩大用户在数字平台中的信息接收视野。最后，更新数字文化生产标准与流程体系，推动多模态数字文化产业链的建设与完善，培育并打造创新要素富集、配套功能齐全的数字文化产业发展集聚区，调动更多的文化创作主体与客体的主观能动性，激活产业融合的想象力与应用潜力。

3. 优化数字文化消费供给，赋能云端经济

在新发展格局下，扩大内需成为畅通国内循环的重大战略，我国文化产业发展由文化消费主导的趋势日益明显，优质数字文化供给持续扩大。中共中央办公厅、国务院办公厅印发的《关于推进实施国家文化数字化战略的意见》提出："发展数字化文化消费新场景，大力发展线上线下一体化、在线在场相结合的数字化文化新体验。"当下，人们在精神文化消费领域的主体意识与交互意识不断增强，文化消费涌现出数字化、虚拟化、跨界化、分众化的新业态特征，文化体验也逐渐朝品质化、个性化与定制化的方向转变。在此背景下，数字文化独有的交互性与融合性恰好契合了人们的体验需求，"互联网+演艺""互联网+展陈""互联网+文旅"成为大众文化消费的新风口，云演艺、云展览、云直播、云录制、沉浸式业态等开始进入大众视野

---

① 傅立海：《数字技术对文化产业内容生产的挑战及其应对策略》，《湖南大学学报（社会科学版）》，2022年第6期。

并受到青睐。全息呈现、数字孪生、多语言交互、高逼真、跨时空等新型体验技术在文化消费终端的广泛应用，不但能够满足年轻群体个性化、多样化的消费需求，还能有针对性地解决残障人士、老年群体及幼儿因受到身体、年龄或穿戴装备限制而无法享受多元文化体验的问题，提升文化消费的包容性，优化数字文化的服务效能。同时，云计算、大数据等数字技术还能精准描绘用户画像，具备文化内容自动生成、智能分发与受众精准触达等功能，能够实现对文化消费市场的整体把握与引领。

扩充数字文化供给种类，拓展数字文化消费场景，需要推动数字文化在电子商务、文旅观光、公共服务等领域的深度融合。在电子商务领域，以小屏为载体的短视频和网络直播，因具有较强的适应性和较高的灵活性而成为电子商务的重要终端。数字化的消费模式使得云上带货、虚拟直播、网络消费等线上的文化服务业态驶入数字经济发展的快车道，涌现出跨屏互动、云产品展台、互动体感试衣等交互式的购物体验，为构筑高质量、泛在式、无地域区隔、立体覆盖的网络消费空间提供了依据与载体。在文旅观光领域，裸眼 3D、全息影像及元宇宙等数字技术为游客提供了交互沉浸的博览体验，带来了崭新的艺术维度与创造空间。3D 建模和实时渲染技术，如光线追踪、体积渲染等，支撑创建逼真的虚拟场景与角色形象，帮助游客形成空间记忆；头戴式显示器、手柄控制器、传感器等虚拟现实设备充分调动消费者感官，通过在场式的情感体验与即时互动帮助用户形成情感记忆；5G 与云计算链接海量云上文化资源，扩展现实技术、人工智能及物联网提升数字文化表现力。湖南常德桃花源历史文化体验馆运用虚拟社区、全景数字长卷、AR 导览等数字产品展示《桃花源记》；"数字故宫""数字敦煌"让静态无言的文物在网络空间迸发新的生命活力；动态版《清明上河图》通过沉浸式的虚拟场景，将人烟稠密、颇具风味的北宋汴京的街景生动展现在游客眼前；湖南沙洲红色文旅特色产业园运用 3D 投影、虚拟影院等科技再现了"半条被子"的感人故事。在公共服务领域，数字博物馆、在线阅读、数字图书馆、网络视听、公共文化云等市区公共文化资源数字平台遍地生花，数字文化公共服务方式与服务质量不断升级，城乡一体化建设逐渐推进。未来，以数字技术助推的沉浸式文旅业态与基层公共文化数字化服务体系不仅会成为城市与乡镇空间的活力地带，还将助力地域文化 IP 的衍生，提高中华文化的品牌价值与传播力、感染力。

值得关注的是，囿于数字化思维的落后、文旅产业的凋敝及互联网布局等各方面因素，部分经济欠发达地区无法将优质文化资源转化为数字化消费场景，由此扩大的数字鸿沟将进一步固化地区发展不平衡的趋势。同时，由于部分落后乡镇缺乏稳定的电力系统与信息基础设施，数字文化公共服务平台覆盖率及使用率较低，农村居民无法像城市居民那样享受公共服务的数字文化红利。

基于此，首先，地方政府应发挥其在资源配置中的宏观调控作用，加强顶层设计与科学规划，培育与时俱进的数字化思维与数字化认知，激活群众文化活力与主观能动性。其次，政府部门应找准基层公共文化服务的需求点与突破口，合理配置文化产业发展专项资金等各类财政资金，加快文化公共服务体系布局，精准发力、有的放矢，从基础设施、技术配置与文化资源等方面着力解决突出矛盾，推进公共文化服务的数字化、网络化和智能化。最后，政府应重视社会力量的参与及创新人才的引进，给予工作补贴等实报实销的优惠福利，多措并举优化人才发展生态，开展地区间数字文化公共服务的实训活动，提升公共服务标准化水平。

（三）提升公共数字文化服务能力

数字文化是随着数字技术和互联网的发展而产生的数字社会特有

的文化形态，也是现代信息技术为人类创造出的全新的生产方式、生活方式和思维方式。数字文化服务具有较强的公共性，在人工智能、大数据、云计算等数字技术发展迅猛的当下，为了更好地满足人民群众多样化的精神文化生活需要，进行文化的传承与创新，我国越来越重视公共数字文化的服务能力。

2022年5月，中共中央办公厅、国务院办公厅印发的《关于推进实施国家文化数字化战略的意见》明确指出，到"十四五"时期末，基本建成文化数字化基础设施和服务平台，形成线上线下融合互动、立体覆盖的文化服务供给体系。到2035年，建成物理分布、逻辑关联、快速链接、高效搜索、全面共享、重点集成的国家文化大数据体系，中华文化全景呈现，中华文化数字化成果全民共享。2022年10月，习近平总书记在党的二十大报告中对"实施国家文化数字化战略，健全现代公共文化服务体系，创新实施文化惠民工程"做出战略部署，即要坚持政府主导、社会参与、重心下移、共建共享，统筹基础设施建设和服务效能提升，推进城乡公共文化服务体系一体建设，努力为人民群众提供更高质量、更有效率、更加公平、更可持续的公共文化服务，[①]为推进公共数字文化建设提供了根本遵循。2023年2月，中共中央、国务院印发《数字中国建设整体布局规划》，提出要提升数字文化服务能力，打造若干综合性数字文化展示平台，加快发展新型文化企业、文化业态、文化消费模式。

新时代新征程，我们要以习近平新时代中国特色社会主义思想为指导，深入实施国家文化数字化战略，促进文化服务和数字技术深度融合，加快文化场馆的数字化转型，深化公共云文化建设，全方位提升中国的数字文化服务能力，让广大人民群众享有更高质量的精神文化生活。

---

① 《繁荣发展文化事业和文化产业（认真学习宣传贯彻党的二十大精神）》，《人民日报》，2022年12月28日。

1. 增强公共数字文化的传播力和感染力

数字文化以其新颖的表现形式和广泛的参与性，成为当代社会文化传播的重要载体。如何增强公共数字文化的传播力和感染力，使之可以更有效地影响和服务社会，是值得深入研究和探讨的问题。

（1）增强公共数字文化的传播力

公共数字文化的传播力是指公共数字文化通过各种渠道和方式，将其价值观、思想观念以及艺术形式等传播给社会大众，并产生尽可能好的传播效果的能力。增强公共数字文化的传播力，主要可以从以下三个路径入手。

第一，以内容建设为核心，增加公共数字文化的内容丰富度。文化内容是文化传播的基础保证。数字文化内容的丰富度直接决定了文化交流的程度和质量，丰富多元的内容可以满足不同人群的需求，提高公共数字文化的传播力。以中国国家图书馆数字资源共享服务系统为例，该平台提供了丰富的数字文化资源，涵盖了图书、期刊、报纸、论文、古籍、工具书、音视频、数值事实、征集资源等多种类型的数字资源在线服务。通过该平台，用户可以轻而易举地获取和使用这些资源，从而促进数字文化的交流和传播。早在 2020 年，国家数字图书馆实名注册用户就已超过 1 860 万人。

第二，以数字媒介为抓手，提高公共数字文化的传播声量。在文化产业业态创新发展的当下，新媒体最活跃的因素是整合技术、文化、经济、教育等各个方面协调发展、同步发展的有力抓手。利用数字媒介实时性、互动性、个性化和定制化等特点，可以形塑文化新生态，催生文化传播新形式，从而有效增强公共数字文化的传播力。数字媒介使虚拟在场的文化共同体想象成为现实，中国传统村落数字博物馆就是一个实例。借助图片、视频、音频、VR、AR 等技术，用户可以随时上网浏览数字资源库，观察村落高清细节。截至 2022 年，传统村落数字博物馆已累计完成 839 个村落单馆建设，形成了涵盖全景漫游、图文、影音、实景模型等多种数据类型的传统村落数据库。

第三，以知识科普为基石，加强公共数字文化的普及教育。《中华人民共和国国民经济和社会发展第十四个五年规划和 2035 年远景目标纲要》提出："推进城乡公共文化服务体系一体建设，创新实施文化惠民工程，广泛开展群众性文化活动，推动公共文化数字化建设。"由于乡镇公共文化服务设施建设总量不足，设备相对落后，基层特别是农村的公共数字文化建设明显滞后，城乡成果无法及时共享。通过培育文化志愿者、乡贤和文化能人，普及数字文化教育，促进线上线下融合互动，让更多的人了解和参与公共数字文化的建设，可以有效提高其传播力，弥合城乡、地域、代际的数字文化鸿沟，让数字文化发展成果更好地惠及全民。

（2）增强公共数字文化的感染力

公共数字文化的感染力是指其能够引发大众共鸣，激发大众情感，引导大众行动的能力。增强公共数字文化的感染力，主要可以从以下三个方面入手。

第一，提高公共数字文化的艺术性。艺术性是公共数字文化感染力的重要源泉，高质量的艺术作品可以引发大众的共鸣；同时，有了数字技术的加持，传统艺术形式也可以"浴火重生"。但创作者必须意识到，技术只是手段，内涵才是根基。要实现公共数字文化的精神引领，必须提高艺术性，切忌流于表面，堆砌文化符号。例如，8K（超高清视频标准）数字水墨动画短片《秋实》就是一部艺术性极高的数字文化作品：技术方面，8K 超高清显示技术大幅增强水墨艺术的视觉表现力，延伸了画面的表意空间；而更令人惊叹的是作品的艺术性——纸张的纹理、墨与水的晕染、水墨笔法差异、角色与环境呼之欲出的互动关系，牵引观众代入情境，产生沉浸式体验，完成了在全新媒介视域中创新传统文化的任务。

第二，注重公共数字文化的社会责任。数字技术将充分的行动自由和无穷的行动空间赋予社会管理者与行动者，也导致数字社会的异质性空前凸显，不同主体承担责任的方式也发生了翻天覆地的变化。公共数字文化不仅是艺术的表现，更是社会责任的承载。近年来，农民群众的精神文化需求日益增长，数字农家书屋应运而生。在河南，有超过64万的农民通过数字农家书屋看书、听戏、阅报，其中豫剧最受欢迎，不少农民会在手机上下载节目，一边干活一边收听。数字农家书屋打通了服务群众的"最后一公里"，打破时空限制，将文化资源送到基层群众身边，海量的媒体资源也让他们的选择面大大拓宽。因此，在现实中建立情感链接的公共数字文化才更有广度和深度，更具有感染力。

第三，加强公共数字文化的互动性。互动性是公共数字文化的重要特性。早在2017年文化部印发的《"十三五"时期公共数字文化建设规划》的通知中就强调，"鼓励公共文化机构建立互动体验空间，充分运用人机交互、虚拟现实、增强现实、3D打印等现代技术，设立阅读、舞蹈、音乐、书法、绘画、摄影、培训等交互式文化体验专区，增强公共文化服务互动性和趣味性"。在公共数字文化的建设和发展中，政府需要发展完善公共数字文化的设施网络，运用人机交互、虚拟现实、全息影像等信息技术，加强公共文化"沉浸式""互动式"体验服务，实现文化领域传者和受者的双向互动。

2. 推进公共数字文化服务建设

推进公共数字文化服务建设，是建设社会主义文化强国的内在要求，是更好满足人民群众精神文化生活需要的重要途径。党的十八大以来，人民群众对数字文化的消费需求更加多样，对推进公共数字文化服务建设也提出了新的更高要求。在"十四五"时期,立足中国基本国情,把握公共数字文化服务的新特征、新要求、新规律,深入推进公共数字文化服务建设,具有举足轻重的理论和现实意义。

当前,公共数字文化服务建设主要包括三个方面。一是以信息技术为支撑,加强公共数字文化设施建设,如数字影院、基层公共数字文化设施等。二是以重点数字文化惠民工程为抓手,以公共文化数字平台建设与服务推广为重点,建设数字服务管理平台,如公共文化数字化融合服务平台、公共文化服务云平台、文化大数据平台等。通过整合公共文化数字资源,建立公共文化资源共建共享数据库,建立健全全域共享、互联互通的公共文化数字化服务体系。三是依托现代科学技术,将公共文化服务与科学技术相融合。通过整合并利用多源多维数据,为公共文化事业提供技术与方法,提升公共文化数字化装备水平,加强公共文化智慧营销、服务与技术应用,用科技手段提升公共文化服务成效。[1] 因此,推进公共数字文化服务建设应重点关注以下三个路径。

第一,坚持政策导向,推动公共数字文化服务一体化发展。2022年11月,文化和旅游部出台意见,明确要实施文化产业数字化战略,推动数字文化产业高质量发展;国家"十四五"规划纲要指出:"创新实施文化惠民工程,提升基层综合性文化服务中心功能,广泛开展群众性文化活动,推进公共图书馆、文化馆、美术馆、博物馆等公共文化场馆免费开放和数字化发展。"[2] 这种视野宏大的表述,既揭示了公共数字文化服务建设的关键地位,也为我们的探索提供了方向。从宏观层面而言,各地各部门应深入贯彻落实党的二十大精神,把握好实施国家文化数字化战略的重大机遇,统筹规划公共数字文化服务的

---

[1] 郑建明:《着力推动公共文化服务数字化发展》,中国社会科学网,2022年8月2日。
[2] 周珊珊:《数字赋能盘活文化空间(人民时评)》,《人民日报》,2021年3月29日。

整体构建；同时将数字文化产业纳入各地相关政策落实体系，在民生、公益、公共文化等项目中积极选用数字文化产品和解决方案，促进文化服务和数字技术深度融合。具体而言，各地政府应注重数字文化内涵建设，彰显国家公共文化事业的特色；统筹配置公共文化服务中的数字化资源，完善公共文化服务协同发展机制，创建资源共享的公共文化服务数字化新空间；充分运用数字化技术、数字化思维、数字化认知，全面深化文化领域数字化改革，深化公共文化数字化建设、数字化应用和数字化转型，着力解决制约公共文化服务高质量发展的突出矛盾和问题。①

第二，完善新型基础设施建设，推进公共数字文化服务体系化发展。当前，以人工智能、大数据、云计算、物联网等为代表的新一代信息技术进一步革新文化生产和传播模式，原有基础设施开始难以满足人民日益增长的精神文化需求，新一代基础设施建设应运而生。新型基础设施主要包括三方面内容。一是信息基础设施，包括以5G、物联网、工业互联网、卫星互联网为代表的通信网络基础设施，以人工智能、云计算、区块链等为代表的新技术基础设施，以数据中心、智能计算中心为代表的算力基础设施等。二是融合基础设施，主要是指深度应用互联网、大数据、人工智能等技术，支撑传统基础设施转型升级，进而形成的融合基础设施，比如智能交通基础设施、智慧能源基础设施等。三是创新基础设施，主要是指支撑科学研究、技术开发、产品研制的具有公益属性的基础设施，比如重大科技基础设施、科教基础设施、产业技术创新基础设施等。②完善新型基础设施建设，推进公共数字文化服务体系化发展，需要自上而下健全数字文化服务的政策法规，加强数字文化服务管理，建立数字文化服务产权和版权

---

① 郑建明：《着力推动公共文化服务数字化发展》，中国社会科学网，2022年8月2日。
② 《瞭望东方周刊》：《新基建，是什么？》，新华网，2020年4月26日。

协调管理法规条例，完善数字文化内容及安全管理的规章与规范；同时，需建设数据中心、云平台等数字基础设施，打通"数字化采集—网络化传输—智能化计算"数字链条，打造若干综合性数字文化展示平台，加强 App、小程序等移动互联网基础设施建设。

第三，坚持共享共建，促进公共数字文化服务专业化建设。习近平总书记指出："要发展信息网络技术，消除不同收入人群、不同地区间的数字鸿沟，努力实现优质文化教育资源均等化。"[1]加快推进公共数字文化建设，不仅要注重数字文化的内容，更要注重公共文化服务的均等化，使共建和共享相互促进、协调提升。一方面，吸引多方社会力量参与，形成公共数字文化建设合力。例如，推动高校、科研机构等共建数字文化相关学科，加强跨领域人才培养，增加人才储备，使公共数字文化服务更加专业化；鼓励企业围绕科技和文化的交汇点，研发多样文化场景，开发推广反映时代特点和群众需要的文化产品和服务；培育基层数字文化能人，提升群众数字文化素养，借由数字技术的推广应用引导群众反哺公共数字文化服务，成为数字文化的内容生产者、提供者。另一方面，扩大公共数字文化覆盖面，推动优质文化产品和服务下乡入户。努力消弭城乡数字文化鸿沟，做好革命老区、民族地区、边疆地区、欠发达地区的公共数字文化发展规划，促进培育新型文化业态和文化消费模式，让数字文化发展成果惠及全体人民。

3. 提高公共数字文化服务质量

2018 年，习近平总书记出席全国宣传思想工作会议时发表重要讲话，指出要"以高质量文化供给增强人们的文化获得感、幸福感"。[2] 随着数字技术的创新应用，文化资源的转化路径和呈现形式

---

[1] 习近平：《为建设世界科技强国而奋斗》，新华社，2016 年 5 月 31 日。
[2] 《习近平：举旗帜聚民心育新人兴文化展形象 更好完成新形势下宣传思想工作使命任务》，《人民日报》，2018 年 8 月 23 日。

不断丰富。提高公共数字文化服务质量，能够更好地满足人民群众精神文化生活需要，进而促进数字文化的传播和交流，吸引更多的用户使用和分享数字文化资源，扩大数字文化的传播力和影响范围，增强国家文化软实力。提高公共数字文化服务质量，需要在内容、平台、用户和技术等层面统筹发力。

一是实现内容多模态集成。综合运用多种技术手段，对数字文化资源进行收集、整理、保护、传承、创新及开发。汇集文字、视频、音频等形态资源，整合各领域文化矩阵，融合 3D 建模、虚拟仿真、人工智能等新型体验技术，提供线上线下一体化、在线在场相结合的数字文化服务。

二是实现平台多功能集成。综合运用大数据、云计算、云存储等信息技术，建设"互联网+"公共文化数字平台，集中展示提供一站式文化服务，提高数字文化服务的便捷性和普及性。以国家公共文化云平台为例，该平台运用云计算、大数据等技术，依托覆盖全国的六级公共数字文化服务网络体系，为实现艺术普及、开展公共文化领域重点工作提供安全可靠的算力保障，实现文化艺术资源数据的生产、存储、传输、分发和共享。该平台有看直播、享活动、学才艺、订场馆、赶大集、读好书 6 项主要服务，以视频为主的数字资源近 20 万条，直接面向公众，随时随地免费开放。国家公共文化云平台集中展示和提供各种数字文化资源，扩大服务范围，提升数字文化服务能力，进而激活各地基层文化馆创造潜力，扩大基层文化馆线上线下的覆盖面和影响力。

三是推动用户体验升级。遵循"供给水平提升"和"以用户为中心"原则。通过数字技术赋能，一方面，解决供给能力问题，如通过文本分类与深度聚类、知识关系发现与链接、翻译优化与消歧等技术手段，解决语义层面的内容聚合和信息检索、智能推荐和多语言获取等问题。另一方面，从用户需求入手，借助物联网、大数据等技术的融合，对数字文化资源的点击、点赞、转发、浏览时长、频次等信息进行深入的统计分析，采集用户的个性化需求，从而精准把握群众需求特点，提高资源供给的准确性和全面性。同时健全信息反馈机制，根据反馈精准优化数字文化服务的界面设计，提高数字文化服务的响应速度，提升数字文化服务的便捷性和用户体验。

四是加强信息保护。重视文化类软件系统的自主研发，确保数据系统的适应性、稳定性、安全性，同时注意保护数字文化资源的版权，对数字文化服务的质量进行监管和评估，让广大用户的数字文化消费变得更加可靠、便捷、高效。①

4.创新公共数字文化服务业态

2019年4月，文化和旅游部办公厅印发《公共数字文化工程融合创新发展实施方案》，在基本原则中强调要"创新驱动，突出效能""创新公共数字文化服务业态，促进工程转型升级和服务效能提升"。创新公共数字文化服务业态，应加快发展新型文化企业、文化业态、文化消费模式。

新型文化企业是以数字化能力形成内容、产品、技术、服务、组织、管理集成创新优势，实现自身角色定位和发展方式创新的文化企业，是文化产业数字化发展的引领者，是文化价值创造的拓展者，是文化产业生态系统的赋能者。②各地区、政府应该积极推动新型文化企业的发展，制定相关政策和法规，为新型文化企业提供良好的发展环境。例如，简化审批程序，降低创业成本，提供税收优惠，等等。同时，加大对新型文化企业的资金支持。通过设立专项资金、引导社会资本投入等方式，为新型文化企业提供资金支持，促进其创新发展。此外，还应加强人才培养和引进工作，为新型文化企业创新发展

---

① 杨果：《加快推进公共数字文化建设（专题深思）》，《人民日报》，2023年3月23日。
② 张振鹏：《何为"新型文化企业"》，《金融时报》，2022年9月16日。

提供源源不断的动力。

数字文化业态的创新是公共数字文化服务业态创新的重要组成部分。各地区、政府应该通过政策支持和市场导向，加大对文化创意产业的支持力度，鼓励数字创意、网络视听、数字出版、数字娱乐、线上演播等产业的创新发展，提供更多的创新机会和资源支持，实现文化业态的创新；推进传统文化与数字技术的融合，利用数字科技加快改造提升传统文化业态，推动文化产业全面转型升级，提高质量效益和核心竞争力；推动文化产业和平台经济与数字技术的融合发展，通过发展云演出、云直播、云录制、云展览、云综艺等新业态，丰富人民群众的文化体验形式。①

数字文化消费模式的创新是公共数字文化服务业态创新的重要方向。随着消费者需求和产业升级的持续变化，各行各业都迎来了以"科技＋创意＋运营"为驱动的新时代。各地区、政府可以依托公共数字文化服务管理系统，广泛采用"订单式""菜单式""预约式"服务模式，实现数字文化资源订单式配送、场地网上预订、活动网上预约、网上评价反馈等功能，形成线上线下有机结合的服务模式，增强基本公共文化服务供给精准度；同时，可以通过跨界合作，推动文化消费与其他行业的融合。例如，与旅游、餐饮、零售等行业合作，提供"文化＋旅游""文化＋餐饮"等新型消费体验。

总而言之，无论是发展网络文化，推进文化数字化还是提升数字文化服务，都可以从以下三个方面入手。

一是落实顶层设计，强化政策制定与规划部署。构建规范有序的数字文化体系，把握发展与治理的平衡点，建立全方位、多层次、立体化监管治理体系。同时各部门需协同配合，针对数字文化的研发、生产、销售、应用等全过程，实现发展与治理的融合推进，并且要落

---

① 齐骥：《发展数字化文化消费场景，塑造数字文化产业新赛道》，光明网－理论频道，2022年5月30日。

实好已有政策，确保落地见效。

二是完善法治体系，打造健康有序的发展环境。根据数字化发展进程，针对数字化环境中的数据隐私保护、网络安全、知识产权保护等持续完善法治体系，同时进一步健全新技术应用监管的法律体系，针对技术发展出现的问题及不确定性风险，及时研究制定配套法律法规，促进行业健康发展。

三是增强技术保障，构建安全高效的治理体系。一方面，进一步加强监管与治理方面的技术探索与应用，正确处理安全和发展、开放和自主、管理和服务的关系，提升技术治理水平与能力；另一方面，加强网络安全保障体系和保障能力建设，发挥网络安全技术在新技术领域的支撑保障作用，强化对5G、人工智能、工业互联网等行业的安全保障，完善网络安全监测、通报预警、应急响应与处置机制，打造安全和发展并重的技术治理体系。

第十一章

人类发展新要求：
数字生态文明

一、数字生态文明的背景与理念

(一)建设数字生态文明的战略背景

习近平总书记指出:"生态文明是人类社会进步的重大成果。人类经历了原始文明、农业文明、工业文明,生态文明是工业文明发展到一定阶段的产物,是实现人与自然和谐发展的新要求。"[1] 工业文明具有内在的不可持续性,发展到一定阶段时必然转向生态文明。

党的十八大以来,以习近平同志为核心的党中央把生态文明建设摆在全局工作的突出位置,做出一系列重大战略部署。生态文明被写入《中国共产党章程》《中华人民共和国宪法》,实现了党的主张、国家意志和人民意愿的高度统一。在"五位一体"总体布局中,生态文明建设是其中一位;在新时代坚持和发展中国特色社会主义的基本方

---

[1] 《习近平谈生态文明10大金句》,人民网,2018年5月23日。

略中，坚持人与自然和谐共生是其中一条；在新发展理念中，绿色是其中一项；在三大攻坚战中，污染防治是其中一大攻坚战；美丽是社会主义现代化强国目标之一。党的二十大报告指出，中国式现代化是人与自然和谐共生的现代化，推进美丽中国建设，加快建设数字中国，推动制造业高端化、智能化、绿色化发展。

数字基础设施是数字资源流动的物质载体。当今世界，信息技术创新日新月异，数字化、网络化、智能化深入发展，数字基础设施大动脉基本打通，数据资源流动大循环初步形成，在推动经济社会发展，促进国家治理体系和治理能力现代化，满足人民日益增长的美好生活需要等方面作用日益凸显。

数字技术与生态文明建设的融合是数字中国建设的重要遵循。数字化和绿色化是全球发展的重要主题，一方面，数字产业能耗快速增长，绿色转型发展需求迫切；另一方面，数字技术对传统行业的绿色转型作用日益凸显。当前数字经济正全面融入经济社会发展各领域、全过程，在赋能绿色化转型，助力实现碳达峰、碳中和目标等方面发挥着重要支撑作用。

（二）建设数字生态文明的重大意义

当今世界正处于百年未有之大变局，以数字化、网络化、智能化为特征的新一代数字技术日益实现创新突破，推动全社会进入数字化时代，成为加快生态文明建设的重要支撑。习近平总书记高度重视数字技术对社会生产方式、生活方式、治理方式产生的深刻变革和深远影响。2023年7月，习近平总书记在全国生态环境保护大会上提出建设绿色智慧的数字生态文明，[①]指明了全面推进美丽中国建设，加快推进人与自然和谐共生的现代化新方向，对新阶段生态文明理论和实践意义重大。

---

① 《习近平在全国生态环境保护大会上强调 全面推进美丽中国建设 加快推进人与自然和谐共生的现代化》，新华网，2023年7月18日。

顺应数字化转型趋势，把握数字化发展机遇，建设绿色智慧的数字生态文明，利用数字技术创新生态文明建设模式，提升生态环境治理效能，支撑生态环境高水平保护，推动形成绿色低碳的生产方式和生活方式，是推动绿色低碳发展，建设人与自然和谐共生的美丽中国的必然要求，体现了数字中国建设与美丽中国建设的有机统一。

（三）数字生态文明的内涵和特征

　　数字生态文明可以被定义为绿色数字化、数字绿色化以及绿色数字化和数字绿色化的融合。用习近平新时代中国特色社会主义思想的世界观和方法论，特别是其中的系统观念来审视，单纯的绿色数字化或数字绿色化是片面的，只有绿色数字化和数字绿色化的融合才是数字生态文明的全部要义，符合从工业文明向生态文明转变的内在规律。建设绿色智慧的数字生态文明，深刻彰显了生态文明超越工业文明的重要特征，科学指明了生态文明建设的发展方向和目标。

　　数字生态文明建设就是用数字技术创新生态文明建设的路径和模式，促进生态文明建设与数字经济、数字社会、数字政府等协调发展，激活数字技术创新价值，拓宽数字技术应用场景，以数字化引领绿色化发展，以绿色化带动数字化转型，以数绿融合赋能生态文明建设，全面提升数字生态文明建设的整体性、系统性、协同性，最终实现生态环境智慧治理、数字化绿色化协同转型和生活方式绿色智慧。[1]

（四）数字生态文明的发展历程

　　推动生态文明建设数字化、智慧化转型是当今信息化时代生态文

---

[1] 穆松林：《加快数字生态文明建设，促进人与自然和谐共生》，求是网，2023年10月31日。

明建设的重要趋势。生态文明建设是一项系统性工程，利用数字化手段促进绿色发展能够产生更高的整体效益。

数字生态文明源于生态环境治理的信息化进程。党的十八大以来，生态环境和自然资源数字化治理能力稳步提升，生态环境综合管理信息化平台"一张图"不断优化完善。第三次国土调查、国土空间规划、不动产登记、自然资源资产和自然地理格局等数据加速汇聚，自然资源三维立体"一张图"和国土空间基础信息平台基本建成。构建生态环境综合管理平台，集成生态环境、气象、水利、交通、电力等多源数据，形成环境质量、污染源、自然生态等九类数据资源，数据总量达到 3.9 PB（拍字节），打造生态环境大数据系统，完成大气、行政许可、土壤、执法等 40 余个专题应用，实现"一图统览、一屏调度"。[1]

数字生态文明发展于生产方式、生活方式的全面绿色转型。2021年，习近平主席向世界互联网大会乌镇峰会致贺信时强调，数字技术正全面融入生态文明建设领域。[2] 中央网络安全和信息化委员会印发的《"十四五"国家信息化规划》提出，深入推进绿色智慧生态文明建设，打造智慧高效的生态环境数字化治理体系；中共中央、国务院印发《关于深入打好污染防治攻坚战的意见》，要求提高生态环境治理现代化水平，构建智慧高效的生态环境管理信息化体系。"空天地"一体化智慧环境监测系统建设步伐加快，全国已基本建成集预报预警、监测监控、指挥调度、统计分析等功能于一体的生态环境智慧治理平台。

2022年，在中共中央政治局第三十六次集体学习时，习近平总书记强调，"要紧紧抓住新一轮科技革命和产业变革的机遇，推动互联网、大数据、人工智能、第五代移动通信（5G）等新兴技术与绿色低碳产业深度融合，建设绿色制造体系和服务体系，提高绿色低碳产业在经

---

[1] 国家数据局：《数字中国发展报告（2023 年）》，2024 年 6 月 30 日。
[2] 《习近平向2021年世界互联网大会乌镇峰会致贺信》，《人民日报》，2021 年 9 月 27 日。

济总量中的比重"[①]。为充分发挥数字政府建设对数字生态的引领作用，国务院发布《国务院关于加强数字政府建设的指导意见》，强调全面推动生态环境保护数字化转型，提升生态环境承载力、国土空间开发适宜性和资源利用科学性，更好支撑美丽中国建设。中央网信办会同有关部门组织实施了数字化绿色化协同转型发展行动计划，围绕推动数字产业绿色低碳发展，加快数字技术赋能行业绿色化转型，发挥行业绿色化转型对数字产业的带动等三方面任务，部署了18项重点行动，10个城市首批开展数字化绿色化协同转型发展综合试点。2023年，国务院印发了《数字中国建设整体布局规划》，多次强调数字生态文明建设，并提出到2025年数字生态文明建设取得积极进展。

二、政策驱动打造全面绿色转型的数字中国

（一）建设数字生态文明的总体要求

"十四五"时期，我国生态文明建设进入以降碳为重点战略方向，推动减污降碳协同增效，促进经济社会发展全面绿色转型，实现生态环境质量改善由量变到质变的关键时期。建设绿色智慧的数字生态文明是一场前所未有的深刻变革。新时期，要用数字技术创新生态文明建设模式，全面提升数字生态文明建设的整体性、系统性、协同性，最终实现人与自然和谐共生的现代化。

（二）建设数字生态文明的指导思想

数字生态文明建设必须以习近平生态文明思想和习近平总书记关

[①]《习近平主持中共中央政治局第三十六次集体学习》，新华网，2022年1月25日。

于网络强国的重要思想为指导,坚持服务重点,坚持系统观念,坚持问题导向,强化顶层设计,强化数据赋能,强化创新引领,以数字化引领绿色化,以绿色化带动数字化,构建智慧高效的生态环境数字化信息化体系,为实现碳达峰、碳中和目标和深入打好污染防治攻坚战提供强大支撑。加快构建数字化、智能化生态环境治理新应用、新模式、新形态,助力推进生态环境治理能力现代化。运用大数据、人工智能等数字技术创新变革优势,对生态环境协同治理的体制机制、组织架构、流程再造进行全方位系统性重塑,破解生态环境协同治理难点,促进生态环境数字化治理健康发展。运用数字技术提升信息流动沟通的双向交互性和透明度,促进多元主体间互动和比较优势的发挥,赋能生态治理创新,建构开放、透明、共治、共享的生态治理体系。

(三)建设数字生态文明的发展目标

按照习近平总书记的重要指示要求和相关文件安排,数字生态文明建设的发展目标是,到 2025 年数字生态文明建设取得积极进展,到 2035 年生态文明建设数字化发展更加协调充分。

一是推进生态环境治理能力现代化。以生态环境综合管理信息化平台建设为统领,打造平台化协同、在线化服务、数据化决策、智能化监管的生态环境数字化治理新模式、新形态,优化完善生态环境、自然资源、水利等动态监测网络和监管体系,支撑深入打好污染防治攻坚战,助力生态环境治理能力现代化。

二是推动数字化绿色化协同转型发展。充分利用绿色技术与手段,对数字传感、传输网络、应用平台等进行绿色智能升级、过程控制优化、协同融合减排等升级改造,推动数字产业的绿色转型。把数字技术应用到生态产品生产、分配、流通、消费各个环节,推动生态产品价值转化,提升生态产品经营开发绩效。运用数字技术对生态产业进行全方位、全角度、全链条提升赋能，推动建立绿色低碳循环发展产业体系。

三是形成绿色低碳智慧生活方式。以数字孪生城市先进理念和创新技术建设低碳智慧城市，引领城市构建现代化治理体系和治理能力，支撑城市安全高效健康运行，让绿色成为高质量发展的鲜明底色。充分发挥数字技术在生态文化体系建设中的作用，倡导简约适度、绿色低碳的生活方式，把建设美丽中国转化为全体人民的自觉行动。

三、数字技术赋能高质量生态文明建设

（一）数字产业绿色低碳发展

1. 数据中心节能降碳

随着我国云计算、大数据、人工智能、互联网、5G 等新兴技术的迅猛发展，数据中心建设体量和建设规模不断扩大。然而，数据中心需要大量电力维持服务器、储存设备、备份装置、冷却系统等基础设施运作，面临严峻的节能降耗和温室气体排放挑战。在国家政策的推动下，大型数据中心积极开展节能降碳相关工作，在数字化节能降碳技术应用等方面取得显著成效。

> **案例 31**
>
> **哈尔滨数据中心节能降碳**[①]
>
> **1. 背景概况**
>
> 哈尔滨数据中心位于哈尔滨市哈南工业新城核心区，总建筑

---

① 中国信息通信研究院产业与规划研究所、工业互联网产业联盟碳达峰碳中和工作组：《数字技术赋能碳中和案例汇编（2022 年）》，2023 年 6 月。

面积约59.6万平方米，总能力超过10万个机架。哈尔滨数据中心是黑龙江省唯一一家同时入选工业和信息化部国家绿色数据中心名单和国家新型数据中心典型案例名单"双名单"的数据中心。哈尔滨数据中心在规划设计、项目建设、运行维护各个环节，引入绿色建筑、自然冷源、新型空调末端、余热回收、能耗管理、智能运维等多种数字化节能降碳技术，有效实现PUE（电能利用效率）不断降低，PUE值降至1.5以下。

2. 主要做法

水侧自然冷却技术应用。充分利用冷冻水自然冷却技术，通过冷却塔+板式换热器在冬季换热供应冷冻水。当室外湿球温度低于10℃时，冷水机组可以停止运行，室外冷却塔作为冷源，直接供给末端空调使用。这不仅降低运行成本，而且整年节能50%以上。

热通道封闭应用。采用"面对面、背对背"冷热通道的机柜布置方式，冷热通道的气流互相分隔，提高了机房系统的制冷效率，空调末端的能效比进一步提高。

机房余热回收技术应用。配套建设了集中余热回收系统，通过采用水源热泵机组，与空调系统的冷冻水回水进行热交换，为园区辅助用房提供采暖和生活热水。

高压直流技术应用。采用高频软开关技术的高压直流供电（HVDC），效率可高达96%，比传统不间断电源效率更高，体积更小。节能休眠技术可以大大提升轻载下的系统效率，减少机房初期的运行能耗。

智能能耗管理系统应用。以一期3栋机楼的制冷系统为试点，建设能耗管控系统，搭建分布式边缘数据采集体系对动环、末端空调及冷水机组进行分钟级粒度的数据采集，构建机房热力学近似模型及反馈修正模型，实现对空调末端、制冷设备的自动节能控制，该机楼 PUE 运行值降至 1.3。

3. 案例总结

一是综合运用多种节能技术，大幅提升数据中心电能利用效率。数据中心采用了自然冷源、新型空调末端、能耗管控系统等数字化节能技术。自然冷源充分利用高寒地区全年近 6 个月的自然冷源资源，年节约用电量 584 万千瓦·时，节能率约为 54%。相较传统空调，新型空调末端年节约用电量 695 万千瓦·时，节能率约为 6.3%。能耗管控系统年节约用电量 259 万千瓦·时。

二是创新余热回收技术为社会节能减排提供新思路。哈尔滨数据中心一期 3 栋机楼余热回收，实现占地面积 11 万平方米的供暖，并为办公区提供 24 小时生活热水，等效节约电量 321 万千瓦·时。数据中心正探索与供暖商合作，在满足园区内需求的基础上，进一步扩大应用范围，为社会碳减排做出贡献。

2. 电子信息产品绿色制造和使用

新一代信息技术产业是国民经济的战略性、基础性和先导性产业。我国基础电子元器件制造门类齐全，消费电子产业规模快速增长。2013—2023 年，我国电子信息制造业连续 11 年保持工业第一大行业地位。2023 年，规模以上电子信息制造业增加值同比增长 3.4%。通过数字化手段创新电子信息产品绿色设计，通过智能化手段提升制造过程绿色化水平，数字化为制造业绿色低碳转型提供了有力支撑。

案例 32
中天互联电池数字化工厂及绿色制造应用

1. 背景概况

储能技术是未来能源结构转变和电力生产消费方式变革的战略性支撑。在储能技术发展和商业化趋势的推动下，锂电池作为新能源行业的主角之一迎来了发展的新机遇。

中天储能针对在锂电池生产过程中出现的制造一致性、产品质量稳定性、安全性、生产成本、能耗高等方面的痛点和难点，打造基于工业互联网的"高性能锂电离子电池数字化或绿色制造工厂"，利用工业互联网技术构建智能设计、智能制造、智能物流、智能运维，在提升生产效率和能源利用率的同时，提高电池产品制造质量的一致性，延长电池组使用寿命，同时降低产品成本，缩短研发周期，提高锂电池智能制造水平。

2. 主要做法

一是基于工业互联网的锂电池生产 MES（制造执行系统）。以工业互联网标识解析体系为数据流通纽带，以生产 MES 为调度中心，重点突破动力锂电池柔性制造集成控制技术，实现集智能装备、智能检测、智能控制和智能感知于一体的智能制造，构建面向高性能锂离子电池智能制造的数字化车间，有效提高生产过程的能源使用效率，实现工艺过程节能降碳。

二是基于工业互联网标识的物料信息采集。将原料、辅料的基础属性上传到标识解析中心，在系统中扫描标识码即可解析物料属性信息。根据每一道工序的报工情况将产成品的特征属性进行标识注册，并且结合工业互联网标识的 References（属性名）属性将投产的原料进行关联，大大提高生产过程中物料使用效率，减少边角料的产生，不仅节省成本，而且可实现资源节约利用。

3. 案例总结

通过中天互联工业互联网平台为储能电池工厂建设现代化的高性能动力锂电池数字化工厂，推动动力锂电池全生命周期、全生态智能制造应用场景构建。建成后实现中天储能工厂生产效率提升25%，运营成本降低25%，产品升级周期缩短40%，产品不良品率降低22%，能源利用率提高12%。可形成年产10 000万Ah（安时）高性能锂电池系列产品的生产能力，实现销售收入34 786.3万元，净利润1 801.3万元，税收600.4万元。

3. 数字科技领先企业零碳发展

随着数字科技的发展，一批数字科技领先企业积极履行社会责任，对标国际先进标准，助力上下游企业提高减碳能力，构建绿色价值链和供应链，打造零碳转型的企业标杆。

案例33
三一重工基于工业区块链的碳监测平台[①]

1. 背景概况

绿色低碳发展是当今世界发展的潮流，各大企业积极制定"双碳"目标，布局低碳技术，实施绿色转型。三一重工"18号工厂"是向灯塔级"绿色工厂"转型的企业实践，运用智能化、

[①] 中国信息通信研究院产业与规划研究所、工业互联网产业联盟碳达峰碳中和工作组：《数字技术赋能碳中和案例汇编（2022年）》，2023年6月。

信息化和数字化手段提升生产效率和能效使用率，打造"双碳"监测和能源管理平台，实现企业碳排放标准体系的建立，碳排放源全面采集，碳排放精准核算。同时，"18号工厂"的"双碳"实践经验可以为其他工程机械装备企业的绿色低碳转型提供借鉴。

2. 主要做法

基于工业区块链的智慧碳排放管理平台由数据采集层、平台层、公共服务层和业务应用层构成。基于物联网的数据采集层适配企业各种生产环境中的相关仪器、仪表、设备等，自动采集温室气体排放数据。平台层集合了根云工业互联网平台和根链工业区块链平台，为企业能源数据提供采集、存储、清洗、汇总等功能，并支持数据上链存证。基于工业区块链的碳监测平台直接打通智慧能源系统，能实时监测企业或机构的碳足迹，自动生成碳排放报告，同时模拟及优化减排路径，直接采购绿电、绿证、碳汇服务，一站式实现碳中和闭环。

智慧能源管理解决方案基于企业的实际生产状况，通过定制化部署数据采集、网络连接、群控、云计算和人工智能五大核心技术，建立厂域能源管理中关键数据的"采、传、存、管"体系，打破设备管理"信息孤岛"，实现能源信息的实时互通，再通过可视化管理平台及远端中央监控等技术，整合水电气、消防、安全、环保等厂务系统，最终帮助企业提质增效，节能减碳。

3. 案例总结

基于工业区块链的碳监测平台通过企业能耗数据进行标准化转换，使企业的碳排放数据透明化，能够有效支撑企业的碳核查需求。集成国际知名碳核查机构的碳核查经验和技术，对标国家和 ISO 相关标准，能够有效推动企业碳盘查流程和数据标准化，大大减少核查机构的工作量。此外，平台采用区块链技术，引入第三方节点，可以帮助企业"自证清白"，大大提高企业碳数据可信度，为未来碳核查系统提供一个可供研究的样本。

本案例是数字化技术促进企业零碳发展的有益尝试，通过工程机械行业领域落地经验进一步夯实区块链底层技术，优化应用层功能与碳核算算法，逐步推广至钢铁、建筑、化工等行业。

（二）数字赋能传统产业绿色转型

1. 电力行业打造新型电力系统，实现绿色转型

电力数字化，即通过星火架构、人工智能、融合通信网络、边缘智能和内生安全等关键数字技术，实现资产安全与效率提升、新能源并网消纳、源网荷储协调互动、绿电市场化交易以及能源低成本高效率利用。

以华为数字换流站为例，特高压换流站作为电网公司的重要资产，站内设备体量大，检修作业管控弱，"数据烟囱"林立，运维人员面临着较大的运维压力。针对此问题，华为的数字换流站实现了设备状态实时掌控、智能研判，综合提高了运检作业效率。能源结构和供电模式的调整，要求未来城市配电网必须兼顾稳定性和灵活性，同时加强应对突发事件的运行能力。通过电力数字化技术与电力电子技术的融合应用，从负荷侧提高电网系统对新能源的消纳能力，华为"一朵云、一终端、一芯片"成功实现配网"一张图"，实时、直观、全面感知配网业务，提前感知和预警故障。

2. 矿产资源开采实现绿色智能控制

数字矿山包括装备、系统、企业智能化和自动化三个层级，涉及数字化矿山建设、遥控智能化作业等方面。

黄金作为稀缺的不可再生资源，目前受矿体赋存状态、技术水平、市场动态等因素影响，资源综合利用水平低，存在浪费资源等问题，招金矿业始终注重低品位资源的盘活和利用，研发了智能辅助决策软件，可快速圈定矿体，估算资源储量，建立三维模型。同时，进行不同技术经济指标条件下的矿床经济评价，从而实现资源储量可视化管理与经济开采，对减少勘探成本，提高资源利用率，优化矿山规划设计，科学指导矿山日常地测生产具有显著效果。

3. 钢铁、冶金行业数字技术和环保技术的融合应用

以工业互联网为载体，以底层生产线的数据感知和精准执行为基础，以边缘过程设定模型的数字孪生化和信息物理系统化为核心，以数字驱动的云平台为支撑，建设钢铁行业数字化创新基础设施，实现钢铁行业的数字化转型和高质量发展。

河钢集团在工程实践中建立了全流程多要素融合协同的绿色工程管理方法，形成了钢铁工程数字虚拟工厂与现实工厂的协同、绿色技术与工程设计的协同、过程管控与全要素资源的协同、工程数字与模块建造的协同的具体方法支撑。据此方法建成的河钢唐钢新区，实现了产线连续紧凑、动态有序和产品质量窄窗口稳定运行，是同类型、同时期吨钢投资最低、建设工期最短、环保水平最高的新一代流程钢厂。该管理方法为钢铁工程的绿色化、智能化转型提供了方法借鉴。

4. 石化行业打造节能降耗的绿色生产体系

采取数字技术实现碳的全生命周期管理，建设碳交易系统，促进

能源精细化管理,建设新一代用能体系和绿色数据中心等,推动数字技术赋能石化行业实现"双碳"目标。

以 MES 为例,石油石化行业中的炼化和化工企业基本属于典型的流程型制造企业,MES 可以将石化企业 ERP 系统中的生产指标和生产计划逐层落实到作业计划、作业标准、工艺指标和生产指令,并最终下达给自动控制系统,再通过数据采集,将自动控制系统的实时信息逐级反馈、汇总、分析,最终返回到 ERP 系统中。通过这一流程,MES 将企业的 ERP 系统和自动控制系统连接成一个有机的整体,进一步提高了下达、执行、反馈、分析能力,有利于促进企业生产制造流程的整体优化和全面控制。这不仅能够提高生产效率和降低生产成本,还能够达成节省能源和减少污染的目标,真正实现节能减排。美国 ARC 公司对 MES 应用效果进行的调查统计显示,MES 可以使产品质量提高 19.2%,劳动生产率提高 13%,产量提高 11%。这种产品质量和劳动生产率的提升,将对降低能源消耗和原材料消耗起到巨大的积极作用,从而进一步确保石油石化企业节能减排目标的最终实现。

5. 数字技术推动建材工艺绿色升级

中国建材集团拥有近 300 条水泥熟料生产线,熟料产能超 5 亿吨,在智能化方面有着广泛的应用场景和海量的数据资源,在工程研发设计数字化方面有着丰富经验;同时成立了数科公司和智科公司,建成"我找车"智慧物流平台。目前,中国建材集团已建设泰安中联、槐坎南方等 20 条新型干法智能示范线,其中,槐坎南方整体技术达到国际先进水平,综合能效达到国际领先水平,每年可节省标煤 3.99 万吨,节省工业用电 5 390 万千瓦·时,减少碳排放 15.6 万吨;相对国标限制,每年减少氮氧化物排放 69%,减少二氧化硫排放 70%,减少粉尘排放 83%。

6. 绿色数字化现代农业绿色种养

充分利用承包地确权等基础数据，关联集成农户农业补贴、项目扶持等信息，借助遥感、物联网、区块链等现代信息技术，健全县、乡、村、组四级耕地用途管控网格化管理机制，形成种植户申报、大数据精准监测分析追踪、基层网格员在线核实的"天空地网人"一体化管控体系，实现耕地种植利用情况一地一档上图入库、到田到户精准监管和补贴政策精准落地。

2020年，嘉兴市入选国家数字乡村试点地区，数字化也更加广泛地走进了农业经营主体。智能感知、智能分析、智能控制、远程监控等技术与装备越来越多地运用于种植、养殖和设施园艺等领域，浙江东郁广陈果业有限公司的"东郁国际种源数字工厂"项目、浙江众信农业科技有限公司的"立体循环数字农业工厂"项目等均是嘉兴市农业数字工厂的典型代表。嘉兴市通过数字水产、数字工厂、粮食补贴系统开发等项目建设，扩大数字技术应用，加快推进种养基地数字化转型，已完成种养基地数字化改造42个，物联网公共平台共接入12家主体、5个城乡天眼、2个病虫害监测点，共45路视频监控。数字化在乡村振兴中占有越来越大的比重，推动更高质量的农业农村现代化进程。

（三）数字生态环境治理

1. 生态环境质量"一张网"智慧感知

在利用数字技术加强生态环境监测网、卫星遥感监测网建设的基础上，辅助使用走航监测、无人机、智能机器人等手段加强对生态环境的系统监测，提高对大气、水、土壤、自然生态等数据资源的自动采集能力和综合分析能力，形成"天空地海"一体化、智能化的生态环境监测感知体系。

2021年3月，舟山市普陀区水域治理"四灯"管理平台投入运行。该平台通过摄像头对普陀主要河湖进行日常实时监管，还对河湖的水质数据进行全面监测和综合评分，将河湖分为健康、亚健康、不健康、重症四个类别的监测阈值，并分别以绿、黄、橙、红四种颜色的灯作为警示，对河湖实行分级管控，提升智能化河湖管理水平。2021年9月，普陀再次投放无人船，用于河道水质摸排、入河排污口排查、水质日常监测、应急监测等。通过无人船对水样的自动采集、自动样品处理、自动分析、自动上传等，实现对水中的pH值（氢离子浓度指数）、溶解氧等多项参数的实时监测，有利于对问题河道各河段水质的全面掌握，以辅助水下暗管排查及问题分析。通过分析无人船走航巡查及水质监测结果，对存在问题的河道制定治理方案，可有效解决污染问题。

2. 数字技术推动山水林田湖草沙一体化保护和系统治理

大数据、云计算、人工智能等数字技术的介入为生态治理全流程提供支撑，让精准识别、实时追踪环境数据成为常态，让及时研判、系统解决生态问题成为现实。

大理市智慧林草系统以森林防火为切入点，借助双光谱火情监测系统，可实现360度全方位监控半径15千米内的覆盖区域，并将图像传送给基于人工智能深度学习的烟火识别引擎分析数据，实现毫秒级预警，在客户端产生相应告警信息。据悉，该系统约每15分钟可对监控区域自动巡航监测一次，在设计的监测半径范围内可监测发现约1平方米的火点，并自动报警和定位火点位置，定位精度可达50米，能准确监测到焚烧秸秆、生火做饭、上坟烧纸等野外用火，为火灾扑救争取关键时机。即使在2023年云南平均降雨量较往年同期偏少六成，平均气温较往年同期偏高0.8℃，大理一季度降雨量更是创自有气象记录以来最低值的严峻气候环境下，大理通过运用森林防火视频监控系统24小时不间断巡查的功能，有效结合了"技防"和

"人防"。截至目前，大理市首次实现防火期零火灾。

3. 以数字孪生流域为核心的智慧水利体系

数字孪生流域是将数字孪生技术应用在水利领域，建构一个与物理流域相同的数字流域，与真实流域同步仿真运行。在这一数字场景中，可对物理流域进行数字映射、智能模拟、前瞻预演，从而更好地支撑水利科学化、智慧化决策。

婺源智慧水文业务服务平台集纳综合信息服务、三维虚拟演示、洪水预报预警等功能，可将雨量、地表径流量、蒸发量、水位等要素汇聚在同一模型内，通过科学计算得出洪水可能发生的情况，提高运算效率和预报准确性。2022年6月，江西省乐安河发生洪水灾害，该系统提前15小时发布自动预报告警，提前7小时发出较为准确的预报信息。预报洪峰流量误差为45立方米/秒，预报洪峰水位误差为0.22米，预报洪峰出现时间误差为30分钟，紧急转移人口1.78万人。

4. 精准监测和管理碳排放数据

通过数字技术提升碳排放数据获取、传递、存储、计算、统计的精准性、便捷性、安全性、可信性和高效性，助力碳排放核算的实时化、精准化和自动化，促进碳市场、碳金融高效运转。

"绿色大脑"构建了城市上空"500千米（卫星）—20千米（飞艇）—100米（无人机）"的城市外源空间大气温室气体和生态环境实时监测网络，将城市工业、能源、建筑、交通、农业及居民等碳排放主体全面接入地面综合能碳应用管理平台，可以实现碳排放及碳汇的核算、核查、核证、生态环境评估及修复核查，提供碳排放"双控"管理、能源分项计量、碳排放测算、碳减排测算、能耗预测、能效评估、优化控制、相关治理、故障预警等专业服务，有效解决碳排放数据的精准监测、管理、治理问题，为各地开展"双碳"领域的政策制定、实施、监督、考核提供坚实的数据支撑，为碳源碳汇交易主体摸清自身碳源底数、积极参与碳汇交易提供可信的数据来源，助力我国碳达峰、碳中和事业发展。

5. 支撑重点区域流域生态环境智慧治理

利用物联网、智能传感、云计算、大数据等技术，通过结合传感器、通信网络、水务信息系统提升水务信息化水平，对供水、排水、节水、污水处理、防洪等水务环节进行智慧化管理，实现水务管理协同化、水资源利用高效化、水务服务便捷化。

深圳借助数字孪生流域技术，基本形成"人在线、物在线、事在线"的水务设施运行管理模式。全市"河、库、厂、网、站、线"六大类约5 300个重点水务对象的基础数据按照统一标准归集，叠加水情、雨情、工情等约6 000个测站的实时监测数据，以及自然资源与空间地理数据，汇聚成"水务数字底座"，以"水务一张图"的方式呈现，为水务应用场景数字化奠定了基础。在水环境达标应用场景中，全市河流水质实时情况和45座水质净化厂的实时信息，以及420个河流断面检测数据一目了然。若遇到水质异常事件，则立即生成工单，派发相关单位处理。2022年以来，深圳市已有66个需重点关注的小流域和163个溢流风险排口被系统精准找出，并得到迅速处理，深圳市生活污水收集率等稳步提升。

6. 生态环境资源智慧化治理

利用大数据、区块链、云计算技术，建立生态资产数字台账，摸清生态资产家底，探索构建生态环境资产价值评估模型。同时，探索建立数字化生态补偿机制，建立多层次的智能化生态补偿平台。此外，还需在建立健全生态产品交易机制等方面下功夫，将生态保护补偿、生态损害赔偿、生态产品市场交易机制等进行有机结合，协同发力。

江西省抚州市开展生态产品基础信息调查，按照"到企""到户"的原则，对各类自然资源的权属、位置、面积等进行清晰界定，对土地承包经营权、林权、传统村落（古建筑）确权颁证，建立生态权益资源库，构建分类合理、内容完善的自然资源资产产权体系。建立生态产品云数据库平台，精确掌握自然资源资产数量分布、质量等级、功能特点、权益归属、保护和开发利用情况等信息，开展生态产品基础信息调查，努力摸清各类生态产品数量、质量等底数。

（四）数字生态文明建设全民行动

1. 数字技术赋能城市运行绿色化

在城市管理运行低碳化领域，采用生态环境监测网络和碳排放感知、碳足迹追踪等数字化手段，可以对城市重点区域、产业园等开展碳排放监测、分析和智能优化，以数字化技术助力零碳智慧城市建设，实现新型城镇化和绿色低碳的协同发展。

案例34

江苏怡宁能源微碳慧能科创产业园[1]

1. 背景概况

园区作为城市的基本单元，是实现"双碳"目标和能源转型的主战场。江苏怡宁能源微碳慧能科创产业园占地156亩[2]，致力打造具备"建筑智能智慧，多能互联互补"特征的绿色低碳智慧零碳园区，主要产业形态为新能源装备研发集成和技术孵化实践。

---

[1] 中国信息通信研究院产业与规划研究所、工业互联网产业联盟碳达峰碳中和工作组：《数字技术赋能碳中和案例汇编（2022年）》，2023年6月。

[2] 1亩约等于666.7平方米。——编者注

2. 主要做法

一是能源智慧化管理。通过数字化技术实现园区各种能源供应和消费系统的数据采集、接入及监控，实现能源系统的精细化运行。园区集成能源 MES、地源热泵及气象站数据，利用 GIS（地理信息系统）数字孪生技术，对园区绿能电力、供冷、供热进行空间实时流向展示及数据多维度分析。通过数字平台能够看到绿能执行的流向情况，通过物联网、数据算法等技术对用能进行智能调控以达到能源最优化，通过能源管理系统一键控制绿能策略执行。

二是零碳智慧管理。通过碳排放监测实现对园区碳排放的实时、精确、全面计量，大幅提高碳排放统计的数据质量并自动生成碳盘查报告，满足主管部门监管要求。构建一整套体系化、自动化、图形化的碳排放管理系统，从各个维度进行碳排放分析和减碳趋势分析。同时，设计各类碳排放设施的碳排放流向分析，为园区制定减排措施，促进电碳融合，以及优化能源系统运行提供支持。

三是园区智慧运营。面向园区日常运营管理，通过园区数字平台，将原本孤立的门禁、消防、车辆、楼宇、群控、设施、资产、环境、办公等业务子系统统一接入、汇聚、建模，形成数字孪生园区，并通过联动视频监控系统、物联网系统远程查看和控制。建立整体园区的能耗监控板块，对园区内整个区域的用电、用水等能源耗散情况进行统计，指导优化楼宇能源消耗。

3. 案例总结

"三个转型"助推园区数字化绿色化协同发展。一是能源转型。绿色能源替代化石能源，清洁能源占比85%，终端消费电能占比100%，通过智慧运营分析实现可视、可管、可控，每年可节约电能300万千瓦·时。二是数字化转型。万物互联实现全要

> 素实时感知，打通"信息孤岛"，全域融合、统一管控，智慧决策支撑业务敏捷开发，设施效率提高25%。三是零碳转型。通过全价值链碳足迹监测、统计和披露，碳资产全生命周期管理，"碳—能"联动，每年可减少碳排放5 600吨。园区数字化管理在综合能源网络、能源管理平台、能源服务模式多方面形成示范应用，为城市运行绿色化提供典范模式。

2. 数字技术赋能交通物流低碳运营

交通物流低碳运营是指利用云计算、大数据、人工智能等技术，优化交通运输的能源管理，推广传统化石能源的电气化改造，建设智能化、网联化、电动化的公共交通网络，提升交通运输碳排放数字化、智能化监管能力，实现交通基础设施的减污降碳。

> **案例35**
> **雄安高铁站片区智慧绿色综合能源服务示范项目**[①]
>
> **1. 背景概况**
>
> 在雄安新区近零碳示范城市建设中，交通基础设施设计融合了数字化技术，提升运营管理能力和绿色低碳水平。雄安高铁站是雄安新区首个大型基础设施，通过打造"水滴上的明珠"，建设"铁路线网上的能源大脑"，运营"全地下的智慧能源站"，搭建"三网融合下的充电网络"，构建了雄安新区首个片区级绿色、智慧、高效的能源互联网生态。

---

① 腾讯研究院、清华大学能源互联网创新研究院：《城市能源数字化转型白皮书》，2023年6月。

2. 主要做法和效益

雄安高铁站屋顶分布式光伏电站。雄安站采用水滴状椭圆造型，屋面安装多晶硅光伏电池组件17 808块，铺设面积4.2万平方米，采用"自发自用、余电上网"的并网模式，年均发电量580万千瓦·时，每年可节约标准煤约1 800吨，减少二氧化碳排放4 500吨。此外，依托城市智慧能源管控系统打造了包含光伏电站概览能源监测、能源分析、能源服务等功能的光伏BIM（建筑信息模型）可视化运维监控系统，融入智慧大脑实现光伏电站数字孪生场景的构建，提高了光伏电站的安全可靠运行能力。

京雄铁路全线能源管理系统。为解决铁路系统能源管理中存在的"单站孤立管理、数据不透明"等行业痛点，建设"铁路线网上的能源大脑"——京雄铁路全线能源管理系统，实现全线精确分类、分户、分项计量，满足能源数据的采集和统计要求，更好地服务全线能源管理。京雄铁路全线能源管理系统采用全线能源管理系统平台、站所管理子系统、末端能耗数据采集三级架构，涵盖北京、河北段全线6个站房和5个区间段的4 000余个能源数据采集、分析处理。

高铁片区供热（冷）项目建设运营服务。雄安高铁片区统筹规划集中供热与分布式供冷模式，建立全系统可视化数字信息模型，设立热网监控中心，保证安全、高效、智慧运行。能源站实现多能协同供应和能源综合梯级利用，综合能源利用率超70%，减少6%~7%的线损。实现多级综合能源供应，清洁低碳、多能互补、安全高效。

"三网融合下的充电网络"——高铁站CEC（城市交换中心）充电站建设。依托高铁站城市交通枢纽功能，建设"交通网、信息网、能源网"三网融合下的智慧充电网络。充电站支持即插即充、无感充电，融合V2G（电动汽车入网）、S2G（站网互动）、

> 无线充电等功能,丰富数字货币应用场景,打造多模充电、多模支付场景,探索构建"1+3+X"充电服务生态,支撑新区智能高效交通需求及"90/80"(即绿色交通出行比例为90%,公共交通占机动化出行比重的80%)出行目标,协助电网削峰填谷,为绿色交通出行提供动力源泉。

3. 数字技术赋能建筑能耗全方位管控

建筑全生命周期的绿色低碳是实现碳达峰、碳中和目标的重要环节,通过以数字技术推进建材工艺绿色升级,以数字孪生赋能建设施工全周期优化,以智慧碳足迹追踪建筑能耗全方位监控,实现建筑行业绿色低碳能级的全面提升。

> **案例 36**
>
> **北京市建筑智慧能源综合体**[①]
>
> **1. 背景概况**
>
> 2021年,腾讯云微瓴联合国家电力投资集团有限公司共同打造清洁智能、绿色低碳、高效管理、体验一流的国家电投总部大厦智慧综合体。
>
> **2. 主要做法和效益**
>
> 该项目以"天枢一号"为基础,首创性打造楼宇能源网、管理网、服务网"三网融合",通过物联网、大数据、人工智能及数

---

① 腾讯研究院、清华大学能源互联网创新研究院:《城市能源数字化转型白皮书》,2023年6月。

字孪生相关技术，实现楼宇空间、人、物的融合联动，助力数字综合体与现实综合体全过程、全要素的数字化管理，使运行状态实时化、可视化，以及管理决策与服务的协同化、智慧化，从而实现楼内节能减排和资产管理、办公管理、运维管理的高质高效，包括建筑用能的清洁低碳化管控，涵盖屋顶光伏、地面光伏、幕墙光伏、微风机、智慧照明、智慧冷暖和储能7个应用场景。

其中，主楼南侧立面建设 BIPV（光伏建筑一体化）幕墙光伏，主楼和裙楼屋顶、园区东侧停车场和岗亭建设分布式光伏，大楼南侧广场建设微风机，建设总装机容量约 327 千瓦·时，年发绿电约 30 万千瓦·时，占大楼总用电量的 7%，实现 2 号楼的零碳运行。能源网同步对大楼照明和空调系统进行了智慧化节能改造，年节电量约 60 万千瓦·时，占大楼总用电量的 13%，相当于节约标准煤 261 吨，减少二氧化碳排放 729 吨。

4. 数字技术赋能生活方式绿色转型

基于我国互联网的高速发展，消费电子产品快速的普及和数字技术的深入人心，数字化赋能生活方式绿色转型具备良好基础。重点地区先行先试，在绿色生活、绿色出行、低碳节约方面形成可复制推广的实践案例。

案例 37

深圳市碳普惠

1. 背景概况

深圳作为全国第一批碳排放权交易试点城市，率先深入推进应对气候变化的普惠性工作。2021 年 6 月，深圳市通过了国内首个地方生态环境保护全链条法规《深圳经济特区生态环境保护条例》，指出政府应当建立碳普惠机制，推动建立本市碳普惠服务平台，对小微企业、社区家庭和个人的节能减排行为进行量化，施行政策鼓励与市场激励。2021年11月，深圳市政府办公厅正式发布《深圳碳普惠体系建设工作方案》。2021年12月17日，在第九届深圳国际低碳城论坛上，由光明日报全媒体、深圳市生态环境局、深圳排放权交易所、腾讯公司联合出品，腾讯提供技术及运营支持的"低碳星球"小程序正式上线，这既是面向公众的碳普惠互动平台，也是深圳落地碳普惠工作体系的重要一步。

2. 主要做法和效益

"低碳星球"是深圳碳普惠授权运营平台着眼于通过打通交通出行场景的绿色模式，以深圳市生态环境局发布的《深圳市低碳公共出行碳普惠方法学（试行）》为依据，核算公众采用低碳出行产生的二氧化碳减排量。腾讯FiT（支付基础平台与金融应用线）、腾讯云TaplusDB的NoSQL分布式数据库等技术提供底层技术支撑，为碳数据积累做可信数据记录，并通过相应的碳积分积累和成长奖励机制鼓励、引导用户实现低碳行为，形成正向循环。"低碳星球"小程序共分为九大主题星球，每个主题的"低碳星球"里还设置了相关"彩蛋"。用户将授权建立个人"低碳星球"碳账户，随着用户公共出行次数的增加不断累积成长值，让用户亲身感受从灰霾天空到碧空如洗、从工业城市到低碳家园的奇妙变化。同时，用户个人碳账户也将累计碳积分，实现相应的积分礼品兑换，进一步激发用户的参与热情，鼓励公众积极参与减碳行动，培养绿色出行习惯。随着"低碳星球"小程序的不断深化，其总访问量已超过300万次，用户数超过90万人，累计产生碳积分130万分。

第十二章

数字时代新挑战：
数字安全

一、全球数字安全发展背景及中国的应对

（一）发展数字安全的战略背景

1. 数字时代数字安全面临新的挑战

随着网络化、信息化、智能化进程的加速和数字化时代的到来，以网络信息技术为代表的新一轮科技革命和产业变革突飞猛进，为推进中国式现代化提供了强大发展动能，深刻地改变了人们的生活和工作方式，提高了经济社会发展的便利性和效率。信息技术广泛应用于政府、金融、电力、交通、通信、医疗等关键行业，社会各行业越来越依赖信息技术。据互联网数据中心统计，2022 年全球数据总量达 75.8 ZB，我国数据生产总量（23.9 ZB）约占全球数据总量的 31.5%。国家工业信息安全发展研究中心发布的《全国数据资源调查报告（2023 年）》显示，2023 年我国数据生产总量达 32.85 ZB，这表明我国已是全球数据大国。

海量的数据、快速的信息传输和强大的计算能力，使人们的生活变得更加智能和便利。然而，随着数字化转型与新兴技术的广泛应用，特别是网络、云计算、物联网、人工智能等领域的快速发展，越来越多的数据被收集、处理和传输，数字安全问题日益凸显。海量数据中既含有隐私信息，也可能涉及国家利益、社会安全等。个人隐私和财产安全面临着巨大的风险，企业和政府机构面临的信息安全威胁也不容忽视。同时，网络攻击手段不断升级，网络犯罪手段越发隐秘，这使数字安全面临的威胁越来越多样化和复杂化，数据泄露、网络攻击、身份盗窃、恶意软件等数字安全问题的频发，给企业、政府和个人带来了巨大的经济风险和社会风险。

随着数字技术的不断发展，数字安全所面临的挑战与日俱增，主要表现在以下几个方面。

（1）数据泄露风险

数字安全风险最明显的体现是数据泄露。随着大数据技术的发展，数据的收集、汇聚和分析变得更加容易和广泛。黑客入侵、恶意软件、内部泄露等方式，都可能导致政府机构数据、单位内网数据、企业商业秘密等出现泄露风险。一旦政府、企业、用户数据被黑客攻击或内部人员泄露，在网络上广泛传播，将给用户和企业带来巨大的损失。

（2）网络攻击风险

网络攻击是指通过网络渠道实施的非法的、故意的计算机活动，以达到窃取、修改、破坏计算机系统或数据的目的。黑客攻击不仅会导致数据泄露，还会使企业的运营系统瘫痪。网络攻击的手段多种多样，通常包括计算机病毒、木马、蠕虫、僵尸网络等。网络攻击可能造成财产损失、商业机密泄露，严重威胁国家安全和社会稳定。

（3）身份盗窃风险

在数字时代，个人信息更加容易被获取和操纵。身份识别系统中可能还储存了个人面部特征，乃至指纹信息、虹膜信息、体态信息以及关联的个人身份信息等。个人信息的过度使用和泄露，会给个人隐私带来严重威胁，可能导致财产损失、信用评级下降，甚至影响身份认证和社会信任。

（4）恶意软件风险

恶意软件是指有意设计用于破坏计算机系统、窃取用户信息或者进行其他恶意活动的软件程序。恶意软件通常会通过计算机病毒、木马、蠕虫、钓鱼链接等方式传播，并且对计算机系统和个人信息造成威胁。

（5）社交媒体数据安全

社交媒体数据安全风险主要包括数据公开导致的隐私泄露、数据外泄，以及数据与身份信息关联引发的假冒账号、社交工程等风险，可能会侵害个人隐私，甚至导致经济利益和名誉受损。

（6）人工智能等新兴领域安全

人工智能是数字化时代的新兴技术之一，已经在国民经济各行各业得到广泛应用。但人工智能也面临着信息安全的挑战，人工智能本身可能带来潜在风险。深度学习、生成式人工智能等复杂人工智能技术，往往具有"黑箱"性质，可解释性差。深度伪造等音视频及图片以假乱真，可能成为危害社会安全的工具。

此外，数字化转型中面临的不仅是以往办公自动化等简单场景，还出现了关键基础设施、工业互联网、车联网、能源互联网、数字政府、智慧城市等新的场景，这些场景面临的安全问题更加复杂，包括大数据安全、云安全、根域名安全、物联网安全、新终端安全、区块链安全、元宇宙安全、大模型安全等新的挑战。相关案例和监测数据显示，近年来针对物联网、区块链等新兴技术领域的网络攻击和犯罪数量明显增加。

2. 当今数字安全风险挑战日益严峻

世界之变、时代之变、历史之变正以前所未有的方式展开，当代世界大国博弈竞争面临着越发纷繁复杂的发展形势，安全风险和挑战日益严峻。地缘政治带来关键核心技术之争，新技术、新应用持续涌现带来新变革、新影响，加剧了数字产业链动荡局势，数字领域标准体系与国际规则竞争日趋激烈。逆全球化不仅表现为贸易、资本、人力资源的流动减速，更多地表现为数据跨境的监管和"脱钩"。数字安全涉及国家安全、军事安全、经济安全和社会稳定等重要领域，其重要性越发凸显。

当前，世界各国开始加强数字安全建设并加大投入力度，制定数字化安全战略。美国、中国、欧盟等国家和地区的数字安全相关法律都在加速制定和实施，以应对数字安全风险日益加剧的局面。加强数字安全建设，事实上已成为世界各个国家和地区的一项重要战略与国家安全策略。

（1）数字安全成为高技术战争关键对抗领域

俄乌冲突爆发以来，相关各方在网络空间展开网络对抗。回顾冲突进程，网络战、信息战以及认知战成为现代战争的重要手段，网络空间、数字空间已成为现代混合战争的重要领域。数字时代的高技术战争，关键信息基础设施是网络战的首要攻击目标。大规模拒绝服务攻击、高级可持续攻击、漏洞利用、钓鱼攻击、供应链攻击等多种攻击方法组合，攻击数据、网络、算力等关键信息基础设施，破坏力和影响力较以往更大。重要情报信息是网络战双方争夺的焦点，为军事打击、经济战、舆论战、认知战提供强大支持。网络空间、数字空间安全成为新时期国家安全的重要领域，各单位、各部门应守土有责、守土尽责，采取综合举措，大力加强网络空间、数字空间安全，捍卫国家安全。

（2）网络空间安全内忧外患的严峻局面仍未扭转

①网络疆域主权斗争局势严峻，我国网络可能面临"停服断网"的风险

一是我国民用网络"总开关"受制于人。美国实际掌控互联网绝大部分核心设施和各国根域名控制权。2017年12月5日，北京的一个镜像节点被美国ICANN（互联网名称与数字地址分配机构）从根域名服务器资源列表中未经告知即删除，这表明分配给中国的".cn"顶级域名依然受美国管控。近年来，美国加紧开发网络停服和控制技术，对我国构成日益严峻的"停服断网"潜在威胁。

二是美国破除发动网络战和网络停服的法律障碍。种种迹象表明，美国正在将网络战和网络停服作为其国际斗争的工具。2015年美国《网络安全法》赋予总统"互联网停服开关"权力，2016年《国防授权法案》授予美国国防部长发动网络战的权力。拜登政府在2022年相继发布新版《国家网络安全战略》《国家网络安全战略实施计划》，不断渲染网络威胁。美国国会于2020年和2023年两次在《国防授权法案》中要求五角大楼就成立专门负责网络战的新军种进行评估。

三是美国继续通过ICANN的"不平等条约"严控互联网管理权。ICANN在"棱镜门"事件后仅有象征性变动，其核心"霸王条款"仍未做出实质性修改：必须承认ICANN是全球范围内互联网的

管理者；各国域名只有使用权，没有所有权；国家域名注册信息数据库必须向 ICANN 开放，数据归 ICANN 所有；任何围绕该协议的仲裁和诉讼都要在纽约或洛杉矶进行。

②数据安全危机四伏，我国政经数据管理中枢存在安全隐患

我国公众网络 DNS（域名系统）、电子邮件、网站三大关键数据管理系统长期处于"托管""代管"状态，网络数据处于不安全状态。同时，敌对势力利用各类智能终端和大数据手段，持续获取涉及我国国家安全、经济社会运行、舆情态势等敏感信息。美国互联网企业"八大金刚"［思科、IBM（国际商业机器）、谷歌、高通、英特尔、苹果、Oracle、微软］在我国核心领域信息基础设施中长期占据垄断地位。以思科为例，其网络设备等产品和服务在我国海关、公安等政府机构的使用率为 50%，铁路、机场、港口、石油、制造等行业的使用率为 60%，金融行业的使用率为 70%，传媒行业的使用率高达 80%。而"八大金刚"长期以来是美国情报系统的合作伙伴，为军方在服务器中增设过滤器，在软件中预留后门，将系统漏洞预先报告军方。我国大数据体系、智慧社会、数字中国等若建立在非自主可控的基础上，对手就可以轻易穿透网络防线，获取我国数亿网民和整个经济社会运行的信息。

③美国不断强化"网军"震慑力，统治全球网络空间的野心只增不减

一是强化网络威慑。美国 2009 年率先建立网络司令部，2010 年利用"震网"病毒打击伊朗核设施，2014 年对朝鲜实施网络制裁，2016 年高调宣布对"伊斯兰国"发动网络战。2017 年特朗普政府公开宣称正在全面加速部署针对中俄的网络攻击能力。当前，美国国防部正在制订所谓"网络司令部 2.0"计划，解决军方如何组建和训练网络部队的问题。

二是加强军民融合。例如，2015 年成立"美国国防创新实验单

元",在硅谷、波士顿和奥斯汀设立办公室,与互联网公司签订超1亿美元的军事合同。军政企相互派驻人才保持紧密合作,谷歌前首席执行官埃里克·施密特担任"美国国防创新委员会"主席。美国网络司令部前司令迈克尔·罗杰斯称要增强与私营企业合作,力求未来5~10年打造能够整合网络攻防能力与战术行动的网络体系。特朗普曾任命某网络安全公司总裁朱利安尼为其网络安全顾问,领导网络安全委员会。拜登任命蒂莫西·霍同时担任美国网络司令部和国家安全局领导人。

3. 数字安全是数字中国建设的重要环节

2023年是全面贯彻落实党的二十大精神的开局之年,也是全面推进《数字中国建设整体布局规划》实施的起步之年。2023年2月,中共中央、国务院印发了重要文件《数字中国建设整体布局规划》,从世界数字化发展大趋势、党和国家事业发展全局和战略高度提出了新时代数字中国建设的整体战略,明确了数字中国建设的指导思想、主要目标、重点任务和保障措施,也将统筹发展和安全、确保数字安全提升到新的高度,并提出了新的要求,标志着数字中国建设全面进入推进实施的新阶段。

数字中国建设是构建数字经济、数字政府、数字社会、数字文化等多领域的数字化发展。在数字中国不断向前发展的同时,我国面临着一系列新的复杂的安全挑战。在机遇与挑战并存的数字时代,建设数字中国是统筹发展和安全的关键保障。产业数字化已经深入各行各业,基础设施、工业互联网、车联网、移动物联网、数字政府、数字教育、数字医疗等数字化场景安全需求日益显露。随着5G、IPv6、大数据、云计算、人工智能等大量新一代数字技术的大力推进和技术应用,数据应用场景在不断拓展的同时,数据流动和数据量显著增加也催生了大量安全需求。数字化的安全威胁已从虚拟世界延伸到现实世界，影响国家、国防、经济、社会乃至人身安全。数字安全成了数字中国发展的重要前提，数字安全既是关乎国家安全和人民利益的重要方面，也是影响经济社会发展和人类文明进步的重要议题。

为应对挑战，《数字中国建设整体布局规划》在总体架构上，把数字安全屏障和数字技术创新体系作为两大栋梁，强调构筑自立自强的数字技术创新体系，筑牢可信可控的数字安全屏障，以此支撑数字中国建设的摩天大厦。抓住了创新，就抓住了牵动数字中国建设全局的"牛鼻子"；没有网络安全、数据安全，就没有国家安全，只有坚守住安全，数字中国建设方能行稳致远。

进入新时代，我党一直高度重视数字安全，既关注公民个人信息的安全，也高度重视国家数据的安全，并将数字安全建设纳入总体国家安全观中一并谋划推进。数字安全并非单纯的技术问题，而是一项涉及法律、业务、管理、流程等多个方面的系统工程。

在数字化建设进程中，面对新一轮科技革命和产业变革，推动网络安全法律法规和政策体系持续完善，不断增强网络安全保障能力；建立健全数据分类分级保护制度，持续完善网络数据监测预警和应急处置工作体系，切实保障数据安全，为经济高质量发展建立健全数字安全保障体系，筑牢数字安全屏障，已成为支撑现代化建设、增强国家综合实力的必然选择。

（二）建设数字安全的重要性

习近平总书记强调："没有网络安全就没有国家安全，就没有经济社会稳定运行，广大人民群众利益也难以得到保障。"[1] 如今的网络安全，内涵和外延不断拓展，不仅关乎个人安全、企业安全，也关乎

---

[1] 张晓松、朱基钗：《习近平：敏锐抓住信息化发展历史机遇 自主创新推进网络强国建设》，《人民日报》，2018年4月22日。

国家安全，已经成为社会治理、国家治理的重要议题。

数字中国是中国经济社会发展的重要战略，数字安全是数字中国建设的重要保障。随着信息技术的迅猛发展，数字安全涉及互联网技术、计算机网络、信息安全等多个领域，是保护信息资源的重要手段。建设数字中国，必须筑牢可信可控的数字安全屏障。《数字中国建设整体布局规划》将数字安全屏障和数字技术创新体系并列为强化数字中国的"两大能力"，彰显了数字安全在建设数字中国中的底板作用。

1. 数字安全是重塑国家竞争新优势的战略支点

新一轮科技革命和产业变革深入发展，国际力量对比深刻调整，国际环境日趋复杂，不稳定性和不确定性明显增加。自 2015 年起，全球已有超过 170 个国家和地区将数字安全作为优先发展的战略方向，围绕数字技术、数据要素、产业生态、安全标准等的国际竞争日趋激烈。例如，以德法为代表的传统技术强国通过强化数字主权理念以及数据、数字技术和数字基础设施安全，保障数字空间发展安全；欧盟倡导建立"单一欧洲数据空间"，构架符合欧洲数字化转型需求的数据要素安全保护模式……这些行动都体现了主要经济体进一步强化数字安全核心优势的宏伟愿景。数字安全已经成为各国抢抓战略主动权、发展主动权的关键方向，是国家数字竞争力发展中不可或缺的要素。

2. 数字安全是落实总体国家安全观的重要体现

2014 年 4 月 15 日，习近平总书记在中央国家安全委员会第一次会议上首次提出总体国家安全观，[①] 擘画了维护国家安全的整体布局，

---

① 《习近平：坚持总体国家安全观 走中国特色国家安全道路》，新华网，2014 年 4 月 15 日。

锚定了新时代国家安全的历史方位。当前，世界经济数字化转型成为大势所趋，政治、经济、文化、军事等各领域都深深植入数字基因，网络空间与物理世界全面融合，海量工业设备泛在连接、业务系统云化应用、网络化协同制造成为新常态，病毒、高级持续性威胁攻击等向数字空间传导渗透，面临"一点突破、全盘皆失"的严峻安全形势。数字安全问题逐渐成为国家经济安全的一部分，数字安全已经成为国防安全、经济安全和社会安全的重要组成部分。作为国家安全的重要组成部分，数字安全在国家安全体系中的基础性、战略性、全局性地位更加突出。统筹好国内国际两个大局，主动发展数字安全能力，成为落实总体国家安全观系统性、全面性、辩证性的典型体现，是积极应对复杂威胁挑战的战略选择和应有之义。

3. 数字安全是护航数字中国建设的重要保障

数字中国规划是中国政府制定的数字化转型和发展的战略规划。随着数字中国建设的深入推进，各领域数字化转型加快，数字领域安全风险演进升级，并不断延伸渗透，数字安全成为数字中国在发展建设过程中不可或缺的要素。以5G、人工智能、云计算、大模型等为代表的数字技术正以新理念、新业态、新模式全面融入人类经济、政治、文化、社会、生态文明建设的各领域和全过程。数字安全的重要性不仅在于对数据的保护和管理，更在于保障数字经济、数字社会和数字政府的安全发展。全方位认识国家开展数字安全工作的系统性、复杂性，强化数字安全战略引领和统筹布局，完善安全保障制度和管理措施，切实保障国家网络安全和数据安全，护航数字中国稳步前行。

（三）数字安全的内涵和特征

数字安全是数字中国建设不可或缺的重要组成部分，是数字中国建设的关键能力。数字安全的内涵随着技术的迅猛发展而不断深化和拓展,其特征也因新技术的持续涌现而变化。

1. 数字安全的内涵

数字安全的概念源于计算机技术的发展与应用。数字安全在ISO的定义是,"为数据处理系统建立和采用的技术和管理的安全保护,保护数字硬件、软件和数据不因偶然和恶意事件遭到破坏、更改和泄露"。数字安全具有保密性、完整性、可用性等要求,保密性意味着确保对信息资产的访问仅限于授权人员和系统;完整性意味着确保信息资产保持在所有者预期的状态;可用性意味着确保授权人员和系统对信息资产的可靠访问。

数字安全包括保障信息系统、网络和数据等在数字环境中的安全稳定。数字安全不仅涉及个人隐私和商业机密,也涉及国家安全、经济安全和社会安全等多个方面,涵盖了数字经济、数字社会和数字政府的安全。准确把握数字安全的多维、全方位内涵,强化数字安全的新理念,是筑牢数字安全屏障的重要基础。

与数据安全(主要关注数据流转全生命周期的安全)相比,数字安全则服务于数字化转型,既包括数据安全,也包括网络安全。数据安全和网络安全均确保信息资产的保密性、完整性和可用性。数据安全和网络安全这两个词经常交替使用,两者都是为了保护信息资产(有价值的数据和信息)和技术资产(硬件、软件、系统、服务器、网络和其他收集、处理、运输、存储和检索信息资产的电子容器)的安全。数据安全强调直接保护信息资产本身,而网络安全强调保障技术资产的安全。

以下从风险主体、保护客体、安全领域三个层面分析数字安全的内涵。

（1）主体层面的数字安全内涵

数字中国建设是在发展中规范、在规范中发展的过程，需要平衡处理技术进步、经济发展与保护国家安全和社会公共利益的关系，而国家、企业和个人在我国数字化建设中面临不同的安全风险，对于不同的主体，数字安全具有不同的内涵。

①国家层面的数字安全

在数字化转型中，国家安全数字风险常见于数据泄露和攻击。例如，恶意程序和黑客攻击可能会使国家的核设施、电力设施、能源网络、金融网络瘫痪，引发严重的安全危机。要通过建立健全数字安全保障体系，推进数字认证与数字身份管理制度等的完善，加强数据安全保护，推动网络空间治理。

②企业层面的数字安全

企业一方面要确保自身运营中的网络安全、数据安全，另一方面要确保在经营活动中对公众数据的合法、合规、安全使用。要鼓励各数字产业行业加强行业自律，建立相应的自律和标准制定机制，制定适合企业发展的数字安全政策和标准，并明确公司内部员工的数字安全责任和义务，制定完善的数字安全政策和流程来规范数据的存储、处理和传输。

③个人层面的数字安全

个人隐私数据可能被网络企业收集、整理和分类，并被用于不同的目的，尤其是一些信息数据看似被合法使用，但可能正在发生隐蔽的不道德的侵权行为，甚至潜藏危害社会的安全隐患。要探索新规则以推进数据要素权属界定与法律完善，有效防范此类个人层面的数字安全风险。

（2）保护客体层面的数字安全内涵

数字安全是指利用现代信息技术，保护数字信息及数字设备不受各种威胁和损失的能力。数字安全涉及网络安全、信息安全、数据安全、设备安全等多个层面，是数字化时代必不可少的重要保障。数字安全具有以下几个方面的内涵。

①网络安全

网络安全是数字安全的重要组成部分，是指对计算机网络及其承载的信息系统所面临的各种威胁进行保护的能力。网络安全主要包括网络攻击、网络病毒、网络木马、网络蠕虫、黑客攻击、DDoS（分布式拒绝服务）攻击等多种形式，这些威胁可能危及计算机网络所承载信息系统的正常运行和数据安全。因此，保护网络安全是数字安全的重要任务之一。网络安全需要采取多种防御措施，如防火墙、入侵检测系统、数据加密、网络安全策略等。

②数据安全

数据安全是指在数字化环境下保护数据的安全性和完整性，防止数据被篡改、破坏或泄露的能力。随着信息化程度的提高，数据安全变得越来越重要。数据安全需要采取多种防御措施，如数据备份、数据加密、安全存储、数据恢复等。

③信息安全

信息安全是数字安全的一个重要方面，是指保护信息系统中所存储、处理、传输的信息不受未经授权的访问、窃取、篡改、破坏和泄露的威胁。信息安全涉及整个信息系统的生命周期，包括信息的安全设计、安全实现、安全操作、安全维护和安全销毁等方面。信息安全需要采取多种防御措施，如身份验证、访问控制、加密技术、信息备份、网络监控等。

④设备安全

设备安全是指保护数字设备不受损坏、盗窃、篡改和破坏等威胁的能力。数字设备包括计算机、服务器、网络设备、移动设备等，设备安全包括物联网、工业互联网设备安全。设备安全需要采取多种防御措施，如设备加密、设备监控、设备追踪等。

⑤隐私安全

隐私安全是数字安全的重要方面之一，是指保护个人隐私信息不受非法收集、使用、传播和泄露的能力。随着互联网和移动设备的普及，个人隐私信息的泄露风险也越来越高。隐私安全需要采取多种防御措施，如个人身份验证、数据隔离、数据加密、隐私政策等。

⑥知识产权安全

知识产权安全是指保护知识产权不受盗版、侵权、抄袭等威胁的能力。在数字化时代，知识产权安全具有更高的重要性，因为数字技术导致知识产权的复制和传播更加容易。知识产权安全需要采取多种防御措施，如知识产权法律保护、数字版权管理、数字水印技术等。

总之，数字安全是保护数字信息及数字设备不受各种威胁和损失的能力，涉及网络安全、数据安全、信息安全、设备安全、隐私安全和知识产权安全等多个方面。数字安全需要采取多种防御措施，包括技术手段、管理手段和法律手段等。

（3）数字中国建设各领域中数字安全的内涵

①数字经济中的数字安全

数字经济是数字中国建设的重要领域，包括电子商务、互联网金融、共享经济等。在数字经济发展的过程中，数字安全是至关重要的。数字经济中的数字数据是其核心资产，如果这些数据遭到破坏、篡改、窃取等，将对整个数字经济造成巨大的损失。因此，在数字经济中，数字安全是保障经济发展的基石。

数字经济中数字安全的内涵主要包括三个方面。一是保障电子商务交易的安全。电子商务交易包括支付、物流、客户隐私数据等方面。二是保障互联网金融交易的安全。互联网金融包括投融资、个人贷款、保险等方面。三是保障共享经济交易的安全。共享经济包括共享单车、共享汽车、共享住宿等方面。

②数字政府中的数字安全

数字政府建设是数字化进程中不可缺少的一部分。数字政府安全主要包括政府运行安全和信息安全两个方面。政府运行安全是指数字化过程中政府运行的安全和稳定；信息安全则是指政府各部门在数字化过程中信息资源的保障和控制。保障数字政府安全，可提高政府的管理效率，促进政府服务质量和效率的提升，同时也可提升人民群众对政府的满意度和信任度。

数字政府中数字安全的内涵主要包括三个方面。一是保障政府信息系统的安全。政府信息系统包括公共服务、政务管理、金融税收等方面。二是保障公民隐私和个人信息的安全。需着力防范公民隐私和个人信息被非法获取及利用。三是防范网络攻击和数据泄露。必须加强对网络攻击和数据泄露的安全管理与技术防范。

③数字社会中的数字安全

数字中国建设将数字技术深度融入社会生活之中。数字社会是数字中国建设的又一重要领域，包括数字教育、数字医疗、智慧家庭等方面。数字社会安全需要考虑技术、管理和伦理问题。技术方面，要加强数字技术的国内创新和研发，不断提升数字技术的安全性。管理方面，要建立数字社会安全的管理和监管体系，促进各方面数字化发展的协同。伦理方面，要加强对数字化过程中伦理问题的关注和规范，推动数字化进程实现安全、可持续、和谐。

数字社会中数字安全的内涵主要包括三个方面。一是保障数字教育和在线学习的安全。数字教育和在线学习已经成为现代教育的重要组成部分，必须保证安全。二是保障数字医疗和互联网医疗的安全。数字医疗和互联网医疗涉及个人隐私和数据安全，必须保证安全。三是保障智慧家庭和智能家居的安全。智慧家庭和智能家居涉及个人家庭生活，必须保证安全。

④数字文化中的数字安全

数字文化是数字中国建设的又一重要领域。数字文化中的数字安全要保障数字文化资产和版权的安全，以及网络文化和网络安全的协调发展。

数字文化中数字安全的内涵主要包括三个方面。一是保护数字文化资产的安全。数字文化资产包括数字音乐、数字电影、数字图书等，必须保证其版权和安全性。二是保障网络文化和网络安全的协调发展。网络文化是数字文化的重要组成部分，网络安全是网络文化发展的基础。三是保障网络版权的安全。网络版权的安全是保障数字文化产业健康发展的基础。

2. 数字安全的特征

与传统数字安全相比，数字中国建设背景下的数字安全更加强调对网络、系统等技术层面的安全保护。随着数字技术应用领域的逐渐扩大，数字安全的内涵也在不断延伸和拓展，需要关注更宽广的安全领域，包括个人隐私、信息安全、物联网、人工智能等多个方面。数字安全的保障需要借助全社会的力量，共同推进数字中国规划的实现。

基于此，结合数字中国建设的整体性、系统性、协同性，数字中国建设背景下的数字安全具有如下特征。

（1）多层次和系统性

从概念上来看，新时期的数字安全指的是保护数字信息和系统不受非法访问、使用、攻击、窃取和干扰等,既包括数据安全,也包括基础设施安全和应用系统安全等。数字安全的保障需要多层次的保障措施,包括物理安全、软件安全和系统安全等,各层次的安全保障都要覆盖到,更加强调对网络、系统等技术层面的安全保护。数字安全的实现需要多方面的配合,包括法律规范、技术手段和人员支持等。

(2)综合性和复杂性

从制度上来看,数字安全也与人类权利、隐私保护、知识产权等密切相关,具有一定的综合性和复杂性。新时期的数字安全理念更加注重攻防兼备和主动预防。数字中国建设的规模大,数字安全的保障也涉及数字经济、政治、文化、生态文明建设中大规模数据的保护和管理问题。数字经济、数字社会和数字政府的大规模、高密度、高速度发展,对数字安全提出了更高、更全面的保障要求。

(3)全方位和协同性

数字安全的复杂性决定了数字安全的实现需要借助全社会的力量。从组织方式来看,新时期的数字安全理念更加强调协同共建,以构建数字安全生态系统为目标,鼓励各方积极参与、资源共享,共同应对数字化进程中的安全挑战。数字安全的保障不是一个封闭的圈子,需要借助全球化的力量共同推进数字安全的保障。加强互通协作,形成共同治理的新格局,在此过程中实现数字化和数字安全的利益共赢。

(4)技术创新性

数字安全的保障需要即时性和实时性的保障措施,要在第一时间抵御受到的攻击和威胁。数字安全的实时性可以保障数字信息的连续性和稳定性。数字安全也需具备创新性。在数字技术的不断进步下,数字安全技术也在不断地创新。数字安全的创新性需要在技术、管理和制度上进行不断探索。数字安全创新包括安全技术创新、安全管理创新和安全制度创新，着力推动数字安全的升级和加强。

（四）数字安全的发展历程

数字安全是国家数字化建设的重要组成部分，也是维护国家安全和社会稳定的重要保障。中国在数字安全建设方面走过了多年的发展历程，从最初的保密和防护到现在的数字安全，经历了许多变革和调整，积累了丰富的经验和教训。

1. 宣传启蒙阶段（20世纪80年代末之前）

随着计算机网络的出现和普及，网络安全成为最重要的数字安全领域之一。1986年由缪道期牵头的中国计算机学会计算机安全专业委员会正式开始活动，1987年第一个专门机构——国家信息中心信息安全处成立，标志着中国计算机安全事业的起步。

这个阶段的典型特征是国家没有相关的法律法规，没有较完整的专门针对计算机系统安全方面的规章，安全标准也少，统一管理力度较弱，仅在物理安全及保密通信等个别环节上进行规范，广大应用部门几乎没有意识到计算机安全的重要性，计算机安全工作处于摸索起步阶段。我国于20世纪80年代后期才开始开展防范计算机病毒及计算机犯罪方面的工作，主要关注实体安全。

随着网络安全问题的不断增多，中国逐步加强网络安全技术和创新研发，注重防范和应对各类网络攻击和病毒威胁，不断提高网络安全防护能力。此外，针对网络安全和信息安全领域的人才短缺问题，中国加强对人才的大力引进和培养工作，初步形成了一支优秀的网络安全人才队伍。

2. 开始阶段（20世纪80年代末至90年代末）

这一阶段的关键词为"PC时代""端上安全""终端杀毒"。

20世纪80年代末以后，随着我国计算机应用的迅速拓展，各行业、企业的安全需求开始显现。除了此前已经出现的病毒问题，内部信息泄露和系统宕机等成为企业不容忽视的问题。此外，20世纪90年代初，世界信息技术革命使许多国家把信息化作为国策，参考借鉴国外"信息高速公路"等政策，我国信息化建设驶入快车道，计算机安全事业同时开始起步。

此阶段的典型标志就是关于计算机安全的法律法规开始出现。1994年国务院颁布了《中华人民共和国计算机信息系统安全保护条例》，这是我国第一部计算机安全方面的法规，较全面地从法规的角度阐述了与计算机信息系统安全相关的概念、内涵、管理、监督与责任。另一个中国安全产业起步的重要标志是，许多企事业单位开始把信息安全作为系统建设中的重要内容之一来对待，开始建立专门的安全部门开展信息安全工作。金融与税务等行业中一大批基于计算机及网络的信息系统开始建立并运行，在部门业务中起到重要作用，成为不可分割的部分。企事业单位对信息安全的重视对整个信息安全的学术发展起到了推动作用，成为产业市场发展的关键之一。20世纪90年代，一些学校和研究机构开始将信息安全作为大学课程和研究课题，安全人才的培养逐渐起步，这也是中国安全产业发展的重要标志。

在这一时期，以PC为代表的终端设备开始普及，但尚属于单机状态，设备之间无法联网互通。此时，病毒主要通过光盘、软盘等外接设备侵入终端，以软件为主的安全产品安装在终端内进行防护，即"端上安全"，也随之出现了一批以杀毒软件为主的信息安全公司，比如耳熟能详的瑞星、金山、江民、北信源等。

3. 走上正轨阶段（20世纪90年代末至2013年）

这一阶段的关键词为"互联网/IT（信息技术）时代""网络安全""边界防护"。

从1999年前后到2013年，中国安全产业进入快速发展阶段，逐步走上正轨。1999年成立国家计算机网络与信息安全管理协调小组、2001年国务院信息化工作办公室成立专门小组，负责网络与信息安全相关事宜的协调、管理与规划，这是国家信息安全走上正轨的重要标志。此外，国家还陆续颁布信息安全法律、规章、原则、方针等相关文件。

此阶段安全产业和市场开始迅速发展，增长速度明显加快。1998年，中国信息安全市场销售额仅为4.5亿元左右，之后的10年间以惊人的速度发展，截至2012年，信息安全市场销售额已经近300亿元。其中，中国自主研发、自主生产的安全设备发展较快，品种也逐步健全。2000年以来，信息化快速发展，数字化经济和数字政府的建设成为中国数字安全建设的新趋势。信息化带来的安全挑战也更加复杂和严峻，信息安全被放在更加重要的位置。

我国将信息安全视为数字安全的重要组成部分，制定完善了一系列以信息安全为主要内容的法律和政策，加强了对重要信息基础设施的保护和监管。我国还积极参与国际数字安全合作和交流，推动数字安全标准和规范化建设。此外，我国还采取了一系列信息安全技术手段和措施，包括加密技术、防火墙技术、安全认证和审计技术等，不断提升信息安全防护能力。

20世纪末，互联网开始在中国普及，越来越多的企业和个人终端设备开始联网。病毒的传播渠道逐渐发生变化，越来越多的攻击来源于互联网而非外接设备，企业网络安全兴起。对应的安全防护手段也从传统安装在主机上的杀毒软件，转变成以隔离防护来源于外网的攻击为核心。网络安全分为网络安全硬件和网络安全软件两个部分。在硬件方面，主要包括防火墙、IDS（入侵检测系统）、IPS（入侵防御系统）、VPN（虚拟专用网）、UTM（统一威胁管理）；在软件方面，常见的包括360杀毒、金山毒霸、瑞星杀毒等。

4. 快速发展阶段（2014年至今）

这一阶段的关键词为"DT（数据技术）时代""数据安全""数据防护"。

"人类正从IT时代走向DT时代"，社会逐渐从传统互联网时代演进到大数据时代，数据迎来爆发式增长，开始被利用和流通，具备产权和价值，成为未来商业社会的基础经营生产资料之一。

2014年是中国接入国际互联网20周年。20年来，中国互联网抓住机遇，快速推进，成果斐然。国家对网络安全的重视日益加强，2014年2月27日，中央网络安全和信息化领导小组成立，习近平总书记亲任小组组长。该小组研究制定网络安全和信息化发展战略、宏观规划和重大政策，推动国家网络安全和信息化法治建设，不断增强安全保障能力。2014年11月19日，中国举办了规模最大、层次最高的互联网大会——第一届世界互联网大会。2015年12月16日，第二届世界互联网大会举行，多国政府代表参加了大会，习近平主席出席大会并发表主旨演讲。2015年7月6日，《中华人民共和国网络安全法（草案）》面向社会公开征求意见。2016年8月，中央网信办、国家质检总局、国家标准委联合印发《关于加强国家网络安全标准化工作的若干意见》，统一权威的国家信息标准工作机制得以确立。2017年6月1日，我国网络空间安全领域的基础性法律《网络安全法》正式实施。2019年5月，国家互联网信息办公室发布《数据安全管理办法（征求意见稿）》，不仅对公众关注的个人敏感信息收集方式、广告精准推送、App过度索权、账户注销难等问题做出了直接回应，还对网络运营者在数据收集、处理使用、安全监督管理等方面提出了要求，为个人数据安全加上了"一把锁"。2021年6月10日，第十三届全国人民代表大会常务委员会第二十九次会议通过了《数据安全法》，明确了国家实施大数据战略，推进数据基础设施建设，鼓励和支持数据在各行业、各领域的创新应用，促进数据开发利用，保障数据依法有序自由流动，维护数据安全，等等。2023年，工业和信息化部等16部门联合发布了《关于促进数据安全产业发展的指导意见》，旨在推动数据安全产业高质量发展，提高各行业各领域数据安全保障能力，加速数据要素市场培育和价值释放，夯实数字中国建设和数字经济发展基础。当前，中国数字安全建设的重点在于，加强对大数据和人工智能技术的监督和管理，防范隐私泄露和数据滥用等问题。同时，中国正在推动数字安全和数字中国建设发展相结合，探索新的数字安全模式和技术手段，如区块链、人工智能等，提高数字安全防护和应对能力。

二、数字安全保障体系筑牢可信可控屏障

（一）建设数字安全的总体要求

党的二十大报告指出，要加快建设网络强国、数字中国。建设数字中国是数字时代推进中国式现代化的重要引擎，是构筑国家竞争新优势的有力支撑。

数字中国建设背景下的数字安全建设的总体要求是：以总体国家安全观为统领，坚持安全可控与开放创新相结合，通过立法、数据分级分类机制、安全防护能力建设等手段，建立与数字中国相适应的数字安全保障体系，不断增强网络安全保障能力，切实保障数据安全，筑牢可信可控的数字安全屏障。

《数字中国建设整体布局规划》按照夯实基础、赋能全局、强化能力、优化环境的战略路径，明确了数字中国建设"2522"的整体框架，从党和国家事业发展全局的战略高度做出了全面部署。《数字中国建设整体布局规划》充分反映了数字化进程中日益加剧的数字安全风险的严峻性，并提出了一系列重要的保障措施。要求强化两大数字中国关键能力，筑牢可信可控的数字安全屏障。切实维护网络安全，完善网络安全法律法规和政策体系。增强数据安全保障能力，建立数据分类分级保护制度，健全网络数据监测预警和应急处置工作体系。在《中华人民共和国国民经济和社会发展第十四个五年规划和2035年远景目标纲要》中，"网络安全"一词出现了14次，"数据安全"出现了5次，"数据要素"出现了4次，网络安全、数据安全已成为国家社会发展面临的重要议题。"十四五"规划从国家安全战略层面，明确了"坚持总体国家安全观，实施国家安全战略，维护和塑造国家安全，统筹传统安全和非传统安全，把安全发展贯穿国家发展各领域和全过程，防范和化解影响我国现代化进程的各种风险，筑牢国家安全屏障"。《数字中国发展报告（2023年）》在对2024年数字中国发展展望中明确，数字中国建设将与我国加快发展新质生产力同频共振、协同发力，成为推动质量变革、效率变革、动力变革的重要引擎。要构筑自立自强的数字技术创新体系。加快推进数字领域关键核心技术突破，健全社会主义市场经济条件下关键核心技术攻关新型举国体制，加速完善以市场为主导、以企业为主体、产学研用高度协同的创新体系。充分发挥科技型骨干企业在数字技术创新体系中的引领支撑作用。加强知识产权保护，健全知识产权转化收益分配机制。筑牢可信可控的数字安全屏障。推动网络安全法律法规和政策体系持续完善，不断增强网络安全保障能力。建立健全数据分类分级保护制度，持续完善网络数据监测预警和应急处置工作体系，切实保障数据安全。

（二）建设数字安全的指导思想

党中央、国务院高度重视数字中国建设。党的二十大报告提出，加快建设数字中国，加快发展数字经济，促进数字经济和实体经济深度融合，打造具有国际竞争力的数字产业集群；国家"十四五"规划纲要设立"加快数字化发展　建设数字中国"专篇，对数字中国建设做出战略部署；2018年8月，《数字经济发展战略纲要》的发布标志着首个国家层面的数字经济整体战略落地；2019年5月，《数字乡村发展战略纲要》推动互联网与特色农业深度融合，夯实数字农业基础，推进农业数字化转型；2021年底，国务院印发《"十四五"数字经济发展规划》，重点对"十四五"时期数字经济发展做出系统性安排；2022年底，中共中央、国务院印发《关于构建数据基础制度更好发挥数据要素作用的意见》，为数字中国建设奠定制度基础。《数字中国建设整体布局规划》提出数字中国建设按照"2522"的整体框架进行布局，强化数字技术创新体系和数字安全屏障"两大能力"，充分体现了"统筹发展和安全"的价值理念。

综合以上文件要求，数字安全建设工作的指导思想是，要坚持以习近平新时代中国特色社会主义思想特别是习近平总书记关于网络强国的重要思想为指导，全面贯彻总体国家安全观和网络安全观，统筹发展和安全，充分发挥立法的引领和推动作用，完善网络安全法律法规和政策体系，着力推进网络和数据安全保障体系和能力建设，维护网络安全，增强数据安全保障能力，建立数据分类分级保护基础制度，健全网络数据监测预警和应急处置工作体系，切实筑牢国家数字安全屏障，维护国家数字主权、安全和发展利益。加快建设数字安全体系，为数字中国全面建设提供有力支撑。确保数字技术和生产生活的结合始终朝着造福社会、造福人民的方向发展。奋力开创新时代数字安全工作新局面，全力护航中华民族伟大复兴的中国梦。

（三）建设数字安全的原则和目标

1. 数字安全建设原则

（1）建立综合统筹的总体国家安全观

①数字安全服务国家安全

2014年4月15日，习近平总书记在主持召开中央国家安全委员会第一次会议时首次提出总体国家安全观，并首次系统提出要构建集政治安全、国土安全、军事安全、经济安全、文化安全、社会安全、科技安全、信息安全、生态安全、资源安全、核安全等于一体的国家安全体系。[①] 数字安全狭义上是信息安全的延伸，广义上与总体国家安全观的每个方面紧密融合、密不可分。数字安全的建设必须与总体国家安全观高度一致。

网络空间安全是国家安全的新战场，数据是网络安全的核心要素，数据主权的保护是网络空间治理的关键因素，保护数字安全就是捍卫数据主权，捍卫数据主权就是捍卫国家主权。数字安全的建设必须与总体国家安全观高度一致，建立总体数字安全观，主要包括保证涉及党政机密数据的绝对安全，严格保护国家秘密数据；保护领陆、领水、领空和领海的测绘数据安全，确保领土数据不受侵犯；严格保护涉军数据的安全，包括武器装备、力量编成、布防情况等；保护涉及国家经济命脉重要数据的安全，维护国家经济利益；确保正能量信息数据的传播通畅，打击境外势力的网络文化渗透；加强对关键核心技术数据的保护，加强对知识产权的保护，等等。

数据安全是数字强国建设的助推器。没有数据安全支撑，数字强国建设就会停滞不前，数据应用将难以真正展开。强大的数据安全管控技术，能够增强各个阶层参与数据应用的动力。2017年360互联

---

① 《习近平：坚持总体国家安全观 走中国特色国家安全道路》，新华网，2014年4月15日。

网安中心发布的《中国网民网络安全意识调研报告》显示，约 90%的网民认为目前的网络环境是安全的，但其中 82.6% 的网民没有接受过任何形式的网络安全培训，安全知识主要来自自学。[①] 这就意味着，一旦数据安全事件发生，缺乏专业知识的网民会迅速丧失参与数字国家建设的信心和动力。

②数字安全同步大数据发展

坚持数字安全建设和应用建设的有机统一。2014 年 2 月，习近平总书记在中央网络安全和信息化领导小组第一次会议上提出新的论断和新的要求，指出："网络安全和信息化是一体之两翼、驱动之双轮，必须统一谋划、统一部署、统一推进、统一实施。"[②] 这句话充分论证了网络安全和信息应用的辩证关系，这对数字安全同样具有重要的指导意义。贯彻"一体两翼的双轮驱动观"，坚持数据安全建设和数据应用建设的有机统一，是坚持大数据建设和数据安全同步推进的基本要求。当前，大数据技术已经充分融入整个社会的各个方面，如政治、军事、外交等国家安全领域，金融、能源、交通、医疗等社会生活领域。必须在大数据应用建设之初就充分统筹数字安全的配套建设，实现安全和应用的有机统一，做到数据使用必安全，存储必安全，传输必安全，计算必安全，共享必安全。

坚持数字安全和数字助力安全齐头并进。陈左宁院士提出，"数据安全实质上保护两个层面：保护数据本身的安全和将大数据技术用于安全"。前者指的是大数据自身安全的问题，主要涉及数据存储安全和数据计算安全；后者指的是利用大数据技术，提高信息系统的安全性，将大数据技术用于传统的信息安全领域。在数据安全方面，要从数据的全生命周期入手，保障数据全生命周期的安全，其中包括数

---

① 360 网络安全响应中心：《2017 年度安全报告——数据泄密》，2017 年。
② 《习近平主持召开中央网络安全和信息化领导小组第一次会议》，新华网，2014 年 2 月 27 日。

据产生、数据计算、数据存储、数据传输、数据挖掘、数据交换和共享、数据销毁和失效、数据基础设施安全、核心数据设备自主可控、数据安全法律法规等方面。在数据助力安全方面，将大数据强大的分析能力引入数据安全领域，其中包括安全事件监管、网络监控、用户身份和授权、身份管理、网络舆情监测、身份认证等方面。重点针对高级可持续威胁攻击建立大数据预测模型，针对网络攻击的追踪建立基于大数据的高效分析技术，针对全域网络威胁建立基于大数据的态势感知。

③数据安全保障开放与共享

坚持数据开放和共享。大数据是数字中国建设的重要生产资料，大数据时代不能闭门造车，不能故步自封，数据只有在开放和共享的过程中才能被挖掘出更大的价值。邬贺铨院士提出，"大数据开放与共享面临三大挑战：第一，不愿意共享开放，政府部门各自为政，把数据开放当成自己的权利；第二，法律法规制度不够具体，不清楚哪些数据可以跨部门共享和向公众开放；第三，缺乏公共平台，共享渠道不畅"。我国的数据资源尚处于碎片化、孤岛化的应用格局阶段，未能统一规划，统筹应用，导致数据资源面临着极大的浪费。

为激活大数据资源的无限潜能，推动数据资源的开放和共享，国务院在《促进大数据发展行动纲要》中提出，"大力推动政府部门数据共享……明确各部门数据共享的范围边界和使用方式，厘清各部门数据管理及共享的义务和权利"。在数据开放和共享的顶层设计中，必须充分考虑其中的安全问题，建立安全的共享机制，让数字中国建设的所有参与者"愿意共享数据，乐于共享数据，放心共享数据"，建设开放数据的安全保障体制。世界经济早已步入全球化的时代，在这个大背景下，数字经济同样呈现了全球化的特点。这就意味着数据的全球化流通，存在泄露国家安全数据、经济核心数据以及个人隐私数据的风险。必须针对跨境数据安全进行重点保护，从以下三个方面入手：一是严格管控核心安全数据的跨境流通，二是严格落实《个人信息保护法》关于个人信息跨境提供的规则，三是推动制定国际统一的数据共享标准。

我国《网络安全法》规定，"关键信息基础设施的运营者在中华人民共和国境内运营中收集和产生的个人信息和重要数据应当在境内存储"，这就明确了涉及国家安全的数据不得出境，疑似涉及国家安全的重要数据须经严格评估方可出境。

我国《个人信息保护法》规定，"关键信息基础设施运营者和处理个人信息达到国家网信部门规定数量的个人信息处理者，应当将在中华人民共和国境内收集和产生的个人信息存储在境内。确需向境外提供的，应当通过国家网信部门组织的安全评估"。

由于目前各国之间对于数字安全的法规不尽相同，数据全球化时代下的数据交换和利用受到严重制约。中国作为互联网大国，应该主动推进国际数据共享的标准制定，在习近平总书记"携手应对的合作共赢观"的指导下，促进国际数据共享平台的建设和发展。

（2）坚持自主创新引领有序发展

2017年12月8日，习近平总书记在中共中央政治局就实施国家大数据战略进行第二次集体学习时强调："我们要瞄准世界科技前沿，集中优势资源突破大数据核心技术，加快构建自主可控的大数据产业链、价值链和生态系统。要加快构建高速、移动、安全、泛在的新一代信息基础设施，统筹规划政务数据资源和社会数据资源，完善基础信息资源和重要领域信息资源建设，形成万物互联、人机交互、天地一体的网络空间。"[①] 这体现了党中央对我国大数据核心技术发展现状的准确把握，明确了自主创新对建立数据安全的重大意义。坚持自主

---

① 《习近平：实施国家大数据战略加快建设数字中国》，新华社，2017年12月9日。

创新需要从两个方面入手：一是补短板，实现核心基础设施的自主可控；二是抢先机，占领数据安全创新战略高地。

①补短板，实现核心基础设施的自主可控

核心技术依赖于国外是我国大数据面临的最严重的威胁，自主可控是实现大数据安全的根本出路，核心基础设施若受制于人，大数据安全将无从谈起。基础设施自主可控发展要依托国家层面的创新产业布局，瞄准高端设备领域，重点实现网络传输设备、计算机软硬件、云计算系统的自主可控。

基础网络传输设备主要指的是大型交换机、路由器设备，这是把控数据传输链路、保障数据交换共享安全的核心部件。要尽快实现国家核心数据线路全部自主可控。计算机软硬件主要涉及芯片、操作系统、数据库三个层面，近年来取得较大进展。目前国内通用芯片主要是龙芯、飞腾、鲲鹏、海光、申威、兆芯等，并与国产的中标、麒麟、鸿蒙等操作系统进行了适配；数据库方面已有南大通用、达梦等国产数据库。云计算系统是数据的基础设施，云计算系统的安全是数据安全的直接基础。目前，我国在云计算系统方面发展势头良好，阿里云、华为云、腾讯云等都已经具备了较强的技术实力，与国外同类产品的差距较小。

②抢先机，占领数据安全创新战略高地

2017年12月8日，习近平总书记在中共中央政治局就实施国家大数据战略进行第二次集体学习时强调："世界各国都把推进经济数字化作为实现创新发展的重要动能，在前沿技术研发、数据开放共享、隐私安全保护、人才培养等方面做了前瞻性布局。"[①] 我们不仅要在数据前沿技术研发方面进行前瞻性布局，同时要在数据安全技术方面产生重大创新性成果，用创新引领发展。要坚持数据安全的自主创

---

① 《习近平：实施国家大数据战略加快建设数字中国》，新华社，2017年12月9日。

新，就必须紧跟数据安全研究前沿，抢夺数据安全发展先机，占领数据安全创新的战略高地。[①]

信息技术的核心是数据，几乎所有新型安全技术都涉及数据安全，要对数据安全的前沿技术进行研究布局，支持一批创新项目，培养一批领军人才，实现一批产学研转化。进行多个重点领域的前沿研究布局：同态密码、安全多方计算、密钥和口令安全、可搜索加密、群签名、抗量子密码等新型密码学技术；基于区块链技术的大数据确权和安全共享问题的研究；物联网和边缘计算数据安全；复杂环境下数据隐私问题的研究；人工智能技术和大数据安全的融合；新型身份认证技术；智能化漏洞挖掘和利用技术；等等。

（3）统筹发展和安全，健全多层次、全方位的数字安全保障体系

数字中国建设必须统筹发展和安全，确保数字技术和生产生活的结合始终朝着造福社会、造福人民的方向发展。在推动数字中国建设的过程中，要统筹发展和安全，既要为推动数字技术创新提供良好的环境，还要守住安全的底线。统筹发展和安全，建立健全多层次、全方位的数字安全保障体系体现在以下几个方面。

多层次、全方位的安全防护。通过网络安全、信息安全、系统安全、数据安全等不同层次的安全防护来确保数字安全。同时，要做好实体安全、人员安全、管理安全等多个方面的全方位安全防护。

主动预防和及时发现。要采取以预防为主的措施，通过加强安全体系建设，完善安全管理制度，提高安全意识等手段，避免安全事故的发生。同时，要加强监测和检查工作，及时发现并应对各种安全威胁。

强化数字安全管理。要加强数字安全规划、安全管理和应急响应

---

① 任福乐、朱志祥、王雄：《基于全同态加密的云计算数据安全方案》，《西安邮电大学学报》，2013年第3期。

机制建设，明确安全责任和安全管理职责，加强对关键信息资产的保护，确保数字化系统的稳定运行。

科技创新和人才培养。要加强数字安全技术的研发和推广，提高数字安全技术水平，培养拥有数字安全专业知识和技能的人才，为数字安全建设提供强有力的技术支持和人力资源保障。

国际化合作和共建共享。要加强国际化合作和共建共享，加强数字安全领域的国际交流与合作，共同应对全球数字安全挑战，构建数字安全共同体。

2. 数字安全建设目标

《数字中国建设整体布局规划》提出，到2025年，基本形成横向打通、纵向贯通、协调有力的一体化推进格局，数字中国建设取得重要进展。到2035年，数字化发展水平进入世界前列，数字中国建设取得重大成就。同时，要筑牢可信可控的数字安全屏障。切实维护网络安全，完善网络安全法律法规和政策体系。增强数据安全保障能力，建立数据分类分级保护制度，健全网络数据监测预警和应急处置工作体系。数字中国建设应以总体国家安全观和新形势下的大数据安全战略方针为统揽，依托网络和数据安全防护能力，以数据开放和共享为驱动，以数据安全法律法规、标准规范和安全管理机制为支撑，形成完善的数据安全保障体系，增强安全科学地掌控数据、组织数据和利用数据的能力，推动我国向数字强国迈进。

根据《数字中国建设整体布局规划》要求，数字安全建设的目标是建设全面、系统、科学的数字安全防护体系，建设数字安全管理体系，提高数字安全保护能力，保障数字中国现代化的稳定和发展。

一是深入贯彻落实网络安全法律法规和各项制度要求，推动数字安全法律法规和政策体系持续完善，构建制度、管理和技术有机衔接的数字安全综合防护体系。从运营管理、运营运行、运行技术三个方面，构建具备分析识别、安全防护、监测评估、监测预警、主动防御、事件处置功能的一体化数字中国安全保障体系，形成终端防护、边界隔离与威胁监测的安全方案，实现安全运营，保障网络安全。

二是加强法律法规制定、队伍建设、人才培养、经费和装备保障、技术攻关、产业发展，建立数字综合保障体系。在数字化发展过程中，随着新理念、新模式、新业态不断涌现，现有的一些法律制度、行政规定和机构职能等逐渐难以适应数字时代的一系列深刻变革。这就要求在数字中国建设过程中，必须科学识别、主动求变，加快构建与数字化发展相适应的制度规则，建立健全与数字技术应用深度融合的体制机制，把破除制约数字中国建设的各项难点和堵点，作为创新制度改革、完善体制机制的着眼点。

例如，2020年《中共中央 国务院关于构建更加完善的要素市场化配置体制机制的意见》正式将数据纳入生产要素之中，政府需要制定法律法规规范数据的收集和使用，依法依规对掌握大量用户隐私数据并且业务与关键信息基础设施有关的企业，特别是海外上市企业进行合理适度的安全审查，对敏感信息进行脱敏，以维护国家安全。

三是健全数据安全治理体系，保障数据安全。建立健全数据分类分级保护制度，持续完善网络数据监测预警和应急处置工作体系，加强网络安全监管和侦查打击等工作，建立数字安全生态，健全一体化的数字安全保卫体系。

要通过数据治理体系建设，不断开发创新的数据服务，融合目标、流程、方法、工具，建立覆盖数据全生命周期的"数据管理机制、数据管理平台、数据开放平台"框架，实现数据的资产化、可视化、服务化，保障数据的核心价值。同时，强化数据安全风险评估，对数据全生命周期进行风险识别和评估，提升数据安全保障能力、风险发现能力，确保数据安全风险可控。

三、探索建设数字安全中国方案

对于数据安全建设，"十四五"规划中，在"加强国家安全体系和能力建设"章节中明确，坚定维护国家政权安全、制度安全、意识形态安全，全面加强网络安全保障体系和能力建设，切实维护新型领域安全，严密防范和严厉打击敌对势力渗透、破坏、颠覆、分裂活动。数据安全作为新型领域，其保障体系和能力建设同时关乎国家安全，数据安全是对国家安全的有力维护。

《数字中国建设整体布局规划》充分反映了数字化进程中日益加剧的数字安全风险的严峻性，并提出了一系列重要的保障措施。从网络安全和数据安全两大方面完善网络安全机制，推进数据分类分级保护，进一步优化网络安全、数据安全防护能力和协同共治机制。

筑牢可信可控的数字安全屏障的重点领域和关键任务，总体来说包括两大方面。一是注重网络安全建设。《数字中国建设整体布局规划》明确了网络安全的重要地位，提出要切实维护网络安全，完善网络安全法律法规和政策体系。完善落实网络安全建设是数字中国建设的基石，发展数字经济，加快中国式现代化脚步，必须把保障网络安全放在突出位置，着力解决网络安全领域的突出问题。二是增强数据安全保障能力。数据安全是数字经济安全体系的核心内容，是数字中国建设的重要基础。《数字中国建设整体布局规划》指出，要增强数据安全保障能力，建立数据分类分级保护制度，健全网络数据监测预警和应急处置工作体系。

（一）网络安全建设

在 2014 年 2 月 27 日召开的中央网络安全和信息化领导小组第一次会议上，习近平总书记指出，没有网络安全就没有国家安全，没有信息化就没有现代化。①网络安全问题已经上升为"事关国家安全和国家发展、事关广大人民群众工作生活的重大战略问题"。党的十八大以来，在习近平总书记关于网络强国重要思想的指引下，我国网络安全工作迎来快速发展，《网络安全法》《数据安全法》《个人信息保护法》等相继出台，《App违法违规收集使用个人信息行为认定方法》《网络信息内容生态治理规定》等也相继发布实施，我国网络安全立法体系逐渐完善。

国家"十四五"规划纲要提出："健全国家网络安全法律法规和制度标准，加强重要领域数据资源、重要网络和信息系统安全保障。建立健全关键信息基础设施保护体系，提升安全防护和维护政治安全能力。"网络安全法治成为国家法治建设和维护国家安全的重要环节。

1. 网络安全的重要性

在全球网络威胁加剧的当下，网络安全早已成为数字政府的"生命线"。"十四五"时期是数字政府发展的关键阶段，这一新的历史机遇期对网络的安全性、可靠性、稳定性提出更高要求，而"安全与发展同步推进"的必要性与重要性也将日益凸显。

（1）本质是攻防对抗

习近平总书记指出："网络安全的本质在对抗，对抗的本质在攻防两端能力较量。"②网络攻击针对的是目标网络的硬件、软件、系统数据等，破坏和修改数据，使软件或服务失去功能，在没有得到授权的情况下盗取或非法访问数据。网络防护则是通过网络技术手段、网

---

① 《习近平主持召开中央网络安全和信息化领导小组第一次会议》，新华网，2014年2月27日。
② 《习近平：在网络安全和信息化工作座谈会上的讲话》，新华社，2016年4月25日。

络系统功能等保护己方网络和设备，保障服务正常，使信息数据在存储和传输过程中不被截获、仿冒、窃取、篡改或消除。2022年4月28日，北京市有关部门发布通报，北京健康宝在使用高峰期遭到来自境外的网络拒绝服务攻击［DDoS（分布式拒绝服务）攻击］。攻击者利用大量的电脑、服务器等网络设备，向支持北京健康宝运行的服务器发送海量的网络流量以达到使其瘫痪的目的。得益于北京健康宝保障团队及时有效的应对，北京健康宝相关服务未受影响，守方取得最终胜利。

2019年以来，网络实战攻防演习工作受到了监管部门、政企机构和安全企业的高度重视。流量分析、EDR（终端检测与响应）、蜜罐、白名单等专业监测与防护技术被防守队广泛采用。攻击难度的加大也迫使攻击队的手段全面升级，诸如0Day漏洞（尚无补丁程序的漏洞）攻击、1Day漏洞（因补丁程序发布而刚刚被公开的漏洞）攻击、团队社工、身份仿冒、钓鱼Wi-Fi（无线局域网）、鱼叉邮件、水坑攻击等高级攻击手法，在实战攻防演练中均已不再罕见，攻防演习与网络实战的水平更加接近。

（2）关键是能力提升

面对新形势、新任务、新要求，提升网络安全技术能力是保障数字政府安全发展的关键，是推进网络强国建设的重要支撑。网络安全技术保障能力的建设需要以云计算、大数据、人工智能、区块链、量子保密通信等技术的综合应用为依托，以"以技术管技术、以技术治技术"为宗旨，运用云网融合、云边协同等架构推动网络安全智慧化发展，进而有效解决网络安全漏洞、勒索病毒等安全威胁，并构筑起数字政府的"网络免疫系统"。

内生安全是提升安全能力的重要途径。内生安全就是将原有外挂和局部的网络安全能力内置到信息化环境中，满足数字化建设的安全防护需求，摒弃"事后补救"的安全建设思路，将防护关口前移，实现动态防御、主动防御、纵深防御、精准防护、整体防控、联防联控，从而建立动态综合的网络安全防御体系。

（3）核心是自主创新

我国数字产业发展迅速，但核心技术受制于人的"卡脖子"问题依然存在。因此，明确技术主权，加强网络关键核心技术的自主创新对于我国的网络安全具有长远战略意义。重心是加快推进数字政府网络和系统的国产化进程，提升网络安全技术自主创新能力和科技研发能力。从具体措施来说，要营造良好的网络科学技术发展环境，推进政产学研用一体化发展，鼓励企业打造技术联盟，集中优势资源力量，协力攻关数字政府网络安全技术难题，加大对科技人才的培养力度，提升数字政府网络安全产业综合竞争力，形成技术创新、产业发展、人才培养的良好生态，全方位提升我国在国际网络安全市场中的核心竞争力与话语权。此外，我国还应加强数字政府网络安全国际交流合作，正确处理开放与自主的关系，探索国际先进的数字政府网络安全经验，在技术创新、跨境网络犯罪、应急响应等方面开展合作以形成技术合力，进而构建数字政府网络安全共同体。

2. 网络安全面临的挑战

随着互联网等信息技术与实体经济的融合，网络安全面临的威胁和挑战从网络设备安全拓展至政治安全、基础设施安全、文化安全等领域。特别是在俄乌冲突的背景下，在地缘政治、大国博弈中互联网空间主权正成为不可忽视的组成部分，网络安全问题变得更加严重和复杂。

极端情况下的网络安全挑战可能包括以下几个方面。

大规模黑客攻击。黑客可能发起大规模的DDoS攻击，使网络服务无法正常运行。这可能导致重要的基础设施、组织或国家的关键系统瘫痪。

政府间网络战争。在政治紧张和敌对国家之间，网络攻击可能成为一场战争的组成部分。攻击目标可能是关键基础设施、军事系统或政府机构。这样的攻击将导致长期的网络瘫痪，造成巨大的社会和经济损失。

大规模数据泄露。在极端情况下，黑客能够获得大量的敏感信息，包括个人身份信息、金融数据和商业机密。这样的数据泄露可能导致身份盗窃、金融欺诈和商业间谍活动。

恶意软件传播。恶意软件可能会在极端情况下广泛传播，比如蠕虫病毒或勒索软件。这些恶意软件可能导致数据丢失、系统瘫痪和金融损失。

电力和能源系统攻击。在极端情况下，黑客可能会针对电力和能源系统进行攻击，导致大规模停电或能源供应中断。这将严重影响社会的正常运转，并导致安全和人道主义危机。

物联网设备攻击。随着物联网设备的广泛应用，黑客可能利用没有足够安全保护的设备进行入侵和攻击。例如，攻击者可能控制自动驾驶汽车，导致交通事故或人员伤亡。

军事系统被入侵。在极端情况下，黑客可能会利用漏洞或社会工程技术入侵军事系统。这可能导致敌对势力获取关键军事情报，破坏军事行动计划或导致战争爆发。

关键基础设施被攻击，影响经济安全。关键基础设施如通信、能源、交通等，一旦遭到破坏或发生重大安全事件，将会造成灾难性后果，严重影响国家安全、国计民生和公共利益。

有害信息侵蚀文化安全。网络空间中各种言论与思想相互激荡，有害信息、负面内容充斥其中，背离社会主义核心价值观，严重影响人民群众的幸福感、获得感。

网络违法犯罪影响社会和谐稳定。借助网络的虚拟环境，各类恐怖主义、分裂主义等势力组织实施违法活动，威胁社会安定与公众利益。

军备竞赛蔓延至网络空间领域。国际形势暗流涌动、各国关系紧张加剧，国家安全问题越发严峻，网络攻击作为新出现的攻击模式，影响着国际关系发展进程，网络空间已经成为时下大国博弈的重要战场。

芯片断供威胁网络安全。芯片是计算机系统和设备的核心组件，包括处理器、内存和存储器等。如果芯片供应受到限制或中断，则将导致计算机系统和设备的生产与维护出现困难，进而对网络安全构成直接威胁，这对网络安全的影响是巨大的。芯片的断供可能导致计算机系统和设备的生产中断或延迟，企业和组织可能会面临设备短缺的问题，这可能使网络安全设备无法及时部署或维护，从而增加网络攻击的风险。芯片断供还可能导致计算机系统和设备的安全性下降。使用较低质量的芯片或替代品，可能会提高网络攻击的成功率，还可能导致网络设备和系统后门问题。

3. 网络安全建设现状

（1）网络安全法律法规持续健全

党的十八大以来，在习近平总书记关于网络强国重要思想的指引下，我国网络安全相关法律法规陆续发布实施，网络安全法律体系逐渐完善。《网络安全法》《关键信息基础设施安全保护条例》《网络安全审查办法》搭建起网络安全的顶层设计。《网络安全法》明确了网络安全的内在要求与工作体系，反映了中央对国家网络安全工作的总体筹划，为在网络强国制度保障建设方面产生突破进展迈出了第一步，是国家安全观的重要实践。《关键信息基础设施安全保护条例》《网络安全审查办法》的正式出台是我国网络安全保护工作的里程碑，标志着我国在网络安全法治道路的探索上又迈出了关键一步。

《网络安全法》于 2017 年 6 月 1 日正式生效，是我国网络空间的"基本大法"，为我国网络空间治理做出了跨时代的贡献。内容涉及关键技术设施、网络数据和用户个人信息等多个主体的安全防护，核心内容包括确立空间主权原则、对关键基础设施实行重点保护和加强个人信息保护等。《网络安全法》立足于国家网络安全战略和网络强国战略，对网络空间治理实践做出底线规定，是我国首部管辖网络空间的基本法律，为维护国家网络主权提供了重要的法律准则和制度保障。

2021 年 9 月 1 日，另一项与网络安全紧密关联的法律《关键信息基础设施安全保护条例》开始实施，该条例详细阐明了关键信息基础设施的范围、运营者应履行的职责以及对产品和服务的要求。最突出的特点是建立了以国家网络信息安全部门、国务院公安部门、关键信息基础设施运营者为主体的三层架构的关键信息基础设施安全综合保护责任体系（见图 12.1）。三者之间统筹协调、有序交互，形成了执行有效的关键基础设施保护架构。《关键信息基础设施安全保护条例》是《网络安全法》的重要配套立法，对维护国家网络安全，保障关键信息基础设施的正常运行具有重要的意义。

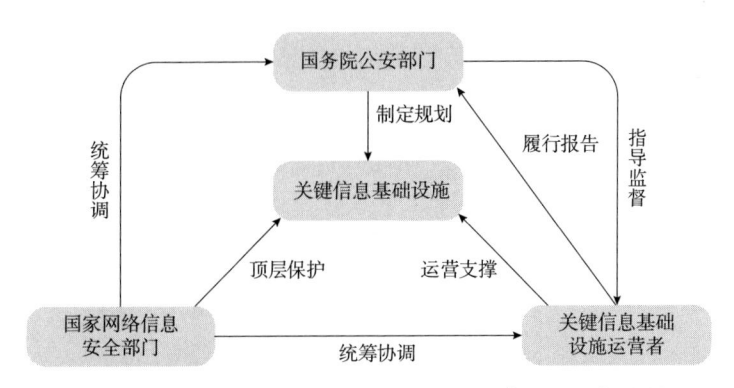

图 12.1 《关键信息基础设施安全保护条例》的三层架构关系

2022年2月15日起施行的《网络安全审查办法》从供应链安全的角度更深入地提出一系列要求，对关键信息基础设施进行加固和保护。以维护数据安全为中心，为网络安全防护进一步做"加法"。《网络安全审查办法》将掌握超过100万用户数据的组织列为数据审查对象，也增加了审查评估国家数据安全的风险因素，如数据窃取、舆论控制等。《网络安全审查办法》立足当前治理实践，回应人们关切的网络安全问题，是我国网络安全相关法律逐步完善的重要一步。《网络安全法》《关键信息基础设施安全保护条例》《网络安全审查办法》这一系列法律法规为我国完善关键信息基础设施安全保护法律体系，提升网络安全与关键基础设施保护水平奠定了良好的基础，如图12.2所示。

图 12.2　三部法律法规在内容上补充延伸

同时，《网络安全法》《网络安全等级保护条例》等加快修订。2022年工业和信息化部印发的《网络产品安全漏洞收集平台备案管理办法》，为网络产品安全漏洞管理工作的开展提供了依据。修订《通信网络安全防护管理办法》，强化数字基础设施安全保障能力。

（2）标准规范建设体系化发布，推进网络安全体系的不断完善

保护网络信息安全，不仅需要相关的网络安全技术，更需要国家层面的网络安全技术标准。国家出台的网络安全技术标准涉及信息技术安全性评估、攻防安全、云计算安全、数据安全等多个方面，是我

国逐步推进完善网络安全相关法律法规的实际体现。

目前，我国已发布《信息安全技术 关键信息基础设施安全保护要求》《网络安全技术 软件供应链安全要求》等网络安全国家标准。工业互联网、车联网、物联网等融合领域网络安全标准制定工作加快推进，推动数字安全标准实现从"单一到多元"的系统突破。

（3）网络安全建设取得初步成效，网络安全保障能力显著增强

《数字中国发展报告（2022年）》指出，目前我国网络安全保障能力显著增强，网络安全防护能力大幅提升，工业互联网、车联网等新型融合领域网络安全保障能力明显增强。圆满完成北京冬奥会、党的二十大等重大活动的网络安全保障。网络安全产业规模不断扩大，2022年我国网络安全产业规模预计近2 170亿元，同比增长13.9%，从业企业数量超过3 000家。网络安全人才队伍不断壮大，全国超500所本科和高职院校开设网络与信息安全相关专业。连续9年举办国家网络安全宣传周活动，深入开展常态化的网络安全宣传教育。2022年国家网络安全宣传周期间，话题阅读量累计38.6亿次，主要短视频平台视频播放量超5亿次。

多维的防护手段日趋进步，为网络安全提供技术支持。从领域方向来看，网络安全技术主要分为五类：物理安全分析技术、网络结构安全分析技术、系统安全分析技术、管理安全分析技术，以及其他安全服务和安全机制策略。从研究内容来看，网络安全技术主要有七种：虚拟专用网络技术、防火墙技术、病毒防护技术、入侵检测技术、安全扫描技术、认证和数字签名技术，以及数据安全传输技术。如图12.3所示，多维的防护手段涵盖了网络安全的方方面面，为网络安全体系建设提供有力的技术支持。

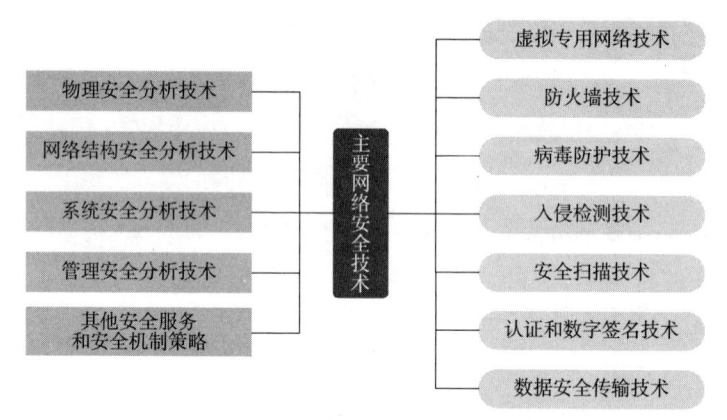

图 12.3　网络安全技术的不同分类

4. 网络安全建设重点领域和关键任务

没有网络安全就没有经济社会的稳定运行。如今网络安全的内涵和外延不断拓展，这既关乎数字经济中的每个主体，也关乎国家安全。

"十四五"规划的第五十二章"加强国家安全体系和能力建设"中明确要求，坚定维护国家政权安全、制度安全、意识形态安全，全面加强网络安全保障体系和能力建设，切实维护新型领域安全，严密防范和严厉打击敌对势力渗透、破坏、颠覆、分裂活动。

《数字中国建设整体布局规划》指出，要强化数字中国关键能力。一是构筑自立自强的数字技术创新体系。健全社会主义市场经济条件下关键核心技术攻关新型举国体制，加强企业主导的产学研深度融合。强化企业科技创新主体地位，发挥科技型骨干企业引领支撑作用。加强知识产权保护，健全知识产权转化收益分配机制。二是筑牢可信可控的数字安全屏障。切实维护网络安全，完善网络安全法律法规和政策体系。增强数据安全保障能力，建立数据分类分级保护制度，健全网络数据监测预警和应急处置工作体系。

根据国家安全战略和数字中国建设规划要求，面对日益严峻的网络安全威胁，我们仍应以总体国家安全观为统领，以习近平总书记的网络安全观为指引，坚持安全可信可控与开放创新相结合，从法律体系建设、安全技术标准建设和防护技术创新等方面多措并举，全方位提升网络安全防护能力，构建与数字中国相适应的高效立体的网络安全体系，增强网络安全防护能力。

网络安全建设的重点领域和关键任务体现在以下几个方面。

（1）聚焦制度体系建设，强化治理效能

网络安全保障体系是管网治网的综合体系，包括系列法律法规、制度机制、流程规范等。网络安全保障能力，既包括技术实力，又包括治理能力，是全方位能力建设。战略政策和法律法规是体系和能力建设的有机组成及重要体现。近年来，我国加快推进网络空间领域的顶层设计步伐，全面加强网络安全制度体系建设，颁布了《国家网络空间安全战略》《网络空间国际合作战略》等战略文件，出台了《国家安全法》《网络安全法》《电子商务法》等法律法规，实施了网络安全审查等多项制度，完善了网络安全风险评估等相关机制，基本形成了顶层清晰、目标明确、框架完善、机制健全的制度体系，初步构建起我国在网络空间的"四梁八柱"。

在构建系统完备、科学规范、运行有效的制度体系的过程中，我国仍面对不少现实课题。一是如何充分发挥现有法律法规的作用，激发其治理效能，形成联动效应，打造整体合力。二是如何进一步细化既有规定要求，确保有效执行、落实落细。三是如何发挥好网络安全工作责任制的抓手作用，通过健全责任机制将制度规范有机融合。四是如何进一步完善法律法规，加快重点领域和关键环节立法，打通治理"盲点"。

在这方面，我国可以借鉴国外通过健全完善制度体系，发挥整体效能，带动能力提升的经验做法。英国政府于 2020 年 11 月向议会提出《国家安全与投资法案》，针对人工智能、量子技术等17个重点行业，建立投资审查机制，对一定比例的所有权或控制权的收购行为进行强制性备案和预先审批。为细化机制流程，2020年9月，美国国土安全部网络安全和基础设施安全局颁布了强制命令，要求所有联邦机构须公布漏洞披露政策，并注明披露范围、报送渠道、响应时间、可否匿名等细则，作为对此前漏洞披露政策的细化落地，推动构建更加高效的漏洞披露体系。

立足我国实际，要科学把握体系和能力的辩证关系。一是充分依托现有的战略、法律、法规、政策、制度、规范，在严格执行、落地实施的基础上，做好配套衔接，形成规范合力。二是针对各界关注的数据安全、信息保护、关键信息基础设施防护等焦点问题，推动关键信息基础设施安全保护、数据安全管理、个人信息出境安全评估等相关领域规章制度的立法进程。三是用好责任抓手，进一步优化网络安全管理体制和协调机制，将网络安全工作责任制落实落细到各个环节，形成明责、履责、尽责、追责的闭环链条，加强对责任落实的监督检查，确保各项要求落实落细。

（2）聚焦关键信息基础设施安全，强化协同共享，实现从"重点保护"到"一体防护"的转变

关键信息基础设施是网络安全防护的重中之重。我国高度重视关键信息基础设施防护，推进网络安全等级保护制度，建立健全关键信息基础设施防护责任体系，持续开展网络安全检查，加强不同地区、行业、部门的信息共享，提升威胁感知和风险应对能力，推动关键信息基础设施保障体系不断完善。然而，现有的防护水平和能力还不足以有效应对不断变化的形势以及日趋复杂的威胁，风险防范和能力不足之间的矛盾依然存在。

当前，产业数字化发展趋势使关键信息基础设施面临的安全风险

进一步加剧。关键信息基础设施网络化进程加快,"联网""上云"导致安全风险更加多元复杂。叠加其多涉及电力、金融、能源等关键领域,一旦出现安全问题,将对实体经济社会造成连带负面影响。根据国家互联网应急中心 2020 年 9 月公开发布的《2020 年上半年我国互联网网络安全监测数据分析报告》,2020 年 1—6 月,境内工业控制系统的网络资产持续遭受来自境外扫描嗅探,日均超过 2 万次,涉及境内能源、制造、通信等多个重点行业。此外,我国大型工业云平台持续遭到境外网络攻击,平均攻击次数每日达 114 次,同比上升 27%。2022 年,我国西北工业大学遭境外网络攻击事件曝光后,境外黑客组织非但没有丝毫收敛,反而越发猖狂,2023 年又对武汉市地震监测中心发起网络攻击。经国家计算机病毒应急处理中心和 360 公司监测发现,武汉市地震监测中心遭受了境外组织的网络攻击。在警方立案侦查后,初步判定为境外有政府背景的黑客组织和不法分子发起的网络攻击行为,该组织疑似利用植入木马程序非法窃取我国地震速报前端台站采集的地震烈度数据。从危害性来看,地震烈度数据属于重要敏感信息,分析此类数据不仅可以判断地下结构、岩性情况和地震情况,还能结合其他情报信息推测分析出当地的军事活动情况,包括是否有工业爆破,是否有隐藏于地下的军事基地或军事设施等。这些数据具有极大的军事情报价值,一旦被境外国家获取,将对我国国家安全构成严重威胁。近年来,针对我国关键信息基础设施的网络攻击绝大多数具有境外政府背景,这些境外网络攻击具有明显的政治、军事或情报搜集目的。它们不仅频度高、隐匿性强,还存在向我国关键领域各个方向加速蔓延的风险。因此,关键信息基础设施的网络安全处于并将长期处于高危风险期,这种趋势在未来相当长一段时期内不会改变。此外,国家重点行业及其海外机构是勒索攻击的"紧盯目标"。当前,勒索软件攻击是网络安全领域的一个严峻问题。网络攻击者通过恶意盗取软件加密受害者的文件,勒索其支付赎金,以达到非法目的。

　　从 2023 年国内的安全事件来看，11 月，我国某大型银行在美全资子公司遭到勒索软件攻击，导致部分系统中断，海外交易服务受到影响；同月，Rhysida 勒索软件团伙声称，国内一家从事能源和基础设施领域业务的大型国有公司沦为其受害者，它们窃取了大量敏感数据。同时，奇安信行业安全研究中心与奇安信安服团队联合发布的《2023 年中国企业勒索病毒攻击态势分析报告》显示，勒索病毒事件已连续多年位居恶意程序攻击类型的榜首。从危害性来看，勒索软件攻击对我国部分重点行业和重要服务部门的影响广泛，甚至能产生灾难性的影响。一旦关键机构的关键业务遭到勒索软件攻击而陷入瘫痪，极有可能给国家的经济安全带来严重的负面影响，对医疗、卫生、教育和服务保障等行业也将造成巨大冲击。

　　西方国家在关键信息基础设施防护方面，将建立信息共享机制和加强协同应对，作为提升防护能力与健全防护体系的重要途径。美国历届政府发布的网络安全战略、政策、立法，都会开辟专门章节阐述共享协同的重要性。英国、澳大利亚、加拿大、日本等国也在本国的网络安全战略中强调加强信息共享，共同抵御网络安全风险。2020 年 7 月，欧盟宣布组织欧盟警察局、军队和私营企业打造联合创新中心，建立协调机制，以共同应对网络安全威胁。美国为吸引关键企业参与安全项目，推出网络安全保险刺激措施，在接受政府安全保护的基础上共同抵御网络安全风险，当这些企业遭遇攻击时，美国政府将提供相应补偿。对此，我国应着力强化关键信息基础设施防护体系和能力建设，不断提升防范风险挑战的能力。一是加强信息共享，建立有效的安全信息共享机制，打造数据共享平台，将相关漏洞、风险、政策、知识等信息纳入其中，提高发现安全风险隐患和监测、预警等能力。二是加强协同联动，强化关键信息基础设施在跨地区、跨行业、跨领域之间的协同，探索打造互联互通的预警平台，定期开展网络安全检查，明确保护范围和对象，建立一体化、全链条的保障体系。三是加强处置应对，不断提高监测、预警能力，制定完善的应急处置预案，组织开展防范网络安全事件处置模拟演练，定期开展网络脆弱性评估，着力提升网络安全应急处置能力。加强对数据流动的识别和分析，提升标准化、规范化程度。

（3）聚焦安全防护能力提升，强化整体感知，实现从"有力处置"到"有效预防"的转变

近年来，我国网络空间防护能力不断提升，监测、预警、处置、响应等能力显著增强，应对网络安全重大事件的水平不断提高，尤其是重点环节、关键领域、重要设施的安全防护更加坚固，在维护网络空间安全、保障公民合法权益方面发挥了巨大的作用，为筑牢网络安全屏障提供了有力的支撑和坚实的保障。然而，现有的安全保障能力在应对复杂的网络安全风险方面还存在短板，面对西方大国先发制人的战略优势还缺少主动性，特别是对网络安全态势的整体感知、对重大事件的联动处置、对重要威胁的积极防范，还存在一定薄弱环节。

西方发达国家在网络安全能力建设方面，将其与体系建设融合推进，集中力量强化关键能力攻关，以点带面推动整体能力水平的提高。一是态势感知能力。2020年8月，澳大利亚发布新版《网络安全战略》，提出通过网络威胁共享平台分享恶意网络活动情报，帮助关键基础设施运营商增强态势感知能力。二是风险防范能力。在2020年美国大选过程中，为保障选举顺利进行，美国政府召集数百名网络安全专家组成工作组，全天候开展网络安全保障，并随时共享相关信息。三是应急处置能力。美国在《增强关键基础设施网络安全框架》中，从识别、保护、侦测、响应和恢复五个层面，制定了美国关键信息基础设施的网络空间安全防护体系框架，从"初始级"、"风

险预警级"、"可重复级"和"自适应级"四个层级，描述企业网络安全风险管理的推进过程。四是快速恢复能力。英国政府宣布，在全国范围内设立由警方、私人机构、学术部门组成的网络弹性中心，帮助中小企业打击网络犯罪，解决网络安全问题。

对此，我国应持续推进网络安全保障能力建设，一是以构建重要平台为依托，加快整合相关手段、机制、资源，强化整体协同、统筹协调、融合赋能的能力。二是强化重点能力突破，以面向新型未知威胁、大规模网络安全事件的监测预警作为重点，着力提升网络安全威胁态势感知能力。三是持续提高网络安全事件应急处置能力，定期开展网络安全应急演练，着力强化应急响应、事件分析、追踪溯源、快速恢复的能力。

（4）聚焦技术应用风险防范，强化创新攻关，实现从"安全应用"到"积极利用"的转变

随着我国在关键技术领域的投入不断加大，部分技术和应用实现了从跟跑、并跑到领跑的跃进，一些领域的关键技术实现了新的突破，核心自主掌控程度、创新驱动发展能力得到显著提升，创新型国家建设步伐显著加快，我国正在从技术大国向技术强国迈进。

但是，我国面临的技术风险依然不容忽视。一是与西方发达国家相比，核心技术依然面临受制于人的被动局面。目前，我国关键信息基础设施的重要系统面临核心硬件多为外商巨头制造、自主可控水平较低、安全防护能力严重不足、网络接入控制不严格、网络维护依赖国外厂商等问题。二是5G、IPv6、区块链、卫星互联网、人工智能等新技术、新应用快速发展，导致"未知"远远大于"已知"，衍生出新的安全风险，给现有技术手段和监管机制带来挑战。因此，必须从技术能力和制度规范两方面同步发力，既要做好风险防范，也要做到为我所用。

在技术创新和风险防范领域，国外相关举措值得借鉴。一是开展关键技术攻关。针对前沿技术研发，美国政府于 2020 年宣称，已经投资 7 500 万美元资金，启动 3 个量子研究所，加强在量子计算行业的领导地位。2020 年 10 月，美国发布《关键与新兴技术国家战略》，围绕促进国家安全创新基础和保护技术优势两大目标，确定包括人工智能在内的 20 项关键技术清单。二是加强对新技术、新应用风险的防范。2020 年 7 月，美国参议院提出《合法获取加密数据法案》，要求科技公司向执法部门提供访问加密用户数据的权限，旨在禁止犯罪分子试图利用加密技术逃避制裁。三是充分借助新技术提升安全防范能力。2020 年 10 月，新加坡计算机协会发布《人工智能伦理与治理指导手册》，通过吸收人工智能应用的相关案例，考察技术有效利用和构建安全生态的潜力。

为此，应着力做到以下几点。一是加强核心技术攻关，加大基础研究投入力度，解决"卡脖子"的问题。同时，集中优势资源力量，着力攻克一批技术难题，形成一批"撒手锏"技术。二是做好新技术、新应用的风险防范，加强前瞻性战略谋划，健全对新技术、新应用网络安全风险评估的标准规范体系建设，提高对人工智能、区块链等新兴技术的监测评估。三是发展网络安全产业，加强统筹规划和整体布局，完善支持网络安全企业发展的政策措施，减轻企业负担，激发企业活力，培育一批具有核心竞争力的安全企业。

（5）强化各界深度融合，加快建设"网络空间安全力量体系"

"网络空间安全力量体系"的战略目标是实现攻防兼备、自主可控。一要具备强大的国家关键基础设施防御能力。能够全天候、全方位感知国家各领域、各行业关键信息基础设施的网络安全态势，及时识别重大安全风险。能将任何破坏行为控制在短时、低频、可控范围内，在遭遇重大冲击时具备抗毁能力、灾难备份能力和全面恢复能力。二要具备攻防兼备的网络军事震慑能力。能够充分应对和发起通过网络空间进行的情报战、物理战、政治战、舆论战、金融战和心理战。三要具备自主可控的核心技术体系和基础设施。突破集成电路、基础软件、核心元器件等薄弱环节，从根本上改变关键核心技术受制于人的局面，建立具有中国自主知识产权的自主可控网络基础平台，彻底摆脱与美国网络的"主从"关系。

①抓紧部署网络安全重大科研项目

网络安全竞争的本质是网络技术基础体系竞争。加紧部署一批战略性、长期性、注重基础能力培养的重大科研项目，借鉴"两弹一星"和载人航天的成功做法，用好新型举国体制优势，采取非对称战略和超常规手段，快步补齐短板，落实习近平总书记关于"我们在一些关键技术和设备上受制于人的问题必须及早解决"[①]的指示。在国防军工、科研院所、高校、企业部署一批体量更大、综合集成的网络技术国家重点实验室，覆盖标准、协议、CPU（中央处理器）、芯片、固件、操作系统、数据库、路由器、云储存系统等核心技术，力争实现本土替代和颠覆性创新。

②培育层级清晰、体现国家意志的网络安全产业梯队

中美网络安全差距的关键在于，美国拥有一批从基础层到应用层的世界级垄断企业。我国网络核心技术掌握在民营企业中，必须明确网络企业在维护国家网络安全和服务大国网络抗衡中的责任。通过政府和军队采购、委托研发、科研经费支持等方式全力扶植，将网络企业科研平台打造成军民融合创新平台，造就一支世界水平的网络科技企业梯队，密切配合军政网络安全需求。一是国家队。选择一批基础好、产业链完整的央企、军企和民企巨头，承担国家网络安全和信息化重大工程建设，负责网络武器装备总体设计集成。二是专业队。培

---

① 《回顾十八大以来习近平关于科技创新的精彩话语》，人民网，2016年5月31日。

养一批在安全测评、咨询服务、基础软硬件、网络武器装备等领域的优秀企业。三是特种队。承担网络安全感知、预警、溯源和反制等专项任务，负责工业、商业、金融、交通等细分领域的网络安全。四是建立以国防部为引领的网络技术产业联盟。广泛发动从基础层到应用层的央企、军企、民企共同参与，互相开放合作渠道，实现网络安全技术军民大融合、大循环。

③建立五大网络安全综合性部际协调机制

借鉴美国做法，在中央网信办组建"国家网络空间安全态势感知总协调机构""网络安全应急响应协调小组""情报信息协调小组""网络安全技术研发协调小组""国家关键基础设施保障办公室"五大跨部门协调机构。由参与部门主要领导人组成，负责人直接向中央网络安全和信息化委员会汇报。

④全面建立并维护域名系统安全

全球互联网域名管理体系是一个非常庞大的分布式系统，整个系统分为根、顶级域名、二级和二级以下域名，以及权威和递归域名解析服务、注册服务等。要实现域名系统整体安全，互联网域名系统国家工程研究中心专家建议，可以从以下几个层面入手。

技术层面：为保证本国网络的互联互通，可以通过根区文件备份等技术保证当地居民正常使用互联网；为维护全球网络的互联互通，各国工程师都在研究根服务演进技术方案，例如更新域名服务软件，扩展 IPv6 环境下的根服务器数量等。

资源层面：互联网空间资源的重要性日益凸显，ICANN 会在特定时间段开放顶级域名的注册申请。顶级域名是互联网关键基础资源，掌握的关键基础资源越多，客观上越有利于提升在全球互联网域名管理体系中的影响力和话语权。同时，申请顶级域名是企业接入根域名服务器，从顶级域层面维护企业网络安全的重要手段。于国家有益、于企业有利，因此应鼓励企业注册申请顶级域名。积极申请和运营顶级域名，掌握互联网关键基础资源，防患于未然。

此外，选择专业且合规的注册商机构是域名管理的重要一环。政企应提升域名统一规划与管理意识，建立健全互联网时代数字资产保护体系，防范不可预知的风险，提升极端情况下的应对能力和部署策略。

⑤推进网络安全共建共享三大优先行动

一是探索建立政企网络技术人才互派制度。实现国防军工、政府部门、网络企业间相互派驻人工智能、大数据、网络安全领域专家。二是构建大规模、开放式、共享式的国家网络靶场，使其成为网络安全装备研制实验、对抗训练演练和共用的网络空间安全技术演示验证、信息系统安全性检测与网络风险评估的大型基地。三是建立一体化网络安全应急联动体系。应对网络渗透破坏、关键基础设施网络攻击、国防信息系统入侵等威胁，成立一体化网络安全应急指挥中心，组织相关机构人员，联合协调、统一指挥，互派支援小组提供专业化技术支持。

（二）数据安全建设

1. 数据安全的重要性

《数据安全法》提出："数据安全，是指通过采取必要措施，确保数据处于有效保护和合法利用的状态，以及具备保障持续安全状态的能力。"数据安全是网络安全的子要素，是网络安全防护的重中之重。网络安全关注互联网行为的安全性，主要包括网络访问控制、安全通信、防御网络攻击或入侵等。数据安全关注数据全生命周期行为的安全性，主要包括数据收集、处理、存储、传输方面的安全。数据安全与网络安全存在一定交叉，但数据安全并不总与网络安全紧密耦合。例如，数据传输过程需要网络设施安全保证，而数据使用与数据存储可能并不依赖网络。

随着全球数字经济的快速发展，我国进入大数据时代。对数据要素的掌控和利用能力，成为衡量国家之间竞争力的核心要素。大数据时代，党和国家在数据安全防护领域始终与人民同行。习近平总书记在中共中央政治局第二次集体学习时强调，审时度势、精心谋划、超前布局、力争主动，推动实施国家大数据战略，加快建设数字中国。[①]要切实保障国家数据安全。要加强关键信息基础设施安全保护，强化国家关键数据资源保护能力，增强数据安全预警和溯源能力。

党的二十大报告明确指出，加快发展数字经济，促进数字经济和实体经济深度融合。2022年中央经济工作会议进一步强调，要大力发展数字经济。而发展数字经济的首要前提便是夯实数据安全底线。为了规范数据处理活动，保障数据安全，促进数据开发利用，保护个人、组织的合法权益，维护国家主权、安全和发展利益，2021年，我国颁布实施了《数据安全法》。《工业和信息化部等十六部门关于促进数据安全产业发展的指导意见》提出，到2025年，数据安全产业基础能力和综合实力明显增强；到2035年，数据安全产业进入繁荣成熟期。

基于数据技术、数据产品的高技术性和高创新性，完善和促进数据安全。只有形成系统化、集约化的产业发展，才能紧跟数字经济发展整体趋势，为筑牢数据安全提供虚实结合与数实融合的产业依托。数据安全产业作为一种新兴业态，其提供的技术、产品和服务能够保障数据持续处于有效保护、合法利用、有序流动状态。当前国内外超预期情况频现，我国数据安全正面临严峻考验。可以说，数据安全产业规范健康持续发展是推进数字经济各项制度建设的前提基础，不仅关乎我国数据市场的稳定，也决定着全球数据竞争的格局，更在很大程度上影响着国家安全。

---

① 《习近平：实施国家大数据战略加快建设数字中国》，新华社，2017年12月9日。

2. 数据安全面临的问题

数字经济在迎来新的发展机遇的同时，国内外数据安全也面临巨大的挑战。万物互联产生海量数据，数据信息资源一方面成为数字经济的关键生产要素，另一方面在国家层面、企业层面带来更为复杂的数据安全问题，数据泄露案例涉及医疗、金融等各行各业。IBM Security 发布的《2022 年数据泄露成本报告》显示，数据泄露事件给企业和组织造成的经济损失和影响力达到前所未有的水平，单个数据泄露事件给来自全球的受访组织造成平均高达 435 万美元的损失。IBM Security 发布的《2023 年数据泄露成本报告》显示，2023 年全球数据泄露的平均成本达 445 万美元，创该报告有史以来最高纪录，也较过去 3 年均值增长了 15%。数据泄露事件影响大、损失重，已经影响到国家安全和政治进程，如 2013 年的"棱镜门"事件、2016 年的"剑桥分析"事件①等，数据安全已经成为网络安全的关键防护环节。

（1）国家层面

数据存在被窃取泄露、非法利用、非法出境等风险。一是窃取泄露数据。出于黑客攻击、员工窃取、内部违规操作、违规共享等原因，重要数据或个人信息可能会被窃取或遭违规泄露。二是非法利用数据。数据价值在当今时代越发凸显，难以有效避免掌握大量数据的互联网运营者非法利用数据牟利。三是数据非法出境。按照我国数据安全法律法规要求，关键信息基础设施运营者、重要数据处理者的个人信息和重要数据出境，需要接受出境安全评估，未通过安全评估或

---

① 2016 年，英国《观察家报》揭露了一家名为剑桥分析公司的行径。该公司在没有经过用户授权的情况下，访问超千万份用户资料，影响选民选票，最终帮助特朗普赢得 2016 年的美国总统选举。

未进行安全评估的数据出境均存在很大的安全风险。

外国政府影响、控制、恶意利用网络信息风险。随着世界舆论体系的影响逐渐增强，数据安全风险控制不仅是国内的"一揽子事"，更是国际关系的"一揽子事"。网络舆论被国外控制、国内企业上市被国外审查等都可能引发数据安全风险，对国家和人民利益造成损害。

（2）企业层面

外部数据安全威胁持续升级。通过漏洞等侵入网络实现数据窃取和破坏的安全事件时有发生，如软件木马病毒和网络攻击控制服务器导致数据泄露等。与此同时，新的攻击和外部数据安全威胁层出不穷，导致数据被篡改和非法使用，如当前流行的利用网络爬虫抓取和分析隐私数据，伪造视频造成舆论影响等。

内部数据安全风险与日俱增。随着外部对网络安全的攻击手段越来越复杂多样，内部的风险隐患也逐渐成为网络安全的又一大威胁。内部人员有意或无意引发的数据安全风险，催生了大量的数据黑产[①]。对敏感用户数据的过度收集，对消费者个人权益造成了巨大损害。同时，大数据"杀熟"也正在严重侵害消费者的权益。

3. 数据安全建设现状

近年来，我国高度重视数据安全，从健全法律法规体系、制定技术标准、建立数据分级制度、开展安全审查等方面多措并举，构建数据安全防护体系。

---

① 数据黑产，是指网络黑色产业链，是利用互联网媒介，以网络攻击技术为手段，实施信息窃取，勒索诈骗，推广"黄赌毒"，并利用这一途径进行牟利的网络违法行为。

（1）法律法规为数据安全保驾护航

党的十八大以来，在习近平总书记关于网络强国重要思想的指引下，我国数据安全相关法律法规陆续发布实施，数据安全法律体系逐渐完善。

2017年4月11日，国家互联网信息办公室发布了《个人信息和重要数据出境安全评估办法（征求意见稿）》，此后于2019年6月3日、2021年10月29日分别再次公开征求意见。该办法定义了"数据出境"的相关概念，提出出境数据需要强制进行安全评估，约定了数据跨境流动安全管理的规则要求，标志着我国在搭建数据出境安全管理制度的工作中迈出了重要且坚实的一步。

2019年5月28日，国家互联网信息办公室就《数据安全管理办法（征求意见稿）》向社会公开征求意见，涵盖"个人信息保护""重要数据安全""数据跨境安全""互联网平台运营者义务"等多个数据安全管理要点，是承前启后、承上启下的关键文件，为《数据安全法》的颁布提供了立法框架支撑。

2021年6月10日，第十三届全国人民代表大会常务委员会第二十九次会议审议通过《数据安全法》，于2021年9月1日施行。《数据安全法》明确规定："国家实施大数据战略，推进数据基础设施建设，鼓励和支持数据在各行业、各领域的创新应用。"该法强调，促进数据开发利用，保障数据依法有序自由流动，维护数据安全。该法进一步完善了我国在数据安全领域的法律基础，有效保证了我国数字经济持续健康发展。

2022年5月19日，《数据出境安全评估办法》由国家互联网信息办公室2022年第10次室务会议审议通过并予以公布，自2022年9月1日起施行。

这些法律条例的出台确立了数据安全管理的各项基本制度，明确了数据保护工作的方向，给出了违规行为的处罚办法，是数据安全防护工作的重要组成部分。

（2）技术标准为数据安全提供规范指引

我国颁布了许多数据安全技术标准，如表 12.1 所示。比如，《工业互联网企业网络安全分类分级指南（试行）（征求意见稿）》对互联网工业企业、平台企业和基础设施运营企业提出规范要求，涵盖目前工业互联网企业的常见类型，提出分级、指导和自评三个基本原则，有助于提高工业互联网企业网络安全防范能力和水平。

表 12.1　数据安全技术标准

发布时间	标准名称
2019 年 12 月	《工业互联网企业网络安全分类分级指南（试行）（征求意见稿）》
2020 年 4 月	《信息技术—大数据—数据分类指南》
2020 年 9 月	《金融数据安全—数据安全分级指南》
2020 年 12 月	《信息安全技术—健康医疗数据安全指南》
2021 年 4 月	《数据安全治理能力评估方法》
2021 年 5 月	《工业互联网数据安全保护要求》
2021 年 6 月	《数据安全法》
2021 年 11 月	《网络数据安全管理条例（征求意见稿）》
2021 年 12 月	《网络安全标准实践指南——网络数据分类分级指引》
2022 年 4 月	《信息安全技术—网络数据处理安全要求》
2023 年 5 月	《信息安全技术—云计算服务安全能力要求》
2023 年 8 月	《信息安全技术—网络安全信息共享指南》
2023 年 8 月	《信息安全技术—大数据服务安全能力要求》
2023 年 9 月	《信息安全技术—信息系统密码应用设计指南》
2023 年 11 月	《信息安全技术—移动互联网应用程序（App）软件开发工具包（SDK）安全要求》
2023 年 12 月	《信息安全技术—信息安全管理体系—概述和词汇》

续表

发布时间	标准名称
2023年12月	《信息安全技术—网络安全信息报送指南》
2023年12月	《工业领域数据安全标准体系建设指南（2023版）》
2024年3月	《数据安全技术—数据分类分级规则》

（3）数据分类分级制度保障数据安全治理工作

数据分类分级不仅能够确保具有较低信任级别的用户无法访问敏感数据以保护重要的数据资产，也能够避免对不重要的数据采取不必要的安全措施。数据通过分类分级实现精细化安全管控。一方面，数据安全从管理的角度参考数据分类分级的方法，编辑制定管理制度、保障措施、岗位职责等内容；另一方面，不同类别和级别的数据应该受到不同程度的安全防护，从技术实现的角度促进安全保护与实际业务需求一致化。

> **相关阅读**[①]
>
> 2020年9月23日，中国人民银行发布了《金融数据安全分级指南》（简称《指南》）。该金融行业标准给出了金融数据安全方面的数据分级、原则和范围，并且详细介绍了金融数据安全定级的过程、要素及规则（见表12.2和表12.3）。
>
> 值得注意的是，《指南》特别强调金融业机构应高度重视个人金融信息相关数据，在数据安全定级过程中从高到低考虑。其中，个人金融信息中的C3类信息（主要为用户鉴别信息，如各类账户密码）属于4级数据；C2类信息（主要包括支付账号、

[①] 郑庆华：《走进数字生态》，国家行政学院出版社，2023年。

动态口令等）为3级数据；C1类信息（主要包括账户开立时间、开立机构等）为2级数据。

表12.2 《指南》对不同程度数据风险所做的划分

	无损害	轻微损害	一般损害	严重损害
国家安全	1级	5级		
公众权益	1级	3级	4级	5级
个人隐私	1级	2级	3级	4级
企业合法权益	1级	2级	3级	4级

表12.3 《指南》对不同类型数据给出的安全级别参考

数据类型	最低安全级别参考
健康生理信息、用户鉴别信息、生物特征信息	4级
基本概况信息（姓名、身份证号等）、财产信息、联系信息、位置信息、用户鉴别辅助信息、信贷信息、个人间关系信息、基于个人基本属性和关联属性构建的标签信息	3级
就学、职业、资质证书、党政、司法信息、公私关系信息、行为信息、金融业务类标签信息	2级

（4）安全审查是数据安全防护的重要手段

网络安全审查是国家评估关键信息运营者在网络服务过程中可能带来的风险的重要手段。国家互联网信息办公室联合多部门修订并发布的《网络安全审查办法》，明确掌握超过100万名用户个人信息的网络平台运营者赴国外上市，必须向网络安全审查办公室申报网络安全审查的刚性要求，为确保国家、社会、群体、个人数据跨境使用安全提供了基础法律保障。

4. 数据安全建设重点领域和关键任务

随着全球数字经济的快速发展，我国进入大数据时代。对数据要素的掌控和利用能力，成为衡量国家之间竞争力的核心要素。

国务院 2015 年印发《促进大数据发展行动纲要》，国务院办公厅 2018 年印发《科学数据管理办法》，2020 年发布《中共中央、国务院关于构建更加完善的要素市场化配置体制机制的意见》，中共中央和国家发展改革委 2021 年发布"十四五"规划，2022 年底发布《中共中央、国务院关于构建数据基础制度更好发挥数据要素作用的意见》，政策导向明确，数据安全的赛道清晰。数据安全在未来虽仍将是一项重大挑战，但人工智能、机器学习和零信任模型的创造性应用将帮助 IT 和信息安全从业者保护数据，以及确保个人隐私得到保障，助力国家数据安全战略落地实施。"十四五"规划、"新基建"等政策将持续深入推进数据要素安全管控和市场化，提升社会数据资源价值，相信随着"十四五"规划的落地推进，数据资源将会迸发出更强的活力。

2023 年 2 月发布的《数字中国建设整体布局规划》明确要求，增强数据安全保障能力，建立数据分类分级保护制度，健全网络数据监测预警和应急处置工作体系。

相关阅读

《中华人民共和国国民经济和社会发展第十四个五年规划和 2035 年远景目标纲要》将数据安全建设融入各个篇章中，对建设数字化中国和打造网络安全强国做出了重要部署。

第十五章 打造数据经济新优势

摘要：充分发挥海量数据和丰富应用场景优势，促进数字技术与实体经济深度融合，赋能传统产业转型升级，催生新产业、新业态、新模式，壮大经济发展新引擎。

第十七章 提高数字政府建设水平

摘要：建立健全国家公共数据资源体系，确保公共数据安全，推进数据跨部门、跨层级、跨地区汇聚融合和深度利用。

第十八章 营造良好数字生态

摘要：加强涉及国家利益、商业秘密、个人隐私的数据保护，加快推进数据安全、个人信息保护等领域基础性立法，强化数据资源全生命周期安全保护。完善适用于大数据环境下的数据分类分级保护制度。加强数据安全评估，推动数据跨境安全有序流动。

第二十章 建设高标准市场体系

摘要：发展技术和数据要素市场。健全要素市场运行机制，完善交易规则和服务体系。深化公共资源交易平台整合共享。

为实施国家安全战略，数据安全建设关键要积极推进数据安全保障体系的建设，该体系主要包括数据安全法律法规、数据安全标准规范和数据安全技术体系。掌握基础核心技术，要从基础研究发力，更加重视激励自主关键核心技术和前沿创新技术研发（见表12.4）。

表 12.4 数据安全保障体系架构

国家安全战略		
网络安全战略	大数据安全战略	国际合作战略
数据安全保障体系		
数据安全法律法规	数据安全标准规范	数据安全技术体系
基础核心技术		
自主关键核心技术		前沿创新技术

具体而言，数据安全建设的关键任务体现在以下几个方面。

（1）明确数据安全法规制度

目前，世界各国均已制定国家安全战略，明确大数据安全的重要地位。相比之下，各国大数据安全方面的法规制度建设则刚刚起步，主要集中在通过立法加强对个人隐私数据的保护和数据跨境流动的安全保护。

2018年欧盟正式生效的《通用数据保护条例》（简称《条例》）旨在升级1995年发布的《数据保护指令》。《条例》带来了全面制度改革，其核心目标是保护欧盟公民个人数据的隐私权，并对数据保护的规则进行了更新和细化。《条例》主要包括数据处理的规则、数据主体的权利、数据控制者的问责机制、数据处理的问责机制以及对数据画像活动的特别规制等。[①]《条例》对数据主权的补充完善，增强了数据主体对个人数据的控制权利，包括知情权、获取权、反对权、可携权、被遗忘权等，也对企业如何保障数据主体的权利提出了具体的要求。《条例》严格限制数据画像，该类活动应该建立在用户同意的基础上。在跨境数据流动方面，《条例》增加了新的制度安排，包括认证机制和行为准则等。总之，《条例》带来了更清晰、更确定的规则，这些规则为保护欧盟公民个人数据安全提供了强有力的工具。[②]美国于2014年5月发布的《大数据：抓住机遇、保存价值》白皮书表示，在大数据保护发挥正面价值的同时，应该警惕大数据应用给隐私、公平等长远价值带来的负面影响，建议推进消费者隐私法案、通过全国数据泄露立法、修订电子通信隐私法案等。2015年，美国政府正式发布《消费者隐私权利法案》，其中明确了消费者隐私保护的7项原则；德国于2009年对《联邦数据保护法》进行修改，

---

① 王融：《〈欧盟通用数据保护条例〉详解》，《大数据》，2016年第4期。
② 张逢喆、陈进、陈海波：《云计算中的数据隐私性保护与自我销毁》，《计算机研究与发展》，2011年第7期。

约束范围包括互联网等电子通信领域，旨在防止个人信息泄露导致的侵犯隐私行为；印度于 2012 年批准国家数据共享和开放政策，并通过拟定非共享数据清单以保护涉及国家安全、公民隐私、商业秘密和知识产权等数据信息。

我国在大力推动大数据发展的同时也非常注重大数据安全问题，近年来发布了一系列与大数据安全保护相关的法律法规和政策。随着大数据和社交网络的迅速发展，网络个人数据爆炸式增长，由于法规政策和技术上的问题，一些网络数据没能及时进行保护，不断出现的个人信息泄露事件挑战社会底线和法律权威，引起了全社会的广泛关注。我国已经出台一些条例用于规定个人信息和数据保护的要求，然而这些条例分布在多个不同层面的法规政策里，而且这些规定多是原则性的，缺乏明确且可实施的细则，所以缺少一定的执行力。"徐玉玉事件"表明个人信息的泄露和倒卖不仅让公民生命安全和财产安全受到严重威胁，甚至危及国家安全和社会稳定。在立法前应当梳理现行法律法规中与个人信息保护和数据跨境流动保护相关的条例，将相关立法体系结构由低级向高级、由零散向系统化演进，指导数据安全标准化工作。

（2）完善数据安全标准规范

目前，多个标准化组织开展大数据安全相关标准化工作，主要包括国际标准化组织/国际电工委员会下的 ISO/IEC JTC1 SC27（信息安全分技术委员会）、国际电信联盟电信标准化部门（ITU-T）、美国国家标准与技术研究院（NIST）等。国内开展大数据安全相关标准化工作的组织主要有全国信息技术标准化技术委员会（TC28）和全国信息安全标准化技术委员会（TC260）等。[1]

---

[1] 叶润国等：《大数据安全标准化研究进展》，《信息安全研究》，2016 年第 5 期。

2017年，全国信息安全标准化技术委员会与大数据安全标准特别工作组发布了《大数据安全标准化白皮书（2017）》，指出大数据安全标准是应对大数据安全需求的重要抓手，为应对大数据安全风险和挑战，提出大数据安全标准化应从规范大数据安全和框架，为大数据平台安全建设、安全运维提供标准支撑，为数据全生命周期管理各个环节提供安全管理标准，为大数据服务安全管理提供安全标准支撑，为行业大数据应用的安全和健康发展提供标准支撑等五个方面着手。[①] 基于国内外大数据安全实践，参考未来大数据安全发展趋势，提出大数据安全标准体系框架，并给出加强大数据安全核心技术研究，加快制定个人信息安全相关标准，加快制定数据共享相关安全标准，加快制定数据出境安全相关标准，加快大数据安全审查支撑性标准研制等工作建议，为后续标准化的工作制定了清晰的路线和明确的指导。我国单位和专家应深度参与到大数据安全国际标准项目中，努力将国内成熟的大数据安全标准转化为国际标准，贡献中国智慧，提升我国在大数据安全标准体系中的话语权和影响力。

（3）强化数据安全技术体系

大数据时代，开放的网络环境、复杂的应用和海量的存储，使数据的机密性、完整性和可用性等面临着巨大的挑战。数据安全的保障依赖制定完善的法律法规和标准规范，更需要加强数据安全技术体系的构建和关键技术突破。

数据安全技术体系应支撑对数据汇聚、数据存储、数据开放、数据共享、数据使用以及数据销毁整个数据活动生命周期的保护，基于密码技术、访问控制、隐私保护、匿名技术以及数据溯源等技术，实

---

① 参见全国信息安全标准化技术委员会与大数据安全标准特别工作组发布的《大数据安全标准化白皮书（2017）》。

现数据的不会泄露、不可篡改和不能滥用。[1]

①数据汇聚安全

数据汇聚的源头众多，形式多样，如何保证汇聚过程中数据的安全可信是大数据安全的一个重要方面。从用户的角度来说，数据应该属于用户的资产，用户拥有数据的所有权。用户将数据汇聚到数据中心相当于把控制权交付给了数据中心，数据中心应帮助用户做好保护数据的第一环节。2024年1月，腾讯云安全团队和腾讯研究院安全研究中心发布《腾讯云安全白皮书》，提出建立细粒度的数据分类分级管理标准，并在物理层面、网络层面、系统层面和应用层面设计完整的身份验证和访问控制框架，配合基于大数据的异常行为监控机制，为业务数据提供最高级别防护。

从数据中心的角度来看，数据中心采集汇聚的数据来源复杂，数据可能被伪造或者刻意制造，伪造的数据可能诱导分析出错误的结论，从而影响数据消费者的决策。因此，如何对采集的数据进行去伪存真，提高非法数据源的分析和辨别能力，确保数据汇聚环节来源的真实可信，是数据采集和汇聚过程中面临的重要安全挑战。

②数据存储安全

数据存储安全是关乎数据完整性、保密性和可用性的关键环节，主要包含三个过程域，分别为存储介质安全、逻辑存储安全、数据备份和恢复。

存储介质安全是指，针对组织机构内需要对数据存储介质进行访问和使用的场景，提供有效的技术和管理手段，防止因对介质的不当使用而可能引发的数据泄露风险。数据存储在介质上，包括物理实体介质（磁盘、硬盘），以及虚拟存储介质（容器、虚拟盘）等，对介质的不当使用极其容易引发数据泄露风险，此安全域更加需要注重物

---

[1] Jinbo Xiong, Ximeng Liu, Zhiqiang Yao, "A Secure Data Self-Destructing Scheme in Cloud Computing", IEEE Transactions on Cloud Computing, November 2014.

理安全层面的数据保护。逻辑存储安全是指，基于机构内部的业务特性和数据存储安全要求，建立针对数据逻辑存储、存储容器和架构的有效安全控制。针对存储容器和存储架构的安全要求，比如认证鉴权、访问控制、日志管理、通信举证、文件防病毒等安全配置，以及安全配置策略，以保证数据存储安全。数据备份和恢复是指，通过执行定期的数据备份和恢复，实现对存储数据的冗余管理，保护数据的可用性。备份和恢复是为了提高信息系统的高可用性和灾难可恢复性，在数据库系统崩溃的时候，没有数据库备份就没法找到数据，保证数据可用性是数据安全的基础。

大数据时代，数据存储多基于云架构，采用虚拟化的分布式存储系统。这种"池化"的数据存储方式给用户数据带来了数据泄露和数据滥用的风险。如何保障大数据存储安全一直是大数据安全的研究热点，目前业内主要采取同态加密保护、加密存储保护、数据访问控制等手段。

同态加密保护。对于仅需要云存储的用户，其数据可以在存储之前由用户采用传统的加密算法进行数据保护；对于在云端处理数据的用户，为避免密文解密成明文时数据暴露，采取同态加密技术，直接对密文进行处理，对密文计算后仍然保持其对明文的顺序，云上只处理密文数据，保证数据处理过程的安全。高效而实用的同态加密算法是今后的研究方向。[1]

加密存储保护。根据数据级别，采取全部加密、部分加密、不加密等不同的加密措施，对数据进行分类分级保护；支持系统级、应用级、数据级加密，采用机密技术保证数据不被破坏和泄露。存储加密是存储安全的重要保护手段，主要研究集中在磁盘加密、分布式存储加密以及安全云盘等方面。阿里云平台为客户提供符合国家商用密码

---

[1] 任福乐、朱志祥、王雄：《基于全同态加密的云计算数据安全方案》，《西安邮电大学学报》，2013年第3期。

管理要求的透明加密服务，实现数据写入加密、读出解密的安全机制。腾讯云通过云服务密码机虚拟化技术，提供比传统物理密码机更弹性、高可用、高性能的数据加解密和密钥管理服务。

数据访问控制。具体措施包括在关键数据存储节点处对进出的数据进行过滤，实现对数据的访问控制；由授权主体配置访问控制策略，访问控制策略规定主体对数据的访问规则；授予不同账号完成各自承担任务所需的最小权限，并在它们之间形成相互制约的关系；访问控制的数据粒度应为文件、数据库表级；对敏感数据设置安全标记，并控制主体对有安全标记的信息的访问。

③数据开放安全

数据开放是实现数据增值的途径，但是数据访问如果没有严格的权限控制机制，就会导致数据非法访问和信息泄露。访问控制是实现数据安全开放和共享的重要手段，大数据以及大数据应用场景下，数据量巨大，数据种类和来源多样，用户身份复杂，这些新特征使传统的访问在控制身份认证和授权管理等方面面临严峻的挑战。

大数据的应用场景给访问控制带来新的问题，主要包括访问控制策略制定难度大、过度授权和授权不足现象越来越严重；数据组成复杂，增加了策略描述的困难，对细粒度访问控制的实施提出了挑战；大量的个人用户信息增加了访问控制对数据中个人隐私保护的难度。目前，已经提出了一些有针对性和可借鉴的访问控制技术，如半结构化或非结构化数据的访问控制、针对隐私保护的访问控制、基于密码学的访问控制、基于大数据分析结果的内容访问控制等，多种技术融合的访问控制可以更加有效地支持复杂的大数据应用场景的需求。

④数据共享安全

我国数据资源虽然"家底"殷实，但大数据产业仍存在"数据壁垒"突出、碎片化严重等问题，阻碍了大数据特性优势的释放与产业的深入发展。

"数据壁垒"突出、碎片化严重的问题由来已久，这些问题也常被称为"数据孤岛"。数据像孤岛一样分散存储在多个组织、群体之间，且相互闭塞，难以用常规手段打通，大数据被分割为小数据，严重阻碍数据要素的开放与流通。"数据孤岛"问题产生的原因复杂多样，如机构分散自治、产业相互竞争、对数据隐私的考量等。例如，在智慧医疗场景中，利用医疗大数据构建机器学习模型有助于重大疾病的提前预测与辅助诊断。但病人的医疗检查结果很可能分散在多家医院，医院间彼此独立自治，出于保护病人隐私的考虑，医疗数据难以打通进行联合分析学习，阻碍了智慧医疗的进一步落地。如何破除"数据孤岛"困境，联合多方数据进行计算分析，对进一步加强数据要素流通与大数据产业的深入发展至关重要。

国务院于 2015 年发布的《促进大数据发展行动纲要》指出，要推动政府信息系统和公共数据的互联共享。政务信息和公共数据的开放共享、各行业领域数据的互联整合对于提高数据资源利用率、节约社会成本具有重要意义，但数据交叉共享、广泛存储使用，容易使用和管理不当导致数据泄露和隐私安全问题。应加强对新型数据共享架构的研究，使用数据密封、密文异构转化、基于区块链的数据可信加密共享等技术，破解数据共享与敏感数据保护之间的矛盾。应加强隐私保护框架设计，发展和使用隐私计算、匿名技术等隐私保护技术，满足大数据各阶段的隐私保护需求，努力解决大数据应用中的个人身份信息泄露、医疗信息泄露、位置信息泄露等安全问题。

⑤数据使用安全

大数据的价值在于对数据的分析和挖掘，因此数据的真实有效性至关重要。然而，数据使用、流转过程中缺乏必要的保护，导致数据可能被篡改和伪造，影响大数据应用的效果与安全。可采用数字水印技术保证数据来源的有效性和完整性，采用数据溯源技术记录数据流转过程，提供关于用户访问模式、异常数据水印技术，将数据的标识信息嵌入数据载体内，通过一定的控制手段保障数据安全。目前，数据水印技术多基于静态数据集，针对大数据场景下高速汇聚数据的安全保护尚需进一步研究。

基于溯源技术分析数据服务安全是大数据安全重要的研究方向。区块链技术作为一种新型去中心化协议，能够安全透明地记录数据流转的过程，且记录不能被篡改。区块链的可追溯特性可使数据从汇聚、存储、开放、共享和使用的每一步都留存在区块链上，数据的质量获得基于共识协议的强信任背书，有利于保证数据分析结果的正确性和数据挖掘的效果。因此，基于区块链技术和智能合约技术的数据溯源技术是数据安全保护的一个研究热点。

⑥数据销毁安全

数据安全不仅包括数据加密、访问控制、备份和恢复等以保持数据完整性为目的的诸多工作，也包括以完全破坏数据完整性为目的的数据销毁工作。

数据销毁是指，采用各种技术手段将计算机存储设备中的数据予以彻底删除，避免非授权用户利用残留数据恢复原始数据信息，以达到保护关键数据目的的过程。在国防、行政、商业等领域，出于保密要求存在大量需要进行销毁的数据，只有采取正确的销毁方式，才能达到销毁目的。

相关阅读

数据销毁的误区[①]

在日常使用过程中，用户往往采用删除文件、格式化硬盘、硬盘分区、使用"文件粉碎软件"等办法来"销毁"数据，这是

---

① 君达保密：《数据消除的误区》，军工保密咨询平台，2023年8月28日。

极不安全的做法。以下是对这几种"销毁"方式的安全性分析。

一是删除文件。事实上，删除操作并不能真正擦除磁盘数据区信息。操作系统由于考虑到操作效率等诸多方面因素，用户所使用的删除命令，只是将文件目录项做了一个删除标记，把它们在文件分配表中所占用的簇标记为空簇，而并没有对数据区进行任何改变。一些数据恢复工具软件正是利用这一点，绕过文件分配表，直接读取数据区，恢复被删除的文件，因此这种销毁数据的方法最不安全。

二是格式化硬盘。"格式化"又分为高级格式化、低级格式化、快速格式化、分区格式化等多种类型。大多数情况下，普通用户采用的格式化不会影响到硬盘上的数据区。格式化仅仅是为操作系统创建一个全新的空文件索引，将所有的扇区标记为"未使用"状态，让操作系统认为硬盘上没有文件。因此，采用数据恢复工具软件也可以恢复格式化后数据区中的数据。

三是硬盘分区。对于"硬盘分区"这一操作，操作系统也只是修改了硬盘主引导记录和系统引导扇区，绝大部分的数据区并没有被修改。

四是使用"文件粉碎软件"。为满足用户彻底删除文件的需要，网上出现了一些专门的所谓"文件粉碎软件"，一些反病毒软件也增加了文件粉碎功能，不过这些软件大多没有通过专门机构的认证，可信度和安全程度都值得怀疑，用于处理一般的私人数据还可以，但不能用于处理带密级的数据。

综上所述，当我们采取删除、格式化等常规操作来"销毁"数据时，事实上数据并没有被真正销毁，在新数据写入硬盘同一存储空间前，该数据会一直保留，从而存在被他人刻意恢复的风险。

大数据时代，数据的开放和共享使得数据被多方存储和使用，如果云端存储或数据使用者数据删除得不彻底，则有可能使敏感数据被违规恢复，从而导致用户数据或隐私信息面临泄露的风险。如何确保被删除的数据被真实地删除，即实现数据的可信删除，是未来大数据安全面临的一个重要挑战。应结合新技术发展，不断开发可靠可信的数据销毁技术，确保大数据、云计算、大模型中的高安全、高密级数据实现可信销毁。

数据销毁方式可以分为软销毁和硬销毁两种。软销毁又称逻辑销毁，即通过数据覆盖等软件方法销毁数据。硬销毁则通过采用物理、化学方法直接销毁存储介质，从而彻底销毁其中的数据。无论是采用哪类方法，在数据销毁过程中，都应注意以下问题。

一是必须严格执行有关标准。目前，国家保密局已经制定颁发了强制标准《涉及国家秘密的载体销毁与信息消除安全保密要求》，对于涉密载体的销毁要遵照此标准执行，不可心存侥幸，擅自处理。

二是要注意销毁备份数据。用户可能对一些重要的涉密数据进行了备份，也需要一并销毁。涉密数据在处理和使用过程中，操作系统或应用软件的缓存中可能还存有数据内容的临时文件，也需要一并销毁。

总体来说，数据安全技术体系应聚焦数字中国建设中面临的复杂环境和安全挑战，依靠法律法规的完善和标准规范的制定，紧抓技术创新驱动，突破软硬件技术受制于人的威胁，解决数据汇聚、数据存储、数据共享、数据使用和数据销毁等过程的数据安全、隐私保护和安全共享问题，有效提升数据安全服务能力。数字中国建设应以总体国家安全观和新形势下的大数据安全战略方针为统揽，依托网络和数据安全防护能力，以数据开放和共享为驱动，以数据安全法律法规、标准规范和安全管理机制为支撑，形成完善的数据安全保障体系，增强安全科学地掌控数据、组织数据和利用数据的能力，推动我国向数字强国迈进。

后 记

在信息化浪潮席卷全球的今天，数字技术的迅猛发展不仅重塑了经济结构，更深刻影响了社会治理、公共服务乃至每一个个体的生活方式。作为世界第二大经济体，中国在这场数字化浪潮中扮演着举足轻重的角色。从"数字福建"的初步探索，到数字中国战略的全面部署，中国正以坚定的步伐迈向数字化发展的新阶段，致力于构建一个全面、智能、安全的数字生态系统。

数字化发展的兴起，离不开新一代信息技术革命的推动。随着云计算、大数据、物联网、人工智能等技术的不断成熟和广泛应用，人类社会正经历着前所未有的变革。这场变革不仅深刻改变了人们的生活方式，更对经济发展、社会治理、文化传承等方面产生了深远的影响。在这样的时代背景下，中国敏锐地把握住了发展机遇，将数字化发展作为国家战略的重要组成部分，全力推进数字中国建设。

建设数字中国，是以习近平同志为核心的党中央把握信息革命发展大势，立足全面建设社会主义现代化国家新征程，统筹国内国际两个大局做出的重大决策部署。国家"十四五"规划纲要将"加快数字

化发展 建设数字中国"独立成篇，对数字中国建设做出了战略部署。党的二十大报告指出，"加快建设网络强国、数字中国"，并强调"加快发展数字经济""打造具有国际竞争力的数字产业集群""发展数字贸易""推进教育数字化""实施国家文化数字化战略"等举措，围绕数字中国建设提出多方位要求。党的二十届三中全会围绕"健全促进实体经济和数字经济深度融合制度"，强调"加快构建促进数字经济发展体制机制，完善促进数字产业化和产业数字化政策体系""建设和运营国家数据基础设施，促进数据共享""加快建立数据产权归属认定、市场交易、权益分配、利益保护制度，提升数据安全治理监管能力，建立高效便利安全的数据跨境流动机制"等举措。

  近年来，我国政府高度重视推进数字中国建设，从智慧城市、数据要素、数字经济、信息化发展等多方面不断提出发展目标。2023年2月印发的《数字中国建设整体布局规划》指出，建设数字中国是数字时代推进中国式现代化的重要引擎，是构筑国家竞争新优势的有力支撑。加快数字中国建设，对全面建设社会主义现代化国家、全面推进中华民族伟大复兴具有重要意义和深远影响。到2025年，基本形成横向打通、纵向贯通、协调有力的一体化推进格局。2024年5月，国家发展改革委、国家数据局、财政部、自然资源部联合印发的《关于深化智慧城市发展 推进城市全域数字化转型的指导意见》提出，到2027年，全国城市全域数字化转型取得明显成效，形成一批横向打通、纵向贯通、各具特色的宜居、韧性、智慧城市，有力支撑数字中国建设。在2024全球数字经济大会上，国家数据局局长刘烈宏表示，2023年中国数字经济核心产业增加值估计超过12万亿元，占GDP的比重为10%左右，有望提前完成"十四五"规划目标。2024年9月，《网络数据安全管理条例》公布，对明确网络数据安全管理要求、提升治网管网水平具有重要意义，也为充分释放数据要素价值、护航数字经济高质量发展提供了有力的法治保障。

2015年，中国行政体制改革研究会承担国家社会科学基金特别委托项目"大数据治国战略研究"，在课题组首席专家、国务院研究室原主任魏礼群同志的带领和支持下，一批专家学者坚持对大数据、人工智能、数字中国、数字政府等问题进行研究。迄今为止，已出版《大数据领导干部读本》《大数据领导干部读本（第2版）》《数字中国》《人工智能读本》《数字政府建设》等图书，产生了广泛的社会影响力。

为了进一步普及数字中国建设相关知识，展示数字中国建设在各个领域取得的显著成就，推广数字中国建设经验，2023年7月，中国行政体制改革研究会整合了政府部门、研究院和企业界的力量与智慧，组建了《数字中国战略》编委会，开始进行《数字中国战略》一书的编写。编委会成员集思广益，对内容进行研讨，系统梳理数字中国的相关概念和理论，总结数字中国建设的实践成果，筛选行业应用的优秀案例。在大家的共同努力下，书稿经过多次修改，最终得以出版。本书汇聚了众多专家学者、政府官员及行业精英的智慧与洞见，旨在全面剖析数字中国建设的现状、挑战与未来路径，是广大读者全面了解数字中国建设的一份详尽资料。

在编写过程中，我们深刻感受到数字中国战略的复杂性与系统性。它不仅关乎技术的革新与应用，更涉及法律法规的完善、数据安全的保障、数字鸿沟的弥合、人才队伍的建设等多个层面。本书在内容上力求全面覆盖，从数字政府的转型升级、数字经济的蓬勃发展、数字社会的构建治理、数字文化的融合重塑、数字生态的建设升级，到数字安全的建设保障均进行了深入细致的探讨，力求反映数字中国建设方面最新的理论与实践成果。但数字中国建设是一个动态演进的过程，且受限于知识的储备与更新，书中对于一些概念的描述和案例的解读难免存在疏漏与不足。我们期待读者在阅读过程中能够提出宝贵的意见与建议，共同推动数字中国战略的完善与实施。

本书由中国行政体制改革研究会王露同志任主编，中国科学院微电子研究所研究员陈曙东、国泰新点软件股份有限公司常务副总裁李强同志任执行主编，国泰新点软件股份有限公司副总裁朱斌、华南农业大学人工智能学院副教授熊万杰、中国行政体制改革研究会研究部主任王蓉同志任副主编。创作团队会集了国内相关领域的顶级专家，其中第一章、第二章由苏州大学研究员许元荣、中国国际经济交流中心美欧研究部副部长张茉楠、苏州大学助理研究员徐博雅执笔；第三章由中国国际经济交流中心美欧研究部副部长张茉楠执笔；第四章、第五章、第六章由中国科学院微电子研究所研究员陈曙东、中国科学院微电子研究所工程师陈晓琳执笔；第七章由国泰新点软件股份有限公司数字政府研究院院长张磊、国泰新点软件股份有限公司数字政府研究院咨询规划师彭楚、数字重庆大数据应用发展有限公司两端事业部张俊执笔，相关阅读由中国软件评测中心副主任吴志刚执笔；第八章由浙江大学中国科教战略研究院教授林成华执笔；第九章由北京师范大学社会学院教授、中国社会管理研究院副院长赵秋雁，北京师范大学教育学部博士生袁语聪执笔；第十章由中国传媒大学教授、媒体融合与传播国家重点实验室大数据首席科学家沈浩，中国传媒大学媒体融合与传播国家重点实验室助理研究员任天知执笔；第十一章由生态环境部环境与经济政策研究中心高级工程师王宇、生态环境部环境与经济政策研究中心助理研究员尚浩冉、生态环境部环境与经济政策研究中心助理研究员陈煌执笔；第十二章由中国人民解放军军事科学院军事科学信息研究中心副研究员李聪颖执笔。感谢所有为本书编写付出辛勤努力的同人与合作伙伴，正是有了你们的鼎力支持与无私奉献，《数字中国战略》才得以顺利出版，为数字中国建设贡献绵薄之力。

我们要特别感谢第十二届全国政协副主席、国家电子政务专家委员会主任王钦敏，授权本书将《统筹推进数字中国建设》一文作为首篇发表，并感谢国务院研究室原主任魏礼群同志为本书作序推荐。感谢中信出版集团董事长陈炜同志，灰犀牛分社总编黄静同志，编辑王元、王诗同志对本书的关心、指导和支持。

展望未来，数字中国建设任重道远。我们坚信，在党中央的坚强领导下，在全国人民的共同努力下，数字中国必将迎来更加辉煌的明天。本书愿作为这一伟大征程中的一块铺路石，为数字中国战略的深入实施贡献一份力量。

王　露

2024 年 12 月